国家出版基金项目
NATIONAL PUBLICATION FOUNDATION

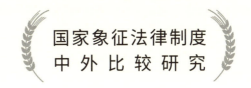

国家象征法律制度
中外比较研究

国家象征法
理论研究
导 论

董立新 著

中国民主法制出版社

图书在版编目（CIP）数据

国家象征法理论研究导论/董立新著. —北京：
中国民主法制出版社,2023.11
（国家象征法律制度中外比较研究）
ISBN 978 - 7 - 5162 - 3076 - 3

Ⅰ.①国… Ⅱ.①董… Ⅲ.①国家表征—法律—研究
—中国 Ⅳ.①D921.3

中国国家版本馆 CIP 数据核字（2023）第 018663 号

图书出品人：刘海涛
策 划 编 辑：贾萌萌
责 任 编 辑：贾萌萌 袁 月 董 理
装 帧 设 计：宗 沅 林青野
书 名／国家象征法理论研究导论
作者／董立新 著

出版·发行／中国民主法制出版社
地址／北京市丰台区右安门外玉林里 7 号（100069）
电话／（010）63055259（总编室） 63058068 63057714（营销中心）
传真／（010）63055259
http：//www.npcpub.com
E-mail：mzfz@ npcpub.com
经销／新华书店
开本／16 开 710 毫米×1000 毫米
印张／27.5 字数／532 千字
版本／2024 年 1 月第 1 版 2024 年 1 月第 1 次印刷
印刷／河北松源印刷有限公司

书号／ISBN 978 - 7 - 5162 - 3076 - 3
定价／86.00 元

本书获国家出版基金支持

董立新

现任职于全国人大常委会法制工作委员会国家法室，主要从事国家机构、国家象征、涉外等相关领域立法、研究工作。参与2017年国歌法制定、2020年国旗法和国徽法修改，参与相关国家象征立法研究制定工作。参与撰写《中华人民共和国国旗法、国歌法、国徽法导读与释义》等。

总 序

中国特色宪法爱国主义与国家象征法

我们需要什么样的宪法爱国主义？

近年来，宪法爱国主义备受关注。宪法爱国主义的概念、内涵众说纷纭。各国对于宪法爱国主义的认识各有不同，"欧洲的宪法爱国主义，不同于美国的宪法爱国主义，必须从对同一个普遍主义法律原则的不同的、受民族史影响的理解中共同生长出来"①。在德国，宪法爱国主义是回应德国如何在战后遭遇的困境中建构立宪民主国家，以对抗民族主义可能具有的野蛮性的理论。在美国，宪法爱国主义需要回应多种族、多元化下国家认同的困境。对整个欧洲而言，宪法爱国主义是要构建后民族的或者说多民族的立宪民主国家，以超越民族国家的封闭性。随着我国越来越强调依宪治国、依宪执政，"宪法爱国主义"在我国本土的内涵是什么，也越来越需要时代来回应。

随着时代的发展及对爱国主义理解和运用的加深，有一些观点提出，要从以国家为核心的爱国主义过渡到以宪法为核心的爱国主义。我理解，我国宪法爱国主义本身具有独特的价值内涵，不仅包括自由、平等、正义等宪法本身所具有的价值观念，还具有传统爱国主义所蕴含的内涵。当前，我国正迈向开启全面建设社会主义现代化国家新征程，构建我国的宪法爱国主义，要将爱国主义与时代主题相结合，与宪法的基本价值理念相融合，这将有利于在更广泛的范围内促进权利、自由、程序等宪法共识的达成。

---

① ［德］哈贝马斯：《在事实与规范之间：关于法律和民主法治国的商谈理论》（修订译本），童世骏译，生活·读书·新知三联书店 2011 年版，第 670 页。

国家象征是宪法爱国主义最生动的载体

习近平总书记指出,"爱国主义是具体的、现实的"。国家象征是宪法爱国主义最具体、最现实的载体。国家象征中法治化程度最高、使用最为广泛的当数国旗、国歌、国徽。国旗既是一个实物的形象,又带有鲜明的抽象象征意义;国徽侧重以国徽实物本身来表达丰富的内涵;国歌更多的是靠无形的音乐旋律和歌词的演奏、传唱来实现其内涵的表达。国旗、国歌、国徽三者各有侧重,都是国家最显著的象征,也是构建宪法爱国主义最生动的载体。

我国宪法第四章专门明确了"国旗、国歌、国徽、首都",国旗法、国歌法、国徽法也是直接落实宪法规定的重要法律,是国家象征法律制度的核心。近年来,在习近平法治思想的指导下,我国先后制定国歌法,修正国旗法、国徽法,落实了近年来宪法宣誓制度、国家公祭制度等宪法确立的重要国家制度的具体内容。例如,举行宪法宣誓仪式,应当在宣誓场所悬挂国旗或者国徽;举行国家公祭仪式下半旗志哀等。国家象征具有天然的爱国主义属性,将其与宪法深度融合,对于塑造中国特色的宪法爱国主义具有积极意义。

探索国家象征法律制度的基础之作

国旗、国歌、国徽是最为广泛运用的国家象征和标志,依法引导和组织公民热爱、尊重、有效保护和正确使用国旗、国歌和国徽,是激发人民群众爱国热情、推动人民群众投身祖国建设事业的重要途径。为进一步促进国家象征法律制度的宣传,加强对国旗、国歌、国徽具体制度内容的理解,作者尝试从不同侧重点,分别对国家象征法理论研究、中国国家象征法律制度、国家象征法律制度比较研究三个不同的主题展开探讨,对国家象征法律制度的基本实践问题、理论问题进行初步的梳理、分析和总结,最终形成了国家象征法律制度研究的三册作品。三册作品的侧重点不同,每册作品的主要内容也有区别:第一册着重介绍梳理我国国家象征法律制度的制度、实践状况;第二册着重归纳总结国家象征法的理论与实践问题,构建国家象征法体系;第三册从比较法的角度,梳理各国国家象征法律制度的异同。三册书都能够较为全面、系统地归纳总结国家象征法律制度的基本脉络、主体内容等,为宪法学关于国家象征法律制度研究奠定了一定基础。整体而言,国家象征法律制度系列研究具有以下特色。

一是突出问题导向。作者全程参与国歌法制定和国旗法、国徽法修正过程,对于立法过程中遇到的实际问题进行了全面梳理,收集分析了实践部门关心的,但理论界、实务界很少研究的国家象征实际问题以及部分国家宪法案例,很多内容可以说弥补了国家象征法律制度的空白,对实践具有很强的指导价值。

二是突出制度梳理。 三册书首次从不同角度针对国家象征主要制度作了很多有价值的探索,如国旗优先原则及其例外情形,国旗竖挂、倒挂规则等,涉及纹章学、旗帜学、符号学等诸多领域,有助于深入了解掌握国家象征制度的主要制度精髓。

三是突出理论探索。 作者尝试分析梳理了国家象征法作为宪法部门法的基础理论,对国家象征的概念、功能、宪法地位,以及国家象征保护与保障公民言论自由、艺术自由、宗教自由等基本权利关系进行了开拓性的研究。

本书以实践为基础,将制度梳理与案例研究相结合,为国家象征法律制度研究提供基础性资料,也为实务部门解决实际问题提供思路,有很强的可操作性、针对性,对于实务操作、法学研究都有一定的积极意义。

焦洪昌

中国政法大学法学院教授　博士生导师

P REFACE 前言

　　本书主要是对国家象征法的主要内容进行阐释性归纳总结,以我国国旗法、国歌法、国徽法等本土化实践为基础,结合部分国家国家象征法的理论和实践,尝试系统性构建国家象征法的理论基础、主要制度等。首先,探讨国家象征法的理论基础,包括学科基础和知识基础。其次,基于国旗、国歌、国徽等国家象征法律制度的共同性,概括出国家象征的共性法律制度。最后,基于国旗、国歌、国徽、国名、国家元首、首都、国庆节等国家象征的差异性分类开展深入研究。

　　总论分为两编:国家象征法的理论基础和国家象征法的共性制度。第一编理论基础部分,从构建国家象征法体系的角度,深入分析国家象征法的基础概念、理论背景等。第二编探讨国家象征法的共性制度。各类国家象征需要共同面对的法律问题,包括处理维护国家象征与保障公民权利之间的关系、国家象征共同的法律制度框架等。

　　分论根据国家象征的类型不同,区分为两部分:分论一阐述纯粹性质国家象征;分论二阐述双重性质国家象征。分论一,国旗、国歌、国徽功能较为纯粹,被人为地直接赋予象征国家的意义,作为一种象征物供国家机关、公民、组织使用。从已经制定专门法律的每一项国家象征法律制度的差异性入手,分析国旗、国歌、国徽的基本概念、使用情形、使用规则、法律责任等。分论二,国名、国家元首、首都、国庆节的功能是双重的,既可以作为国家象征,也具有其本身所应有的功能。如国名主要功能是直接指代国家的,国庆日主要是庆祝国家、民族独立。因此,在每一章中分析了该类国家象征的概念、功能等。

　　需要说明的是,在总论部分,主要是基于纯粹性质国家象征(国旗、国歌、国徽)展开论述,理论部分的阐释也部分适用于双重性质的国家象征,在具体制度方面,双重性质的国家象征可能不涉及。

　　本书阐释分析着重从问题入手,探索问题产生的原因,分析问题出现的历史和现实背景,在部分制度问题上提出意见建议。

　　本书基于国旗、国歌、国徽法律实践,探索对国家象征法的具体制度内容作体系化的分析。由于是研究国家象征法律的首次尝试之作,很多分析存在不够深入的问题,请各位专家学者批评斧正。

目 录

第二编　国家象征法的共性制度 ▶

分 论 一

纯粹性质国家象征

第三编　国旗的制度与规范 ▶

第四编　国歌的制度与规范 ▶

第五编 国徽的制度与规范 ▶

分 论 二

双重性质国家象征

第六编　双重性质国家象征的制度与规范 ▶

绪 论 国家象征法的提出

国家象征法在当前学术领域和实践层面都研究得不够充分,其中一个重要原因在于仍未充分重视国家象征法的独立性、独特性,特别是其作为宪法学研究领域的独立组成部分仍未得到充分论证。笔者认为,国家象征法是以国家象征为研究对象、以国家象征法律制度为主体的,其提出需要论证国家象征法所具有的独特性。

从国际视野看,不同国家的法学学者先后对这一问题进行了阐释。俄罗斯法学家对此进行了专门论证,《作为国家象征科学的纹章学和旗帜学及其与宪法的关系》一文认为,国旗和国徽是国内外宪法学和法律学中一个非常重要的、迄今为止被低估和研究不足的组成部分。国家象征在国家生活中起着至关重要的作用。没有这些国家权力和主权的象征,在国际或国家层面上举行的任何活动都无法正式、有尊严地举行。国旗和国徽是国家的官方象征,对所有国家组织而言都是必须使用的。"国家主权的象征物是宪法的对象,构成独立的法律制度。""国家象征本身和它们的原始形象,被公共当局合法化,不仅是历史和文化研究的对象,而且理所当然地也是法学的研究对象。"① 文章提出,应当将国徽、国旗法律问题作为一个独立的宪法和法律问题,将国家象征问题从辅助历史学科的层面转移到法学领域。

法国公法学者将涉及旗帜和法学相关的研究称为"旗帜法学"(Vexillologie Juridique),其中一个重要原因是,国旗与宪法有着密切的关系,国旗作为一种象征符号,倾向于把分散的东西集中在一起,以支持政治体的统一。② 在理论上,国歌、国徽与国旗一样,都是宪法和法律规定的、少数能够代表国家的象征。这些国家象征具有相同或者相似的制度基础、制度框架、制度内容等,应当是宪法学研究领域的重要组成部分。申言之,为什么国家象征法能够且应当成为宪法

---

① Опрятов В. И. Геральдика и вексиллология как науки о государственных символах и их соотношение с конституционным правом//Учёные записки Орловского государственного университета. Серия 《Гуманитарные и социальные науки》. 2011. № 2. С. 177-180.

② Élodie DERDAELE. LE DRAPEAU TRICOLORE, UN SYMBOLE CONSTITUTIONNEL DANS TOUS SES ETATS(DU DROIT). Communication présentée au VIIIe Congrès de l'Association française de droit constitutionnel, Nancy, les 16, 17 et 18 juin 2011, dans l'atelier n°1《Droit constitutionnel et autres branches du droit》 présidé par les professeurs Guillaume DRAGO et Charles VAUTROT-SCHWARTZ. p. 3.

学研究领域的独立组成部分？具体分析论证内容如下。

一、国家象征法是国家主权表现形式的法律

如同"国旗是主权的物质象征"[①]，国歌、国徽等国家象征也是国家的主权象征。进入近代社会以来，国家象征逐渐成为显示"立国之精神"、表示"国权""国格"[②]的主要标志物。在宪法产生之前，在欧洲国家占据人们政治精神世界的主要是宗教象征。但是，随着君主制神话的褪去、宗教光环的丧失，在国家政治中，特别是在宪法中迫切需要宗教象征的替代物。因此，进入现代社会，国家的属性和现实主要由国旗、国徽等与人权、国土等体现出来。[③] 国旗、国歌、国徽作为国家的象征和标志，成为国家的基本属性之一。

为了强化国家主权的展现，规范作为主权表现形式的国家象征的使用、管理，国家象征法成为宪法性法律的重要组成部分。其重要意义在于：一是明确国家象征的构成，让公民可以在不需要长篇累牍解释的情况下将看不见的国家可视化；二是强化国家象征的寓意，利用国家象征来表现国体、政体及历史、民族和文化传统等，具有增强公民的国家认同感、民族自豪感，凝聚爱国主义热情的作用；三是明确国家象征的使用管理规则，使其成为潜移默化影响公民意识观念的基础，推动强化国家政权合法化进程。

二、国家象征法是宪法性法律的独立组成部分

宪法作为一个国家统一政治体的身份和主权的根本准则，其重要功能之一是确立了国家主权，同时确立了主权的物质象征。一个主权国家离不开囊括国家象征的宪法，规范国家象征的法律制度是宪法学研究领域必不可少的组成部分。

关于国家象征法的属性和定位，笔者将其界定为宪法之下的宪法部门法。宪法部门法不同于部门宪法。部门宪法是"从部门的角度切入，来整合过去被割裂处理的规范，并借部门的事实分析注入规范的'社会性'"[④]。部门宪法是特定领域宪法规范的集合，不应包括相关的普通法律规范。[⑤] 宪法部门法是宪

---

① Pierre-André Lecocq. *Le drapeau dans les Constitutions de la France.* In：Wagner, A. ，Marusek，S.（eds）Flags，Color，and the Legal Narrative. Law and Visual Jurisprudence，2021，Vol. 1. Springer，Cham.

② 张镜影：《比较宪法》（上册），黎明文化事业股份公司1983年版，第86页。

③ ［德］鲁道夫·斯门德：《宪法与实在宪法》，曾韬译，商务印书馆2020年版，第136页。

④ 苏永钦主编：《部门宪法》，元照出版有限公司2006年版，第10页。

⑤ 上官丕亮：《部门宪法的实质》，载《法学论坛》2022年第5期，第46页。

法学的分支,基于宪法规范,依托宪法性法律规范,关注于其中某一特定领域集中开展研究。有的从宪法学研究内容的角度,将宪法学的分支分为人权法学、权力法学、基本制度法学、基本国策法学等,其中基本制度法学包括政权组织形式、国家结构形式,国旗、国歌、国徽等属于国家结构形式中的外在形式。① 有的将宪法研究领域区分为十个部门,包括组织法、职权法、选举法、公民权利法、地方自治法、国家标志法等,其中国家标志法包括国旗法、国徽法等。② 有的学者将国家象征纳入"国家形态"范畴之类,"国家形态"包括"国家权力组织形态"(国家政权组织形式)、"国家结合形态"(国家结构形式)、"国家象征形态"③。"通过一些象征物,把国家形态表达出来,这就是国家的象征形态。""它指的是国家以宪法或专门法律所规定的象征国家主权、代表国家尊严的标志物,主要有国旗、国歌、国徽、首都。"④ 无论如何分类,国家象征法(有的称为国家标志法)都是重要的法律研究部门。基于涉及国家象征法律的特殊性、重要性及相关性,笔者认为,宜将宪法性法律中涉及国家象征的法律单独梳理出来,整合过去被割裂处理的规范,作专门分析研究。

在宪法研究中,国家象征是作为整体的研究对象。我国宪法第四章"国旗、国歌、国徽、首都"中所规定内容的共同点是,都可以作为国家的象征,这与前三章"总纲""公民的基本权利和义务""国家机构"有着明显的不同。自中华人民共和国成立以来,我国历部宪法均将国家象征单独作为一章。当然这是受到苏联等社会主义国家宪法的影响。

从内容讲,国家象征法已经比较成熟,主要理由如下:

一是体系完善。从法定的国家象征来看,我国已经制定很多专门规范,已经从事实上形成较为完善的体系。这个体系以宪法规定为依据,主要以国旗法、国歌法、国徽法为主体,形成相对完善、自成体系的规范系统。"国徽、国旗和国歌反映了民族国家的形成过程,其研究不应在法学——宪法学的研究之外。""作为国家主权象征的国徽和旗帜无疑是宪法的对象,并构成其独立的法律制度。"⑤ 在大多数国家,国家象征的相关规范形成了宪法、法律、法规、规范性文件构成的国家象征法律体系。

二是内容稳定。国家象征一经确立,非经重大变故不会轻易变更。国家象征法律中的一个重要特点是具有涉外性,在对外交往时需要外方所理解。这种

① 宁凯惠:《部门宪法、分支宪法学之构建研究》,载《政治与法律》2020 年第 7 期,第 76 页。

② 杨海坤、上官丕亮:《论宪法法部门》,载《政治与法律》2000 年第 4 期,第 14—18 页。

③ 林来梵:《宪法学讲义》(第二版),法律出版社 2015 年版,第 204—205 页。

④ 林来梵:《宪法学讲义》(第二版),法律出版社 2015 年版,第 222 页。

⑤ Опрятов В. И. Геральдика и вексиллология как науки о государственных символах и их соотношение с конституционным правов.

情况下,需要规则制度是国际通行的,特别是国家象征的使用情形、使用规则不会轻易改变。国家象征法律规则的稳定性,有助于确立国家象征的权威性,维护国家的形象和尊严。

三是对象特定。国家象征法作为主要规范国家象征和标志的法律,核心规范的是国家基本属性层面的国家象征,与国家结构、国家权力、公民基本权利有着明显的不同。经由宪法、法律确定的国家象征是特定的、明确的,这种对象特定还体现在每个国家情况不一。国旗、国歌和国徽体现的是国家的主权,每个国家都决定了自己在这个领域的原则。各国国家象征"唯一的共同点似乎是希望能够使自己与众不同,并使自己在公众面前、在国际舞台上与其他国家的关系方面都能看到和听到"①。虽然各国关于国家象征的法定范围各有不同,但是一般而言,主要包括国旗、国歌、国徽、国名、国家元首、首都、国庆日等。法定化的不同类型的国家象征都可以纳入国家象征法的范畴之内。

四是高度的政治敏感性。国家象征代表着国家的尊严和权威。国家象征法规定代表主权国家意义的法律,规范的对象具有高度的敏感性。国家象征的使用、管理直接涉及每一个公民爱国主义情感的表达,涉及国家象征的决定会产生广泛深远的影响力。涉及国家象征法律的个案直接将公民、个人联系到抽象意义的国家,特别是涉及亵渎国家象征的个案更容易引起社会不同群体的反响。

此外,现代宪法的一个重要特征就是坚持立宪国家必须要有"国族"(Nation)的单一认同,要成立一个让全体国民都能有归属、依托的想象共同体。借由某个统一的民族名称、统一的历史叙事以及统一的公共符号,"国族"的概念可以使人产生某种归属感以及忠诚之情。② 由国家象征法所确立规则的主要目的是促进、巩固现代宪法所坚持的共同体理念,这也使国家象征法成为宪法部门法必不可少的重要组成部分。正是通过构建国家象征法的体系,可以较为妥善地研究国旗、国歌、国徽等国家象征共同面临的问题。

三、国家象征法的研究对象、核心问题、基本原则

(一)国家象征法的研究对象

一般而言,国家象征所包含的范围非常广泛,包括国旗、国歌、国徽、国名、

---

① Frederique Rueda-Despouey. L'hymne et le drapeau:des symboles de l'Etat en droit comparé. Les symboles de la République. Actualité de l'article 2 de la Constitution de 1958 (pp. 81-99) Publisher:Toulouse: PUSS. December 2013.

② [加拿大]詹姆斯·塔利:《陌生的多样性:歧异时代的宪政主义》,黄俊龙译,上海译文出版社2005年版,第69—70页。

国家元首、首都、国家颜色等,在每个国家也各有不同。采用不同的分类标准,可以有不同的分类方式。以是否由宪法、法律明确规定为标准,可以分为法定国家象征、非法定国家象征;以是否具有实物为标准,可以分为实物性国家象征、非实物性国家象征;以是否专门确定为国家象征为标准,可以分为纯粹性质国家象征、双重性质国家象征。

国家象征法作为抽象各类国家象征规范的研究部门,主要是研究法定的国家象征。这种研究以"法"的规范为中心,聚焦于国家象征的涉法问题,涉及国家象征的构成、使用、日常管理、收回等全过程的规范性问题。因此,国家象征法不研究非法定化的国家象征,如长城、大熊猫等一定意义上代表中国形象、中国象征的对象。

国家象征法的对象是基于宪法、法律明确规定象征国家的实物型、虚拟型的特定物。从使用最为广泛、多数国家法定化的角度看,国家象征法的对象区分为纯粹性质国家象征、双重性质国家象征较为合适。纯粹性质国家象征包括国旗、国歌、国徽等,双重性质国家象征包括国名、国家元首、国家首都等。这些国家象征之所以能够归纳为一类,主要是很多国家对此进行了专门立法,明确了这些国家象征的宪法法律地位、使用情形、使用规则、法律责任等。

此外,在一些国家,宪法、法律还明确国玺、国家铭文、国家颜色、国庆日等作为国家象征。尽管还有其他爱国主义象征,表达了人民在不同历史时期的斗争、国家的理念和目标等,但根据宪法规定,国旗、国歌和国徽是在国内和国际上代表一个国家的最重要国家象征。

(二)国家象征法的核心问题

法学研究要关照现实。国家象征法面临的一个重要问题是处理国家与公民的关系。在国家象征法中,主要是确保公民更加便捷地、更广泛地使用国家象征,同时保持对国家象征的应有尊重。国家象征立法建立明确灵活的使用规则,有利于国家象征在社会中有更多展现;同时保障对国家象征应有的尊重,维护国家象征尊严。例如,在面对公民能否将国家象征用在服装、艺术创作等问题时,需要考虑公民使用国家象征的环境、时机等因素,使用过程不必因动辄可能违反法律而心生忌惮。使用国家象征应该以最大程度的尊重和礼节,应当有助于培养和发展人们的爱国主义价值观,有助于形成对国家象征的爱戴。

同时,在国家象征法中还面临处理法律与礼仪的问题。通常情况下,国家在使用礼仪的过程中会面临两种困难:一是"如何将'文化传统'和其象征形式顺利地融入今天的体制理念中";二是礼仪中总是"潜藏有想要超越'现实'的性质"[1]。

---

[1]　[日]青木保:《仪礼的象征性》,秦颖、喜君、高希敏译,中国社会科学出版社2017年版,第153页。

礼仪是一个对人们进行形式化"束缚"的装置,人们没有它就无法生活下去;只有在通过非日常性的社会状态这样的礼仪空间,才能产生真正的"共同性"这样的问题。① 国家象征法需要规范涉及升国旗、唱国歌等礼仪,在这些礼仪中将会面临当代文化与传统文化、外国文化与本土文化的冲突。

(三)国家象征法的基本原则

国家象征法是宪法性法律。"宪法性法律是法律而不是宪法,它们与其他法律一样都是对宪法的'规则化',但又与其他法律明显不同:宪法性法律是'宪法'法,是'国家'法,是'权力'法和'权利'法。"② 国家象征法在适用权力、权利的态度方面,同时具备宪法性法律所具有的特性。国家象征法主要内容是研究国家象征使用、管理,其基本原则主要体现在以下几个方面:

一是维护国家象征的尊严。国家象征经由国家确立,成为国家、政权合法性的象征。国家、政权为了维护其自身合法性,必然要维护国家象征的尊严。与其他部门法律规范一般事务不同,国家象征法律专门规定在一国的标志物、象征物体系中居于最高法律地位的国家象征。各国对国旗、国歌、国徽立法的主要目的之一是,从法律上正式确认国家象征,规范国旗、国歌、国徽的使用、管理,维护国家象征的尊严,维护国家的形象和权威。一些国家在国家象征法律中明确了维护国家象征尊严原则的相关表述。例如,《立陶宛国旗和其他旗帜法》第四条第一款规定,"立陶宛共和国公民和其他人必须尊重国旗"。

二是鼓励公民使用国家象征。国家象征代表国家,但只有公民的广泛使用才能使国家象征具有充分的价值和意义。随着公民使用国家象征的日益普遍,各国制定、修改国家象征法律的重要目的就是鼓励、倡导更多公民使用国家象征,增强公民的国家观念,培养公民的爱国主义情感。以此为出发点,放宽公民使用国家象征的界限,合理限定不适当使用国家象征的范围。

三是维护国家象征的尊严与鼓励公民使用国家象征达到平衡。国家象征的使用承载着双重价值:国家象征的尊严与公民的爱国之情。为了维护国家象征尊严,需要公民规范使用国家象征;而在鼓励公民更多地使用国家象征过程中,广泛的使用可能会导致有损国家尊严的现象频出。正确处理两者关系是国家象征法律制度所要面临的核心问题。

上述基本原则是国家象征法律制度的核心,从宪法理论角度看,两者的关系实质上是限制国家权力和保障公民权利之间的关系。只有合理处理两者关系,建立健全完善的国家象征法律制度,才能促进弘扬爱国主义精神,推动宪法实施。

---

① [日]青木保:《仪礼的象征性》,秦颖、喜君、高希敏译,中国社会科学出版社 2017 年版,第 153 页。
② 马岭:《宪法性法律的性质界定》,载《法律科学(西北政法学院学报)》2005 年第 1 期,第 28 页。

四、国家象征法的研究背景、知识领域、内部领域

(一)综合性的学科理论背景

国家象征是一个复杂的多学科分析对象,可以从多维度进行深入研究。目前,符号学、社会学、政治学等学科已经分别采用本学科不同方法,对国家象征的作用、意义等议题进行了广泛而透彻的研究。符号学理论认为,国旗、国徽是重要的视觉符号,国歌是独特的音乐符号;社会学理论将国家象征作为重要的社会认同载体;政治学理论将国家象征视为研究政治仪式、政治认同的重要概念,分析了国家象征在政治仪式、政治认同中发挥的独特作用。

(二)独特性的研究知识领域

国旗、国歌、国徽象征国家,均是人为抽象出来,并进行法定化确认的。特定的旗帜、歌曲、徽章与其所象征的国家之间的关系,是通过抽象赋予其意义而获得的。国旗和国徽的形式、尺寸、比例、颜色、元素,标志的排列、颜色,符号的含义、使用规则,这些是其他相关领域所不具备的。国旗、国歌、国徽的研究与纹章学、旗帜学、音乐政治学有着密切的关系。纹章学是西方一门研究纹章的设计与应用的学科;旗帜学是专门研究旗帜的设计、制作与使用等的学术领域,一般作为历史学与设计学的交叉学科;音乐政治学是研究音乐现象和政治现象相互关系及其规律的学术领域,是政治学的一个分支学科。

国家象征法是综合的,既涉及纹章学、旗帜学、音乐政治学等不同学科,也涉及文化礼仪等。在实践中,某一领域的专门法律条文往往不能全部覆盖国家象征使用过程中的具体规范,礼仪规范、传统文化等在国家象征法律制度中也发生重大影响。

(三)专门性的法律内部领域

国家象征法是以开放性的法律规范解决国家象征法律问题,其所研究的问题不为单一传统部门法所涵盖。从法治体系上看,国家象征法涉及国家象征立法、国家象征执法、国家象征司法等不同的法治层次,这一法治运行过程涉及国家象征的全方位的、多层次的规范体系。

从法律渊源看,国家象征法作为宪法之下的法律部门,有具体专门的法律规范,而每一项专门法律都有与之密切相关的规范,往上可以联系到宪法,往下可以涉及具体执行法律的法规、规范性文件等。因此,国家象征法是由分散于宪法、法律、法规、规章、规范性文件等不同等级的规范所组成的,这些也构成了

国家象征法的法律渊源。

从涉及法律部门看,国家象征的使用管理制度,涉及民事法律关系、行政法律关系、刑事法律关系,涉及民法、行政法、刑法等多个部门的规范运用。例如,瑞士比较法研究所发表的《国家标志的法律保护意见》对国家标志的研究涉及知识产权法、刑法、消费者法三个领域。[1] 国家象征法是涉及国家象征这一领域的专门法律,与其他法律部门有着密切的联系。一是国家象征法与宪法的关系。国家象征法是宪法性法律,是宪法相关法,是宪法部门法的一种类型。二是国家象征法与知识产权法。国家象征法一般规定,国家象征不得注册工业产权,同时根据各国情况,有的对国家象征的版权作了规定。三是国家象征法与行政处罚法。对于涉及国家象征轻微的不当行为,不构成刑事犯罪的,给予行政处罚,这就涉及行政处罚法。四是国家象征法与刑法。从通常情况看,对于侮辱国家象征的行为给予刑事处罚。五是国家象征法与刑事诉讼法的关系。一些国家的国家象征法规定了涉及侮辱国家象征的特别刑事程序,如经中央检察机关批准起诉等。

虽然,外部学科、内部学术领域对国家象征法进行了深入研究,但是目前国家象征法的研究还远远落后于实践发展,在宪法学研究中仍然处于边缘的地位。此外,对于国家象征的研究方法,国家象征法作为法律的一个独特领域,也应当适用一般法律的研究方法,如比较法研究方法、实证法研究方法等。

五、国家象征法的独特性功能

国家象征法之所以能够形成独立的部门,其根据在于国家象征法律制度发挥的功能具有一定的特殊性。国家象征法是明确国家象征的构成,规定国家象征的使用、管理、法律责任等制度的法律规范的总称。国家象征法的具体表现形式,既可以是综合性的国家象征法律,如新西兰、哈萨克斯坦、巴西、墨西哥等国家制定的包括国旗、国歌、国徽等国家象征类型的法律;也可以是区分为国旗、国歌、国徽等分别制定的专门性法律,如中国、俄罗斯、朝鲜等国家。国家象征法的功能是指国家象征法在适用过程中所要实现的作用。国家象征法的具体功能也是国家象征法律、法规等具有法律效力的规范性文件存在的作用。国家象征法律具有一般法律的规范作用,包括告知作用、指引作用、评价作用、预测作用、教育作用、强制作用。[2] 同时,国家象征法作为宪法性法律,作为明确国家象征具体制度的法律,还有其特殊的功能。

---

[1]　Institut suisse de droit comparé, *Avis de Droit Protection des Signes Nationaux*, Avis 06-134 . Lausanne, le 28 février 2007 (23.4.07).

[2]　张文显主编:《法理学》(第五版),高等教育出版社 2018 年版,第 78—79 页。

（一）保障国家共同体功能

国家象征法首要功能是明确主体（使用者）以尊重的方式使用国家象征，以保障国家共同体。国家象征创设的目的是通过具体的、可以感知的媒介以象征抽象的国家，旨在鼓励公民认同自己的国家，弘扬国家象征所体现的价值观，促进国家、民族团结。国家象征供国家机构、组织以及个人在政治社会生活中使用。在政治仪式、国际体育赛事、公共建筑、边境国界等场合，以及在日常生活中，国家象征使用日益普遍。在纷繁复杂的使用情形中，必须要有确保国家象征尊严的规则。国家象征承载着国家的理念、目标、任务等，是整个国家所要维护的客体。国家象征法明确规定了应当使用、可以使用、禁止使用国家象征的各类法定情形以及使用的具体规则等，其目的是保障国家象征以一种尊严的方式得以使用。在有尊严地使用国家象征中，国家主权、国家尊严能够得到维护。

国家象征法保障国家共同体的功能主要体现在两个层次：一是政治上的保障功能。一些国家虽然没有直接在国家象征法律中明确法律责任，但是对于违反国家象征法的行为人而言，则可能带来政治上的影响力，保障维护国家象征的尊严。例如，欧美一些国家领导人，如果在公众场合升挂国旗、奏唱国歌时没有唱国歌，将会引起政治舆情。即使没有规定法律责任，行为人还是会受到舆论谴责，而且行为人需要就此行为严肃地道歉。如果不道歉，可能影响行为人的政治声誉。二是法律意义上的保障功能。通常违反国家象征法律具体规范的行为人要承担一定的法律责任，因为很多国家规定了给予罚款、拘留、拘禁等不同类型的制裁措施。通过对违反行为的惩罚，维护了国家象征的尊严。

（二）强化爱国主义功能

国家象征是天然的爱国主义重要载体。国家象征法的重要功能也在于能够通过国家象征的使用达到强化爱国主义的目的。我国国旗法、国歌法、国徽法均规定了"增加公民的国家观念，弘扬爱国主义精神"的立法目的，而这些要求，不仅仅是国家象征法的立法目的，也是国家象征法所要实现的功能。公民可以使用多种方式表达爱国感情。国家象征法规范国家象征的使用情形、使用规则，其中蕴含的重要目的是倡导、鼓励公民在适宜的情况下，更多地使用国家象征，合理地表达爱国主义情感。

（三）合法化功能

国家象征的合法性来自国家象征法所确认的国家象征的代表功能，这一点得到了普遍认可。国家象征法在制定、实施的过程中，通过对国家象征功能的强化，表明国家的在场，逐步达到了国家、政权的合法化功能。一是明晰合法化。英国著名象征人类学家阿伯纳·科恩认为,"政权的稳定与延续是借助于一套相当复杂的象征系统,这套象征符号给予政权合法的地位"①。国家象征法通过宪法、法律将国家象征的构成法定化,实质上就是再次确认了国家权力的合法化。在实践中,国家象征往往是在新国家、新政权建立之初确立的,代表着一国的新开端,实质上是给予当权者合法性。二是强化合法化。"象征符号凭借它所产生的诱惑力,建立起社会秩序,使得因内部价值与原则起了冲突而濒临破裂边缘的社会,能够有机会生存下去。"② 通过制定国家象征法,细化新政权、新国家的政治代表物使用、管理规则,再次在法律中维护了新的国家象征,巩固了新国家、新政权的合法性。通过规定必须使用国家象征的情形,持续性要求国家机构、组织、个人使用国家象征,可以潜移默化地传达新国家、新政权的合法性。三是通过制裁规训、引导合法化。根据国家象征法,以法律禁止的方式破坏国家象征,都可以被视为对民族、国家,即国家制度、政治制度和法律秩序的攻击。通过对涉及亵渎国家象征的惩罚、制裁,能够在这个维护国家象征尊严的过程中引导及规训不遵循国家象征法的人员,既维护了国家及其机构的形象,又维护了国家政权合法性的功能。

---

① 瞿明安等:《象征人类学理论》,人民出版社 2014 年版,第 210 页。
② 瞿明安等:《象征人类学理论》,人民出版社 2014 年版,第 210 页。

总　　论

第一编

国家象征法的理论基础

国家象征是宪法规定的国家基本属性的重要内容。20 世纪以来,随着国旗、国歌、国徽等法治化程度日益加深,由国旗法、国歌法、国徽法等法律构成的国家象征法律体系逐渐形成。从理论上看,国家象征法建立在国家象征的独特性及其功能基础之上。国家象征法的研究离不开符号学、社会学、政治学等学科的分析工具、研究观点。同时,国家象征法也与国旗、国歌、国徽直接相关的研究领域——象征人类学、纹章学、旗帜学、音乐政治学有着紧密的联系。这些学科、研究领域共同构成了国家象征法的理论基础。

第一章 国家象征法的基础范畴

第一节　国家象征的范围

国家象征是什么？国家象征包括哪些？这些是研究国家象征首先要解决的问题。在不同语境、不同学者研究中，国家象征的定义、范围尚未达成共识。本节将探索分析国家象征不同的界定，希望划定一个较为清晰的国家象征范围。

一、国家与国家象征

国家象征的阐释首先是基于对于国家的理解。16世纪法国近代资产阶级主权学说的创始人让·博丹首次系统探讨了国家主权学说。他认为，主权是国家的主要标志，主权是指对内具有至高无上的权力，对外具有独立平等的权力。他将主权的标志(Marks of Sovereighty)定义为一种法律上的特征性权力，具体包括立法权和发布命令权、创设国家的首要官员、最终审判权。[①] 让·博丹对于主权标志的概括可以归属为国家主权实质意义上的标志，但还没有涉及表现形式意义上国家主权的象征。

进入18世纪、19世纪，随着对近现代意义国家概念的深入认识，对国家开始形象化、人格化。19世纪末德国著名公法学者耶利内克认为，"国家"是一个抽象拟制概念，国家被抽象为"有机体"、"人格人"、"统治主体"(王侯或者人民)、"统治客体"(人民和国土)等不同的定性。[②] 同时，在18世纪、19世纪，国旗、国歌、国徽作为国家的指代物、标志开始在世界范围内扩散，并作为国家主权的象征日益获得广泛的认可。国家具体指代物开始与国家主权理论相结合，其原因在于国家作为一个抽象概念，没有一个具体的物质能够简单地指代它。

---

① [法]让·博丹：《主权论》，李卫海、钱俊文译，北京大学出版社2008年版，第93—121页。
② [德]格奥格·耶利内克：《主观公法权利体系》，曾韬、赵天书译，中国政法大学出版社2012年版，第14页。

每个个人、组织都必须向外界展示自己，才能被其环境认可为一个独立的主体。现实需要国家不仅要向本国公民展示自己，还要在国际交往中展示自己。因此，国家象征是适应近现代国家的产生而诞生的。

在德国国家学说中，国家象征被视为"共同体的精神展示"，属于"共同体的基本结构"部分。国家象征代表着国家的主权和权威，实质上还是国家共同体的自我形象。关于国家自我表现形式（Die Selbstdarstellung des Staates），德国法学家 Ute Krüdewagen 认为，可以通过以下不同方式展示：国旗和国歌、集体记忆的场合、选择首都、政治架构、政府公共关系、语言表达、宪法等。[①] 通过国旗、国歌、国徽、国家元首等展示共同体的存在，它的功能、权力和声望都可以被人们用肉眼感知，并留存在记忆中，"也正是在这个意义上，通过精神联系而协调一致的共同体，借用这些'标识'更使其整合性得到强化与巩固"[②]。国家借由国家象征而激起人民的热情，特别是通过宏大的庆典活动、深入的宣传活动广泛使用国家象征，促进了分散在各地的公民的情感整合，促进了对国家的整体性认同。

此外，国家象征与地方象征也有所区别。虽然从设计的风格、象征的介质上看，国家象征与地方象征的载体差别不大，但从根本上看，两者区别在于是否代表国家主权，只有代表国家主权才能够表达主权要素，地方象征不能表达主权要素。[③] 通过赋予地方象征特殊意义，表达了生活在一国特定区域人群的历史、文化、价值观和传统，并在区域内部产生、强化自我认同。可见，国家象征的主权属性与地方象征的地方属性存在本质的区别。

二、国家象征与国家标志

探究国家象征是什么，首先需要理解象征是什么？黑格尔认为："象征一般是直接呈现于感性观照的一种现成的外在事物，对这种外在事物并不直接就它本身来看，而是就它所暗示的一种较广泛、较普遍的意义来看。因此，我们在象征里应该分出两个因素，第一是意义，第二是这意义的表现。意义就是一种观念或对象，不管它的内容是什么，表现是一种感性存在或一种形象。"[④] 黑格尔的观点体现了象征区分为两个层面的共识：一是意义（实质，或者称为抽象指代

---

① Ute Krüdewagen, Die Selbstdarstellung des Staates: eine Untersuchung der Selbstdarstellung der Bundesrepublik Deutschland und der Vereinigten Staaten von Amerika. München: Franz Vahlen, [2002].

② ［德］齐佩利乌斯：《德国国家学》，赵宏译，法律出版社 2011 年版，第 62 页。

③ Герман О. Б., Колесниченко А. А. Правовой статус государственных символов Российской Федерации и ее субъектов в конце XX-начале XXI веков: сравнительный анализ//Юристъ-Правоведъ. - Ростов-на-Дону: Изд-во Рост. юрид. ин-та МВД России, 2011, № 6. -С. 66-71.

④ ［德］黑格尔：《美学》（第二卷），朱光潜译，商务印书馆 1979 年版，第 11 页。

物）；二是意义的表现（形式，或者称为具体表现形式）。象征是借用某种具体的形象的事物暗示，表明特定的人物、事理或者抽象指代等，从而表达真挚的感情和深刻的寓意。简言之，象征是用具体事物表现某些抽象意义。

德国著名公法学者克劳斯·斯特恩（Klaus Stern）将国家象征定义为"感官上可感知的（听得见或看得见的）、具有历史或当代意义的国家或民族标志"①，国家象征代表了一个社会的集体目标、理想和情感。因此，它们在一定程度上为社会成员之间的成功沟通提供了基础。

现代国家都有自己的国家象征，代表一个国家的主权、独立和尊严。国家象征、国家标志均指代表国家的特定事物。在英文法律术语中，经常使用"National Symbol"，有时也使用"National Emblem"，很少使用"National Sign"一词。②上述三个词中，第一个蕴含丰富的意义，后面两个词仅仅具有指代、指示的意义。20 世纪 50 年代，苏联的法学研究已试图明确国徽是国家的标志，国旗是国家的象征，这也表明早期的国家象征的研究已经尝试将国家象征与国家标志进行区分。

我国国旗法、国歌法、国徽法中规定，国旗、国歌、国徽是国家象征和标志，将国家象征和国家标志放在同等地位。二者虽都有代表国家的含义，但是用法略有区分，理论、实践中都有一些分歧。韩大元教授认为，国旗是国家的象征，国徽是国家的标志，首都是国家最高权力机关所在地。③ 莫纪宏教授认为，国家象征是法律事实，国家标志是客观事实。国家象征应当是宪法学的准确用语，是宪法通过制度肯定国家标志这种客观事实。传统的宪法学对国家标志的范围界定过窄，国歌、国旗、国徽、首都可以代表国家，国家主席作为人民的代表也可以代表国家，因此采用国家象征的概念在外延上更加合适。④ 在我国立法实践中，国家象征往往与国家标志混同使用。截止到 2022 年 10 月，在我国行政法规和部门规章中，总共 11 次使用"国家标志"，其中 7 次指代具体的国家标志实物，如地名标志、国家认证的符号；4 次是指国旗、国歌、国徽。总共 3 次使用"国家象征"，其中 2 次是指国旗、国歌、国徽，1 次是在抽象意义上使用，指代国家文物。⑤ 例如，《国家队队服国家标志式样与使用办法》第三条第一款规定：

---

① ［苏联］司徒金尼根等：《苏维埃国家法》（第二册），中国人民大学国家法教研室译，中国人民大学出版社 1953 年版，第 215—216 页。

② 部分法语文献使用"signe national"，表示有图像形态的国家象征，包括国旗、国徽、国名。Institut suisse de droit comparé，*Avis de Droit Protection des Signes Nationaux*，Avis 06-134．Lausanne，le 28 février 2007（23.4.07）．

③ 韩大元：《1954 年宪法制定过程》，法律出版社 2014 年版，第 420 页。

④ 《"国家标志、国家象征的宪法理论与〈国旗法〉〈国徽法〉修改"学术研讨会实录》，载微信公众号"中国政法大学法学院"2020 年 9 月 21 日。

⑤ 根据北大法宝检索，我国法律中没有直接使用"国家象征""国家标志"。

"国家队队服采用以下式样的国家标志：（一）中华人民共和国国旗、国徽；（二）汉字'中国'；（三）英文大写'CHINA（CHN）'。"

在我国香港特别行政区立法会起草《国歌条例》时，也有相关争议。有的认为象征和标志重复。香港特别行政区政府政制及内地事务局认为，根据词典的解释，"象征、symbol"有"借具体的事物，表现出某种特殊的意义"的意思，其较偏重"代表"的意味。另外，"标志、sign"则有"标识、表明特征的记号"的意思，其指涉"记号"的意味较重。香港特别行政区政府政制及内地事务局认为，若两词只取其一，不足以全面表达"象征"及"标志"的全部含义。[①] 也有学者认为，国旗、国徽、国歌等首先是国家象征，不指向特定物，但在具体适用的场合，又成为国家标志。

总体而言，国家标志是指物质层面，更多指代具体物；而国家象征既可以指物质层面，也可以指精神层面，包含的范围更广、意义更加丰富。在政治学、符号学、文学等人文社科领域，"象征""国家象征"已经成为约定俗成的通用概念，而"国家标志"则很少使用。为了从理论和实践层面深入探讨国旗、国歌、国徽等代表国家的象征物，同时为了研究的方便、统一，本书采用"国家象征"一词。

三、国家象征的类型

（一）国家象征的主要类型

在范围上讲，对于国家象征的认识有所不同。从各国情况看，在广义上国家象征主要包括：

一是国旗、国徽、国歌。国旗、国徽、国歌是现代国家最常见、使用最广泛的国家象征。很多国家通过宪法、法律明确规定了代表本国的旗帜、徽章、歌曲，如俄罗斯、美国、加拿大等。很多国家宪法、法律、法规还明确规定了国旗、国徽图案的图形、颜色和比例。

二是国名。国名即国家的名称，是日常使用以代表国家的称谓，同时作为国家的象征。国名具有对外代表的功能，也具有凝聚人心的功能，具有重要的政治意义、法律意义。

三是国家元首。国家元首是国家权力体系、国家制度的组成部分。国家元首是国家发展、社会发展中稳定的保障，是维护社会秩序的象征，也是国家的象征。

[①] 参见香港特别行政区立法会《2019 年 6 月 14 日内务委员会会议文件〈国歌条例草案〉委员会报告》，载中华人民共和国香港特别行政区立法会网，https://www.legco.gov.hk/yr18-19/chinese/bc/bc53/general/bc53.htm。

四是国都。国家首都,简称国都、首都,是国家政治生活的中心,在国家经济、文化、军事、外交等方面发挥着重要作用。在政治外交场合以及新闻媒体中常常将国家首都作为该国的代名词,其后逐渐演变成将国都作为国家象征。

五是国花、国树。一些国家将代表本国文化形象、具有独特寓意的花卉、树木作为国家象征,称作国花、国树。有些国家通过宪法、法律的形式确立国家的植物象征,如《孟加拉国宪法》明确规定国徽上使用的睡莲为孟加拉国的国花。更多国家则以政令或者由政府宣布的形式确认国花、国树。还有一些国家虽然没有通过正式方式确认,但是由于在国徽或者国旗上使用了有关植物的图案,在实践中也确认这一植物是该国的象征。

六是国兽。一些国家将本国所特有或者珍贵的、同时为公民广为喜爱的动物作为国家象征,如加拿大 1985 年通过的《加拿大国家象征法》,将河狸作为加拿大的国家象征。有的国家国徽、国旗图案上使用的特定动物,被认为是该国的象征。

有的学者将国花、国树、国兽等统称为官方生物标志(Official Biological Emblems),并且统计了生物标志的国家数量。截至 2013 年,在联合国 193 个成员国中,80 个国家(41.5%)提供了关于其官方生物标志的信息,66 个国家(34.2%)核实没有任何生物标志,47 个国家没有确认他们是否有生物标志(24.3%)。[①]

七是国色。一些国家将富有特定寓意的颜色作为国家象征。例如,《捷克宪法》第十四条规定国色是国家的象征物。《奥地利宪法》第八条规定国家颜色有关的细节由法律规定。

八是国庆节。国庆节通常是庆祝新国家诞生以及新政权成立的日期。国庆节伴随着民族主义时代的到来,大多数出现在 19 世纪和 20 世纪。在国庆节开展全国性、纪念性庆祝活动,有助于强化国家记忆,增强民族荣誉感,强化国家认同。

九是国家箴言。国家箴言也被称为国家信条、国家格言,通常是国家用简短的几个词语宣示国家所遵循的价值观、表达向国家效忠的信念等。国家箴言主要有两种形式的确定:一是直接在宪法和法律中规定,如《法国宪法》第二条规定,共和国的箴言是自由、平等、博爱。阿尔及利亚、布隆迪、贝宁等国也都在宪法中作了规定。二是在国徽图案上显示国家箴言,如英国、荷兰、加拿大、西班牙等。

也有的学者将国家象征的范围进一步扩大,认为"国家象征不仅包括国旗、国徽和国歌,还包括国家名称(作为口头符号)、首都,在某些情况下,包括公共假期

① Reuben C. J. Lim, Heok Hui Tan & Hugh T. W. Tan, *Official Biological Emblems of the World*, Raffles Museum Of Biodiversity Research, National University Singapore, 2013, p. 7.

和纪念日"①。有的认为,一些与历史上的重大事件或者杰出人物有关的重要建筑、遗址,如长城、故宫等,因其具有重要的政治意义、丰富的历史内涵以及独特的人文价值也被视为国家象征。总之,一般意义上的国家象征较为宽泛,获得国家或者大多数公民认可的、具有代表国家意义的事物均可以被认为是国家象征。

(二)国家象征的分类

对于国家象征的分类,有不同的方式。在政治学上,国家象征属于政治象征的范围之内,有学者对政治象征的类型作了区分,将政治象征的多种基本表现形式按人们对它们的可感知程度进行归类,分为"实质类象征""思想类象征""制度类象征"。② 在国家象征的类型中,也可以按上述标准划分为不同类型,如国旗、国歌、国徽为实物类象征,国家元首、国都是制度类象征。

从重要程度上进行分类,有的学者认为,可以分为基本象征和附加象征。"国家象征划分为基本象征和附加象征,是完全合理的。因为在象征之间存在一定的等级,这表现为采用国家象征的不同顺序。"③

从是否经过法律法规认可,可以分为正式国家象征和非正式国家象征。正式象征主要包括国旗、国歌、国徽等,如新加坡 2022 年提出法律修正案,将其国旗、国歌、国徽法修改为国家象征法(National Symbols Act),将国家象征明确为国旗、国歌、国家誓言(National Pledge)、国徽、公章、鱼尾狮、国花。④ 非正式的国家象征是未经过法律认可的代表国家的形象,代表国家的历史传统和民族精神的象征物。

在我国,从广义上讲,国家象征范围十分宽泛,既包括法定化的国家象征,也包括非法定化,但在政治生活中发挥重要象征作用的国家象征。在我国宪法

---

① Федосеева Наталья Александровна. Змиевский Дмитрий Валерьевич. Конституционные основы государственной символики стран Содружества независимых государств. Пробелы в российском законодательстве. 2015. № 1. C. 17.

② 第一类是实质类象征,主要是指具有实体存在形态,表现为"有形"的,人们容易看得见、摸得着的那些象征符号,如人、物体、事件和行为等。第二类主要表现为"无形"的,指运用于政治生活中的话语以及系统化了的思想、观念等。第三类是指存在于正式的政治制度体系中的一些象征现象。以社会或国家名义设定的制度、机构和政治职位等都是为了某些具体的目标,但它们在政治过程中具有明显实质功效的同时,都有非实质功效的一面,有时具有很强的象征意义。这里,可将其称为制度类象征。政治生活中的象征现象大量且明显地表现在前两种象征类型中。参见马敏:《政治象征》,中央编译出版社 2012年版,第 72 页。

③ Федосеева Наталья Александровна. Змиевский Дмитрий Валерьевич. Конституционные основы государственной символики стран Содружества независимых государств. Пробелы в российском законодательстве. 2015. № 1. C. 17.

④ National Symbols Bill. https://sso.agc.gov.sg/Bills-Supp/21-2022/Published/20220802?DocDate = 20220802.

中,国家象征包括国旗、国歌、国徽、国名、国都、国庆日等。这些国家象征按照不同的分类方式可以分为不同的类型。一方面,从是否已经专门制定法律的角度看,我国专门制定了国旗法、国歌法、国徽法,而国名、国都、国庆日尚未制定专门法律;另一方面,从是否具备双重功能看,国名、国家主席、国都主要功能不是作为国家象征,而是作为双重性质的国家象征。国名是国家的名称,其主要功能是直接指代国家的,同时有象征国家的意义。国家主席,主要功能是对外代表国家,对内代表最高统治者,是一种国家机构。国家主席是作为一种国家机构才具有国家象征的功能。国庆日主要是庆祝国家、民族独立。而国旗、国歌、国徽功能较为纯粹,国旗、国歌、国徽被人为地直接赋予象征国家的意义,是作为一种象征物供国家机关、公民、组织使用。因此,本书分论分为两部分,一部分阐述双重性质国家象征,另一部分阐述纯粹性质国家象征。

四、国家象征的特性

国家象征具有象征的特征,而又有所不同。美国政治学者大卫·科泽认为,象征有三种重要的特性:意义的凝聚性(Condensation)、多义性和模糊性(Ambiguity)。[①] 对于国家象征而言,与一般的象征存在很大的不同,主要表现在包容性、明确性和双重性。

一是包容性。包容性是指单个的象征代表和整合了丰富的多重意义。无论象征是在语言意义还是形象意义——表现为一种物理形式,都包含和集合了各种观念。国家象征在几十年甚至上百年时间之所以能够持续为一国公民接受,是因为它能够吸收新的东西,与过去保持联系,并与当时当代具有一定的契合性。国家象征的包容性要求国家象征具有一个不属于一国之内一个特定民族、宗教或语言的指向,而与具有普遍意义的、更为深厚的价值理念相联结。例如,法国民族的抽象、普遍主义和主观愿景——同样反映在其自由、平等和博爱的座右铭中——与蓝、白、红三色契合。这就是为什么自1830年以来,尽管历史起伏、政权更迭,法国仍然能够一直保持它的三种颜色,它不需要炫耀与任何特殊主义有任何实际或假定的联系。一个国家的国家象征必须有证据和历史真实性,它必须不断变化,在调整中吸收它所属国家的成就。例如,斯里兰卡国旗的颜色中,栗色背景代表僧伽罗族,橙色代表泰米尔族,绿色代表摩尔族,黄色代表所有其他民族,具体包括马来人、布尔人、维达人、卡菲尔人和斯里兰卡华人。国家象征的包容性,为随时代、主题变化提供多样化的解释留下了必要的空间。

---

① [美]大卫·科泽:《仪式、政治与权力》,王海洲译,江苏人民出版社2021年版,第18页。

二是明确性。一般而言,象征具有不确定性。美国学者大卫·科泽认为,象征具有一定的模糊性,其模糊性是在于象征缺乏确切的意义。"从积极的角度来看,这意味着对于那些可以用简单的表述形式清晰地表达出来的事物而言,象征并不是叙述它们的神秘方式。象征意义的复杂性和不确定性正是其力量的源泉。"① 国家象征指向是明确的。国家象征的明确性正是克服一般意义上"象征"的不确定性建立起来的。这种克服就是法定化其含义,至少制定者、立法者在确定国家象征时是希望单一指向的。一般国家通过法律形式确定国家象征的构成,并通过法令、权威解释等方式解释其内涵。国家对国家象征进行了专门的解释,这与一般意义上的象征有很大的不同。国家象征的明确性唤起人们对国家的热爱和尊重。国家象征将标志和象征意义结合起来。首先,法定国家象征具有丰富的信息,并充分、易理解和极其全面地传达必要的信息。其次,国家象征可以作为社会行动的激励。同时,国家象征是排他的。同一种类型的国家象征在一定时期有且只能有一个。旗帜类的国家象征只有一种称之为国旗,歌曲类的国家象征只有一首歌曲被定为国家象征(即使在多个歌曲被定为国家象征的国家,也只有一个是主要的,如印度)。有的人因为不满政府政策而侮辱国旗,也是因为其明确地代表政府、国家。

三是双重性。国家象征是主观的,也是客观的。主观方面是国家象征所表征的精神内涵,这种主观的内涵需要国家运用各种措施予以加强;客观方面是国家象征的物质表现形式,表现为旗帜、徽章,或者印刷于书籍、以电子数据形式呈现于网络。对国旗来说,与其说旗帜是一个国家的象征,不如说它是一种具有政治意识形态的旗帜。在政权变换年代,国旗、国歌、国徽是首先在客观上成为有力的国家象征变革标志。随着国家象征意义的宣传、普及,新的国旗、国徽、国歌使用日益普遍,国家象征成为一个新的政权、国家的表征,开始日益主观化。国家象征最终与情感意义密切相连。正是因为这种主观色彩,使得国家象征能够成为凝聚各种不同立场、观点的平台。基于这种属性,国家象征非常适宜成为统合各种社会群体行动的工具:发挥身份认同标志的功能,使得社会群体表现出一致性。

五、国旗、国歌、国徽是现代国家最具有代表性的国家象征

国家象征有广义、狭义之分,广义的国家象征是指所有能够代表国家象征物,狭义的国家象征仅指由宪法、法律明确的代表国家的象征物。虽然从历史的角度看,各国曾经采用丰富多彩的载体象征国家,但驱万途于同归,各国法定

---

① 〔美〕大卫·科泽:《仪式、政治与权力》,王海洲译,江苏人民出版社 2021 年版,第 18 页。

国家象征的类型趋向一致。国旗、国歌和国徽伴随近现代意义上的主权国家诞生而出现。进入 19 世纪,国旗、国歌和国徽三者成为主权国家主要国家象征的格局开始形成。在历史发展过程中,上述三种国家象征得到了立法巩固,在不同国家以不同的方式发生。从各国法律实践来看,多数国家通过立法将国旗、国歌、国徽明确为国家象征。从国际上看,国家象征复杂多样,但最广泛意义上使用的国家象征是国旗、国歌、国徽,三者较其他国家象征具有显著的区别。

（一）具有深刻的抽象性

在人类社会早期,图腾式的象征多为原始的植物、动物等实体,随着人类认识能力的提高,过分赋予其复杂意义内涵,难免牵强。对于具有抽象意义的但具体现实存在的国家,也需要富有抽象性的国家象征予以指代。同时,在国家形成及其走向法治化发展的过程中,国家象征的使用越来越具备便捷性、明确性,越来越倾向于具有深刻内涵的国旗、国歌、国徽,而且国旗、国歌、国徽通过法律法规也容易明确其具体的象征含义。国旗、国歌、国徽因其能够较为便捷、全面地涵盖本国的传统、文化、群体等特色,从而逐渐得以成为国际上通行的国家象征。

（二）具有明显的特殊性

国旗、国歌、国徽在每一个国家各不相同,同时三者各有其独特性。旗帜在对外交往、战争等公众、集会等大型场合,是最容易区分彼此的手段,旗帜成为最早代表部落、民族、国家等集体的方式。国旗也成为很多国家民族统一、独立、自由的象征。徽章则主要来源于纹章的使用,既可以用于代表家族的个人日常、工作场合,也可以用于庄重、严肃的场合,更主要的是其可以用于区分政府机构与其他组织机构,不仅是作为政府的标志,也逐渐成为国家的标志。相对于旗帜、徽章主要对应于视觉而言,国歌则对应于听觉,是音乐的一种。公民既可以听,也可以唱,是表达内心情感的重要方式,能够用于各类集会、私人活动等场合,具有普遍适用性。而国花、国树等生物象征由于自身的局限性,导致使用场合、情形较少,使用受到较多约束。国旗、国歌、国徽因其明显的特殊性而成为国家象征的集中体现形式。

（三）具有广泛的代表性

"一国在为其国家选择国家象征时,莫不以最能彰显该国之物体作为其国家象征,可见国家象征富有国家的代表性之意义。"[1] 实物性国家象征（如国花、国树、国兽等）有着明显的缺陷及不足,实物性国家象征往往指向有限,有一定

---

[1]　蔡墩铭:《国家与法律:廿世纪台湾政治见闻》,翰芦图书出版有限公司 2002 年版,第 78 页。

的地域性,代表性有限。国旗、国歌、国徽往往含有多个元素,可以赋予多元化的指代对象,指代不同的群体、地区等。为了凝聚更多的人群,国旗、国歌、国徽成为现代国家使用最为频繁、最具有代表性的国家象征。

虽然很多国家宪法规定了多种多样的国家象征,但从国家象征发展演变的角度看,国家象征经历了从多彩走向单一、从实体走向抽象的过程,最终国家象征走向法治化,趋向精练、简洁的状态。由于国旗、国歌、国徽使用的便捷性、运用的广泛性,以及历史传统等因素,国旗、国歌、国徽成为应用最广泛的国家象征。

从国际上看,在很多国家,国名、国家元首、首都、国庆节也是国家的象征。对我国而言,我国宪法第四章专门确立了国旗、国歌、国徽、首都,另外还确立了国名、国家主席,这些实际上也是属于我国宪法确定的国家象征。因此,为了全面分析我国国家象征,本书在分论部分也对国名、国家元首、首都、国庆节作了简要阐释。

第二节 国家象征的起源

国家象征的起源是国家象征研究的基础。国家象征的确切起源已经消失在时间的迷雾中。很多文献关于国家象征的起源研究还是停留在表面,但是可以通过文献资料探寻文化意义、政治意义上国家象征的起源。

一、国家象征的形式起源

从形式上看,国家象征的起源经历了从图腾、纹章到王室纹章、国家纹章的过程。更具体地说,一般认为国家象征起源于古代的图腾,也就是代表史前部落的古老象征原型。在公元前的时代,埃及人用彩绘或刺绣的布来描绘动物,用象形文字铭文祝贺胜利或赞美士兵的力量和勇气。希伯来部落也使用旗帜。在古代社会,不同氏族和部落选用不同的动物或自然物象作为自己特有的标记,视为"图腾"。人们在洞穴壁画中绘制图腾标志或表示神灵的存在,在自然生产过程中崇拜已有动物,主要是祈求神灵的庇护。

早期的原始社会,人类将"图腾"刻在居住的洞穴和劳动工具上,作为区分彼此的标识,后逐步将图腾制作成飘扬的旗帜形状用作战争和祭祀,代表本氏族、社区等,具有了象征意义。再后来,图腾慢慢演变成旗帜、徽章、纹章等标志,在部落、社会中主要作为识别的功能加以使用。此时,图腾与旗帜、祭祀相关物品上的旗和徽是合为一体的。在我国古代,虽然各个朝代均有源自图腾、帝王专用的纹饰(如龙、凤等),军队也有起到标志、指挥、装饰、传递信息作用的旗帜,但由于长期存在以自我为中心的"天下"观念,所以没有演变成近现代意义的国旗、国徽。

国家象征随着国家的诞生而出现。国旗与民族国家一样,都是近代文明的产物。进入国家社会伊始,原来用于象征神灵、宗教、国王的旗帜、徽章等标志物,往往成为国王、统治者个人旗帜的象征。此时国家象征与王室象征、帝国象征及军事象征往往混用,也不易区分。例如,法国社会学家涂尔干将旗帜表述为人类学家称为图腾的神圣标志的现代版本。图腾标志和旗帜在仪式上展示的简单物品可以增进人们的感觉,其社会团结的功能是相似的。[①]

进入近代以来,国家开始颁布法令,明确官方的旗帜(国家的旗帜),图腾不再仅仅限于个人、家族、王室使用,而是进入国家机构层面,成为区别、代表国家及国家机构的标志,国家象征的代表功能逐渐产生。特别是在近代革命中,从16世纪末荷兰反抗西班牙占领、1792年巴黎人民起义开始,象征独立、自由的国旗开始广泛使用。[②] 美国独立革命和法国大革命推动了现代民族国家及其标志的形成。[③] 18世纪末19世纪初,美洲地区的国家独立运动主要包括美国独立建国,拉丁美洲的墨西哥、哥伦比亚、委内瑞拉、智利、阿根廷等国独立,这些国家独立浪潮也掀起了新独立国家创设国家象征的一次浪潮。在近代国家早期,象征国家的旗帜、徽章等主要用于统治者及其军队。

二、国家象征的实质起源

从实质上看,国家象征的起源是随着民族国家的形成、宗教象征的逐渐祛魅而逐渐神圣的过程。起源的原因是多重的,包括资产阶级革命所导致的近现代国家的产生、启蒙运动带来的宗教象征地位的下降、民族主义的兴起等。

德国政治学家 Paula Diehl 分析了国家象征的实质起源。他认为,"随着启蒙运动和现代国家的出现,政教合一的合法性原则逐渐分离,政治象征主义变得世俗化。国家作为一种政治制度和作为主权者的统治者的身份越来越受到重视",进而能够代表国家的象征应运而生,并且逐渐神圣化。在欧洲,前现代的统治者严重依赖宗教象征主义,他们的合法性来自一个给予秩序的上帝的观念,通过作为上帝的化身或使者在统治者的行动中体现出来。这种统治者的象征主义与教会的象征主义(教堂)及其仪式混合在一起。[④] 18世纪的资产阶级

---

① Robert Shanafel, *The Nature of Flag Power: How Flags Entail Dominance, Subordination, and Social Solidarity*, Politics and the Life Sciences, Vol. 27;2, pp. 13-27(2008).

② [德]里奥巴·沙夫尼茨勒等:《旗帜巡礼》,高建中译,湖北教育出版社2010年版,第10页。

③ José Ramón González Chávez. SIMBOLISMO DE LA BANDERA NACIONAL DE MÉXICO. Derecho y Cultura, núm. 13. enero-abril de 2004, p. 142.

④ Paula Diehl. "Staatssymbolik". In: Rüdiger Voigt (eds). Handbuch Staat. Springer VS, Wiesbaden. 2018, p. 637.

革命既消灭了专制主义者,也希望铲除专制主义者的象征。比如,法国资产阶级革命不仅将国王路易十六送上断头台,也摒弃了法国国王王室的象征——百合花;在美国资产阶级革命之初,不再设立国王及贵族体制,也不再希望拥有专制主义者的国玺等象征。在这背后的深层次意义在于,"国王作为国家的终极象征,失去了它的政治意义。国家的合法性不再在于国王,而在于人民和法律"①。新成立的资产阶级共和国必须找到象征性的表达方式,以代表人民的权力作为国家主权的象征。这时国家象征的重要性就日益凸显出来,逐渐成为政治生活中最重要的象征。

与此同时,启蒙运动有力批判了封建专制主义、宗教愚昧及特权主义,宣传了自由、民主和平等的思想,这使宗教象征由以往在政治体系上占据的重要地位逐渐变得衰弱了。虽然宗教象征不在国家仪式、建筑中占据主导地位,但是在新的象征意义被替换的情况下,如当象征王权的鹰具备象征民族文化、象征特定精神的意义时,原来的宗教象征图案即具有新的象征内核。例如,早在古罗马时代,鹰被看作至高无上的上帝的象征,保护着上帝的子孙和信徒不受侵害。在欧洲中世纪时代,鹰成为皇权的象征。进入现代国家,鹰成为民族传统文化的重要部分得以基础保留。在欧洲,俄罗斯、德国、奥地利、波兰、捷克、罗马尼亚、塞尔维亚、黑山、阿尔巴尼亚、摩尔多瓦这 10 个国家的国家象征仍然保留鹰的图案。

近现代国家的出现同步伴随着民族国家的诞生。民族国家诞生中,民族象征起到重要的民族情感认同、民族凝聚的作用。"民族还被用来为不同的个体与阶级提供社会纽带,因为它是全部共享价值、象征符号和传统的集合。象征符号(旗帜、货币、国歌、制服、纪念碑和典礼)能够唤起民族成员对共同的历史遗产和文化血缘的情感;对某个共同身份的认同和归属感使他们感觉变得强大和高尚。民族因此成为一个'获取信仰'的群体,能够克服障碍和困苦。"②民族的象征也逐渐替代了宗教的象征,并且在政治生活中逐渐占据重要地位,进而发展成为国家的象征。

三、国家象征起源的重要意义

现代国家的诞生同时催生了现代意义的国家象征。"为今人所熟知的民族——国家的符号象征系统,如国旗、国歌和国庆,也都是法国大革命的创造。"③

---

① Paula Diehl. "Staatssymbolik". In: Rüdiger Voigt (eds). Handbuch Staat. Springer VS, Wiesbaden. 2018 , p. 637.

② [英]安东尼·D. 史密斯:《民族认同》,王娟译,译林出版社 2018 年版,第 24 页。

③ 张凤阳:《西方民族——国家成长的历史与逻辑》,载《中国社会科学》2015 年第 6 期,第 18 页。

自 19 世纪开始,国旗、国歌、国徽等国家象征成为国家认同最主要的符号,新的国家象征通常代表革命或者政权转移。国家象征在不同的历史阶段,发挥不同的作用。在一国建立初期,建国者塑造国家象征,随着时间的推移,国家象征又影响着国家建设。

一是从实物层面,"建立"国家。国旗,作为国家的表达,作为"现代"公民大规模参与国家的象征性状态,在法国大革命之后表明人们期待证明参与政治过程时的"相似"和"相同"的特征而出现。[①] 通过新的国歌、国旗等国家象征产生一种新的国家感,是社会强化公民认同的强有力方法。例如,国旗的设计是一个国家走向和解的关键想象。在美国,国旗更是象征着国家的组成和建立,如 50 颗星代表 50 个州,13 道杠代表建国时的 13 个殖民地。在非洲很多国家,国旗不仅是国家的标志,还是组成国家的人民团结的象征。

二是在精神层面,"建立"国家。比较法学者亨利·范·马尔赛文、格尔·范·德·唐认为,国家象征是构建国家建设(Nation-Building)的要素。国家建设是指将全体居民一体化引向民族共同体,并使情况复杂的人民具有国家目标和国家利益的政治过程。国家建设关系到推动和加强国家观念,如表现国家意识、献身忠诚精神、民族自豪感和民族团结,以及归属感和安全感[②],在这其中,国家象征起到唤起国家感、团结感和归属感的重要作用。

国旗、国歌、国徽在世界范围内广泛拓展到世界各国的过程体现了文化精神的影响。"随着欧洲人在世界大部分地区进行殖民,他们输出了国家和国家象征的思想,包括国旗,采用国旗被视为国家建设过程中不可或缺的一部分。"[③] 从形式上看,很多国家的国家象征吸收借鉴了欧美国家象征的形式,但实质上往往是基于本国独特的政治历史文化传统,根植于文化的国家象征对本国公民来说有着深深的吸引力、凝聚力。例如,俄罗斯联邦共和国独立之后,采用 17 世纪末俄罗斯帝国彼得大帝确定的旗帜作为新成立国家的国旗,以纪念其伟大历史。墨西哥国旗要素则来源于墨西哥当地土著文化、西班牙文化、自由主义的新文化。[④] 这体现了对国家的忠诚深深根植于人类的文化意识。国家象征不仅仅代表着通常的"国家"概念,也浓缩着知识、价值、历史以及与国家历史紧密相连的记忆。而且,国家象征也可以代表感受国家的强烈情感。

---

① Gabriella Elgenius, *Expressions of Nationhood: National Symbols and Ceremonies in Contemporary Europe*, Ph. D. thesis, London School of Economics and Political Science, 2005, p. 45.

② [荷兰]亨利·范·马尔赛文、[荷兰]格尔·范·德·唐:《成文宪法的比较研究》,陈云生译,曾锦源校,久大文化股份有限公司、桂冠图书股份有限公司 1990 年版,第 288 页。

③ Arundhati Virmani, *National Symbols under Colonial Domination: The Nationalization of the Indian Flag, March-August 1923*, Past & Present, Vol. 164:1, pp. 169-197(1999).

④ José Ramón González Chávez. SIMBOLISMO DE LA BANDERA NACIONAL DE MÉXICO. Derecho y Cultura, núm. 13. enero-abril de 2004, p. 130.

在广泛使用国家象征的氛围之下,反复展现的国家象征可以积极影响公民对国家的态度和行为。多种形式国家象征,包括歌曲、旗帜、图案等,从精神层面将促进公民认同其国家归属、公民身份。但是,在理论层面,关于国家象征与国家之间关系起源的研究仍然充满挑战。"即使提出的问题很多,也很困难(海洋的作用、军队的作用、旗帜的定义、颜色和颜色的关联问题、国徽材质等)",但"研究海上或军事旗帜转变为真正的国旗和政府旗帜的时间顺序、地理以及政治、法律和心理模式,将是试图确定现代国家漫长起源的最富有成效的途径之一"①。

第三节　国家象征的功能

对于国家象征的功能、意义、作用,很多学者从不同角度进行了分析,如墨西哥国立自治大学 Joaquin Brage 教授将国歌作为国家象征的主要功能概括为:(1)代表功能;(2)整合功能(整合和传递情感价值观和政治共同体的团结)。② 如清华大学余凌云教授将国旗的宪法意义概括为:统一国家之象征、统一政权之服从、政治意念之号召、改朝换代之标志。③ 这种概括更加强调国旗作为国家象征的法律意义。

国旗、国徽、国歌作为国家象征和标志,是彰显国家特色的突出标志。在宪法文献中,国家象征(国家符号)被一致视为国家自我代表的一种特别杰出的形式,也是表明国家地位的必要要素。④ 国家象征的目的是成为国家的自我代表,以便可视化政治共同体的团结,从而产生整合作用。从这种意义上看,国家象征的功能主要可以区分为两种功能:代表功能和整合功能。

一、代表功能:基础功能

多数研究者认为,国旗、国歌、国徽的性质是相同的,都是国家的象征和标志,只是个别功能有所不同。国家象征是运用国家权力生产的政治象征性资源,是政治整合的重要工具和国家权力具象化的重要媒介。自从民族国家成立

---

① Michel Pastoureau. L'État et son image emblématique. Publications de l'École Française de Rome. Année 1985. 82. p. 150.

② Joaquín Brage. El himno como símbolo del estado: dimensión jurídico-política. El himno como símbolo político/coord. por Miguel Ángel Alegre Martínez,2008,ISBN 978-84-9773-432-5,págs. 23-46.

③ 余凌云:《中国宪法史上的国旗、国歌、国徽》,江苏人民出版社 2016 年版,第 23—32 页。

④ Oliver Pagenkopf. Die Verwendung staatlicher Hoheitszeichen in Geschmacksmusteranmeldunge. Gewerblicher Rechtsschutz und Urheberrecht. 2002 . Heft 9 . (Seite 737-832).

以来,政治领导人都会创造和运用国家象征(国旗、国歌、国徽等)来吸引公众注意,整合公众,激发公众行动。

代表国家的功能使国家象征成为国家的自我呈现形式、自我表现方式。在时间和空间上,国家象征成为一个国家的历史或者现实的符号,成为一个国家、国家机构的象征性代表。

一是代表国家。代表功能是国旗、国歌、国徽作为国家象征形式上最初的功能。在不同国家,国家象征识别国与国之间的不同;在同一国,区分一国不同朝代、不同政权。从历史角度来看,国家象征代表功能从早期主要用于军事领域逐步扩展到多领域,在外交、体育赛事、对外交流等方面发挥着日益重要的作用。以奥运会为例,这种国际性赛事的开幕式往往由各国代表队高举本国的旗帜依次进场,以确定队伍的来源。国旗的代表功能无论过去还是今天都是国旗的首要功能。1949年7月,中华人民共和国成立前,新政治协商会议筹备会在《征求国旗国徽图案及国歌辞谱启事》中除了个别设计要求不同,对于国旗、国徽以及国歌,均要求具备"中国特征""政权特征"。做此要求,首先考虑的是我国国旗与其他国家国旗识别的区分。

二是代表国家机构。国旗、国歌、国徽都是作为国家的象征和标志使用。在实践中,基于最初作为王室纹章专属王室或者政府专用的旗帜使用的传统,很多国家在20世纪之前只允许国家机构悬挂国徽、升挂国旗(少数情况下例外)。随着公众爱国意识的增强,出于加强国家认同感的需求,绝大多数国家放开了国旗的使用,但仍有很多国家没有放开国徽的使用,仅限于国家机构及其认可的场所、设施使用国徽。因此,在国家象征出现时,囿于人们思想观念沿袭的传统,仍将国家象征视为代表国家机构的产物。在一些场合,国家象征作为一项特殊物品,因为固定由特定国家或者政府机构使用,便开始具有了表明国家所有权的作用。

国家象征在公民中传导自豪感和团结精神,是公认的特定国家、政府传递历史和文化的工具。国家象征较各类代表不同组织、群体的标志、徽章、图章等而言,具有优先、显著的地位,起到指引、引领作用,从而能够保持整个国家各类标志、徽章的有序统一。

二、整合功能:抽象功能

国家需要象征,国家也赋予象征以意义。"视觉象征(符号)是政治和文化信息最有效的传播者。"[1]德国宪法学家鲁道夫·斯门德早在20世纪30年代就

---

[1] José Ramón González Chávez. Simbolismo de la Bandera Nacional de México. Derecho y Cultura. Número 13. p. 142.

突出强调了在宪法意义中,国家象征具有整合功能的原因在于,通过国家象征,国家能够被感知到,国家也需要能够浓缩表达的媒介。[①] 整合功能是国旗、国徽作为国家象征抽象意义的功能。现代国家"会运用日益强势的政府机器来灌输国民应有的国家意识,特别是会通过小学教育来传播民族的意象与传统,要求人民认同国家、国旗,并将一切奉献给国家、国旗……以便达成国家整合的目的"[②]。宣传推广国旗、国歌、国徽,有利于推动爱国主义教育,带动民众情感整合,促进国家认同、政治认同、政权认同。

一是情感意义上的整合功能。国家象征的情感意义是基于强化国家认同、凝聚人心的需要。"国家认同不是人类天生的品质,也不是人类成长中自然获得的"[③],国家认同需要国家象征的普及及宣传。起源于古代的图腾崇拜,在人们的情感意义上具有重要的作用。"某种东西在我们内心所激起的情感会自发地附加在代表这种东西的符号上,这是一条众所周知的法则。"[④]通常情况下,通过多种形式、日益频繁地运用,公民在心理上将国家象征与自豪、快乐和兴奋相关的事件和情形联系起来,这种良好的联系会进一步增加国家象征的价值。

国家象征带来的国家认同感随处可见,国家通过在体育竞赛中升挂和飘扬国旗、在国家节假日挥舞国旗等不同途径强化国家认同感。因此,长期在特定场合和活动中每天升挂、使用国家象征,可以达到润物细无声的效果,创造一个公民与国家发生联系的环境。

二是政治学意义上的整合功能。国家象征政治意义上的整合功能,是指国家象征在权力及与权力有关的其他政治要素方面的整合影响功能。国家象征的政治意义是多重的,如象征国家的性质、政权的性质等。

尽管随着科技、经济和政治的影响,全球化程度日益增加,但国家象征依然是鼓舞人心的强大工具,因为人是社会化的产物,其期待归属感,国家仍是世界上认同感最重要的基础。国家象征保持稳定的状态,能够提高公民对国家政权的认同感和归属感,维持国家的稳定性和连续性。同时,国家采取一定强制性和非强制性的手段,通过制裁或者训诫来保障国家整合的实现。

国家象征在国家建立的过程中起到整合作用。在很多国家,有不同种族、民族、阶层等,由于统一国家象征的作用,各色人群在共同理念的指引下形成统

---

① [德]鲁道夫·斯门德:《宪法与实在宪法》,曾韬译,商务印书馆2020年版,第60页。

② [英]埃里克·霍布斯鲍姆:《民族与民族主义》,李金梅译,上海世纪出版集团2006年版,第88页。

③ Pål Kolstø, *National Symbols as Signs of Unity and Division*, Ethnic and Racial Studies, Vol. 29:4, p. 676(2006).

④ [法]爱弥尔·涂尔干:《宗教生活的基本形式》,渠东、汲喆译,上海人民出版社1999年版,第290页。

一合作的社会、国家。① 国家象征传达了建国者、新政权建立者的奋斗历程、奋斗记忆。国家象征经过精心设计,描绘了国家的核心价值观和遗产,对国家象征的尊重是理解和内化这些价值观的一种形式。国家象征不仅代表公民享有的自由,而且代表着为之奋斗的建国者为实现这一自由所作的努力。国家象征必须得到适当的尊重。当公民尊重国家象征时,不仅是在尊重一个抽象的国家,也是在尊重所有使国家成立并为维护国家运行而工作的人。公民通过国家象征,可以牢记建国者们为建立国家而作出的牺牲,以及无数人每天为国家作出的贡献。据此,国家象征为公民提供了一种方式,即让公民感到自己是国家共同体的一部分,从而感到自豪。

---

① 中央档案馆编:《中华人民共和国国旗国徽国歌档案》(上卷),中国文史出版社 2014 年版,第 40 页。

第二章 国家象征法的学科基础

第一节 符号学中的国家象征

国家象征所包含的符号、标志及其意义,是符号学研究的重要内容之一。借鉴符号学的基本理论、基本分析工具,可以有助于更好地解释国家象征的使用情形、使用规则,分析国家象征使用中存在的问题。

一、符号学是什么?

符号不是自然产生的,而是富有寓意的、人类有意识活动的产物。从人类文明的早期开始,就选择并使用特定的标识来标记和解释信仰、文化。特定的标识逐渐获得了额外的意义,变成了符号。符号学起源于 20 世纪 30 年代逻辑实证论哲学,其初始观点是认为分析表达语言可以解决许多理论问题。在符号学领域,主要有瑞士现代语言学开创者费尔迪南·德·索绪尔(Ferdinand de Saussure)为代表的、以语言学为基础的符号学学派,以美国符号学主要开创者查尔斯·桑德斯·皮尔斯(Charles Sanders Peirce)为代表的符号学学派。在这两者的符号学理论中,象征都是一个重要的支撑性概念。

在索绪尔符号学理论中,索绪尔认为,任何语言符号是由"能指"和"所指"构成的,"能指"指语言的声音形象,"所指"指语言所反映的事物的概念。"能指"指单词的词形或词音,"所指"指单词所表示的对象或意义。后来索绪尔的追随者将语言符号进一步扩大到各种对象,包括图像、广告、音乐等,"能指"指人们赋予实体所有的语音符号和文字符号,"能指"是主观的、多变的,"所指"是相对客观的、唯一的。索绪尔符号学流派近年来的研究与语言学发生密切的联系,呈现更加抽象的倾向,而皮尔斯符号学派的研究更加贴近于各种实践,与国家象征研究联系更加密切。为了便于研究,本书以下内容主要从皮尔斯符号学理论的视角研究国家象征。

皮尔斯符号学理论认为,对于现实世界的实体而言,符号的表现形式有三种:一种称为"图像","它是某种借助自身和对象酷似的一些特征作为符号发生作用的东西";另一种称为"标志","它是某种根据自己和对象之间有着某种事实的或因果的关系而作为符号起作用的东西";还有一种是"象征","这是某种因自己和对象之间有着一定惯常的或习惯的联想的'规则'而作为符号起作用的东西,而这两种情况又往往存在着合而为一的关系"①。象征是皮尔斯学派的重要概念,可以运用到广泛的领域。

在涉及国家象征相关的研究中,符号学的重要意义在于区分载体(也称对象)与意义之间的关系。符号是一种识别方式:可以识别自我、现实对象、情感、概念等。任何国家象征首先都是一种特殊的符号,一种可以用以识别的符号。在一定意义上,国家象征的研究不仅仅是历史进程中一个独立的社会文化组成部分,也是一个独立的符号学领域。国内外很多学者从符号学的角度对国家象征进行了阐释,比较深入的研究包括《旗帜符号学意义:新西兰国旗讨论的解构》②《运用 Sebeok 的符号类型学研究旗帜》③等。近年来,我国一些学者将符号学运用到国家象征相关分析之中,如徐结平、周华所作的《旗帜的符号类型与符指过程研究》④。

二、符号学如何解释国家象征的理论问题

(一)解释国家象征的三个层次

在皮尔斯符号学中,"像似性、指示性与象征性指的是符号的三种特性(three properties),是就符号的功能而言。一枚符号可以兼具像似性、指示性与象征性"⑤。符号的三种性质也可以区分为三种符号:像似符、指示符与象征符。像似符是基于像似性,指示符是基于与对象的直接联系。⑥"像似符的重要特征在于,它所体现之品质的绝对直接性,而每一个规约符或多或少间接地指称了一个像似符","指示符直接地指示着它所反映的那个实在对象,而每一个规约

---

①　王军、康英:《符号、象征与图形符号辨析》,载《美术大观》2011 年第 10 期,第 77 页。

②　George Horvath, *The Semiotics of Flags: The New Zealand Flag Debate Deconstructed*, Language and Literature in a Glocal World, pp. 115-126(2018).

③　Steven A. Knowlton, *Applying Sebeok's Typology of Signs to the Study of Flags*, Raven: A Journal of Vexillology. Vol. 19, pp. 57-97(2012).

④　徐结平、周华:《旗帜的符号类型与符指过程研究》,载《黑河学院学报》2020 年第 9 期,第 113—116、119 页。

⑤　徐结平、周华:《旗帜的符号类型与符指过程研究》,载《黑河学院学报》2020 年第 9 期,第 114 页。

⑥　[丹麦]斯文·埃里克·拉森、[丹麦]约尔根·迪耐斯·约翰森:《应用符号学》,魏全凤、刘楠、朱围丽译,四川大学出版社 2018 年版,第 33 页。

符都或多或少地通过一个指示符去指称一个实在对象"①。对于象征符,皮尔斯称为规约符,象征符主要是基于人类所赋予的含义。在消极方面,"规约符号以任意武断性、非理据性为特征,即和对象既不相关也不相似"。从积极的角度讲,"规约符号被构建和达成的共识是:满足内部和外部世界中特定目的而被使用"②。同时,也有符号学者将上述三种比较专业的词汇,抽象翻译为更加符合一般公众可以理解的用语:将"像似符"(Icons)翻译为"图像",将"指示符"(Indices)翻译为"标志",将"规约符"(Symbols)翻译为"象征"。

通常而言,符号与标志、象征不同,符号作为一个高位阶概念,可以囊括标志、象征等概念在内。符号是人类智识的产物,通过图像与概念(意义)的分离,由人类赋予其额外内容。符号能够激发人类意识状态,通过这种激发的过程,个人的心理状态与符号之间产生了联系。对于任何符号来说,符号具有一定的信息容量,符号应当充分地、可理解地传达必要的信息,这种信息容量可以由人类意识所获知。标志通常是以单纯、显著、易识别的物体、图形或者文字等为载体,直接传递信息、表达意义的图形符号。象征则比标志更加具有深刻性,象征是一种更加抽象的标志。象征在载体与概念(意义)两者之间的直接关联性从初始来说并不是很强。例如,五角星作为一种象征符号,其初始意义表示五个角度,与公元前3000年苏美尔语中五角的形状表示"角度""墙角"等含义,以及现在五角星主要表示"胜利"有着质的不同。

象征是一种符号,但符号不都是象征。符号可能是一种完全任意构成的拼凑,在能指和所指之间有一种自然联系。象征不是完全任意的,是人为指定的、具有功能性的存在。象征作为规约符,"规约符号和其对象之间的关系是约定俗成的,在协商一致的解释习惯的基础上运作"③。这也是符号与象征的关键区别。可以把象征看成一种符号行为,却不能把所有符号行为当作象征。

根据符号学理论,我们可以对国旗、国歌、国徽所涵盖的不同含义开展不同层次的解释。对于国旗作为国家象征,从符号学的角度看,"绘画大多是像似性的,路标具有指示性,语言文字多属于象征符,旗帜有别于这些符号,一面旗帜可以三功能兼而有之。因为旗帜符号类型取决于其图形与色彩"。"旗帜的符号分类需要兼顾其图案、色彩与符号对象的关系。"④因此,从这个角度出发,一面国旗,可以三种功能兼而有之。借助皮尔斯广义上的符号概念,采用符号三

---

① 〔美〕皮尔斯:《皮尔斯:论符号》,赵星植译,四川大学出版社2014年版,第67页。
② 〔丹麦〕斯文·埃里克·拉森、〔丹麦〕约尔根·迪耐斯·约翰森:《应用符号学》,魏全凤、刘楠、朱围丽译,四川大学出版社2018年版,第40页。
③ 〔丹麦〕斯文·埃里克·拉森、〔丹麦〕约尔根·迪耐斯·约翰森:《应用符号学》,魏全凤、刘楠、朱围丽译,四川大学出版社2018年版,第43页。
④ 徐结平、周华:《旗帜的符号类型与符指过程研究》,载《黑河学院学报》2020年第9期,第114页。

分法,可以将国旗、国歌、国徽分为三种层次:

一是国旗、国歌、国徽可以呈现为特定形式的图像,用以表现国家。从其直接呈现的形式来看,可以称之为像似符。

二是国旗、国歌、国徽直接所指的客观的实体,即实体标志。这种实体标志是客观存在的,如天安门广场上客观存在的国旗、政府机构悬挂的国徽、召开会议时高声歌唱的国歌。根据皮尔斯的符号学理论,文字符号、实体标志都是客观存在的。当一个界碑上刻有中国国徽时,表明这属于"中国",而不是"外国"。如果某物能够预示或者标志某时、某地、某物或者某事的存在或者曾经存在时,并且该规律为人们所掌握,那么某物可以看作指示符。

三是国旗、国歌、国徽同时象征着国家。三者首先是通过法定化的形式被赋予象征国家,同时经过传播、使用得以强化,让群众心里产生了国旗、国歌、国徽即国家的心理感受。国家象征具有象征意义,因而属于象征符。

(二)解释国家象征产生、法定化、运用的基本过程

符号互动论认为,通过社会互动,符号开始发展看似稳定的意义,但这些意义取决于人和语境。不同的人群可以对一个符号产生不同的解释,这些解释可能会根据具体的上下文而改变。正如符号互动主义者所期望的那样,国旗作为象征的用途和意义因文化和政治背景而异,并在刺激观众反应时产生不同的后果。[①]

国家象征的诞生、法定化及其运用,也遵循了符号学的类似规律。一个新国家的诞生,要为自己建立不同于以往朝代、不同于其他国家的特殊话语体系。首先,需要在一种价值领域内找到具有特殊象征意义的国家象征,并蕴含自身价值取向(如我国的五星红旗象征全国各族人民大团结的价值,国歌《义勇军进行曲》象征爱国主义等)。其次,根据已经确立特殊价值的国家象征,五星红旗、《义勇军进行曲》成为中华人民共和国的主导象征物。最后,通过媒体宣传,日常升挂国旗、演奏国歌将国家象征予以具体化、日常化,将国家象征所传达的概念通过各种形式予以传递,从而加强公民的国家观念,促进国家象征所代表的意义传达。

(三)解释国家象征中使用的争议

符号学包含丰富的解释工具,这些解释工具,可以作为解释国家象征使用、管理、保护的特殊方式。在国家象征法律制度运行实践中,运用符号学的视角解读,将更加便捷地理解国家象征法学理论中的问题。

---

① Ankit Kariryaa et al. *The Role of Flag Emoji in Online Political Communication*, Social Science Computer Review, Vol. 40:2, p. 368(2022).

象征是载体与概念(意义)聚合的产物。载体不变,概念(意义)可以因人而异、因事而变。1949 年,新政治协商会议征求国旗设计,曾联松在国旗图案设计投稿时,对于国旗的解释是"红色:代表革命与斗争。大星:代表共产党之领导与人民解放军。四个星:代表新民主主义之四个阶级联盟。黄色:代表中国为黄种人"①。国旗法定化时,对于国旗的解释是"中华人民共和国国旗旗面的红色象征革命。旗上的五颗五角星及其相互关系象征共产党领导下的革命人民大团结"②。国旗的意义因国家权力的意志发生了改变,这证明了具体符号的代表意义是可变的。从符号学的角度研究国家象征时,不应该首先把自己的知识投射到过去,因为在时间上先于我们的社会没有这些知识。"必须考虑到时间的影响、语言以外的现实以及不同年代对同一符号的认知范式的变化。"③在涉及国家象征的解释时,可以充分运用符号学的方法、理论进行阐释。

在对侮辱国旗是否入刑的讨论中,符号学的分析方法是一个重要的解释工具。在司法实践中,行为人焚烧国旗的形式,不同人有不同的解释方式。有人认为,焚烧国旗是焚烧国旗的标志实体,是一种客观存在,目的是反抗政府特定行为。有人认为,焚烧国旗的标志实体,也是侮辱了标志实体所象征的国家。焚烧的形式是一种对重要价值目标的破坏行为。从符号学的角度讲,焚烧国旗焚烧的究竟是国家标志实体,还是侮辱了国家象征,这两种观点有着重要的本质区别。持第一种观点的主要是美国一些法官,认为不应当对此处以刑罚。持第二种观点的是很多国家法律的立法者。此外,根据符号学理论,象征意义的开放性在原则上也会引起国家象征颠覆性滥用的可能性。国家象征在日常交流中被重新定义,根据情况被削弱或加强。由于政治转型,象征的含义也可以在很短的时间内发生根本变化。④

三、音乐符号学视角下的国歌

(一)音乐符号传播的三种渠道

音乐符号学始于传播理论。在某种意义上,音乐是一种语言,也是一种符号。"音乐的符号价值,是在于诉出个人思维及其丰硕经验,产生丰富联想,这

---

① 中央档案馆编:《中华人民共和国国旗国徽国歌档案》(上卷),中国文史出版社 2014 年版,第 188 页。

② 新华社信箱:《关于国旗国歌和年号》,载《人民日报》1949 年 11 月 15 日,第 1 版。

③ О. И. Максименко1, П. Н. Хроменков. Полисемиотические элементы государственных гербов—лингвоконфликтологический анализ. P. N. RUDN Journal of Language Studies, Semiotics and Semantics, 2019,10(4),955.

④ Yves Bizeul. Glaube und Politik. VS Verlag für Sozialwissenschaften Wiesbaden 2009. 211.

种符号具有一种优异的继续绵延不绝之价值,因为这种价值,而使音乐能深入团体产生聚合凝固,及保持独立存在的遗传经验。"① 音乐成为一种传播渠道,有其发送者和接收者。

音乐传播是一个复杂、多重的过程。美国音乐学家查尔斯·西格提出了不同渠道音乐传播的模式:听觉渠道、视觉渠道和触觉渠道。"听觉渠道是指所听到的,视觉渠道是指所看到的,触觉渠道是指我们身体所感觉的的。"② 上述每一条传播渠道,都有自己的系统,可能不是在每个音乐时刻都起作用,但是会从不同渠道联合起来发生作用。国歌的奏唱、传播更是一个复杂的过程。关于听觉渠道,音乐节奏的响起、持续是一种听觉感觉,音乐传递的既有歌词,即言语,也有旋律。关于视觉渠道,当我们书写国歌歌词、曲谱时,国歌以视觉模式传播。当我们在电视、网络、现场看到国歌演奏的画面、场景时,这也是一种视觉渠道。关于触觉渠道,是指人们在奏唱国歌的过程中,口头发出语音形成对于身体的触觉;同时,在集体奏唱国歌时,形成的旋律触碰、回荡在集体之中。在集体的氛围之中,触觉也能够影响我们对于国歌的感受。

此外,在音乐传播过程中,还需要注意到噪声是起到阻碍作用的。噪声是指阻碍信息处理过程中的干扰,如影响听觉、视觉、触觉的各种干扰信息。这种理论模式的分析,对于我们理解音乐传播过程的多重性,理解国歌奏唱及其规范的复杂性,具有重要帮助作用。

(二)国歌三种传播渠道的运用

国歌作为一个能够产生情感和唤起感情的政治符号,其性质使得音乐符号学中研究的音乐传播渠道能够很好地解释如何能够更好地使用国歌。基于听觉渠道传播的要求,国歌必须良好地奏唱,不得故意改编国歌歌词、曲谱,不得以不适当的方式奏唱国歌。基于视觉渠道的要求,在奏唱国歌时,不得将国歌用于商标、广告、私人丧事活动等不适宜的场合。基于触觉传播渠道的要求,要求奏唱国歌时,不得有不尊重国歌的行为。在当前国歌奏唱过程中,要求不仅仅是听别人演奏国歌,还要自己唱国歌,这是因为国歌的传播具有双重性,既是发送者,也是接收者。

(三)国歌传播的编码和转码

在音乐符号学中,发送者与接收者之间还存在"编码"的过程,要将音乐良

---

① C. E. Merriam, *Systematic Politics*, Chicago: Chicago University Press, 1947. p. 83. 转引自胡国胜:《革命与象征:中国共产党政治符号研究 1921—1949》,中国社会科学出版社 2014 年版,第 49 页。

② [芬兰]埃尔基·佩基莱、[美]戴维·诺伊迈耶、[美]理查德·利特菲尔德编:《音乐·媒介·符号——音乐符号学文集》,陆正兰等译,四川教育出版社 2012 年版,中译本序言第 4 页。

好地传递必须有作曲家和演奏者都熟悉的符号系统（音乐符号系统）。为了使音乐能够唤起某种情感，要求听众也必须了解这种音乐符号。"音乐艺术是一种听觉符号的编码，同样，如果没有内部语言在自我传播中的译码转换，也无法使听觉感知的印象与音响创造的形象形成概念和思想，从而使悦耳动听的音响转化为心灵的共鸣和享受。"① 音乐所传递的信息需要相应的编码、解码的过程，而这个过程的良好开展，需要国歌所象征的国家能够以宣传、教育的方式，让公众知悉国歌所蕴含的价值、观念，以至于当公众听到国歌时，能够领会国歌所传达的价值、观念。

国家象征深入参与国家仪式，成为国家仪式必不可少的部分。在实践中，国家象征又通过国家仪式的传播产生了不可替代的作用。例如，在重大纪念仪式、授勋仪式、阅兵仪式等活动的现场直播中，在公民参与的体育赛事、公益广告等带有国家象征的仪式传播中，通过大量、广泛地使用国徽、国旗、国歌等国家象征，不仅可以完成对现场气氛的烘托、国家形象的建构，同时对于正在观看仪式的观众而言，也会产生一种在场感，能够将观众融入国家象征背后的国家共同体中。在电视、网络等媒体传播过程中运用国家象征文化符号，可以唤起观众对国家历史的共同记忆，激起内心的自豪感、自信心，使观众发自内心地对国家产生认同感。

第二节　政治学中的国家象征

政治学主要是研究政治行为、政治体制以及政治相关领域的社会科学学科。在政治学视野中，象征特别是政治象征具有重要的价值。政治行为在某种程度上就是一种象征行为，甚至有的学者认为"所有的人类和机构的行为都是象征性的"②，"政治通过象征来表达"③。政治象征的内容广泛，不仅包括国家象征，还包括政党象征、组织象征。国家象征本身作为一种象征，在具有象征性的政治行为中占有一席之地。国家象征关联政治的方方面面，影响政治过程，装饰政治仪式，加强政治认同，关联宪法爱国主义。

一、政治过程与国家象征

政治运转、国家治理要求操纵一定数量的政治象征，特别是国家象征。国

① 余志鸿：《传播符号学》，上海交通大学出版社 2007 年版，第 37 页。
② ［美］大卫·科泽：《仪式、政治与权力》，王海洲译，江苏人民出版社 2021 年版，第 5 页。
③ ［美］大卫·科泽：《仪式、政治与权力》，王海洲译，江苏人民出版社 2021 年版，第 3 页。

家象征存在于政治的全过程,对政治行为产生不可估量的影响。在许多情况下,人类学家和历史学家甚至有理由认为真正统治的是这些象征,而不是个人。[1]

（一）政权兴起于国家象征诞生

政权的诞生,随之而来的是通过不同的途径,包括法律、总统令、政府命令等,采用具有本国特色、象征本国政权的国家象征,用以合法化政权。国旗、国歌、国徽是政治信息的有效媒介,可以传递给人们,而无须依赖一定的识字水平。在国家独立之际、政权更替之时,往往意味着国家象征的替换。"近年来,欧洲殖民地解放运动掀起了新一轮的政治仪式和象征的替换浪潮","新国旗和新国歌带来了更多的仪式变化。没有新仪式和新象征的政治实体是不可想象的"。[2] 我国《新唐书·列传第三十二·傅吕陈》中作"改正朔,易服色,变律令,革官名,功极作乐,治终制礼"。新国家或者新政府通过国家象征展现与过去的不同,表明新的政权机构的诞生,旨在动员民众并围绕这个特色的国家象征团结整个国家。一整套崭新的国家象征体系,通过集会悬挂新国旗、奏唱新国歌、悬挂新国徽等不同的方式,能够将国家象征展现地方的人们联系在一起,让人们参与到国家建构之中,促进人们对新国家、新政权合法性的认同。例如,俄罗斯从苏联解体后,恢复了沙皇时期的国旗;很多苏联加盟共和国独立后也纷纷采用新的或者恢复旧时代的国家象征,用以标识新政权、新国家的诞生。

（二）政权巩固与国家象征在场

国家象征产生以来,国家为了凝聚其国民,维护和促进国家认同,通过加强国家象征的运用,确保国家象征在重要场合在场常态化,潜移默化地推动人们对政权合法性的认识。"组织依靠其象征性的表征来维持认同感和凝聚力。因为随着世易时移,组织的人与事都会发生变化,唯有通过象征才会永葆其特征。"[3] 这也必然要求更多的公民组织更加广泛地、科学合理地使用国家象征,需要制定必要的使用规则,以确保其使用的规范性,维护其国家尊严。国家象征产生后,相应的主管部门须制定出台使用管理规定,这就产生了国家象征法律制度。

一是国家象征在国内实践中巩固政权合法性。人们对政权合法性的认识不仅体现在书面文件中,而且体现在人们的思想意识中,而思想意识中反映对政权合法性的认识表现在人们对待国家象征的行为中。"个人通过接受与政治组织相关的象征,感觉自己成为组织的一分子,而且同样重要的是,他也被组织

---

① Michel Pastoureau. L'État et son image emblématique. Publications de L'École Française de Rome. Année 1985. 82. p. 153.

② ［美］大卫·科泽:《仪式、政治与权力》,王海洲译,江苏人民出版社 2021 年版,第 32 页。

③ ［美］大卫·科泽:《仪式、政治与权力》,王海洲译,江苏人民出版社 2021 年版,第 29 页。

中的其他成员视作同伴。个体通过象征被整合进组织之中,并被赋予特殊的身份。"① 组织象征性地得以呈现,个人对组织的忠诚也可以通过象征表现出来。穿印有国旗图案的服装、佩戴国徽徽章、手持国旗、参与升国旗仪式、集会时唱国歌,通过这些行为,参与者及旁观人员都会认为参与者属于这个国家。

国家象征作为政治象征的一种类型,具有神圣性、识别性强、认可度高的特性,具有很高的动员潜力,在人们对于政治认识的具体化、理解和执行中具有独特的意义。国家象征在组织的高效传达中发挥着重要作用。在政府发布的公文中要有国徽显示,以显示其权威性;在各级人大及其常委会选举或者任免的国家工作人员的任免书上印制国徽,以凸显任命或者当选的合法性。在等级制组织的权力关系传达中,象征也具有独特的价值。例如,国务院关于国徽印章的大小还有很多不同之处,按照级别高低依次使用不同大小的国徽印章。同理,在最高人民法院发布的法院悬挂国徽的具体办法时,也是按照等级确定了使用不同大小的国徽。

二是国家象征在国际关系实践中巩固政权合法性。国家象征不仅仅在国家内部发挥着重要的传达作用,在国家之间也具有同样的效用。在国际交往之中,国家象征的使用已经成为必备的要素之一,用于相互识别,用以显示国家、政权威严。迎宾道路两侧并列悬挂的两国国旗,欢迎仪式上奏唱国歌,举行升旗仪式等,都象征着国家之间的交往,成为一种传达统治者权威和权力的方式。

(三)政权变更与国家象征退出

为了在逻辑上维护国家象征法律的严密性,一些国家规定了修改国家象征的程序。但在政治上,一旦一个政权发生更替,必然由新的政权重新确立新的国家象征制度。"奇妙的是,仪式之所以在政治变革中发挥重要作用,正是因为它的保守性。新的政治制度通过对旧的仪式改辕易辙,从旧的政治制度中借得合法性。"② 新旧不同国家象征往往成为不同政治势力斗争现场挥舞的标志。新成立的政权,为了强化新政权国家象征的使用,往往限制甚至禁止旧政权国家象征的使用。旧时代的国家象征常常出现于反抗、游行、暴力等活动之中,激起潜在的矛盾,以分裂社会并引发冲突。此时,旧时代的国家象征成为一种禁忌物,逐渐退出历史舞台。

二、政治仪式与国家象征

政治学研究中,政治仪式是政治行为的重要组成部分。"政治仪式是一套

---

① [美]大卫·科泽:《仪式、政治与权力》,王海洲译,江苏人民出版社 2021 年版,第 27 页。
② [美]大卫·科泽:《仪式、政治与权力》,王海洲译,江苏人民出版社 2021 年版,第 63 页。

集合主流价值观念等特殊文化密码的象征性活动,它通过形象的表演、生动的话语、可见的图像向人们赋予主流观念指涉的意识形态,也刺激并激发人们的情绪情感。"①美国学者大卫·科泽强调仪式在政治权力中的重要性,政治象征是仪式必不可少的重要组成部分,也是仪式能够发挥强大作用的关键因素。他分析了象征发挥的重要作用,其对政治象征作用、意义的分析很大一部分是国家象征的作用、意义。

实际上,政治仪式可以视为表达群体情感、促进群体团结的重要方式,国家象征同样是表达群体价值观、维系群体情感的重要手段。"仪式是一种通过表演形式进行人际交流和文化变迁的'社会剧'。"②庆祝活动或者仪式,是基于一定的政治文化要求,对一系列具有象征意义的符号加以程式化运用的行为。仪式及其中的象征体现了政治权力和公民权利。在政治舞台上,一切都是象征性的:政要的数量、政要的等级制度、政要的周围环境、政要的服饰、政要的手势、政要经常出现的地方、政要使用的物品等。物质上的象征(图像和物品)与一个"活的"、更短暂的象征相结合(由个人或团体组成)总是很重要的。③ 这也凸显了让人们通过操作象征增长其权力。

《诗经·小雅·楚茨》中说:"献酬交错,礼仪卒度。"《礼记·曲礼》中说:"夫礼者,所以定亲疏,决嫌疑,别同异,明是非也。"以孔子的观点,礼就是一种规矩,是用来教化百姓的法则。在国家象征法律制度中,国家象征的礼仪是指按照法律规定应当遵守的行为准则和道德规范。法定礼仪与一般礼仪制度的不同之处在于法律的明确规定性,一旦违反法律规定礼仪,可能需要承担相应的法律责任。作为法定化的国家象征,其在政治仪式中的作用主要体现在以下几个方面:

一是国家象征是政治仪式的必要组成部分。"仪式及其包含的符号是至关重要的,因为个人成其为个人,社会成其为社会,国家成其为国家并不是自然天成的,而是通过文化、心理的认同而构成的,而这种认同又是通过符号和仪式的运作所造就的。"④在政治仪式的构成要素中,国家象征作为特殊的政治符号是必要的存在。无论是国家层面的国家元首、政府首脑、议会议员等宣誓,还是地方层面地方领导人宣誓、学校举行活动等仪式,国家象征都是必备要素,是一种必要的装饰,以使仪式更有政治氛围。

① 曾楠、闫晓倩:《国家认同建构的象征性资源探究:以政治仪式为视角》,载《青海民族研究》2020年第 3 期,第 100 页。

② [英]维克多·特纳:《象征之林:恩登布人仪式散论》,赵玉燕等译,商务印书馆 2006 年版,第 19 页。

③ Michel Pastoureau. L'État et son image emblématique. Publications de L'École Française de Rome. Année 1985. 82. p. 153.

④ Norbert Elias, *The Symbol Theory*, SAGE Publications Ltd, 1991, pp. 123-124.

国家象征在场的政治仪式是国家、政权诞生行为的必要政治表现。"中华人民共和国,就是这样在礼炮声中诞生的,中华人民共和国国旗是在国歌声中升起的。""这一切,都证明中华人民共和国是在礼炮声中诞生的。由此而产生的是崭新的礼仪,人民的礼仪,革命的礼仪,民主的礼仪。"① 国家象征的政治性与政治仪式相契合,国家象征的出现使国家、政权的诞生更加具有仪式感、历史感、凝聚力。

在政治仪式中,国家象征的同时感、共享感具有重要意义。在将地方群体纳入国家整体的机制中,象征行为的同时性(Simultaneity)是最有效和最普遍的一种。② 例如,在全国统一的时间下半旗。使用国家象征将地方群体与国家政治联系在一起的做法,是国家象征发挥作用的重要形式之一。力图变革政治的人们也会使用象征仪式,展示他们与其认同的更加宏大的国家政治之间的关系。

二是国家象征在政治仪式中起到合法性确认作用。在政治仪式中,国家象征不仅仅起到简单的装饰作用。政治仪式为了体现其正当性、合法性,要求国家象征在场。国家象征创设的目的是要求更多地运用;国家象征本身的价值在于运用;国家象征使用的便利性和广泛性,为国家象征在场提供了便利条件。

国家象征长期反复性在场,对于仪式的合法性起到确认作用。"仪式的政治作用主要是赋予已经存在的制度掌权者以合法性。"③ 国家象征的在场,使得参与人员内心确认政治仪式符合法律或者得到法律认可。"象征的反复使用在人们的心目中形成一种意识,即象征的秩序就是世界的秩序。"④ 人们在周期性、反复地参与政治仪式的过程中,巩固了国家观念,巩固了政权的合法性。

三是国家象征在政治仪式中具有价值导向作用。国家象征的在场,使得国家象征所具有的理念、所蕴含的意义,可以在参与者心中起到潜移默化的作用。国家象征意义丰富,或者代表国家的组成部分,或者表明国家奋斗的艰辛,或者象征国家的理念、目标、任务等。国家象征在政治仪式中具有一种情感记忆唤醒功能,唤醒参与者在多年宣传教育中所得到的国家象征所代表的情感记忆。在战争时期,鲜明的国旗激励人民为国家象征所代表的维护国家独立、促进民族团结的价值观而奋斗;在和平年代,飘扬的国旗激发运动员发扬拼搏精神,为代表国家取得运动的胜利而努力。

---

① 杜沛鹤、魏束玲:《中华礼仪学》,宁夏人民出版社2007年版,第27页。
② [美]大卫·科泽:《仪式、政治与权力》,王海洲译,江苏人民出版社2021年版,第37页。
③ [美]大卫·科泽:《仪式、政治与权力》,王海洲译,江苏人民出版社2021年版,第55页。
④ 冯友兰:《中国哲学史》(上),河南人民出版社1988年版,第12页。

国家象征参与政治仪式,使得政治仪式更富有情感,更能够刺激人的内心。在政治仪式中,将参与者的注意力集中到爱国主义情感之中。"透过宏大的仪式操演,异质的、分散的、原子式的大众走向聚合,使公权力获得凝心聚力的力量。"①国家象征的情感作用在政治仪式中得到了高度重视,使得人们与国家在仪式中得以互动,在仪式中国家得以传导主流价值,人们得以获得国家情感的激励。

正是由于国家象征在政治仪式中强大的作用,使几乎所有统治者不得不敬畏国家象征的力量,从而高度重视国家象征在政治仪式中的运用,并且通过法律要求政治仪式中必须使用国家象征。

三、国家认同与国家象征

在政治学概念中,国家认同是政治认同重要的构建内容。通说认为,国家认同是国民对所属国家的认知、情感和行为评价。国家认同理论,是一种建构现代国家政治态度、信仰和情感的理论范式。国家象征象征的是国家,当时统治者运用国家象征时,追求的重要目的是加强国家认同。

作为创造国家认同的一种文化资源,国家象征是不可或缺的。目前,国家认同理论被广泛运用于阐释我国本土实践和经验,一些学者运用国家认同理论阐释了国家象征,如吉林大学殷冬水分析了国家认同建构中国家象征的重要性、国家象征的属性、国家象征表达的方式,分析了国家象征在国家认同建构的方式路径。②在政治理论中,国家象征强化国家认同主要通过以下三个途径。

一是神圣化政权。国家认同通过强化国家象征的运用,促进国家认同的实现。"在创建现代民族国家的过程中,国家认同是通过国旗和国歌等象征物来构建的,或者至少是反映的。这种认同既可以表达国家的统一性,也可以表达组成国家的不同社区的多样性。"③但是在国家认同的背后,同样蕴含着国家象征神圣化政权的逻辑。国家象征由当权的政治力量确定、运用,在加强国家认同的同时,实现加强公众对其政权的认同。

每个国家都有独特的历史文化,接触富有内涵、意义特定化的国家象征很

---

①　曾楠、闫晓倩:《国家认同建构的象征性资源探究:以政治仪式为视角》,载《青海民族研究》2020年第4期,第101页。

②　殷冬水:《国家认同建构的文化逻辑——基于国家象征视角的政治学分析》,载《学习与探索》2016年第8期,第74—81页。

③　André Roux. Hymne national et Constitution. Droit et Musique, Jun 2016, Aix en Provence, France. ffhalshs-01449230.

容易激活对国家所赋予意义的联想。经过岁月的沉淀,人们对于国家认同的增强,也很容易强化为政权认同。民族主义、爱国主义和积极的国家象征意义之间存在稳定的相关性。人们对自己国家的民族主义和爱国主义感情越深,他们就越会将爱国之情与特定的政权联系起来。

二是区分不同共同体。国家象征是一国正式的、法定的国家象征。通过使用不同的国家象征,人们将彼此区分为我者与他者。在政治学中,通过区分彼此,可以促进同一群体之间的相互认同。国家象征代表着本国与其他国家的区别,越是广泛使用国家象征,越会增加公民的国家认同感。当国歌被有意识地奏唱、国旗被有目的性地挥舞,以及国旗悬挂在公共建筑上时,都会在公民的心中强化国家认同,并在这个过程中建立了一个"我们"和一个"他们"。国家象征带有特定群体的历史文化发展的印记。国家象征的"所指"就是建国者或者最高统治者对其本身的认识,国家象征所蕴含的意义,是其赋予的。在宣传教育、学习教导中,国家象征对历史上最高统治者所希望传达的信念进行了再现,在这个再现过程中,爱国情感得以呈现,国家认知得以传承。

三是常态化在场。国家象征在场,是指国家象征通过适当的方式展现、使用。国家认同通过日常使用国家象征而加强。国家象征经过时间的积淀,蕴含着民族国家的精神气质和内在价值观。国家象征出现在公民日常生活之中,可以称之为国家象征在场。"国家象征符号的生产、维系和变革是现代民族国家的一项重要职能,通过象征符号的传播,抽象的国家权力被形象化和可视化,国家的形象被展示,国家的意志被表达。"① 在边疆的山村、在远洋的轮船上,国家为了强化其统治、突出国家意识、促进政治认同,必须让国家象征在场。

四、国家象征与宪法爱国主义

(一)民族主义与宪法爱国主义

当前,在政治学领域国家建构的理念中,主要存在两种争论,即民族主义(基于民族的特殊主义)和民主主义(基于多元价值的普世主义)。前者认同的对象是民族,强调的是构成本国之内民族的特殊性,后者认同的对象是民主、自由、平等等多元的"普世价值"理念。基于民主的普世主义,主要表现规定在宪法中的"普世观念",也可称之为宪法主义、宪法爱国主义。

自从民族国家观念形成以来,以民族特殊性为基础,以民族为忠诚对象,主

---

① 殷冬水:《国家认同建构的文化逻辑——基于国家象征视角的政治学分析》,载《学习与探索》2016 年第 8 期,第 75 页。

张弘扬民族文化为重要手段的国家观念形式逐渐成为主流,从民族主义的观念建构国家。20 世纪下半叶以来,以共同的政治理念为基础,主要表现在以规定的宪法中的"普世观念"为依托,以宪法为效忠对象,建构国家。爱国主义与民族主义不同,爱国主义通常表现为热爱国家、促进群体团结,而民族主义通常被认为是不加批判地接受国家、政权当局,以及对民族外群体的反感、排斥。

　　以民主为基础,构建宪法爱国主义理论的典型代表是哈贝马斯。但哈贝马斯关于以民主为基础的国家建构理论,并不是绝对地对宪法明确的"普世价值"进行效忠形成的。哈贝马斯所称的效忠的宪法原则"并非是脱离现实的抽象物而是根植于特定的民主政治和法律文化之中,因为只有这样,它们才能形成公民们的认同和忠诚"①。

世观念"为核心的宪法爱
持其理念状态,在这其中,国
国家象征成为爱国主义的

在民族主义理念中,国家起
,又共同助力构建一个共享
表着一个国家内部民族可以
。但是另外一个方面,以民
同不同而导致的民族排斥。
等。
集体利益而可以牺牲个人利
族主义的爱国主义,要求加
构建国家的基本理念,将民
确立宪法宣誓制度,明确对
仅仅是宪法文本,还包括民
的特殊价值理念。

　　在宪法爱国主义理念中,国家象征也发挥特殊的作用。国家象征所象征的对象,不再仅仅是以民族形式构成的国家,而是以象征民主、自由、平等等价值的多元主义。商谈式民主认为,如果保持成员对共同体持续的忠诚,"必须根植于特定的政治共同体的传统和价值之中。然而,这里所谓的传统和价值并没有固定的内容,而是在民主商谈的媒介中开放转型;通过不断再阐释以回应特殊

---

① 许章润主编:《历史法学》(第三卷),法律出版社 2010 年版,第 258 页。

的政治挑战(如整合少数群体或移民),回应与政治无直接关系的文化(如艺术领域)的发展,它们保持它们的生命力和对成员的意义"。"构建起来的认同具有适合文化、历史定位的阐释实践的一致性和特殊性。"①实践中,国家象征在商谈中发挥重要作用,通过不断强化国家象征在特殊群体(少数群体和移民)中的印象,起到整合特殊群体的作用。将国家象征运用于各类艺术领域,反复突出国家在艺术领域的再现。通过不断在各群体与各领域出现、阐释国家象征,进而强化共同体的认识,加强对共同体的忠诚。

在宪法爱国主义中,"宪法爱国主义不是政治情感从一个客体向另一客体的转向(例如,从民族转向宪法),而是转向更为复杂的形式"②。宪法爱国主义的情感不仅仅包括了国家自豪感,还包括因少数群体受到歧视而产生的羞耻感等。哈贝马斯的宪法爱国主义,保留了基于特殊性的民族特性,同时摒弃了民族主义弊端(过于推崇本民族带来的对其他民族的打压)。

(三)强化国家象征在爱国主义中的作用

每个国家基于实用考虑,对于"爱国主义"概念及其含义的利用,必然需要进行再阐释。实际上,无论是民族主义还是宪法爱国主义,都需要运用国家象征加强其核心理念。我们以加强国家象征宣传教育为手段,推动爱国主义教育,需要坚持以下理念:

一是国家象征所象征的仍然是以民族为核心的国家。在当代,国家仍然以民族为构成核心,少数以移民为主的国家例外。在我国,以中华民族为共同体基础使用国家象征,是国家象征的正确使用方式。

二是国家象征所宣扬的是宪法实质内容所蕴含的价值观。哈贝马斯所提倡的宪法爱国主义理念,是以其本国为基础的共同体价值。当我们运用宪法爱国主义理念时,在当代中国的背景下,宪法爱国主义必然以宪法实质内容为根据,忠诚于宪法、忠诚于国家。纯粹的以宪法为忠诚对象的宪法爱国主义是抽象的,是难以落实的。

三是强化国家象征的使用是加强宪法爱国主义有力的途径。加强国家象征的运用,推崇基于共同价值的爱国主义,目的是纠偏极端民族主义的弊端,这与马克思主义极力希望构建的社会主义、共产主义有一些相同之处。宪法爱国主义不仅仅是推崇共同的理念,更重要的是以本国国情为基础保护公民的权利、自由。

---

① 许章润主编:《历史法学》(第三卷),法律出版社 2010 年版,第 278—279 页。
② 许章润主编:《历史法学》(第三卷),法律出版社 2010 年版,第 281—282 页。

第三节　社会学中的国家象征

社会学主要是研究群体行为的人类社会和社会行为的科学。在社会学中，国家象征是社会分析的重要对象之一。国家象征是国家这一特殊群体彰显独特性的载体。社会学家已运用社会认同理论等分析解释了国家象征在社会中发生的作用。运用社会学理论，可以从社会这一角度更加全面地认识国家象征发挥作用的路径、方式及意义。

一、社会认同理论与国家象征

在社会学中，社会认同理论对于分析研究国家象征具有重要的启发作用。社会认同理论（Social Identity Theory）是一种交叉学科理论，涉及社会学、心理学、政治学等。该理论由英国社会心理学家亨利·塔菲尔在 20 世纪 70 年代提出，并在群体行为的研究中不断发展起来。社会认同理论的基本观点是：个体通过社会分类，对自己的群体产生认同，并产生内群体偏好和外群体偏见。个体通过实现或维持积极的社会认同来提高自尊，积极的自尊来源于在内群体与相关的外群体的有利比较。当社会认同受到威胁时个体会采用各种策略来提高自尊。个体过分热衷于自己的群体，认为自己的群体比其他群体好，并在寻求积极的社会认同和自尊中体会群体间差异，就容易引起群体间偏见和群体间冲突。[1]

在认同观念上，存在不同层次的认同，以个人所属的群体为标准，根据个人所属群体的大小，可以分为地区认同、民族认同、国家认同。而社会认同理论将认同分为个人认同和社会认同两个层面，社会认同包括的层次更加广泛，即包括社区、群体、民族、国家的认同，其本质是对多数人集合的认同。国家象征应该被理解为一种特殊的社会认同工具。国家象征广泛、深入的使用过程，对个人而言，有利于体现个人对本群体的认同，而且促进个人在本群体地位的树立。构建社会认同——民族国家认同——实质上就表现为国家层面的意识形态如何为理性和反思能力日益提高的民众接受并内化。[2] 无论是在行动中、创造中还是在思想中，国家象征作为一种重要媒介、手段，在社会结构中起到建立联系、促进产出的作用。

---

[1]　张莹瑞、佐斌：《社会认同理论及其发展》，载《心理科学进展》2006 年第 3 期，第 476 页。

[2]　肖瑛、黄晓春、李友梅：《社会认同：一种结构视野的分析：以美、德、日三国为例》，上海人民出版社 2007 年版，第 27 页。

二、国家象征在社会认同三个阶段的作用

社会认同理论认为,社会是由大规模的社会范畴(种族、性别、宗教、阶级、职业等)组成的,这些范畴在权力、地位、声望方面彼此相关。某个(或多个)支配群体有实际的权力去宣扬它对社会、社会中的群体以及他们之间关系的阐释,也就是说,他们加强了一种主导的价值系统和意识形态。他们审慎地建构起这套价值系统和意识形态,目的是有利于支配群体自身的利益,同时将现状合法化,并使其持续存在。①

社会认同理论认为,社会认同由类化、认同和比较三个基本历程组成。一是社会成员可以通过社会分类,增强对自我的认识,构建其本身环境,并定义其所在位置。二是在群体实践中,人们增强对所在群体情感、理念的认同。三是通过比较,希望保持独特有意义的社会身份。而这种独特身份,体现在自身所在群体和其他群体存在的差异。这种差异通过对本群体的偏好体现出来。在本群体有所偏好的同时,产生了对外群体的偏见。国家象征在社会认同中是一种特殊媒介,在社会认同三个阶段的作用主要表现在以下方面:

一是类化。类化即找出共同点,将自己纳入一定的群体之中。国家象征广泛、深入地使用,可以增加该国群体成员之间对彼此共同所属的情感价值理念的认同,进而导致对群体间彼此的认同。这种认同的效果,一方面可能导致向保守的民族意识形态转变,另一方面可能会减少对本地少数民族群体的敌意。

二是认同。认同就是认可特定群体共同的特征、情感、理念等。在社会认同理论看来,有意识或潜意识地接触国家象征会增加社会认同。从社会认同理论出发,预测个人将积极情绪和平等主义概念与他们的国旗联系起来,以保持积极的社会认同。除了这些广泛的预测之外,重要的是要考虑该国特殊的历史发展(例如,该国是否为独立而奋斗,是一个移民国家,还是卷入武装冲突),这有助于发展相对稳定的社会。②

三是比较。比较就是区分本群体与其他群体的差异点和共同点,识别本群体的特殊性。国家象征使用的普遍化,对于国家内的少数群体而言,可能自认为不同,而对本国国家象征表达出敌意,在反对不满意的政府政策时,通过焚烧国旗表达不满的意见。国家象征广泛、深入地使用,也可能会导致对其他的国

---

① 〔澳〕迈克尔·A·豪格、〔英〕多米尼克·阿布拉姆斯:《社会认同过程》,高明华译,中国人民大学出版社2011年版,第34页。

② Julia C. Becker et al. *What Do National Flags Stand for? An Exploration of Associations Across 11 Countries*, Journal of Cross-Cultural Psychology, Vol. 48:3, p. 340 (2017).

家象征所代表群体的敌意,如在体育运动会上,对其他国家国旗的侮辱;在反对他国的示威游行中,对他国国旗的焚烧、对他国国家象征财物的损毁;等等。

社会认同理论认为,民族主义与外群体排斥呈正相关,认为民族主义在群体间有威胁的情况下变成了外群体的排斥。在政治不稳定和受威胁的时期,尤其如此。国家象征作为国家的代表,对其破坏或者亵渎一般被认为是对国家象征所代表群体的攻击。国家象征所代表的群体自然对其采取防御手段,或实行舆论谴责、道德谴责,或者使其承担行政责任、刑事责任等。在社会认同理论看来,对于本群体的攻击(可能是实物也可能是象征),都会带来本群体的防御。无论亵渎的来源是什么(群体内或者群体外),都会增强本国公民对国家象征的爱国之情。亵渎某一群体的国家象征可能会导致该群体对外群体的偏见普遍增加,无论他们是否被视为具有威胁性。[①]

三、社会学理论中的暴露效应与国家象征

简单暴露效应(The Mere Exposure Effect)是由美国社会心理学家罗伯特·博莱斯瓦夫·扎荣茨发现的。"简单暴露效应就是指刺激的简单暴露能够成为提高个体态度的充分条件。也就是简单的无强化暴露可以提高对刺激的喜欢程度,即熟悉导致喜欢。"[②]简单暴露效应是一种心理现象,当我们更多地暴露于某种刺激或人时,我们对它的喜欢就会增加。这种效应是典型的社会心理学理论,有时也被称为"熟悉度原则"。暴露效应的形成是一个经典的条件反射过程,其中条件刺激就是重复暴露的刺激。情感反应是在认知加工基础上作出的,是认知加工的最后一个环节,发生在刺激登记、意义提取之后。[③]就国家象征而言,法律要求国家机构悬挂国徽、每日升挂国旗,重大活动、会议唱国歌等,从社会心理学上,是强化简单暴露效应的具体表现形式。

众所周知,国旗等国家象征会显著改变人们的意识和行为。近年来,很多社会学家使用简单暴露效应等相关理论对国旗等国家象征的影响进行了分析。

美国社会学家 Ran R. Hassin 等人研究表明,在实验室环境和现实生活行为中,潜意识接触(Subliminal Exposure)国旗会影响政治态度、意图和决定。而这一观点否认了通常认为非有意识地接触国家象征不可能对人的政治意识和政治行为产生影响的观念。该研究表明,潜意识地接触国旗,不仅可以在实验环境中给公民表达的政治观点带来重大变化,还可以在他们的现实生活中给投票

①　Gaëlle Marinthe et al. *Flags on fire:Consequences of a national symbol's desecration for intergroup relations.* Group Processes & Intergroup Relations,Vol. 23:5,p. 29(2020).

②　张立荣、管益杰、王詠:《简单暴露效应的理论模型》,载《心理科学进展》2006 年第 6 期,第 932 页。

③　张立荣、管益杰、王詠:《简单暴露效应的理论模型》,载《心理科学进展》2006 年第 6 期,第 936 页。

等政治行为带来重要影响。国旗象征着主流的价值观,潜意识地接触则会引导人们靠近这种主流的价值观,并将人们从政治极端的左右两侧拉向中心。①

美国社会学家 David A. Butz 等人通过三项研究考察了接触美国国旗对激活平等主义概念和外群体敌意的影响。研究 1 表明,对美国国旗的潜意识接触激活了参与者的平等主义概念。在研究 2 中,暴露在美国国旗下的高度民族主义的参与者比没有暴露在国旗下的参与者报告的敌意要少,而国旗并不影响低民族主义的参与者的敌意。研究 3 表明,对于民族主义程度高的参与者来说,在潜意识中接触美国国旗时,平等主义概念的更大激活与在美国国旗面前对阿拉伯人和穆斯林的敌意较小有关。②

然而,美国社会学家 M. Kemmelmeier 等人研究表明,在美国,美国国旗是一个经常展示的国家象征。鉴于其高度的可见性和重要性,研究考察了接触国旗对美国人的国家依恋感的影响。假设国旗会增加爱国主义(定义为对自己国家的爱和承诺)和民族主义(定义为对他人的优越感),两项实验研究表明美国国旗增加民族主义的观点,但不一定是爱国主义。③

另外,有的社会学家对使用国旗背后所反映的价值观进行了研究。澳大利亚社会学家 Farida Fozdar 等人对在澳大利亚国庆日于汽车上悬挂澳大利亚国旗现象进行了研究。2011 年在西澳大利亚州进行了一项调查,以确定谁悬挂国旗以及为什么悬挂国旗。结果表明,1/4 的被调查者都在汽车上使用国旗,此种情况下,国旗简称为车旗。悬挂车旗和排他性民族主义之间表现出明显的关系。悬挂车旗的人在爱国主义和民族主义的衡量标准上评分更高,对穆斯林和寻求庇护者的感觉更消极,对反亚洲移民的白澳政策更积极。他们也更有可能认为自己的文化和价值观处于危险之中,并对澳大利亚的身份有一种本土主义的看法。虽然这两个群体都对澳大利亚的多样性持积极态度,但打着车旗的人更有可能认为移民应该被同化。这些结果支持了其他文献的观点,即在某些情况下,澳大利亚国旗已经与排他性的民族主义联系在一起。④

社会学家的研究为国家象征法提供了不同的背景、思路。在不同的社会背景中,国家象征可能用于不同的用途。国家象征既可以在没有移民问题的国家表达爱国情感,强化人道主义价值观,也可能在移民问题突出的国家,用于表达

---

① Ran R. Hassin et al. *Subliminal exposure to national flags affects political thought and behavior*, Proceedings of the National Academy of Sciences, Vol. 104:50, pp. 19757-19761 (2007).

② David A Butz, E Ashby Plant & Celeste E Doerr, *Liberty and justice for all? Implications of exposure to the U. S. flag for intergroup relations*, Pers Soc Psychol Bull, Vol. 33:3, pp. 396-408 (2007).

③ Markus Kemmelmeier & David G. Winter, *Sowing Patriotism, But Reaping Nationalism? Consequences of Exposure to the American Flag.* Political Psychology, Vol. 29:6, pp. 859-879 (2008).

④ Farida Fozdar et al. *Australia Day, flags on cars and Australian nationalism*, Journal of Sociology, Vol. 51:2, pp. 317-336 (2015).

对移民的排斥,激起民族主义情绪。国家象征的初衷是鼓励国家内部的感情,但是在实践中,许多西方国家利用国家象征来表达对少数族群的不容忍和偏见的趋势越来越明显。一些案例表明,国旗、国歌等国家象征展示越来越多地用于表达排斥以及对同一国家内的少数族群的威胁。但是毋庸置疑,国家象征的展示对于人们的政治思想和政治行为会产生重要影响。在社会学理论看来,国家象征使用所展现出的问题,与国家象征使用的社会背景有着密切的联系。

第三章 国家象征法的知识基础

第一节 国家象征与象征人类学

象征人类学(Symbolic Anthropology)是人类学的一个研究流派,主要研究人类象征符号体系。[①] 象征人类学研究对象较为广泛,包括神话、语言、仪式、戏剧以及其他一些象征符号。国家象征作为象征的一个重要类型,也在象征人类学研究中具有独特地位。象征人类学的研究内容、研究方法对于研究分析国家象征法的制定、实施具有重要的知识背景意义。

一、象征人类学的研究内容

象征人类学诞生于 20 世纪 50 年代末。象征人类学者主要从结构主义、过程论、现象学、马克思主义、心理学等角度,对象征问题进行深入研究。象征人类学把文化作为一个相对独立的实体研究,试图通过解码或解释关键符号和仪式来解开意义的体系。

对于象征人类学的研究内容,不同的学者有不同的解释。美国人类学家詹姆斯·皮科克认为,象征人类学侧重于对象征或存在的象征性方面的解释。[②] 美国人类学家科尔比等人认为,象征人类学探索文化方面的象征化过程,探索在这个过程中个体、群体的分配意义。[③] 象征人类学关注文化的意义,主张人类学的任务是在于透视和理解被研究文化的象征形态。象征人类学关注以下主要问题:象征对人意味着什么? 人们如何使用象征来塑造文化? 如何结合成体系,以及象征如何影响行为者的世界观、精神与感知?[④] 简言之,象征人类学是

---

① 朱炳祥:《社会人类学》,武汉大学出版社 2004 年版,第 70 页。

② James Peacock, *Symbolic and Psychological Anthropology*: *The Case of Pentecostal Faith Healing*, American Anthropological Association, Vol. 12:1, pp. 37-53(1984).

③ Benjamin N. Colby et al. *Toward a Convergence of Cognitive and Symbolic Anthropology*, American Ethnologist, Vol. 8:3, pp. 422-450(1981).

④ 朱炳祥:《社会人类学》,武汉大学出版社 2004 年版,第 70 页。

关于象征的研究,以及如何使用这些象征来更好地了解一个特定的社会。

象征人类学学者认为,象征是文化的载体,要研究文化中的象征和意义。英国著名人类学家艾德蒙·利奇认为,人类的交流通过信号(Signals)、代号(Signs)和象征符号(Symbols)等表达方式实现。[①] 象征符号代表了属于"不同的文化场合"下的事物,要正确理解象征的主题,就必须详细研究该象征的文化场合(文化背景)。[②] 在特定的文化群体中,行为、形象、社会组织、仪式和对世界的感知相互关联,产生意义。同时,意义是通过公共象征形式来传达的,包括单词、仪式和习俗。

象征人类学强调象征在人类生活中的作用。象征可以被看作思想或信仰在其核心的体现。每一种文化都有自己的象征系统。象征人类学是研究象征作为文化内容的一部分。象征是文化中一种抽象的表现形式,可以用来传达无法通过语言或身体手势直接表达的思想和感觉。象征的解释取决于上下文和意图。例如,在一些国家,国旗中的绿色代表生命、和平、环保;在另外一些国家,绿色则代表伊斯兰教。

二、象征人类学的研究方法

"在研究方法上,由于对象征与意义的重视,象征人类学超越了功能主义强调田野工作与另一些人类学理论流派重视文献研究的对立,方法论具有多元性和包容性。"[③] 象征人类学不一定遵循实证主义方法的学派。象征人类学采用了当前人类学的方法论,即从定量到定性,但在分析阶段有所区别。不同的研究者有不同的策略和人类学分析的重点。象征人类学遵循的是文化基础,而不是经验基础,这意味着对科学对象的关注较少,如数学或逻辑。这并不是说田野调查不是在象征人类学中进行的,而是对研究的解释是在更意识形态的基础上进行的。

三、象征人类学与国家象征

象征人类学领域不同的专家采用不同的理论路径,围绕象征开展了深入研究,其分析对象、分析方法对于国家象征法的研究具有重要借鉴参考价值。

一是仪式象征理论。英国著名象征人类学家维克多·特纳将象征符号扩展至更广泛的范围,不仅包括非语言的符号,还包括价值观念等。特纳强调仪

---

① ［英］埃德蒙·利奇:《文化与交流》,郭凡等译,上海人民出版社 2000 年版,第 8 页。
② 朱炳祥:《社会人类学》,武汉大学出版社 2004 年版,第 75 页。
③ 朱炳祥:《社会人类学》,武汉大学出版社 2004 年版,第 74 页。

式过程中与其他相关事件或者文化整体之间的关联互动。特纳概括了仪式象征符号的三个特点:第一,浓缩性,即用简单的形式表示许多事物和行动。第二,迥然不同的各个所指的统一体。所指是指象征符号所反映的事物的概念。第三,意义的两极性,即理念极和感觉极。理念极是指道德、规范、价值等;感觉极是指自然和生理现象与过程。① 特纳将象征符号的意义区分为三个层面:第一,解释意义,即由当地人,包括专家和普通人对仪式、象征的解释,或者是由他们评论性的诠释而来的意义。第二,操作意义,即观察象征仪式参与者具体的行为意义。第三,位置意义,即象征符号在整体中其他象征符号的关系中获得的意义。象征符号的位置意义与其多义性直接相关。象征符号拥有多种意义,但是在特定仪式语境中可能体现出一个或者几个意义。② 特纳的象征人类学所分析的象征符号的特点、意义等对于理解和分析国家象征的运作、发生作用以及国家象征法的实施具有重要作用。特别是象征符号位置意义的相关解释,对于理解和阐释国家象征的使用规则,特别是位置规则具有重要的启示意义。由于国家象征处于不同的位置,可能带来对国家象征出于荣誉或者贬低等不同的寓意。

二是新结构主义象征人类学。英国著名人类学家艾德蒙·利奇认为,人类交流的方式和途径复杂多样,人类的交流主要通过信号、符号和象征符号等方式来表达实现。他把任何一种交流的组合都称为"交流事件",交流事件至少在两种意义上是二分的(两面的):(1)永远存在着两者:X,"发送者",表达行动的产生者,即编码者;Y,"接受者",表达行动的理解者,即解码者。X 和 Y 可能在同一时间和同一地点,或者并不如此。(2)表达行动本身永远具有两面。一方面为行动本身或行动的产物(如点头或书写信件);另一方面为由发送者发出并由接受者理解的信息。

对于非语言的符号或者象征如何表达意义,利奇总结了几条规则:首先,象征只有作为系列的成分而不是孤立体时才具有意义;其次,一种象征只有当它区别于其他一些相反的象征时才具有意义;再次,象征传递意义具有多义性;最后,象征可以表示社会地位的变化,也可以表示时空的转换。③ 其中,象征意义具有多义性对于研究国家象征的颜色具有重要启发意义。不同的事物具有同样的颜色,反过来,同一种颜色具有不同的社会隐喻。例如,红色表示欢乐,红色也是血液的颜色,代表着生命,象征着牺牲等,中国五星红旗的红色象征着革

---

① [英]维克多·特纳:《象征之林——恩登布人仪式散论》,赵玉燕、欧阳敏、徐洪峰译,商务印书馆 2012 年版,第 34—35 页。

② [英]维克多·特纳:《象征之林——恩登布人仪式散论》,赵玉燕、欧阳敏、徐洪峰译,商务印书馆 2012 年版,第 64—65 页。

③ 瞿明安等:《象征人类学理论》,人民出版社 2014 年版,第 174—175 页。

命,而美国国旗中的红色象征着勇气。

三是政治象征理论。英国著名人类学家阿伯纳·科恩(Abner Cohen)阐释了象征符号的形式与功能,并通过分析现代社会中政治行为与象征符号之间的动态依存关系,揭示了象征性和政治性双向度统一的政治象征本质。科恩认为,象征符号可以是物体、行动、观念或语言形式。它们具有以下特点:(1)多义性或多功能性,即象征符号都模棱两可地代表多种含义,唤起人们的感情,促使人们采取活动。(2)客观性,即象征符号都是可以观察的、真实不虚的。(3)集体性或公众性,即象征符号通常会产生标准化的动作,如典礼仪式等,共同组成一个群体所拥有的生活形态。(4)表达性,即象征符号都有自己的名号和固有的价值,可以表达权威和其他文化现象。(5)工具性,即象征符号被有意识或无意识地用来争取或维持人与人之间、群体与群体之间的权力。科恩认为,象征符号主要有三种功能:(1)具体表现个人与群体之间的关系。(2)具体表现人们的角色地位。(3)给予政权合法地位,建立社会秩序。[①] 科恩对象征特点和功能的分析也体现了国家象征的部分特征与功能,对于理解国家象征发挥作用的形式,研究国家象征法所实现的效果有着积极作用。

第二节　国徽的纹章学基础

现代意义的国徽起源于纹章。纹章学研究构成了国徽研究的基础,对分析解决国徽使用、管理问题具有重要启发作用。

一、纹章的起源、发展

纹章学对于纹章的起源进行了深入探索。一般认为,纹章起源于古代的图腾等符号。使用不同的符号来表示个人和群体的历史从人类进入文明社会就已经开始。近现代意义的纹章起源于中世纪的欧洲。当然,也有其他历史文化使用符号和标志来代表家庭或个人。古希腊文明是最早使用符号来识别战士、氏族或国家的文明之一。关于最早的纹章产生有一定争议。美西方学术界通说认为,纹章大致起源于10世纪至12世纪,也有的认为,欧洲纹章的起源可以追溯到12世纪的诺曼底及周边地区。纹章出现时最主要的作用是在骑士比赛及战争过程中授予荣誉和帮助识别。[②] 由于骑士开始携带重盔甲和面具,在战

---

① 瞿明安等:《象征人类学理论》,人民出版社2014年版,第208—210页。

② Ramya Kasturi, *Stolen Valor: A Historical Perspective on the Regulation of Military Uniform and Decorations*, Yale Journal on Regulation, Vol. 29:2, p. 419(2012).

争中很难区分,因此,骑士们开始在盔甲上使用个人标志以区别于他人。纹章文化与欧洲历史上的一个独特现象——十字军东征紧密相连。在十字军东征期间,来自欧洲不同国家的大量骑士在共同的军队中联合起来,在这种情况下,视觉标志——徽记是在庞大的国际军队中识别骑士的唯一手段。最初,徽记的使用是任意的:骑士把他喜欢的标志放在衣服、盾牌和财产上。但到了 12 世纪,骑士的个人徽记变成了纹章,使纹章区别于所有其他识别标志。

随着骑士作用和地位进一步上升,骑士的徽章标志逐渐开始与特定家族、特定机构(如学校、教会、行会、政府、公司等)相连,并给旁观者传递特定的图像语言。从 12 世纪末开始,整个西欧的纹章数量激增。在很多地方、很多领域,无论是个人还是法人团体,纹章成为广泛使用的标志方式。①

13 世纪,家族纹章开始兴起并流行。每一件纹章对于其所有者而言,开始像财产一样,但是不能转让,个别除外。通常个人有权继承或者被特定机构授予纹章。随着时间的推移,象征领地、王室的盾形纹章诞生了。到 14 世纪后半叶,英国骑士法庭开始监督纹章纠纷。即使到今天,在英格兰和苏格兰,某些特定法律仍然禁止未经授权的纹章被使用。通过王室授权,专门的纹章学院至今仍授予家族及个人纹章的设计、登记、注册。

随着王室运用纹章的日益拓展,在纹章基础上诞生的国徽开始出现。国徽作为国家象征的选择并不是任意的,是纹章自然发展的结果,纹章的变化也是象征一国朝代、政权的变化。在法国旧制度下,国王的纹章经常作为国家标志,是表达国家权威的官方标志。从 14 世纪开始,西欧在各级行政机构中开始使用国王的纹章来宣示权威性。② 从 15 世纪下半叶或 16 世纪上半叶开始,英国、法国以及西欧的其他王国和公国也发生了同样的事情:国王或王子的纹章也成为国家的纹章(在个别国家,它有时与国家或民族的纹章不同)。但在 18 世纪之前,还没有区分君主、王朝的纹章与政府、国家的纹章。③

二、纹章学的概念、内涵

最初,纹章是贵族的一种属性,但也是知识分子、工匠、商人的特殊标志。在 13 世纪,纹章开始体系化,产生纹章登记簿、用于纹章的特定术语,进而形成

---

① Michel Pastoureau. L'État et son image emblématique. Publications de L'École Française de Rome. Année 1985. 82. p. 147.

② Michel Pastoureau. L'État et son image emblématique. Publications de L'École Française de Rome. Année 1985. 82. p. 147.

③ Michel Pastoureau. L'État et son image emblématique. Publications de L'École Française de Rome. Année 1985. 82. p. 148.

了专门研究纹章的学问称为纹章学（Heraldry）。① 也有的观点认为，随着纹章使用范围在一定程度的扩大，15 世纪开始，纹章的研究以及"高贵的纹章科学"并称为纹章学。② 纹章学的主要内容包括纹章的构成要素、使用管理规则等。

纹章学认为，"纹章是特殊的图形或象征性图像——根据精确定义的规则编制，作为个人、氏族、社会、机构、城市、地区和整个国家的标志"③。纹章与世界上所有其他识别标记的不同之处在于它们是根据某些规则制定的——纹章规则。这些规则是在许多世纪的纹章实际使用过程中自行发展起来的。这些规则部分归因于人类心理的特性，部分归因于使用标志的实际经验。遵守这些规则可以让纹章有效地发挥其功能——作为可清晰识别和可区别的标志，表明其所有者。

纹章的首要功能是标志功能，通过纹章可以确定归属者。纹章和名称在本质上是一样的，只是名称是通过语言手段（人们通过听觉感知的手段——声音和由声音组成的文字）来识别所有者，而纹章是通过视觉手段。纹章学认为，纹章的特殊性主要体现在以下方面。

一是纹章容易识别。图像结构被人类识别和理解的速度比文字快得多。纹章的主体是图像，是通过视觉（视觉感知）手段向眼睛传递信息的语言。这就是世界上的国徽上主要使用图像，而不是文字的原因：我们立刻就能感知到图形设计。纹章（以及其他与纹章功能相似的识别标志：徽记、邮票、印章等）的存在是由于自存在之初，人类就需要一种手段，使其能够区分自己的和他人的。

二是纹章具有丰富含义。纹章学通过其象征意义传递重要政治、文化含义，是了解人类社会的社会、政治、文化进程的一个非常重要的领域。纹章是根据纹章学的规则组成的。王室拥有的纹章与王室本身产生了文化意义上的关联，王室纹章被赋予了代表王室，进而代表王国的寓意。

三是纹章具有交流传播功能。纹章本质上是一种国际性语言。与声音、字母和文字的语言不同，颜色和形状的语言是国际性的。纹章系统是国际性的，见到纹章，在不理解背景的情况下，也可以识别与交流。

上述纹章的特殊性同时是国家纹章（国徽）具有的属性。特别是在识别功能、交流功能的基础上产生的文化功能具有推动国家纹章诞生的重要作用。"数世纪

---

① 由于过去的盾形纹章通常由国王的传令官（heralds）设计，因此，纹章这种艺术形式被称作"heraldry"。［英］米兰达·布鲁斯-米特福德、［英］菲利普·威尔金森：《符号与象征》，周继岚译，生活·读书·新知三联书店 2014 年版，第 318 页。

② ［英］斯莱特：《纹章插图百科：探讨纹章的世界历史及其当代应用的权威指南》，王心洁等译，汕头大学出版社 2009 年版，第 35 页。

③ *Каменцева Е. И., Устюгов Н. В.* Русская сфрагистика и геральдика. Учебное пособие. Изд. 2-е. М.："Высшая школа"，1974. с. 5.

以来,无论是共和制国家还是君主制国家,都认为国家纹章应能象征民族团结"①,纹章的特殊性也实质上促进了纹章向国徽的转化,促进了国徽的普及化。

三、纹章的构成要素

纹章是一组独特的象征性标志,代表个人、机构或国家的纹章,表达其属性。国徽是一种特殊类型的纹章,国徽的构成包括图案、颜色等也基本遵循了纹章学中纹章的构成要素。对于纹章构成的认识也有利于加深对国徽构成的认识。根据呈现方式,纹章可以是简单的(单一的),也可以是组合的(一个或多个联合的或不联合的)。②

(一)纹章的图案

一般情况下,纹章图案主要包括以下元素:盾牌、盾牌内部的纹章图形、盾牌的外部元素,包括纹章、羽饰、支撑物、铭文等。拥有自己纹章的人都试图获得元素和形状的独特组合。

一是盾牌。盾牌是纹章的主要元素。盾牌最初在古代是佩带者用作防御的工具,是中世纪纹章主要的元素。盾牌可以是圆形、椭圆形、方形、矩形、菱形、三角形。最初的纹章只复制了它们真正盾牌的形式,随着中世纪武器的发展,纹章的盾牌形式也发生改变。

二是盾牌内部元素,即为纹章内部图案。在纹章学的早期,盾牌上绘制了非常简单的粗体直线形状。这些很容易在远距离发现并且记住。此时,纹章内部图案服务于纹章的主要目的:识别。随着更复杂的盾牌开始使用,内部图案开始包括人像、动物、植物、建筑物工具等。常见的图案包括狮子、鹰、骑士等。纹章内部还包括表示职业、姓氏、性格特征或态度的图案。此外,纹章可以通过使用不同的颜色以线性或几何方式划分为领域。

三是盾牌的外部元素,放置盾牌在外面装饰有头盔、皇冠、羽饰、斗篷、支架、座右铭、标志等。(1)头盔是盾牌上最古老的装饰品,起源于古代的头盔,描绘于身披盔甲骑士的上面。王室成员的纹章还配以王冠。(2)羽饰,是装饰在头盔顶部的装饰。(3)支撑物(或者称为扶盾者),通常放置在徽章的两侧,是人类或动物形象,或者是无生命的物体,包括植物(树木、花卉)或物体,具有支

①　[英]斯莱特:《纹章插图百科:探讨纹章的世界历史及其当代应用的权威指南》,王心洁等译,汕头大学出版社 2009 年版,第 156 页。

②　国内已有多部著作详细论述了纹章构成要素,本书主要是简述纹章构成要素的基本内容,参见[英]斯莱特:《纹章插图百科:探讨纹章的世界历史及其当代应用的权威指南》,王心洁等译,汕头大学出版社 2009 年版;张旭:《高贵的象征:纹章制度》,长春出版社 2016 年版。

撑盾牌的作用。(4)铭文,通常是关于一种精神、一个特定目标等的表述,内容简洁。铭文可以省略,也可以显示在盾牌下方、徽章上方或其他地方。实践中,并不是所有纹章都需要盾牌的外部元素,只有最严格意义的王室纹章可以设计比较完备元素的纹章。

(二)纹章的颜色

在早期的纹章学理论中,色彩的使用被严格限制在六种颜色之内,它们分别为金黄色、银白色、红色、黑色、蓝色和绿色。[1] 只使用这几种颜色的原因是因为这些颜色在纹章学的早期就可以从天然材料中获得。金属金和银也可以用黄色和白色来表示。纹章学还为每种颜色分配了一个阴影,这样,当没有颜色的纹章显示时,颜色也是可见的。

在纹章学中,颜色与数字一样是重要的识别元素。同样的数字,以相同的组合,但不同的颜色,可以作为完全不同城市的纹章。在这方面,纹章各部分的颜色必须准确界定,并在制作纹章的彩色表现时严格遵守。在制作国徽的彩色图像时,不允许简化数字的规定色彩或省略细节的规定色彩,否则将产生一个扭曲的图像,不能作为典型的纹章。

四、纹章的基本规则

纹章学的基本规则是在几个世纪以来实际使用标志的过程中自发形成的。在这些规则的基础上,形成了特定的纹章传统和特征(类似于语言有其方言)。根据纹章学的规则制作和使用,无一例外都是其所有者(个人、家族、公司、城市、国家)所固有的,并借助视觉手段(人通过视觉感知的手段——颜色和数字)发挥识别(定义、识别)所有者的作用。

关于纹章的设计规则。纹章学的主要内容是描述分析纹章的主要形式、使用数字和使用颜色的规则、对纹章进行描述的基础等。通常情况下,纹章的设计规则包括:纹章图案独一无二;纹章在远处应该是可以分辨的,所以其内部组成图案也应该是大的、简单的,并且由很少的颜色组成等。从纹章出现开始,纹章就在各种各样的媒介中出现,包括纸张、木头、刺绣、珐琅、石头和彩色玻璃。为了快速识别所有这些纹章,纹章学明确纹章用色原则,纹章的六种基本色彩被分为两组:第一组叫金属色,包括金黄和银白;第二组叫普通色,由红、黑、蓝、绿组成。如何使用纹章色最重要的一条规则——保持颜色的对立性,即"永远不要用金属色加在金属色上,也不要将普通色叠加在普通色上"。各国在国徽

---

[1]　张旭:《高贵的象征:纹章制度》,长春出版社 2016 年版,第 71 页。

的设计过程中,也遵循了这一规定。"据统计,当今世界上的 200 多种国徽,80% 以上恪守了这一规则。"①

关于纹章的使用规则。在具有纹章传统的国家,个人、组织都可以到专门的纹章登记机构进行登记。登记后的纹章可以专属于登记人,登记人可以将纹章指定继承给特定人员。登记人可以在个人物品上显示这些纹章。纹章专属于登记人也即权利人这一基本规则,在王室纹章运用的早期得以严格适用,除了王室及王室授权的主体外,任何个人、组织不得使用王室纹章。随着王室纹章进一步发展到国家纹章、国徽,国家纹章适用情形开始变化,有的国家允许一般公民使用国家纹章,有的国家依然严格限制国家纹章适用的范围。

纹章学的规则不是由法律固定下来的,就像语言规则一样,在逐渐形成共识之后,对所有希望理解的人来说都是强制性的。在大部分国家,不会因为违反纹章学规则而被惩罚,但如果纹章不是按照这些规则组成的,就会变成不连贯的数字和颜色组合,无法有效发挥其功能。在一些西欧国家,针对纹章制定了专门的法律,违反规定使用他人的纹章需要承担法律责任。

第三节　国旗的旗帜学基础

旗帜学是对旗帜的历史、象征意义和使用方法等的研究,主要涉及设计、符号、颜色及其含义。旗帜学研究对象主要是旗帜,但其重要组成类型是国旗。旗帜学的研究内容为研究国旗、分析国旗法提供了丰富的知识基础。

一、旗帜学概述

一般认为,旗帜学不完全是一门独立的科学,是历史的辅助学科,对旗帜的研究被视为社会科学的一部分。② 有的学者也将其视为符号学的一部分。1960年旗帜学权威、美国人惠特尼·史密斯(Dr. Whitney Smith)创造旗帜学的英文"vexillology"一词,其源自拉丁文的"vexillum"及后缀词"-(o)logy"。对于"vexillium"一词,罗马人使用该术语来指代悬挂在水平横杆上的织物。实践中,对于国旗的研究论述在旗帜学一词产生之前早已出现,旗帜学是对之前旗帜领域研究的系统化。

旗帜学研究认为,旗帜通过其颜色、设计来传达其信息;通常是由布或其他

---

① 张旭:《高贵的象征:纹章制度》,长春出版社 2016 年版,第 75 页。
② Željko Heimer, *Vexillology as a social science*, Danvers, Massachusetts: Flag Heritage Foundation, 2017. p. 2-25.

柔性材料制成的,通常由杆或杖展示。① 旗帜的确切起源尚不清楚,但类似旗帜的符号、标志产生很早。在旗帜学研究中,都承认古代中国在旗帜起源方面发挥了重要作用。早在公元前3000年的中国,固定在旗杆上的旗帜已经出现了。② "古代中国人发明了丝绸,并用丝绸加上布条制成了图腾旗帜,这种图腾旗帜更轻便,从远处更容易被看见。几个世纪以后,这种织物制成的图腾旗帜传遍亚洲,并传入非洲部分地区和欧洲。"③ 产生于战国与西汉初年的《周礼》就有大量旗帜的描述,如"日月为常,交龙为旂""龙旂九斿,以象大火也"。在古埃及和罗马等其他古代文明时期也开始使用旗帜。旗帜是战场上常见的景象,代表着在特定国家、地区、群体作战的军队。古代出现了军事和宗教旗帜,将文字、符号等描绘在旗帜中。而采用动物形象作为许多古代民族的代表被展示在长杆的顶端,如亚美尼亚人的狮子,波斯人的鹰,希腊波欧提亚的狮身人面像,雅典和罗马的猫头鹰、母狼和马等。

当前,在旗帜学的研究中,国旗占据非常重要的内容。在海上,船只上的旗帜主要用来交流、识别,大约在17世纪开始悬挂本国国旗,这一传统后来演变为法律要求。最初,代表一个国家的旗帜通常是其统治者的个人旗帜。随着实践的发展,在军事或船舶领域之外广泛使用旗帜开始于18世纪末民族国家观念的兴起。在18世纪及以后,全球各地民族主义的兴起使普通民众开始将国旗与国家认同紧密地联系在一起。

对于旗帜的功能,史密斯认为可以概括为装饰功能、信号功能、行动功能(Action Function)和认同功能(Identity Function)四种功能。④ (1)装饰功能。旗帜作为简单、多彩、动态的装饰可以用于装饰场地,如游乐场、庆祝场所、旅游景点等场合。这也是旗帜最为首要的用途。当旗帜成为国旗时,仍然具有装饰的功能。(2)信号功能。将一种具有共同认可的旗帜作为信号,如在海上使用的遵循国际信号守则的旗帜,在体育运动中使用的信号旗。这些旗帜的功能是传递信息或警告。作为装饰品的旗帜和作为信号的旗帜缺乏任何情感内容,它们传递的是一种装饰性信息或简单的预先安排的信息,没有内在的意义。(3)行动功能。在一些亚洲的宗教体系中旗帜具有一定的行动功能,如佛教中使用的"祈祷旗"。这种旗帜的展示代表了一种行动,如念诵祈祷词。这种旗帜不是用于人与人之间的交流,而是人与神之间的交流。(4)认同功能。当旗帜作为一

①　Whitney Smith,*Prolegomena to the Study of Political Symbols*,Doctoral thesis,Boston University,1969,p. 94.

②　[德]里奥巴·沙夫尼茨勒等:《旗帜巡礼》,高建中译,湖北教育出版社2010年版,第6页。

③　[英]罗伯特·G. 弗雷松著绘:《飞翔的旗帜:认国旗看世界》,刘阳译,四川美术出版社2021年版,第5页。

④　Whitney Smith, *Prolegomena to the Study of Political Symbols*, Doctoral thesis, Boston University, 1969. p. 94.

种象征,加入了情感的因素,就具备了寄托在它所代表的社会群体(或该社会中的个人)的身份象征。这种旗帜的典型代表就是国旗。国旗创造了一种超越其物质价值的内在价值,国旗也因此或多或少地被神圣化。①

研究旗帜上的符号可以了解一个国家的历史、文化传统。旗帜只有在与其他旗帜进行比较或对比时才会明显彰显其意义。据旗帜学者的统计,目前,全球超过40%的国旗采用三条旗设计,大多数三条旗的设计可以追溯到过去欧洲的旗帜,主要是由于受到欧洲殖民的影响。② 研究旗帜对于了解特定群体的经济活动也至关重要,如在非洲一些国家,将本国特色经济产物体现在国旗中。在一些国家,旗帜设计包含本国主要宗教的宗教符号。一个国家所信奉的主要宗教极大地影响了该国的文化以及个人的生活方式。同时,国家选择在其国旗内使用的颜色可能具有历史意义,如国家被殖民并通过武装斗争获得独立,红色可能会在国旗中用于代表流血事件。

二、旗帜的基本构成

旗帜学对旗帜的组成、内部构成进行深入分析,并作了具体分类。旗帜学认为,由于颜色和图形是传达信息的一种最持久的方式,能够创造令人敬畏的旗帜来装饰我们的空间和世界。旗帜学经过研究表明,最常用的旗帜形状之一是长方形,仅个别旗帜采用其他形状,如尼泊尔。在国旗中,通常不区分正面或背面。

在旗帜学中,旗帜可以根据其空间内部所占据的位置来描述,从左到右、从上到下,有序地区分其图案和颜色。一面旗帜可以分为四个组成部分:旗杆侧上部、旗杆侧下部、飘扬侧上部、飘扬侧下部。

按照旗帜的内部图形的类型,旗帜主要分为十二种类型,包括:水平三条旗、垂直三条旗、镶板、菱形、X十字、Y十字、等腰三角形、圆盘、对角条、向上对角条、向下对角条、对角饰边。③ 同一种类型还可以具体分为不同种类,其中十字形还可以分为不同类型:一是对称十字形,如英国国旗;二是北欧十字形国旗,也称为斯堪的纳维亚十字形国旗,是一个垂直放置在旗帜左侧1/3处的十字,这种类型旗帜被一些北欧国家使用;三是希腊十字形,希腊十字有时被错误地称为瑞

---

① Željko Heimer, *Vexillology as a social science*, Danvers, Massachusetts: Flag Heritage Foundation, 2017. p. 2-25.

② [英]罗伯特·G. 弗雷松著绘:《飞翔的旗帜:认国旗看世界》,刘阳译,四川美术出版社2021年版,第18页。

③ [英]罗伯特·G. 弗雷松著绘:《飞翔的旗帜:认国旗看世界》,刘阳译,四川美术出版社2021年版,第6—7页。

士十字,这个符号从东正教基督教教堂发展而来,比瑞士国旗中的十字形成早了至少几个世纪。

旗帜学还将旗帜进行了系统的分类,将旗帜按照陆地、水域不同领域分为六种类型。陆地上使用的包括民用旗(Civil Flag)、政府专用旗(State Flag)、军事旗(War Flag);水域上使用的包括民用标志(Civil Ensign)、国家标志(State Ensign)、军事标志(War Ensign)。

三、旗帜设计的基本规则

国旗对国际形象至关重要,每个国家都有独特的遗产和历史,国旗设计应该传达这一点。因此,需要非常谨慎地设计以确保选择正确的图案,确保每个旗帜都是独一无二的。旗帜学家为旗帜设计制定了需要遵循的重要规则。英国旗帜研究所、北美旗帜协会专门制定了《旗帜设计指导原则》以指导各类组织制定新的旗帜,或对现有旗帜提出改进建议。[①] 这概括了旗帜学的重要内容。

《旗帜设计指导原则》首先界定了旗帜的设计基础划分。(1)正面:在西方传统中,旗杆在左边时看到旗帜的一面——通常认为这是旗帜的正面。反面:与正面相反的一面,是旗杆在右边时看到的一面——通常认为这是旗帜的反面。(2)比例:旗帜的高度与长度的比例,美国国旗是 10∶19,英国国旗是 3∶5。(3)元素:这是出现在旗帜上的任何东西,从简单的几何形状,如十字架、星星、动物或植物。(4)分区:这是指旗帜被分为不同颜色的区域,如三条纹,或对角线的区域。

关于图案设计的原则。旗帜应该是简单的,容易制作的,并且能够与任何其他国家、地方的旗帜不同。良好的旗帜在远处应该是容易区分的。因此,简洁性对于创造一个易于识别和简单复制的旗帜是很重要的。

关于元素。(1)应当明确旗帜中的一个特定元素,以确保在升挂或静止时能看到旗帜,最好是放在最显眼的位置。(2)元素应该是图形化的代表,而不是现实的图像描述,即使是不熟悉所代表的具体实体的人仍然可以理解所指的是什么。(3)传统上,旗帜宜处于事物的前方。在车辆上,旗帜的旗杆被固定在前面,就好像旗帜在随着车辆通过后的风飘动一样。这使得本身有方向的装置被显示为向旗杆移动。另外,旗帜上的大多数动物在正面朝向左边。在纹章学中,动物朝向右边是表示懦弱。

关于象征意义。(1)旗帜上的符号应该既鲜明又有代表性,包括一个其所

---

① Guiding Principles of Flag Design,Flag Institute(1 October 2021),https://www.flaginstitute.org/wp/design/guiding-principles-of-flag-design/.

代表事物的特有标志,使旗帜既具有意义又具有独特性。(2)旗帜应该代表任何特定社区的整体,而不是它的个别部分。在更广泛的区域内使用与某一特定地点有关的元素或徽章,会使旗帜不能有效地代表区域;但要注意为族群的每一部分都设置一个元素可能会造成的复杂性。(3)旗帜应强调自己的身份,而不是任何更高级别团体的身份,否则就会失去每个设计的独特性,如苏联各共和国的旗帜就是如此。(4)只有在与其他实体有明确、直接关系的情况下,才包括对其他实体的象征性提及。(5)避免以多种方式表现特定一种特征,而是选择一个明确的对照物。

第四节　国歌的音乐政治学基础

　　音乐传递的信息会产生政治影响。在政治与艺术交叉领域,每一个动作都表明了一种立场、一种思考和表达观点的方式。音乐艺术是人类创造性精神最为充分体现的方式之一。人类历史上越光辉、越进步的时代,音乐就越繁荣发展。因此,在文艺复兴时期的人文主义胜利思想的基础上,创造了 18 世纪和 19 世纪的音乐艺术。诞生于 18 世纪的国歌属于政治歌曲,属于音乐政治学(Musical Politics)研究的一个重要领域。音乐政治学是音乐学与政治学的一个交叉学科,"音乐政治学研究是欧美学术界社会音乐学研究中的一个重要论域,在 20 世纪下半叶,也已发展成为欧美民族音乐学总体发展中的一个重要分支"[1]。

一、音乐政治学的基本观点

　　音乐与政治有着千丝万缕的联系。"音乐不是一种讲述社会如何构成的语言,而是一种与社会实际构成方式相关的情感的隐喻表达。"[2]音乐通常是政治和社会信息,整个音乐趋势都与同时期的社会和状态变化密切相关。音乐文化史上有大量的作曲家、音乐家、表演者和团体的名字,他们的作品充满了政治内容:与现有政府和意识形态宣传的斗争,政治理念的普及或对候选人的支持,为人权或正义而战的呼吁,与审查制度的斗争等。在另一个层面,政治家也关注音乐作为政治表达的重要方式。对于一些政治家而言,有意识地将一种政治声明变成一种音乐形式。

---

　　[1]　郝苗苗、梁亚滨:《音乐政治学研究在欧美学术界的演进与发展动态分析》,载《中央音乐学院学报》2020 年第 3 期,第 81 页。

　　[2]　Donegani,Jean-Marie. Musique et politique:le langage musical entre expressivité et vérité,*Raisons politiques*,Vol. no 14,No. 2,2004,pp. 5-19,note 13.

目前,学界对于音乐政治学的有无及其研究对象等的看法还存在一些争议。但是不可否认的是音乐对于政治产生重要的影响。目前,在欧美学术界,音乐政治学"主要集中于音乐与政治(含广义与狭义层面)关系的呈现、分析与探讨,所采用的研究方法主要是社会学和政治学领域的政治理论,尤其是权力分析理论与其他理论方法的结合"[1]。音乐政治学的"研究对象主要是音乐与政治的关系,它研究音乐与社会各种政治势力的关系,或研究国家或以国家为中心的各种政治现象和音乐的关系。音乐政治学的研究要求人们以客观政治与音乐的关系为研究对象,其研究的成果和结论,对于人们认识音乐与政治现象、音乐对掌握政权起着什么样的作用,有着重要的意义"[2]。简言之,音乐政治学的研究对象是音乐与政治的关系。

关于音乐政治学的基本理论,有的学者进行了深入概括,中国人民大学政治学教授王续添将音乐和政治关系的基本理论建构为四个方面:第一,人是音乐性和政治性的统一,这是理论构建的基本前提;第二,人类社会中音乐与政治关系的嬗变和群分,对人类社会中的音乐和政治关系作出纵横两个基本维度的梳理、总结和概括;第三,政治需要抑或排斥音乐,影响和制约音乐的内容和形式;第四,音乐反映和表征政治现实,先知和预示政治未来。[3]

二、音乐的政治作用

(一)音乐塑造政治信仰

政治可以通过音乐的方式产生影响,音乐可以用来传播民族自豪感、区分人群或挑战社会标准。音乐能够激发公民的政治情感,产生政治情感共鸣,使其成为传播不同政治思想的常见方式。

音乐艺术作为整体文化的组成部分之一,一直是政治、社会变革的重要呈现形式。音乐作为一种艺术形式所拥有的政治力量极其强大,能够有力地激发听众的激情以影响政治思想和行动。它可以用来发起行动或激励人们采取行动,支持和强化某种政治情绪,或最终在社会中引发辩论和变革;也可以是那些在社会中被边缘化的人发声的渠道。正是音乐影响个人情绪的强大能力和独特方式,使它成为政治参与中强大的武器。

---

① 郝苗苗、梁亚滨:《音乐政治学研究在欧美学术界的演进与发展动态分析》,载《中央音乐学院学报》2020 年第 3 期,第 82 页。

② 田可文、留生:《音乐政治学、音乐传记学与我的近现代音乐史研究》,载《音乐研究》2017 年第 3 期,第 80 页。

③ 王续添:《音乐政治学引论:音乐与政治关系的一种分析框架》,载腾讯新闻网,https://xw. qq. com/cmsid/20220504A02NNW00。

（二）音乐开启政治动员

音乐对听众具有相当大的政治影响潜力，并被有效地用至政治动员中。在实践中，表达国家自豪感和推进政治思想的一个重要方式，是通过具有鲜明政治属性的爱国主义歌曲，特别是国歌。国歌具有政治属性，用以团结公众、维护政治统治，促进国家统一。国歌为政治活动提供重要的烘托、强化、推动作用，如为庆祝活动烘托更富有政治激情、忠诚的氛围。

音乐还被社会用以政治动员。政治团体可以在音乐中采取多种形式，可以通过音乐选择来表达自己的政治倾向。在一些国家，音乐是每次竞选活动的重要组成部分，从进行曲到摇滚式的国歌，来自各个政党的候选人都试图用音乐激起潜在选民的热情。在合适的时刻播放正确的歌曲会在潜意识中唤起听众的信任和同理心。

（三）音乐强化政治教育

亚里士多德提出，音乐的价值就在于闲暇之时培养人们的理智。音乐之所以被列入教育科目之中，很明显其原因就在于此，是作为自由人加强德行修养的一部分。[①] 音乐是激发人们心灵和思想的关键因素。音乐成为宣扬爱国主义的重要工具，其原因在于音乐使用令人振奋的旋律，激起民族自豪感，激励公众为国家、为民族而战斗。在一些国家，为实现宣传教育的目标，强化爱国主义的呼吁，强化音乐的政治属性，在学校教育领域明确规定了使用音乐的标准。

三、音乐政治学理论在国歌发挥作用中的运用

音乐政治学的理论对于分析国歌在国家政治生活中的地位、功能等也具有重要的解释意义。

首先是音乐与政治联系的三要件。英国学者约翰·斯特里特（John Street）等人认为，音乐和音乐家要在政治行动中发挥重要作用，就必须满足三个要件。一是合法化（Legitimation）。通过新闻媒体等方式使音乐、音乐家必须被视为其事业的合法或权威的代表。二是组织化（Organisation）。必须通过一定的组织形式使音乐家和政治活动家能够在政治行动中发挥重要作用。音乐和政治活动的结合需要各种形式的支持，尤其是金融支持，但也包括社会和文化支持，以使这种支持形成机制。三是施行化（Performance）。必须通过一定手段实施，使

---

① ［古希腊］亚里士多德：《政治学》，高书文译，江西教育出版社 2014 年版，第 354—355 页。

音乐不仅能传达运动或事业的信息或情绪,还能起到激励作用。① 上述理论对于解释国歌发挥重要作用也是适用的,如在各国对国歌的宣传解读中,必然强调国歌作词者、作曲者创作历程中的爱国心态,歌颂作词者、作曲者音乐才能的伟大等。对于第二点,加强国歌的教育宣传,需要教育机构、新闻媒体按照法律规定的时间、地点开展奏唱、播放国歌等。对于第三点,国歌在国家政治生活中发挥作用,也需要国家机构人财物的支持,才能使得国歌真正广泛地深入各阶层、各层面。

其次是政治歌曲的持久性及其局限性。英国学者西蒙·克洛斯(Simon Cross)认为,激进的政治歌曲往往具有持久性,这种政治歌曲要求我们认清我们所处的社会,并主张应该改变它。歌曲可以作为一种政治武器,其情感力量可以激起人们的行动,歌曲的力量"给参与静坐、示威游行等处于困境中的人带来了信心和希望,增强底层人民争取更好生活的能力"。但是,政治歌曲的局限性在于,过去的艺术总是被现在的政治挑战,以证明其有效性。没有一首歌具有不受时间和社会变化影响的固定和最终的意义。为新的政治时代复兴老歌的问题是必须考虑它们最初产生的条件。虽然当前与过去面临的问题有相似之处,但是问题越久越复杂化,而应对这种局限性问题的方法就是寻找共同点。②

作为音乐的国歌,得以在世界范围内为各国所承认、接受、确立,也面临着政治歌曲同样的问题,要克服局限性,就需要将国歌内容的政治寓意与当下的政治环境相结合。

---

① John Street et al. *Playing to the Crowd: The Role of Music and Musicians in Political Participation*, *The British Journal of Politics and International Relations*, Vol. 10, p. 269-285 (2008).

② Simon Cross, *The enduring culture and limits of political song*, Cogent Arts & Humanities, Vol. 4, n. pag (2017).

第二编
国家象征法的共性制度

国家象征法的共性制度是分析每一项国家象征法律制度的基础,主要包括国家象征法的核心内容、主体框架、宪法依据、历史沿革等,特别是围绕维护国家象征与保障公民基本权利的关系,国家象征与国家机关的关系讨论的国家象征使用、管理、法律责任等制度。

第一章　国家象征法的制度概述

第一节　国家象征法的制度框架

从认识论的角度看,国家象征的产生是逐步实现的过程。11世纪至13世纪开始出现国旗、国徽的雏形,然后18世纪开始出现国歌。国家象征的立法也是逐步完成的,从最开始出现单独的国旗法、国徽法以及国歌法,到20世纪以后,世界范围内开始越来越多地出现国家象征综合性法律。在这个过程中,人们对国家象征的认识水平越来越高,逐渐从个别立法过渡到一般立法,适用于不同类型的国家象征的共通规则、理念开始产生,进而国家象征法律制度开始分化为适用于所有法定化的国家象征法律制度和适用于个别化的国家象征法律制度。从研究的角度看,前者可以称为国家象征法律制度的总则部分,后者可以称为国家象征法律制度的分则部分。

20世纪后半叶以来,总则、分则的区分在一些国家的国家象征综合性法律中体现得较为明显。以2007年制定的《哈萨克斯坦国家象征法》为例,该法共六章,第一章"国家象征",规定国家象征的范围、标准保存地点、规范依据;第二章"国旗";第三章"国徽";第四章"国歌";第五章"政府职权",规定中央政府、主管部门、地方政府在国家象征方面的职权范围;第六章"最后条款",规定尊重国家象征、爱国教育,国旗国徽制造,法律责任。[①] 显而易见,第一章、第五章、第六章内容属于总则部分,中间三章是分则部分。总体而言,从比较法的角度看,总则制度、分则制度的重要内容如下。

一、国家象征法的总则制度

根据各国立法情况以及实际研究需要,通过提取公因式,合并同类项的方式,可以将国家象征法律制度的总论部分主要内容概括为:立法依据和立法目标、国家象征的性质和地位、国家象征的基本使用原则、国家象征的监督管理制

---

① 参见《哈萨克斯坦共和国国家象征法》英文翻译版本,网址:https://online.zakon.kz/.

度、国家象征的特殊领域等。

一是明确立法依据和立法目的。国家象征法首先要明确的是立法依据和立法目的。例如,《玻利维亚国家象征法》第二条规定该法的制定目标。(1)将与国家象征的特点和使用有关的规定系统化,以便更好地传播和社会化。(2)提高国家象征在玻利维亚人民意识中的价值,培养他们对自己身份的自豪感。(3)明确国家象征的特点、使用规则和礼仪。(4)确定负责国家象征礼仪的国家、省、市和地方机构。《玻利维亚国家象征法》第三条规定该法的指导原则。(1)认同:加强国家象征是多民族共同体的、统一社会国家的最高代表的认同。(2)主权:国家的最高权力,不受其他国家的控制,它存在于人民之中,并由其代表机构行使。(3)尊重:国家象征物应得到的尊敬和赞美,因为它们代表了玻利维亚的民族性。(4)礼貌:明确对国家象征礼貌的最低行为标准。每个人,不管是本国人还是外国人,都有义务遵守有关国家象征使用的规定。(5)融合:加强形成共同身份的过程,使种族、语言、宗教、政治、社会等不同的群体感到自己是同一个社区的一部分,克服他们的差异。(6)文化间性:推动基于承认、接受和与他人互惠的文化互动、交流和沟通。(7)非殖民化:为民众发展与自己的原则、价值观、精神、知识、用途和习俗有关的身份,建立主权的过程。

二是国家象征的性质和地位。国家象征的性质、地位是国家象征法律制度的重要内容。不同国家法律对国家象征的性质作了不同的表述。(1)明确为国家象征。《俄罗斯国徽法》规定,俄罗斯联邦国徽是俄罗斯联邦正式国家象征。《俄罗斯国旗法》规定,俄罗斯联邦国旗是俄罗斯联邦正式国家象征。《墨西哥国徽、国旗和国歌法》规定,墨西哥国徽、国旗和国歌是墨西哥合众国的国家象征。(2)赋予更多丰富的象征内容,如《新西兰国旗、国家象征和名称保护法》规定,新西兰国旗是新西兰领土、政府和人民的象征。1980年《苏联国徽法》规定,苏维埃社会主义共和国联盟国徽是苏联国家主权,工人、农民和知识分子牢不可破的联盟,所有加盟国和民族劳动人民的友谊和兄弟情谊,苏联人民的国家统一,建立共产主义社会的象征。当然也有一部分国家象征法律没有就国家象征的性质作出规定。

有学者从学理上分析了国家象征的地位。例如,陈新民教授认为,国旗(包括国徽)"系国家之表征,同时代表国家的国格与尊严。因此国旗享有法律上特别的地位受到法律特别的保障。此即国旗的'尊荣权'与'专属权'"[①]。"尊荣权"代表国家的尊严,国家象征的尊严不容侵犯,体现在三个方面:(1)侮辱国家象征承担法律责任;(2)遵守国家象征的法定礼仪(违反者不一定需要法律惩罚);(3)遵守国家象征的法定形式,如不得涂改、损毁国家象征。"专属权"是

---

① 陈新民:《宪法学释论》(修订九版),三民书局2018年版,第75—77页。

指唯有国家才能专属、排他性地使用国旗、国歌、国徽等为其标志,其他个人、法人、机关团体皆不能以国旗、国歌、国徽等为其标志。法律地位一般是指特定主体所具有的权利与义务的实际状态、资格。陈新民对于国家象征地位的概括较为全面,但是从性质上看,国家象征是国家主权的象征,国家象征的地位首先应当体现在能够象征主权,代表主权。

三是国家象征的使用基本原则。使用国家象征需要尊重基本的原则,包括使用法定、使用优先、使用适宜等原则。例如,《安哥拉尊重和使用国旗、国徽和国歌法》第三条规定,国家象征代表着安哥拉共和国的独立、统一和完整,必须得到所有公民、公共和私人机构的尊重。

四是国家象征的监督管理制度。国家对国家象征监管采用特定的制度,主要包括:(1)国家象征的监督管理主体与一般行政管理事项有很大不同,往往由最高国家机关直接负责。由于国体、政体不同,各国明确不同的主管部门,如由国家元首、政府首脑负责,内政部门、司法部门、外交部门等具体负责。(2)国家象征在使用过程中与一般事物有不同的管理制度,如在生产、销售、收回等方面。(3)国家象征的知识产权与一般智力成果的知识产权有很大不同,需要特殊法律制度进行保护。(4)宣传教育制度是国家象征的共同制度,目的是加强爱国主义宣传教育,确保每个公民熟知国家象征。

五是国家象征的特殊领域制度。在外交、军事、船舶等领域,由于使用场景与一般场景有很大不同,国家象征的使用方式也有很大不同,这些领域形成了特殊的国家象征使用制度。

二、国家象征法的分则制度

国家象征根据功能不同,分为纯粹性质的国家象征和双重性质的国家象征。纯粹性质的国家象征一般有专门的法律予以规范,目前纯粹性质的国家象征已经形成了较为系统的法律制度内容;双重性质的国家象征往往涉及的规范未集中在一部法律之中。因此,本书分为分论一、分论二针对上述两种不同类型的国家象征分别进行阐述。

关于纯粹性质的国家象征,依据我国现有立法机关关于国家象征相关法案的说明,2017年国歌法起草说明将国歌法的内容分为:国歌的地位、奏唱国歌的场合、奏唱国歌的形式、奏唱国歌的形式和礼仪、国歌标准曲谱和官方录音版本、国歌的宣传教育、监督管理和法律责任。2020年关于国旗法修正草案的说明将主体分为以下部分:国旗的尺度、国旗的场合、升旗仪式、国旗志哀、国旗及其图案的使用要求、国旗宣传教育、国旗的监管部门。2020年关于国徽法修正草案的说明,明确了国徽法律制度的重要内容:悬挂国徽的场所、国徽图案使用情形、国徽使用范围、非通用尺度国徽的批准程序和悬挂要求、国徽监管部门。[①] 总结归纳上述内容,国家象征法的分则基本制度可以分为以下组成部分:

一是国家象征的构成。国旗、国徽的构成与国歌的构成有所不同。国歌主要是由歌词和曲调(曲调的表现形式包括音符和曲谱)所组成。国旗、国徽的构成分为两部分:在外部是大小尺寸,在内部是图形和颜色。[②] 通常情况下法律对国家象征有两种规范方式:一是在正文对国旗、国徽、国歌进行简要描述。二是在附件中对国家象征的具体制法、具体样式、尺度等进行详细说明。

二是国家象征的使用情形。依法使用国家象征是表达公民国家观念和爱国意识的方式。国家象征的使用范围是国家象征法律制度的主体内容之一。为了使国家象征使用更加明确化,国家象征法律往往规定应当使用国家象征的场合、情形;同时为了鼓励国家象征的使用,也往往规定可以使用国家象征的场合、情形。例如,我国国旗法规定了每日升挂国旗、节假日升挂国旗、重大活动升挂国旗的地点,我国国歌法律规定了必须使用国歌的场合等。

三是国家象征的使用规则。为了维护国家象征的尊严,增强使用国家象征的仪式感,给予国家象征尊荣地位,需要为国家象征的使用规定专门的规则、礼仪。为了体现国家象征的严肃性和权威性,维护国家象征区别于其他物品,需要专门明确国家象征禁止使用的特定情形、不适宜的方式等,如明确国家象征不得用于商标、商业广告、外观设计专利等。有些国家还较为笼统地规定禁止的情形,如《韩国国旗法》规定,不得以令人反感的方式使用国旗。我国国歌法规定,奏唱国歌,应当按照本法附件所载国歌的歌词和曲谱,不得采取有损国歌尊严的奏唱形式。

四是国家象征的法律责任。大部分国家基于维护国家象征的尊严出发,明确涉及国家象征的法律责任。根据情形不同,对涉及损毁、侮辱等行为规定了不同的行政责任、刑事责任。例如,我国国歌法第十五条规定,在公共场合,故意篡改国歌歌词、曲谱,以歪曲、贬损方式奏唱国歌,或者以其他方式侮辱国歌的,由公安机关处以警告或者 15 日以下拘留;构成犯罪的,依法追究刑事责任。

---

① 武增主编:《中华人民共和国国旗法、国歌法、国徽法导读与释义》,中国民主法制出版社 2021 年版,第 260—285 页。

② Peter Häberle. "Nationalflaggen: Bürgerdemokratische Identitätselemente und internationale Erkennungssymbole." Duncker & Humblot;1st edition(2 July 2008). n 196.

第二节　国家象征法的宪法依据

从制定法律依据上看,国家象征法的依据是宪法。而依据宪法制定国家象征法的逻辑前提是国家象征首先需要宪法化。从现代主义的视角看,文化意义、民族意义的国家象征产生早于现代宪法。[①] 近现代意义的国家象征随着近现代国家的出现,出于抽象国家自我展示的需要而相应诞生,并随着宪法成为国家根本法日益受到重视,并逐渐宪法化。

一、国家象征的宪法化

(一)国家象征宪法化的历史进程

根据收集到的资料,18 世纪末,近现代意义的国旗、国徽等国家象征已经诞生,但是美国 1789 年宪法、法国第一部宪法等早期宪法,都没有关于国旗、国歌、国徽等国家象征的规定。不过,美国 1789 年宪法规定了选址首都的事宜。

进入 19 世纪,国旗、国歌、国徽等国家象征开始写入宪法。根据宪法文本资料,1830 年《法国宪法》首次规定了国家颜色[②],当时的国家颜色实际上就是国旗的颜色。有的观点认为,世界宪法中首先将国旗入宪的是比利时。[③] 1831 年通过的《比利时王国宪法》第一百二十五条规定:"比利时国旗颜色为红色、黄色和黑色,王国的纹章是比利时狮子,且带有以下铭文:团结就是力量。"1871 年《德意志帝国宪法》第五十五条规定,军旗和商船旗的旗帜是黑色、白色和红色。此后,军旗通过总统令规定成为国旗。

俄国十月革命以后,新制定的第一部社会主义宪法就专章规定了国家象征。1918 年 7 月 10 日全俄苏维埃第五次代表大会通过第 72 号法令《俄罗斯社会主义联邦苏维埃共和国宪法》(根本法)。第六篇规定了俄罗斯社会主义联邦苏维埃共和国的国徽和国旗。第八十九条规定:"俄罗斯社会主义联邦苏维埃共和国国徽形式如下:在旭日光芒照耀的红地上,绘有执柄朝下成交叉形的金色镰刀和铁锤,四周围绕麦穗,并写有下列字样:1. 俄罗斯社会主义联邦苏维埃

---

① Peter Häberle:" Nationalflaggen:Bürgerdemokratische Identitätselemente und internationale Erkennungssymbole."Duncker & Humblot;1st edition(2 July 2008).n 176.

② 1830 年《法国宪法》第六十七条规定,"法国恢复其颜色,今后,除三色徽章外,不得佩戴其他徽章"。这里的颜色就是指法国三色旗的颜色。

③ 罗志渊:《中国宪法释论》,政衡月刊社 1947 年版,第 16 页。

共和国;2.全世界无产者,联合起来!"第九十条规定,"俄罗斯社会主义联邦苏维埃共和国的商旗、军旗、海军旗是红旗,左上角近旗杆处写有金色的'俄罗斯联邦'简写字母,或'俄罗斯社会主义联邦苏维埃共和国'字样"①。此后苏联的历部宪法均规定了国家象征。其后新成立的社会主义国家借鉴苏联宪法经验,很多在宪法中专章规定了国家象征。

20世纪初期,很多国家的宪法明确规定了国旗、国歌、国徽。1937年《爱尔兰宪法》明确了国旗的宪法地位。1946年《法国宪法》开始首次规定国旗、国歌(尽管法国国旗在18世纪已经出现)。荷兰学者曾统计了18世纪末至1975年之间,各个时期制定的宪法关于国家象征的规则情况(如下图所示)。

各个时期制定的宪法关于国家象征的规定情况②

	1788—1945 年	1946—1955 年	1956—1965 年	1966—1975 年
制定的宪法数	22 部包括有关规定的宪法	14 部包括有关规定的宪法	37 部包括有关规定的宪法	65 部包括有关规定的宪法
国　旗	6(27.3%)	8(57.1%)	26(70.3%)	38(58.5%)
国徽、纹章或者国玺	4(18.2%)	7(50.0%)	23(62.2%)	39(60.0%)
首　都	16(72.7%)	7(50.0%)	21(56.8%)	30(46.2%)
国　歌	0	2(14.3%)	17(46.0%)	26(40.0%)
国家箴言	0	1(7.1%)	12(32.4%)	13(20.0%)
艺术品或者国家意义纪念物	2(9.1%)	6(42.9%)	7(18.9%)	12(18.5%)
国家象征或国家统一象征	1(4.6%)	2(14.3%)	10(27.0%)	12(18.5%)
平均百分比	18.8%	33.7%	44.8%	37.4%

总体来看,从1945年起,新制定的宪法关于国家象征的规定比例逐渐提高,一半以上新制定的宪法明确规定了国家象征。据2012年出版的《世界各国宪法》所载宪法的统计③,规定国家象征(主要是国旗、国歌、国徽)的成文宪法国家有131个,约占联合国193个国家数量的67%。

---

① [苏联]谢·谢·斯图坚尼金教授主编:《苏维埃宪法史(文件汇编)》(1917—1957)(第一分册),中国人民大学出版社编译室译,中国人民大学出版社1958年版,第176—177页。

② 本表格数据来源于荷兰法学者的比较宪法学分析,表格中的百分比表示:包括有关国家象征规定的宪法数量占这一时期制定的宪法总数的比例。参见[荷兰]亨克·范·马尔赛文、[荷兰]格尔·范·德·唐:《成文宪法——通过计算机进行的比较研究》,陈云生译,北京大学出版社2007年版,第246页。

③ 《世界各国宪法》编辑委员会编译:《世界各国宪法》(亚洲卷、欧洲卷、美洲大洋洲卷、非洲卷),中国检察出版社2012年版。

1918 年《俄罗斯社会主义联邦苏维埃共和国宪法》第六篇专篇规定国徽及国旗,1924 年苏联宪法、1936 年苏联宪法专章规定国徽、国旗及首都。从其他社会主义国家宪法来看,当时的罗马尼亚、朝鲜等社会主义国家的宪法也专章规定了国家象征。

(二)国家象征宪法化的原因

国家象征通过宪法确立,用以表达公民自身组成的共同体。但是由于每个国家的政治历史情况有很大的不同,国家象征宪法化的原因是多重的。

一是民族神话的兴起。按照美国著名学者本尼迪克特·安德森的观点,民族国家主要是"想象中的社区"。然而,它们必须在各自的宪法中找到表达方式,而国家的成员也必须在宪法中找到表达方式。国家成员愿意认同并通过它在全球范围内展示自己的国家。国家在全球范围内展示自己,并与其他国家进行对话。[1] 宪法明确国家象征的重要意义之一,不仅仅是宪法创设了国家象征,而且使民族神话通过国家象征进入宪法。[2] 在近现代民族主义浪潮兴起的过程中,亟须国家在根本法律中,将民族体现在宪法中。因此,民族主义的兴起不仅仅是需要民族的语言文字进入宪法,民族的象征物等也需要体现在宪法中。在这个过程中,民族象征被神圣化为国家象征,也理所当然地进入宪法之中。

二是宗教象征的祛魅化。随着宪法制度的日益完善,国家象征逐渐取代了宗教象征及其价值观。对于国家象征为什么规定在宪法中,有一种观点认为,其用于取代宗教象征及其价值观,具有很强的必然性。国家象征条款囊括当权政府所追求的目标,构成了具有社会价值的规则,这些条款更具有法律政治性质。在阐释为什么在 1980 年《智利宪法》第二条增加规定国家象征条款的历史理由中,参与相关工作的人员给出了两个解释非常具有理论意义。增加的主要理由有两个方面:其一,之前的宪法缺乏确立某些民族价值观的规则,这些价值观本可以避免任何与本国无关的政治事件。其二,进入宪法的做法是解决教会与国家分离所造成的问题。此前,隐含在制度中的基督教价值体系消失了,在社会中留下了最低价值的真空,为当时的极权主义制度所利用。具体来说,确立国家象征和尊重国家象征的基本义务以及其他义务,是填补这一空白的一种方式,也是对宪法规定大量自由和权利的平衡。[3]

---

① Nationalhymnen als kulturelle Identitätselemente des Verfassungsstaates by Peter Häberle Review by: Horst Nitschack Lied und populäre Kultur/Song and Popular Culture,54. Jahrg. (2009),p. 377.

② Nationalhymnen als kulturelle Identitätselemente des Verfassungsstaates by Peter Häberle Review by: Horst Nitschack Lied und populäre Kultur/Song and Popular Culture,54. Jahrg. (2009),p. 378.

③ Vergara-Rojas,Manuel Patricio. (2021). Los emblemas nacionales:regulación,problemas y propuestas. Revista de derecho(Coquimbo),28,5. Epub 05 de febrero de 2021.

三是宪法整合功能的兴起。国家象征宪法化本身也是由宪法自身的需要决定的。国旗、国歌等国家象征是创造民族身份的最重要符号之一。国家象征在一国内部创造了一个民族身份,并在其他国家面前代表这个国家。进入近现代以来,宪法也逐渐神圣化,成为一国最高政治安排的象征,成为国家稳定的希望,也成为国家整合力量的重要支撑。国家象征由于具有天然的整合力量,顺其自然被吸纳入宪法。国家象征的整合功能与宪法的整合功能相融合,"国家象征要么成为宪法的基础,要么由宪法所赋予"①。据此,国家象征成为现代成文宪法必不可少的一部分。此外,有的观点指出,将国家象征宪法化的一个现实原因是防止频繁更换的政府违背历史传统,将影响爱国主义象征作为其政治项目的一部分。② 因此,国家象征宪法化强化了国家象征的稳定性,避免轻易更换国家象征。

(三)国家象征宪法化的标准

国家象征是否入宪具有极强的政治、历史意义。"国家宪法是否将象征国家政权、民族尊严、国民精神等的物理载体或信仰载体作为宪法的基本建构,关系一个国家对政治文明、法治文明、社会文明等的重视程度。"③ 有学者认为,"社会平等的自由观作为设计国家象征和标志和确定其入宪标准的政治哲学原理",具体表现形式体现在两个方面:"第一,要最大可能平等赋予广大人民参与国家政治生活与选择国家象征和标志的权利;第二,国家象征和标志所传达的情感价值必须在最平等而广泛的程度上被人民所认同和产生共鸣。"④

国家象征入宪的标准不等于确立国家象征的标准。确立国家象征的标准往往是基于最能代表本国特征,符合本国实际情况的要求来制定。国家象征入宪很大程度上取决于人民的共识,取决于能否为广大人民所接受。2004 年我国通过宪法修正案,将宪法第四章章名"国旗、国徽、首都"修改为"国旗、国歌、国徽、首都"。宪法第一百三十六条增加一款,作为第二款:"中华人民共和国国歌是《义勇军进行曲》。"2004 年《关于〈中华人民共和国宪法修正案(草案)〉的说明》提出,赋予国歌的宪法地位,有利于维护国歌的权威性和稳定性,增强全国各族人民的国家认同感和国家荣誉感。该说明的观点强调了国歌入宪的积极

---

① Nationalhymnen als kulturelle Identitätselemente des Verfassungsstaates by Peter Häberle Review by: Horst Nitschack Lied und populäre Kultur/Song and Popular Culture,54. Jahrg. (2009) ,p. 377.

② Vergara-Rojas,Manuel Patricio. Los emblemas nacionales:regulación,problemas y propuestas. Revista de derecho (Coquimbo) ,28,5. Epub 05 de febrero de 2021.

③ 熊文钊、王梅:《维护国歌尊严的宪法意义——评杨某侮辱国歌案》,载胡锦光主编:《2018 年中国十大宪法事例评析》,法律出版社 2019 年版,第 156 页。

④ 杜吾青:《国家象征和标志的宪法学阐释:以国家认同为中心》,载《交大法学》2020 年第 3 期,第 50—51 页。

意义,突出了国歌的宪法价值。从实质上看,我国国歌入宪主要是经过 50 余年的传唱,国歌传递的价值观念得到广大人民群众的认可和支持。

二、国家象征在宪法中的独特地位

国旗、国徽、国歌是国家的象征,代表着国家的权威与尊严。宪法规定国家象征制度,对于强化国家认同感、弘扬爱国主义精神、推动宪法实施具有重要作用。

（一）国家象征条款是宪法文本的重要组成部分

很多国家宪法规定了多种多样的国家象征,从国家象征发展演变的角度看,国家象征经历了从多彩走向单一,从实体走向抽象的过程,最终国家象征走向法治化,通过在宪法中专门明确进而趋向精练、简洁。

从比较宪法上看,国家象征复杂多样,但最广泛意义上使用的国家象征是国旗、国歌、国徽、国号、国家元首、首都等。从比较宪法上看,绝大部分国家的宪法明确规定或者直接涉及国号、国家元首、首都等具有双重性质的国家象征。同时,在现有 193 个国家宪法文本中,有 131 个国家的宪法文本规定了国旗、国歌、国徽。而我国宪法专章规定了国旗、国歌、国徽、首都这四种国家象征,特别凸显了国家象征在我国的宪法地位。国旗、国歌、国徽主要作为一种国家象征存在,具有显著的特性,使其成为宪法文本的重要组成部分。

从国家象征条款在宪法中的位置看,大部分国家的宪法将国家象征条款置于宪法文本的前面,例如序言、总则或者第一章。一些国家宪法将国家象征条款置于总则中的宪法基本原则或者宪法主权条款中,突出国家象征是主权的表达。序言或者总则中规定的国家象征条款具有统领性作用,蕴含不得随意修改国家象征,或者不得制定违背国家象征条款的含义。

此外,也有的观点认为,以特殊形式表达俄罗斯联邦国家主权的国旗、国徽和国歌,以及其首都莫斯科是俄罗斯宪法和法律地位的重要组成部分。[①] 国家象征体现了国家的关键属性,如权力、领土、民族历史和文化等。国家象征是构成国家的关键要素之一,是宪法能够具有特殊地位的支撑要素之一,是宪法发挥象征作用的核心条款之一。可见,要成为现代意义上完整的或者广泛认可的宪法,也必然要规定代表国家主权的国家象征。

---

① Герман О. Б. , Колесниченко А. А. Правовой статус государственных символов Российской Федерации и ее субъектов в конце XX-начале XXI веков: сравнительный анализ // Юристъ-Правоведъ. -Ростов-на-Дону: Изд-во Рост. юрид. ин-та МВД России, 2011, № 6. -С. 66-71.

(二)国家象征与宪法具有类似功能

国家的尊严、国家的存在、国家的主权等外在的表现主要是国家象征。国家象征的基础功能是识别与区别,使其区别于他国或者本国不同时期的政权;同时更重要的是整合功能,旨在向公民传达塑造和合法化国家的价值观,推动公民情感整合,促进国家认同。国家象征具有整合功能存在一定的必然性。"为了能够被人体验到,为了具有整合作用,这一生活之全体必须被浓缩于一种使其得以表达的要素之中。在具体制度中,旗帜、徽章、国家元首(尤其是君主)、政治仪式和国家节日等政治符号对历史和现实价值内容的代表作用,是实现这一点的方式。"[1] 而宪法则将国家象征所代表的重要理念明确在条文中。"宪法扮演着多种角色:它们把国家的理想目标写入条文,从而提供一种象征功能,它们规定了政府的结构形式,并试图为政府统治的权利进行辩护……宪法的功能必须是象征性的,而不能拘泥于字面。"[2] 例如在德国,基于德国的历史发展,联邦国旗的象征性内容与以下基本价值及其象征意义有关:自由、民主和法治,德国统一以及对所有极权主义政府行使的摒弃。[3] 宪法的象征性与国家象征所发挥的象征作用是相通的。从象征性方面看,国家象征与宪法有类似的整合功能。宪法是一种象征标志物,德国法学家认为有以下原因:一是宪法从本质上或者体现了公民认同的价值,宪法能够扮演统一整合作用。在这种背景下,宪法有能力创造出一种集体的身份认同。二是宪法具有一定的模糊性,能够为人民群众提供实现不同立场观点的平台。三是宪法允许自己随着时间的推移发展变化,就像因为其内涵的开放性可以对其主张各式各样的立场一样。宪法为这些讨论划出了一定的边界,为宪法确定的特定政治身份认同建立了一定的秩序。[4] 上述观点也再次确认了国家象征与宪法的相似功能。

国家象征的主要功能是凝聚社会公众共识、汇集公民支持,以促进国家的整合和统一。国家象征也是展现国家主权、体现国家存在的重要载体和方式;而宪法是一个国家的根本准则,是确认主权国家、象征主权、建构国家制度的重要载体,两者都是人们尊崇和敬重的对象。据此,宪法与国家象征在展示、确认主权方面的功能上是类似的,但是宪法作为一国根本法,将国家象征单独出来,体现出对国家象征所蕴含的整合民族、整合国家功能的强化。我国宪法强调国家象征,是国家象征在彰显国家认同、体现爱国情感方面重要作用的体现。我国宪法专章规定国家象征,将其与公民的基本权利和义务、国家机构并列,彰显

---

① [德]鲁道夫·斯门德:《宪法与实在宪法》,曾韬译,商务印书馆 2020 年版,第 60 页。
② [美]迈克尔·罗斯金等:《政治科学》,林震等译,华夏出版社 2001 年版,第 53 页。
③ Maunz/Dürig/Scholz. Grundgesetz-Kommentar. Werkstand:88. EL August 2019. Rn. 45.
④ [德]马丁·莫洛克:《宪法社会学》,程迈译,中国政法大学出版社 2016 年版,第 37 页。

了国家象征的独特价值。

大多数国家将国家象征的保护进行宪法化,并且以宪法为基础、国家象征法律法规为主体建构系统的国家象征保护法律制度体系。宪法表述国家的目的、价值、政治社会的蓝图等,发挥象征功能。国家象征是宪法象征功能的重要组成部分。国家还通过国旗法、国徽法、国歌法将宪法规定的国家象征制度具体化,从国家象征本身所具有的国家意义这个角度进行延伸,包括国家象征的生产、使用、监管、宣传教育等。

(三)维护国家象征是贯彻宪法原则的重要体现

无论是在立法中,还是实践中,为维护国家尊严,维护国家象征与保障公民基本权利都是需要重点面对的问题。大多数国家是通过宪法明确国家象征,因而对国家象征的维护是具有宪法基础的。"作为一个自由的国家,联邦共和国更依赖于用国旗所体现的基本价值来确定其公民。"[1]国家通过国家象征来唤起公民的国家意识、国家观念。对于国家象征的维护体现了宪法原则的关键所在。在我国,宪法规定了国家象征,但是对国家象征的具体维护主要在国家象征法律之中,我国先后通过的国旗法、国徽法、国歌法都是落实宪法规定、维护国家象征的具体体现。在国家象征法律制度的制定、实施中,不能突破宪法中的国家象征规范的界限,必须在宪法的原则、宪法规范的指导下确定。在国家象征相关的司法实践中,也需要考虑规范国家机构权力,保障公民权利的尺度。这些都体现了宪法的原则。

国家象征载入宪法,实际上从另外一个角度看,也为国家象征维护限定了宪法的框架。有德国学者概括了国家象征的行政法律和刑事法律保护的框架,主要体现在三个方面:一是国家的利益在于公民使用国家象征,从而表达他们与国家的关联,可以说是将象征的整合功能带入生活。二是国家也必须为公民使用国家象征设定限制。国家不仅有权保护其象征物,而且由于防御性民主理论[2]有义务这样做。它必须通过防止对其象征的不适当使用来抵制其弱化。对这种诋毁无动于衷的接受可能会被误解为国家的弱点,将抑制国家认同。归根结底,刑法对国家象征的保护关系到国家和宪法秩序的存在。三是在处理涉及侮辱国家象征的行为时,国家也必须尊重公民的自由权利,即意见自由和艺术自由。适用刑法和行政违法法的规定必须处理其中的冲突问题。[3] 上述三个方

---

[1]　Maunz/Dürig/Scholz. Grundgesetz-Kommentar. Werkstand:88. EL August 2019. Rn. 45.

[2]　防御性民主理论认为,为了保护民主制度,在必要的时候,有必要限制民主社会中的某些权利和自由以避免有人以一小撮人的力量去破坏宪法的可能。

[3]　Burkiczak,Christian. "Der Straf-und Ordnungswidrigkeitsrechtliche Schutz der Deutschen Staatssymbole." (2005). 52.

面代表了从宪法角度思考国家象征问题的三个层次,对于贯彻宪法维护国家象征具有很强的指导意义。

此外,通过宪法明确国家象征还有一项重要意义在于,使某个特定的图案、徽章、歌曲等成为官方的、唯一的、具有崇高地位的特殊标志。例如,对于国歌而言,可以被称为代表地方性的歌曲被排除在外,不能以任何方式与国歌竞争或替代。[①] 宪法化显然意味着排除了所有竞争的其他标志。

三、我国国家象征的宪法化历程

宪法史料显示,我国国家象征宪法化从中华民国开始。1912 年《中华民国临时约法》、1914 年《中华民国约法》、1923 年《中华民国宪法》等宪法和宪法性法律文件尚未涉及国家象征。1925 年 8 月 3 日,中华民国临时执政段祺瑞时期成立的国宪起草委员会三读通过《中华民国宪法草案》(俗称"段记宪草",准备提交国民代表会议讨论,但国民代表会议未召集)。"段记宪草"第二章专章规定"国土国都及国旗",其中第五条规定,"中华民国之国旗以红黄蓝白黑五色为标识,国徽军旗及商旗以法律定之"。宪法或其草案中专章规定国家象征,此为首次。1931 年 5 月 12 日国民会议制定、6 月 1 日国民政府公布的《中华民国训政时期约法》在总则第四条规定:"中华民国国旗定为红地左上角青天白日。"1936 年《中华民国宪法草案》("五五宪草")第六条规定:"中华民国国旗,定为红地,左上角青天白日。"第七条规定了"中华民国,国都定于南京"。

1946 年经制宪国民大会通过、1947 年 1 月 1 日国民政府公布的《中华民国宪法》首次在宪法总则中正式规定了国旗,第六条规定,"中华民国国旗,定为红地,左上角青天白日"。当时将国旗规定入宪,有的认为理由是"国旗为每一国家尊荣之代表,国际之间极为重视,各国多将国旗方式,规定入宪法中,以昭郑重"[②]。立法院中华民国宪法草案宣传委员会编《中华民国宪法草案说明书》(1940 年)认为,国体为三民主义共和国,主权属于国民全体,领土保持完整,国内各民族团结平等,以及国旗之式样、国都之地点等,关系均极重要,不宜散列他章之中,故亦特设专章。[③]

(一)新中国国家象征与共同纲领同步诞生

新中国成立之际,国家象征与具有临时宪法性质的共同纲领同步诞生。

---

① André Roux. Hymne national et Constitution. Droit et Musique, Jun 2016, Aix en Provence, France. ffhalshs-01449230.

② 李超然:《中华民国宪法释义》,建国出版社 1947 年,第 5 页。

③ 徐辰编著:《宪制道路与中国命运:中国近代宪法文献选编:1840—1949》(下卷),中央编译出版社 2017 年版,第 122 页。

1949 年 6 月 15 日,新政治协商会议筹备会第一次全体会议在北平中南海举行。毛泽东同志在筹备会的开幕典礼上发表讲话,说明这个筹备会的任务是"完成各项必要的准备工作,迅速召开新的政治协商会议,成立民主联合政府,以便领导全国人民,以最快的速度肃清国民党反动派的残余力量,统一全中国,有系统地和有步骤地在全国范围内进行政治的、经济的、文化的和国防的建设工作"[1]。会议一致通过《新政协筹备会组织条例》。选举出筹备会常务委员 21 人。在常务委员会下设 6 个小组,分别负责拟定参加新政协会议的单位及其代表名额,起草新政治协商会议组织条例;起草新政治协商会议共同纲领;起草中华人民共和国政府方案;起草新政治协商会议第一届全体会议宣言;拟定国旗、国徽、国歌等工作。[2]

国旗、国歌、国徽、首都是一个独立主权国家的标志,在中华人民共和国成立之际就迫切确定。1949 年 9 月 27 日,在北京召开的中国人民政治协商会议第一届全体会议正式通过《关于中华人民共和国国都、纪年、国歌、国旗的决议》:"一、全体一致通过:中华人民共和国的国都定于北平。自即日起,改名北平为北京。二、全体一致通过:中华人民共和国的纪年采用公元。今年为一九四九年。三、全体一致通过:在中华人民共和国的国歌未正式制定前,以义勇军进行曲为国歌。四、全体一致通过:中华人民共和国的国旗为红地五星旗,象征中国革命人民大团结。"由于对国徽图案的设计未达成共识,中华人民共和国国徽未同步公布。1949 年 9 月 29 日,中国人民政治协商会议第一届全体会议通过具有临时宪法性质的《中国人民政治协商会议共同纲领》。简言之,1954 年宪法制定之前,新中国国家象征与共同纲领已同步诞生。

在通过中华人民共和国国都、纪年、国歌、国旗四个议案之后,又经过了 9 个多月的精心设计,于 1950 年 6 月,由中国人民政治协商会议第一届全国委员会第二次会议将国徽图案以及对该图案的说明,提交中央人民政府委员会核准公布。6 月 28 日,中央人民政府委员会第八次会议通过了中华人民共和国国徽图案及对该图案的说明。9 月 20 日,中央人民政府主席毛泽东签署关于公布中华人民共和国国徽图案的命令。至此,中华人民共和国国徽正式诞生。

（二）1954 年宪法确立国家象征

我国宪法对于国家象征高度重视,设专章规定了国旗、国歌、国徽、首都。与许多国家将国家象征条款放在总则不同,我国 1954 年宪法设专章规定国家

---

　　[1]　杨建新、石光树、袁廷华编著:《五星红旗从这里升起——中国人民政治协商会议诞生纪事暨资料选编》,文史资料出版社 1984 年版,第 244 页。
　　[2]　杨建新、石光树、袁廷华编著:《五星红旗从这里升起——中国人民政治协商会议诞生纪事暨资料选编》,文史资料出版社 1984 年版,第 279—281 页。

象征。其中的缘由从 1954 年宪法起草的背景可以分析。1954 年宪法的起草主要借鉴苏联等社会主义国家宪法。1918 年《俄罗斯社会主义联邦苏维埃共和国宪法》第六章专章规定国徽及国旗,1924 年苏联宪法、1936 年苏联宪法专章规定国徽、国旗及首都。从其他社会主义国家宪法来看,当时的罗马尼亚、朝鲜等社会主义国家的宪法也是专章规定了国家象征。中华人民共和国的国家象征是在 1949 年经第一届全国人民政治协商会议确定后,因其具有团结大多数、凝聚共识、激励人心的作用,历经五年的时间,已经为广大人民所接受、认可、爱戴。在宪法草案起草、审议过程中,从各方面的意见来看,对专章设立提出意见不是很多。1954 年宪法设专章规定国家象征体现了中华人民共和国成立初期对于国家象征的高度重视,有利于促进宪法凝聚最大多数共识的理念,也有利于国家象征所蕴含的意义在广大人民群众内心中进一步巩固。

1954 年宪法起草阶段,宪法中规定国旗、国徽、首都得到普遍认同,但对于是否规定国歌有一定争议。一些人认为国歌是抗日战争时期的歌曲,已经过时了;一些人认为国歌自中华人民共和国确立以来,获得广泛认同,可以规定在宪法中。1954 年 6 月 11 日,在宪法起草委员会第七次全体会议上,毛泽东同志认为:"国歌不必规定在宪法上。不喜欢现在的国歌的人,主要是不喜欢'中华民族到了最危险的时候'一句,但是如果说'我们国家现在是太平无事的时候',那也不好。苏联采用'国际歌'作为国歌,也有那么一句:'起来! 饥寒交迫的奴隶'。苏联人民从十月革命起一直唱到 1941 年,唱了 24 年的'饥寒交迫的奴隶'。我们的国歌有一句'最危险的时候',有些人就觉得不舒服,现在帝国主义包围得还很厉害,唱一句'最危险的时候',也没有什么坏处吧。"[①] 最后,1954 年宪法专章规定国旗、国徽、首都,没有专门规定国歌。第一百零四条规定,中华人民共和国国旗是五星红旗。第一百零五条规定,中华人民共和国国徽,中间是五星照耀下的天安门,周围是谷穗和齿轮。第一百零六条规定,中华人民共和国首都是北京。

1954 年宪法关于国家象征条款的规定是较为完善的,比较全面、准确地规定了我国国家象征的内容,为以后我国宪法的修改完善奠定了良好基础。1954 年宪法关于国家象征条款的规定具有重要的宪法意义、历史意义,具有深远的影响。

一是首次在宪法高度肯定了国旗、国徽、首都。1949 年通过的具有临时宪法性质的共同纲领没有国家象征条款,但在第一届全国人民代表大会第一次会议上通过的中华人民共和国宪法,在根本法上正式确立了国家象征,强化了国家象征在宪法上的共识地位,确立国家象征条款的宪法地位,也牢牢地将国旗、

---

① 许崇德:《中华人民共和国宪法史》,福建人民出版社 2003 年版,第 226—227 页。

国徽、首都与新成立的中华人民共和国联系在一起。

二是强化在我国确立具有社会主义性质的国家象征。"五星红旗""五星照耀下的天安门""谷穗和齿轮"鲜明地体现了我国国家象征的社会主义性质。宪法草案在经全民讨论的过程中,有一亿五千多万人参加,对于国家象征的认识更加强化。宪法通过后,国旗、国徽广泛运用于政治社会生活方方面面,也更加强化了公民的国家意识、社会主义意识,强化了社会主义理想信念在中华人民共和国成立之初的普及推广。

三是为历次修改宪法奠定了基础。1954 年宪法确立的国家象征较为全面,将获得全社会共识的国家象征——国旗、国徽、首都确立在根本法中。这也与大多数国家宪法规定国家象征的类型差别不大。虽然没有及时将国歌《义勇军进行曲》确立在宪法中,但是也符合当时的历史条件,对于未取得广泛共识的内容不规定在宪法中也是可以理解的。后来历部宪法关于国家象征的条款均以此为基础,实质表述没有调整,仅在 1954 年宪法诞生 50 年后的 2004 年,国歌《义勇军进行曲》获得广泛共识后,增加了一款关于国歌的规定。

(三)1975 年宪法关于国家象征的争议

1975 年宪法的制定按照精简字数的原则进行,条数从 1954 年宪法的 106 条削减为 30 条,但是仍然于第四章专章规定国旗、国徽、首都,条文仅一条。第三十条规定:"国旗是五星红旗。国徽,中间是五星照耀下的天安门,周围是谷穗和齿轮。首都是北京。"1975 年宪法规定内容同 1954 年宪法所规定的内容没有实质改变,主要是作了文字简化。

1970 年 8 月 22 日,中央修改宪法起草委员会全体会议就宪法修改稿进行讨论,关于国家象征条款讨论如下:

> 康生说:此外,还有一个问题没有动,但是提的意见不少。这就是关于国旗、国徽、首都,还有国歌。有的人提议说,"五星红旗的 4 颗星要减去 2 颗,即减去一个资产阶级,减去一个臭知识分子。只要工农就行了"。有的讲:"一共要 8 颗星,那一颗大的是毛主席,那 7 颗个小的是 7 亿人民。"那么,将来再 8 亿人民怎么办呢?那就又要添了。对于有的说,"这边画上一条枪,那边画上一枝笔。枪杆子,笔杆子,两杆子要画上"。还有的说:"当中要画上毛主席的书。有笔就要有书。"画上毛主席的书,那么,毛主席呢?就要再加上毛主席的像了。所以,这方面没有改动。关于国歌,意见也很多。有的讲把《东方红》作为国歌;有的讲,用原来的曲子,改写歌词。(有人插话:上海已经有,有了两个稿子了。张春桥插话:江青同志已经组织了好几次,而且修改过

好几次,现在还没有完全修改出来。)这方面的积极性很高,群众的创造性也有,是有好的。(江青插话:有个工人同志写了一个。王洪文插话:上海写的都寄给于会咏同志了,他不是集中改吗?现在好多意见都集中到他那里去了。)群众的积极性、创造性是满可爱的。但是可惜现在也不晓得吸收哪个意见好,所以结果还是照原来的,没有动。①

1975 年的宪法修改草案虽早在 1970 年 9 月经党的九届二中全会已基本通过,但推迟到 1975 年 1 月举行第四届全国人民代表大会第一次会议才通过。当时修改宪法的精神是要简化,"毛泽东强调宪法要简化,容易记忆,字数控制在 3000 多字,条文控制在 30 条"②。1975 年宪法从 1954 年宪法的 106 条削减为 30 条,但是第四章仍然专章规定国旗、国徽、首都,合并为一条。各方面提出的意见没有达成一致,且原有条款内容已经获得了普遍接受,即使一些人提出了修改的意见,但是 1975 年宪法关于国家象征条款的实质内容没有作出改动。1975 年宪法第三十条规定:"国旗是五星红旗。国徽,中间是五星照耀下的天安门,周围是谷穗和齿轮。首都是北京。"可能是出于减少宪法条文字数的缘故,将原来的"国旗""国徽""首都"前面的"中华人民共和国"删去。删去了国名,国家象征的归属实质上虽然没有变化,但是少了些许严肃性。

(四)1978 年宪法中的国家象征

1978 年宪法从 1975 年宪法的 30 条增加到 60 条,第四章只有一条,用三款规定了国旗、国徽和首都。第六十条规定:"中华人民共和国国旗是五星红旗。中华人民共和国国徽,中间是五星照耀下的天安门,周围是谷穗和齿轮。中华人民共和国首都是北京。"与 1975 年宪法相比,国家象征前恢复了国名,使国家象征条款的表述更加严谨。

(五)1982 年宪法中的国家象征变化

1982 年宪法第四章规定恢复了 1954 年宪法的规定。第一百三十六条规定,中华人民共和国国旗是五星红旗。第一百三十七条规定,中华人民共和国国徽,中间是五星照耀下的天安门,周围是谷穗和齿轮。第一百三十八条规定,中华人民共和国首都是北京。

关于国歌入宪。1978 年 3 月 5 日,第五届全国人民代表大会第一次会议在通过《中华人民共和国宪法》的同时,通过了另行填词的正式的《中华人民共和

① 许崇德:《中华人民共和国宪法史》,福建人民出版社 2003 年版,第 444 页。
② 许崇德:《中华人民共和国宪法史》,福建人民出版社 2003 年版,第 446 页。

国国歌》并由全国人民代表大会发布公告予以公布。该国歌虽然仍采聂耳《义勇军进行曲》原来的曲谱,但歌词却废弃了原词而另外做了完全不同的填词,歌词并不为群众接受,基本没有被传唱。

2004 年通过宪法修正案,将宪法第四章章名"国旗、国徽、首都"修改为"国旗、国歌、国徽、首都"。宪法第一百三十六条增加一款,作为第二款:"中华人民共和国国歌是《义勇军进行曲》。"《关于〈中华人民共和国宪法修正案(草案)〉的说明》(2004 年)提出,赋予国歌的宪法地位,有利于维护国歌的权威性和稳定性,增强全国各族人民的国家认同感和国家荣誉感。① 该说明的观点强调了国歌入宪的积极意义,突出了国歌的宪法价值。

专章规定国家象征是我国宪法的一大特色。有的学者认为,"将'国旗、国徽、首都'作为一章放在最后,在内容的衔接上显得不够流畅,这一章仅 3 条专列为一章也太单薄,不如放在'总纲'中"②。笔者认为,仅仅以条文布局均匀、很多国家宪法没有将国家象征条款单独成章的情况,认为国家象征条款不适合单独一章,理由是不充分的。我国宪法中国家象征条款单独一章有着重要的理论和实践意义。首先,国家象征条款单独成章,凸显了我国宪法对国家建设的高度重视。国旗、国歌、国徽、首都是从不同角度识别、界定国家的象征物,是具体公民与抽象国家建立情感联系的中介、桥梁。将国家象征条款单独成章,有利于在宪法实施过程中,从文化、心理角度突出国家象征,强化现代意义的国家建构。其次,国家象征条款单独成章,体现了我国宪法强调社会主义制度、维护国家统一、维护中华民族伟大团结的重要意义。五星红旗、《义勇军进行曲》以及国徽中的"五星""天安门""谷穗""齿轮",强调了我国的社会主义性质,体现了中华民族居安思危、未雨绸缪的积极心态,也有利于维护中华民族共同体意识。最后,国家象征条款单独成章的长期实践也充分证明了成章的必要性。我国从 1954 年宪法就已经将国家象征条款单独一章,形成了宪法条文布局的宪法实践。单独一章有助于公民快速在宪法文本中发现国家象征,加强对国家象征的认识,在潜移默化中增强对国家象征蕴含意义的理解。实践具有强大的生命力和解释力,实践也证明了国家象征条款的价值和意义。

---

① 全国人大常委会法制工作委员会宪法室编:《中华人民共和国制宪修宪重要文献资料选编》,中国民主法制出版社 2021 年版,第 203 页。

② 马岭:《对〈宪法〉"序言"和"总纲"的修改建议》,载《法律科学(西北政法学院学报)》2003 年第 4 期,第 6 页。

第三节　国家象征法的历史沿革

各国普遍对本国国家象征法的诞生、发展进行了深入研究,但是国家象征法在世界范围内何时诞生,至今仍没有完整、权威的梳理。从逻辑上看,近现代意义的国家象征是从近现代国家形成以来发展起来的,而与之相关的法律也是伴随近现代意义上国家的形成而逐渐产生的。

一、外国国家象征法的历史脉络

根据国家象征立法的具体内容、各国立法进展情况等,笔者将国家象征法的历史脉络分为以下三个时期。

(一)国家象征法的起源时期——18世纪末至19世纪初

国家象征的重要类型之一是国旗,国旗在近现代国家起源中发挥重要作用。18世纪之前,已有一些国家通过法律法令确立了国旗。1606年,英国国王发布《创建联盟旗帜的命令》[1],现在英国的国旗由1801年通过议会命令正式创设。

18世纪末,资产阶级革命兴起之后,从美国独立战争、法国大革命,以及拉丁美洲独立运动,欧洲以及美洲开启了国家象征法律制定的开端。这一时期国家象征法律主要是确立国旗的图案及其意义。在美国,1777年6月14日,第二届大陆会议通过《1777年国旗法》(The Flag Act of 1777)。1782年6月20日,美国国会通过决议,确立了美国大印章(Great Seal of the United States),决议的内容是描述大印章图案。1790年秋,法国制宪议会决定,所有法国军舰和商船都将悬挂带有三个垂直区域的旗帜:旗杆附近为红色,旗杆中间为白色,之后为蓝色。1794年2月15日,法兰西第一共和国期间,国民大会颁布法令,明确国旗的样式。[2] 在18世纪末国旗开始在近现代国家确立之时,早期的国旗法律主要是创设国旗的样式,并没有规定国旗的使用、管理事项。实践中,早期确立的国旗主要是用于船舶、军队,国旗的相关规则主要围绕船舶、军队。

---

① Arthur Charles Fox-Davies, *The Art of Heraldry: An Encyclopædia of Armory*, Bloomsbury Books, 1986, p. 399.

② 《Collection complète des lois, décrets, ordonnances, réglemens, et avis du Conseil-d'État: publiée sur les éditions officielles du Louvre; de l'Imprimerie nationale, par Baudouin; et du Bulletin des lois, de 1788 à 1824 inclusivement, par ordre chronologique...: suivie d'une table alphabétique et raisonnée des matières/par J. B. Duvergier, avocat à la cour royale de Paris》[archive], sur Gallica, 20 janvier 1794 (consulté le 6 août 2022).

19 世纪后,国家象征使用、管理制度开始陆续确立。1867 年 10 月 25 日,德意志帝国前身北德意志联邦颁布《商船悬挂联邦旗法令》,明确规定联邦国旗今后将作为国旗由联邦各州的商船专门悬挂,商船不允许在联邦旗上悬挂特殊的徽章。① 1892 年 11 月 8 日,德意志帝国颁布《帝国旗帜使用法令》,该法令明确规定国旗,并且确定国旗的使用范围。1880 年 4 月 30 日,法国总理、外交部长签署一项命令,"在大使馆、公使馆或领事馆的门上放置国家纹章,官方印章也需要包括国家纹章,并加上法兰西共和国的外文字母"。当时的国家纹章主要适用于外交场合,可以认为是法国较早的国家纹章。

19 世纪,随着拉丁美洲独立国家日益增多,各国开启了国家象征法制定的新浪潮。美洲大陆的许多新国家都在寻找合适的国家象征,通过法律的形式确立的国家象征,反映了各国都在动荡的政治形势中努力建立新的主权身份。

(二)国家象征法的扩展时期——第一次世界大战后

在国家象征的使用过程中,逐渐形成了国家象征的使用规则、管理规则等。随着国家象征尊崇化程度日益提高,人们越来越要求采取法治保障手段维护国家象征。第一次世界大战后,一些国家放弃原有带有王室痕迹的国旗,确立新的国旗,包括冰岛、捷克、立陶宛等国家。

1917 年 11 月 7 日(俄历 10 月 25 日)俄国爆发十月社会主义革命,建立世界上第一个社会主义国家政权——俄罗斯苏维埃联邦社会主义共和国。1918 年 4 月 8 日,全俄中央执行委员会颁布第 62 号法令《关于俄罗斯共和国的国旗》,仅一条,明确"俄罗斯共和国国旗规定为书有'俄罗斯社会主义联邦苏维埃共和国'字样的红旗"②。

1924 年 8 月 29 日,苏联中央执行委员会颁布法令《关于苏联国旗和三角旗的法令》明确悬挂苏联国旗的情形:(1)苏维埃联盟苏维埃大会或苏维埃联盟中央执行委员会会议所在的建筑物上空,在大会或会议期间升挂国旗。(2)苏联中央执行委员会和苏联人民委员会会议的建筑物进行永久性升挂国旗。(3)在无产阶级节假日期间,人民委员会的中央和地方机构以及苏维埃社会主义共和国联盟的其他机构的建筑物升挂国旗。(4)根据外交事务人民委员会的特别指示,苏维埃社会主义共和国联盟的全权代表机构、贸易代表机构、领事馆和领事机构的建筑物升挂国旗。(5)军事船舶和商业船舶升挂国旗(作为旗帜)。以下人员乘坐的交通工具上升挂国旗:苏联中央执行委员会主席、苏联人民委员

---

① Verordnung,betreffend die Bundesflagge für Kauffahrteischiffe. https://www. deutscher-reichsanzeiger. de/rgbl/verordnung-betreffend-die-bundesflagge-fuer-kauffahrteischiffe/.

② [苏联]谢·谢·斯图坚尼金教授主编:《苏维埃宪法史(文件汇编)》(1917—1957)(第一分册),中国人民大学出版社编译室译,中国人民大学出版社 1958 年版,第 131 页。

会主席和其他正式代表苏联中央执行委员会和人民委员会的人员,以及苏联的全权代表和领事。①

同一时期,一些国家开始开展对国家象征规则的法治化。1923 年 6 月 14 日,在美国退伍军人协会全国美国主义委员会的主持下,超过 68 个组织的代表制定了"国旗法典",编纂与美利坚合众国国旗的展示和使用有关的现行规则和习俗。1942 年 6 月,美国总统签署由国会通过的联合决议,将上述"国旗法典"的内容正式法定化。1931 年 3 月,美国国会通过名称为"确定《星条旗之歌》为美国国歌法"的法案,仅一条内容:"由歌词和旋律(the words and music)组成的、称为《星条旗之歌》的作品确定为美国国歌。"② 1942 年、1998 年,美国对该法进行了修改,增加了奏唱国歌的礼仪,主要包括起立、行抚胸礼等。

(三)国家象征法的全面普及时期——20 世纪中叶以后

20 世纪中叶,第二次世界大战以后,独立浪潮期间,新独立的国家开启国家象征立法的高潮。很多取得民族独立的新国家确立国旗、国徽同时或者随后,开始制定国家象征的具体使用规则,如《巴拿马国家象征法》(1949 年)、《澳大利亚国旗法》(1953 年)、《马来西亚国歌法》(1968 年)、《阿联酋国旗法》(1971 年)、《巴西国家象征法》(1971 年)、《新西兰旗帜、标志和名称保护法》(1971 年)、《墨西哥国家象征法》(1984 年)、《朝鲜国旗法》(1992 年)、《哈萨克斯坦国家象征法》(1996 年)、《日本国旗国歌法》(1999 年)等。通过检索目前现存有效的国家象征法律得出,大部分相关法律于 20 世纪中叶以后制定。

国家象征法律一经确立后,非经重大变故,一般不会轻易变化。进入 21 世纪以后,少部分没有制定国家象征法的国家开始制定国家象征法,很多国家也在不断修改完善国家象征法。归纳来看,当前国家象征相关立法的主要特征有:

一是更加重视国家象征的宣传教育。例如,2013 年 12 月,俄罗斯修改国旗法、国歌法,增加规定国旗应在所有教育机构建筑物上永久悬挂或在其所在区域内进行永久安置;还应在教育机构举行大型体育和健身等活动期间升国旗;所有教育机构和职业教育机构(无论所有权归属)均应在新学年开学当天第一节课前,以及国家和市政节日盛大活动期间演奏国歌。2019 年 4 月,古巴修改国家象征法,增加规定负责青少年教育的机构必须将尊重国家象征的教育纳入其课程。同时,明确国家、家庭、教育和培训机构的责任,以促进社会对国家象征的了解。任何形式的媒体都应负责设计和实施传播责任,使国家象征的内容得到系统的传播,并促进其应得的尊重。2019 年 9 月,法国通过修改教育法律,

① "О ФЛАГАХ И ВЫМПЕЛАХ СОЮЗА СОВЕТСКИХ СОЦИАЛИСТИЧЕСКИХ РЕСПУБЛИК Пост. ЦИК СССР 29 августа 1924 г.",https://istmat.org/node/22987.

② Mar. 3,1931,ch. 436,46 Stat. 1508. https://uscode.house.gov/statviewer.htm? volume =46&page =1508.

要求全国中小学必须在课室内展示法国三色旗及欧盟旗帜,并展示共和国格言及国歌《马赛曲》的部分歌词。

二是明确涉及侮辱国家象征的法律责任。2003 年 2 月,法国修改刑法,明确在由政府组织的公共场合集会中侮辱国旗、国歌的行为将承担法律责任。2019 年 3 月,俄罗斯通过关于修改俄罗斯联邦行政违法法的法案,明确网络上侮辱国家象征的行为要承担一定的行政法律责任,网络主管机关可以采取必要的限制措施。

二、国外国家象征法的学术研究沿革

一是国家象征法研究的萌芽。一定意义上,国家象征法在欧美学术界尚未发展为相对独立的研究领域之前,就已有中外的学者对国家象征的核心问题开展过一定的思考。在早期旗帜学和纹章学的研究中涉及国旗、国徽,主要着眼于国旗、国徽的图案设计以及使用的具体规则,如 18 世纪的欧洲关于旗帜、纹章的研究。在萌芽时期,国歌也刚刚随着民族主义的兴起而发展,对于国歌规则的研究还没有深入开展。

二是国家象征法研究的早期。在近代欧美国家象征研究领域,涉及国家象征法研究的最早文献可以追溯至 19 世纪。19 世纪末至 20 世纪初,关于国家象征法的学术探讨依然寥寥,但是有一些涉及国旗使用规则的研究,如对英国国旗的产生、使用规则的具体研究。[1] 也有对国旗在船舶、军事上的运用作了深入分析。[2] 在这一时期,由于美国法院的实践,美国学术界已经开始讨论国旗相关规则的合宪性,如 1900 年至 1905 年美国不同的州法院对于州法规规定商品禁止使用国旗图案是否合宪作了相应的判决,这引起了美国法学家的关注。[3]

三是国家象征法研究在欧美学术界的发展时期。关于国家象征学研究的根本性变革最终出现于第二次世界大战以后 20 世纪中叶。在这一阶段,随着独立后的国家大量制定国家象征法律,学者们开始对国家象征法律制度的内容、重要性有了新的认识。20 世纪下半叶,欧美学术界主要着眼于国旗使用与基本权利之间的关系进行研究,如美国出现大量关于基本权利的研究涉及美国焚烧国旗案。[4]

---

[1]　William Gordon, *British Flags, Their Early History, and Their Development at Sea; With an Account of the Origin of the Flag as a National Device*, Cambridge University Press, 1922.

[2]　Andrew Macgeorge, *Flags: Some Account of Their History and Uses*, London Blackie Publication, 1881.

[3]　*The Constitutionality of the Flag Laws*, Harvard Law Review, Vol. 19:7, p. 532-533(1906).

[4]　据笔者统计,在 westlaw 数据库上搜索,分析美国焚烧国旗与言论自由之间关系的论文有 60 余篇,主要集中在 20 世纪八九十年代。

　　四是国家象征法研究在欧美学术界的勃兴与当下发展。21 世纪之后,对于国家象征法的研究开始系统化并且日益深入。在继续分析维护国家象征与保护个人基本权利之间关系的基础之上,着眼于国家象征的宪法意义、国家象征的宪法比较研究、国家象征的制度比较等,更进一步形成了国家象征法律制度体系,如瑞士比较法研究所学者针对 12 个国家关于商业使用国家象征进行系统比较。① 德国宪法学者 Peter Häberle 从宪法学角度,以宪法文化为背景,对世界范围内的国旗、国徽、国歌进行比较,借助类型学、色彩心理学、符号学等领域理论对国旗、国歌作为公民身份、国际认可的象征作了深入分析研究。②

三、中国国家象征法的学术研究

　　在我国,对于国家象征法律的研究,主要随着国家象征法律制度的制定、完善,从无到有,从少到多,逐渐兴起。

　　一是中华人民共和国成立之后至国旗法制定之前,国家象征法研究处于匮乏阶段。中华人民共和国成立之后,在国家象征法律制度方面,仅存在 1950 年中央人民政府制定的国徽使用办法。由于缺乏法律文本的支撑,很多关于国家象征的研究主要是从历史学的角度展开,探讨中华民国以及中华人民共和国国旗、国歌、国徽的确立及其意义等,很少有国家象征法的相关研究,少数研究包括讨论宪法中国家标志的规定。③

　　二是国旗法、国徽法制定后,国家象征法研究处于零散研究阶段。1990 年制定国旗法、1991 年制定国徽法以后,根据知网检索,最早进行研究的主题包括侮辱国旗国徽罪,分析侮辱国旗国徽罪的犯罪构成要件。④ 随后,根据国旗法、国徽法的规定,国家标准主管部门开始制定国旗、国徽的国家标准,心理学者开始研究国旗、国徽的标准。⑤ 之后,还有少部分学者提出完善国旗法、国徽法以及制定相关配套制度的意见。⑥

---

　　① Swiss Institute of Comparative Law:AVIS DE DROIT PROTECTION DES SIGNES NATIONAUX. Lausanne, le 28 février 2007(23. 4. 07)

　　② Peter Häberle:" Nationalflaggen. :Bürgerdemokratische Identitätselemente und internationale Erkennungssymbole". Duncker & Humblot;1st edition(2 July 2008).

　　③ 尤俊意:《谈谈宪法中国家标志的规定》,载《法学》1983 年第 1 期,第 8 页。

　　④ 参见杨新培:《侮辱国旗国徽罪探》,载《法学》1990 年第 10 期,第 29—31 页;刘德法:《试论侮辱国旗国徽罪》,载《河北法学》1990 年第 6 期,第 27—29 页;龚明礼:《论侮辱国旗国徽罪》,载《宁夏社会科学》1990 年第 6 期,第 82—86 页。

　　⑤ 参见林志定:《国旗颜色标准浅谈》,载《心理学动态》1993 年第 2 期,第 62—63 页;王大珩:《国旗国家标准的研制》,载《心理学动态》1992 年第 1 期,第 63—64 页;顾仲毅:《〈国旗和国旗颜色标准样品〉宣贯中几个问题的探讨》,载《中国标准导报》1995 年第 3 期,第 50 页。

　　⑥ 闻海:《关于制定国旗法实施细则的建议》,载《政治与法律》1997 年第 2 期,第 41—44 页。

　　三是 21 世纪之后,国旗、国歌、国徽法律方面的研究日益深入和多样化。对于国家象征法律制度的分析,从理念、历史、逻辑等抽象维度,逐步走向制度基础的规范化分析。(1)宪法学视角的研究逐渐增加,如清华大学余凌云教授先后于 2015 年发表《中国宪法史上的国歌》《中国宪法史上的国旗》《中国宪法史上的国徽》,对中国宪法史上的国歌、国旗、国徽进行深入研究。此后,余凌云教授的文章汇编出版为《中国宪法史上的国旗、国歌、国徽》,对于国家象征法的构建起到了重要基础性作用。王锴教授就宪法上的首都进行深入研究,探讨了宪法上的首都概念、首都功能以及首都条款的宪法效力。① 有的学者探讨了国家象征入宪的具体标准包括"民主参与"和"情感共鸣"。②(2)对于民国时期国家象征法律制度的研究较为深入,如探讨晚清黄龙旗的设计、使用以及意义等。③(3)2017 年国歌法制定后,就侮辱国歌入刑的问题,一些学者进行了深入分析。④(4)研究国家象征法律在特别行政区适用的情况,探讨全国性法律在香港特别行政区适用的权力冲突。⑤

　　总体上,21 世纪之后,我国国家象征法律制度研究的范围、领域更加深入,特别是宪法学角度的研究思路更加开阔,从宪法史、象征意义等进行了深入研究。但同时,仍然没有系统性地梳理国家象征法律制度的理论背景、主要制度等方面的著作。

---

　　① 王锴:《论宪法上的首都》,载《中国法律评论》2017 年第 6 期,第 161—173 页。

　　② 杜吾青:《国家象征和标志的宪法学阐释:以国家认同为中心》,载《交大法学》2020 年第 3 期,第 50 页。

　　③ 贺怀锴、冯巧霞:《符号与国家象征:晚清黄龙国旗研究》,载《海南师范大学学报(社会科学版)》2016 年第 10 期,第 110—116 页。

　　④ 邱可嘉:《再论侮辱国歌的刑法规制——以体系解释为切入点》,载《河北法学》2018 年第 8 期,第 171—177 页。

　　⑤ 马正楠:《论全国性法律在香港适用的权力冲突——以香港"侮辱国旗案"为例》,载《法律适用》2012 年第 11 期,第 97—103 页。

第二章 国家象征与公民权利义务

第一节　维护国家象征与保障公民基本权利

基于国家象征发挥功能的重要性,以及国家象征与国家所表达或者象征的价值密切相关,在宪法、法律层面给予其保护的必要性显而易见。但是这种保护可能与公民所享有的其他合法权利,特别是基本权利相冲突,如在很多国家对于国家象征的保护,延伸到象征性表达的情形时,这种冲突更加明显。在法治国家,国家象征维护和公民基本权利保障的程度通过立法机关对起草和通过的法律法规以及对其适用的理解、行使国家权力的活动、公众对法律规定的遵守、它们与国家之间的关系来实现。在宪法、法律规定以及司法实践中都涉及维护国家象征和保障公民基本权利的内容,三种不同保护层次的具体路径有所不同。

一、宪法的保护

(一)宪法的规定

"对国家象征(国歌、国徽、旗帜以及国家元首)予以尊重是大多数文明和民主宪政国家的态度。"[①] 在大部分国家,通过宪法,明确了国家象征,同时明确言论自由、艺术自由、宗教自由等公民基本权利的内容及其地位。大部分国家还在宪法中专门强调国家象征的地位。例如,《葡萄牙宪法》第十一条第一款规定,"国旗是葡萄牙共和国主权和国家独立、统一、团结的象征,为1910年10月5日革命后创立的共和国所采用的旗帜"[②]。《白俄罗斯宪法》第十九条规定,"白俄罗斯

---

① Нугманова Э. А. Махметова А. С. Аналитическая справка по конституционному закону Республики Казахстан от 24 января 1996 года №2797 о государственных. Вестник Института законодательства Республики Казахстан. 2008 г. № 3(11). 94.

② 《世界各国宪法》编辑委员会编译:《世界各国宪法》(欧洲卷),中国检察出版社2012年版,第474页。

共和国的国旗、国徽和国歌,是白俄罗斯共和国作为主权国家的象征"[1]。

对于基本权利而言,基本权利不是宪法赋予公民的,在宪法之前公民就已经拥有这些权利。基本权利是公民生存的必备权利,受到宪法保护。宪法列明了部分基本权利,其中最重要的是言论和表达自由权。这种权利不是绝对的。国家可以为了同样至关重要的国家主权、与其他国家的友好关系、公共秩序而对公民基本权利施加合理的限制。

对于维护国家象征而言,很多国家对此作了明确规定。例如,《印度宪法》第51A(a)条规定,印度每个公民的义务包括遵守宪法,尊重其理想和制度、国旗和国歌。印度法院也明确指出,尊重国旗、国歌是每个公民的义务。对国家象征表示尊重,是爱国主义的生动体现。我国国旗法、国歌法、国徽法分别规定,每个公民和组织,都应当尊重和爱护国旗、国歌、国徽。公民应当意识他们有义务尊重作为宪法爱国主义和内在民族素质象征的国家象征。对于一个负责任的公民来说,记住并履行自己的义务是一种荣誉。

(二)宪法规定的顺序

虽然将国家象征与公民基本权利同等保护,但在条文顺序中有所区别:

一是国家象征在先。一些国家将国家象征放在突出位置,如法国、爱尔兰、葡萄牙等,《法国宪法》第一章第五条专门明确了国旗、国歌、国家箴言等。《葡萄牙宪法》在序言之后的基本原则第十一条明确了国旗、国歌,然后在第一编规定公民的基本权利。

二是基本权利在先。一些国家基本权利条款顺序先于国家象征,如俄罗斯、德国。《德国基本法》第一章规定平等权、言论自由、宗教信仰自由等基本权利,在第二章第二十二条第二款规定,联邦国旗为黑—红—金三色旗。也有的国家宪法中仅规定了公民基本权利,但没有涉及国家象征制度,如美国、日本等。

多数国家宪法对于国家象征、公民基本权利均给予保护,但没有明确价值位阶或者地位差别,具体需要通过具体立法或者司法实践进行区分。

二、法律的不同保护

国家象征、公民基本权利都是法律保护的对象,很多国家还制定专门的法律对国家象征进行保护。当维护国家象征与保障公民基本权利发生冲突时,立法者有责任协调宪法保障的公民基本权利自由与其他宪法规则或原则、宪法价

---

[1] 《世界各国宪法》编辑委员会编译:《世界各国宪法》(欧洲卷),中国检察出版社2012年版,第96页。

值。从重视维护国家象征的地位还是重视公民基本权利角度,可以分为两种不同的保护模式。

（一）强调维护国家象征

在很多国家,法律明确规定维护国家象征的具体规则,对于国家象征禁止使用的情形会作出一定的限制,但不会直接规定如何处理与公民基本权利之间的关系。一些国家将国家象征的保护置于保护公民基本权利之上,明确规定涉及国家象征行为的法律责任,较少考虑其中涉及的言论自由、艺术自由等基本权利(如西班牙、墨西哥等国家)。对维护国家象征与公民基本权利保护的冲突主要体现在侮辱、亵渎国家象征行为的规定上,特别是侮辱国旗行为的法律责任。侮辱国旗被定义为“通常是在公共场合,故意破坏、损毁国旗的行为”,获得广泛承认的(通常也是最具争议性)的侮辱形式可能是焚烧旗帜。在法国,亵渎旗帜的行为将被处以巨额罚款和监禁。具体而言,以法国为例,在 21 世纪之前强调保障公民权利,在 21 世纪初由于侮辱国旗、国歌事件的发生,法国通过修改《法国刑法典》规定,在公共场所以侮辱的方式销毁、损坏或使用国旗,以及即使在私人场所、有记录的情况犯下此类行为,也可处以 1500 欧元的罚款。此外,在公共机构监督或者组织的重大活动期间,公开亵渎国歌或国旗的行为可处以 7500 欧元的罚款。如果在大型会议或公众集会期间犯下这一罪行,除了7500 欧元的罚款外,该罪行还将处以最多 6 个月的监禁。在以色列、沙特阿拉伯等国家也有类似的情况。[①]

（二）强调保障基本权利

国家对于国家象征的保护,涉及国家干预个人自由的程度以及国家在这方面自由裁量权的限度。很多国家认为,除了法律另有规定外,国家不应限制基本权利,而应尽可能在最广泛的范围内保障这些权利,并相应地使用现有的解释方法,以确保法律规范内容的广泛适用。在涉及国家象征保护的具体司法案件中,涉及言论自由、艺术自由、宗教自由等公民基本权利时,一些国家会将其放到更高的位置,如美国、加拿大、澳大利亚等。美国给予自由、权利首要的地

---

① 在以色列,2016 年 7 月,以色列立法机构通过了对以色列国旗和国徽法的修正案,该法案将焚烧以色列国旗定为刑事犯罪,可处以 15000 美元的罚款或最多 3 年的监禁。此前,以色列法律规定的侮辱国旗的最高刑罚是罚款约 78 美元或处以最高 1 年监禁。现在,该修正案还赋予以色列法院自由裁量权,被判处侮辱国旗行为的个人在不超过 6 年的时间内不得获得某些国家资助的利益。

在沙特阿拉伯,沙特阿拉伯国旗上刻有沙哈达的铭文,这是伊斯兰教的信仰宣言。因此,侮辱沙特阿拉伯国旗不仅是非法的,而且被视为亵渎神明。沙特阿拉伯对国旗的严厉态度导致了一些争议。在 2002 年国际足联世界杯期间,沙特官员反对在官方比赛用球上印上国旗和其他参赛国的旗帜,认为在足球场上踢国旗是不可接受的。

位,对于侮辱国旗的行为免除刑事责任,加拿大没有禁止亵渎国旗的法律规定。与美国一样,加拿大法律认为亵渎国旗(包括焚烧、踩踏、撕碎或向国旗吐痰)是一种受《加拿大权利和自由宪章》保护的言论形式。与加拿大一样,澳大利亚也没有禁止侮辱澳大利亚国旗的法律,但是侮辱国旗的行为本身也必须不得违反澳大利亚法律。在科尔曼诉金巴赫和阿诺尔(Coleman v. Kinbacher & Anor)案中,澳大利亚上诉法院对维持了下级法院认定抗议者焚烧国旗为扰乱社会治安行为的定罪。上诉人否认他于 2002 年澳大利亚日在公园内烧毁澳大利亚国旗是扰乱社会治安的行为,其目的是抗议政府的移民政策。上诉法院维持上诉人的定罪不是因为其言论的性质,而是因为火的大小、使用助燃剂以及行为的公共性质确实构成了扰乱社会治安行为。① 在丹麦等国家也有类似的情况。②

　　对于仍未对亵渎国家象征进行法律规制的国家,虽然在法律规定、司法实践中更加倾向于保护言论自由,但是在政治文化中,一直以来存在一种高度关切国家象征重要价值的观点,其主要内容表现为:"即使没有具体的法律,也应该通过其他方式惩罚焚烧国旗的行为;焚烧国旗或破坏国旗的具体事例如果是批评政府政策,应该受到法律的制裁;参加这种活动的个人价值应该受到质疑。"③ 对于国家象征优先还是基本权利优先,笔者认为没有对错的问题,只是政治历史价值观差异化的产物。欧洲人权法院在审理人权案件时,从学说上承认以下事实,即"每个国家在适用那些人权时,都存在一个'理解的空间'"④,这种理解的空间是基于差异的文化或者其他多元性因素。因此,"所有人都承认,不同国家面对不同的问题,一个国家可接受的解决问题的办法,可能是对自由加以限制,而在另一个国家,这种办法却可能缺乏正当性"⑤。

三、司法中的价值平衡保护

　　从历史的角度追溯,关于国家象征的司法判例大约在 19 世纪末就出现了,20 世纪初各个国家开始出现关于涉及侮辱国家象征的案例,如民国初年出现侮

---

　　①　Coleman v Kinbacher & Anor(Qld Police)〔2003〕QCA 575.

　　②　丹麦关于侮辱国旗的法律可能是解决该问题的最独特方法。丹麦法律允许焚烧自己的国旗,但明确禁止焚烧外国国旗以及联合国和欧洲联盟的旗帜。丹麦立法者制定这种不同的处理方式主要考虑外交政策问题,担心允许在丹麦焚烧外国旗帜可能引发战争。

　　③　Katharine Gelber,*Political Culture*,*Flag Use and Freedom of Speech*,Political Studies. Vol. 60:1,p. 176 (2012).

　　④　[德]马蒂亚斯·赖曼、[德]莱因哈德·齐默尔曼编:《牛津比较法手册》,高鸿钧等译,北京大学出版社 2019 年版,第 1239 页。

　　⑤　[德]马蒂亚斯·赖曼、[德]莱因哈德·齐默尔曼编:《牛津比较法手册》,高鸿钧等译,北京大学出版社 2019 年版,第 1239 页。

辱日本国旗的案例,美国20世纪初已经出现滥用国旗而被诉至法院的判例。而到了20世纪后半叶,各国关于国家象征的判例大量出现,对于国家象征的判例讨论也越来越深入,开始涉及维护国家象征与保障公民基本权利之间的关系。

在很多国家,宪法同时规定维护国家象征和保障公民基本权利。国家象征通过其代表的国家精神、目标等,以及国家象征所蕴含的自由、民主等价值内涵成为整合国家的重要手段,亵渎、侮辱国家象征将损害国家维护内部和平所需的权威。在美国,使用国家象征来表达思想或者立场的行为,称之为"象征性言论"(Symbolic Speech)。在独联体国家,"独联体国家的立法宣布特别优先保护国家象征,其中包括国家象征的宪法—法律保护机制。尽管对宪法法院在后苏联国家司法体系中的地位、作用和重要性有不同的界定,但几乎所有国家都有宪法审查机构审议与国家象征的法律规定有关的问题的先例。例如,俄罗斯联邦宪法法院在其2004年7月15日的第249-O号裁决中拒绝接受公民A. V. Barbash关于《俄罗斯国徽法》的规定侵犯其宪法权利的申诉"[1]。

宪法所维护的国家象征与公民所享有的基本权利都属于国家两种重要的价值。国家象征、公民基本权利都应在法律中受到保护,无论是立法者,还是大多数民众均支持这个观点,但区别在于保护的不同价值、内涵:是对国家象征所代表的国家主权、国家统一、民主政治等象征价值进行保护;还是对使用国家象征作为表达言论自由、艺术自由、宗教自由等基本权利的手段、方式进行保护。当这两种价值发生冲突时,目前世界上主流的分析工具是采用德国的比例原则,即"公权力只能为了正当目的而限制基本权利(目的正当性原则),干预行为必须能够促进目的实现(适当性原则)、必须是众多有效措施中干预程度最轻的手段(必要性原则)、对基本权利的限制和所追求法益之间的关系必须是成比例的,不得有失均衡(狭义比例原则,均衡性原则)"[2]。诚如谢立斌教授所言,"在多数案件中,核心问题在于有关措施是否符合狭义比例原则,为此需要在基本权利和对立法益之间进行法益权衡"。学界应当"致力于探索提高法益权衡的客观性和可预见性的途径","形成适用于同类案件的权衡规则"[3]。在德国联邦宪法法院众多判决的基础上,很多学者总结了意见自由、平等权与对立法益之间的平衡原则,但是对于保障公民权利与维护国家象征之间的平衡,还没有系统完善的平衡规则。从比较法上看,各国对两种价值或利益的比较没有统一

---

① Федосеева Наталья Александровна. Змиевский Дмитрий Валерьевич. Конституционные основы государственной символики стран Содружества независимых государств. Пробелы в российском законодательстве. Юридический журнал. 2015. N1. C. 18.

② 谢立斌:《基本权利审查中的法益权衡:困境与出路》,载《清华法学》2022年第5期,第30页。

③ 谢立斌:《基本权利审查中的法益权衡:困境与出路》,载《清华法学》2022年第5期,第30页。

的观点,维护国家象征的法益并不一定高于维护公民基本权利的法益。每个国家的宪法和法律规定情况不一,在具体平衡过程中,考虑的因素主要包括以下几点:

一是冲突涉及的行为是否属于法定例外。任何权利不是绝对的,也需要受到限制。在解决相互冲突的宪法价值之间的冲突时,要考虑宪法中具体基本权利的特定情况。[①] 宪法保护公民各种基本权利,但同时明确具体基本权利保护的例外情形,如《德国基本法》明确"一般法律和有关青少年保护及个人名誉权的法律性规定"可以对言论自由予以限制。但当保护国家象征与公民基本权利相冲突时,如果涉及法定例外条款,则可以对公民基本权利予以适当限制。明确公民基本权利例外情形的目的是保护优先于公民基本权利的整体价值。

二是行为影响的性质判断不同。就同一涉及国家象征的行为影响的性质认定不同,则会带来不同的评价。例如,关于焚烧国旗,对于大多数热爱国家的人而言,代表对于国家秩序、法治的破坏,代表着对国家利益损害,对国家荣耀的侮辱。对政府的不满可以采取合法的途径予以表达,不一定需要通过故意侮辱至高无上的国家象征来肆意表达个人的情绪、意图等。然而也有观点认为,焚烧国旗的行为并没有比"将人吊死的图片"更具有危险性,允许焚烧国旗"不会危及国旗的特殊地位或国旗所唤起的情感",反而会加强"国旗在美国社会中公认的珍贵地位",因此"今天的判决重申了美国国旗充分体现的自由和包容的原则,重申了容忍焚烧国旗这样的批评是美国力量的标志和源泉这一信念"。反而"我们不可能通过惩罚对国旗的亵渎行为来神圣化国旗,若是如此,我们则是减弱了这一珍贵的象征物所代表的自由"[②]。

三是具体个案平衡。"宪法或者宪法的裁判一定要在具体的案件中明确自由是什么,自由的界限是什么,这一系列都不可避免地体现了宪法的价值内涵或者法官对宪法价值内涵的理解。而这种价值判断必然内涵着某种对人的理解。"[③]对于国家象征与基本权利之间的冲突,在德国法上属于基本权利和宪法保障的其他价值的冲突,"应依照'实践调和'(praktische Konkordanz)的原则来解决,也就是说,立法者不得偏重某项价值并使其获得最大限度的维护,而是要使所有的法律价值都能得到最妥善的衡平"[④]。根据德国联邦宪法法院的判例,在模棱两可的陈述中,在需要权衡个案的情况下,只有在可以排除定罪的理由被否定的情况下,才能根据刑法侮辱国家象征的条款作出定罪判决。[⑤] 从比较

---

① BVerfG:Verunglimpfung der Bundesflagge durch künstlerische Darstellung. NJW 1990,1982.

② 洪鸿、翟志勇译:《国旗保护它的反对者——德克萨斯州诉约翰逊案》,载《苏州大学学报(法学版)》2015 年第 2 期,第 151 页。

③ 陈斯彬:《论良心自由作为现代宪政的基石》,载《清华法学》2012 年第 4 期,第 51 页。

④ BverfGE93,1(21);97,169(176).

⑤ BVerfG(1. Sen., 1. Kam.)NJW 1999,204(205f);NJW 2009,908ff(m. krit. Bespr. Preisner NJW 2009,897f).

法的角度看,很多国家在司法实践中,在判断维护国家象征法与保障公民基本权利之间的冲突时,往往使用比例原则。

司法案件判决中的价值衡量往往受到政治、社会大环境的影响。如果一国处于对外紧张关系之中,国家往往强调对国家象征的保护;而一国没有大的外部压力的情况下,往往更倾向于保护个人基本权利,如美国、法国都出现了类似的情况。

第二节　国家象征与言论自由

言论自由在自由和权利体系中占有特殊的重要地位。言论自由是民主制度基石之一,是社会进步和每个人发展的基本条件之一。言论自由也是公民个人自主的必要条件,作为思想自由的重要表现,它表达了个人的身份和智力自主性,并制约着个人与其他人和社会的关系。言论自由因其重要性受到高度重视,而维护国家象征也得到各国的普遍承认。如何处理保障国家象征与言论自由之间的关系,是维护国家象征面临的首要问题,也是长期以来各国在处理维护国家象征案件时必须慎重考量的关键问题。

一、基本认识

（一）言论自由及其限制

言论自由是指公民通过各种语言形式表达、传播自己的思想和观点的自由。言论自由在很多国家受到高度的重视,甚至有的观点认为,如果没有言论和表达自由,我们文明所取得的知识进步是不可能的。"言论是上帝给予人类的礼物。人类通过言论向他人传达自己的思想、情感和感受。因此,言论和表达自由是人一出生就获得的一项自然权利。因此,它是一项基本人权。每个人都有意见和表达自由的权利。这项权利包括不受干扰地持有意见的自由,以及通过任何媒体和不分国界地寻求、接受和传递信息和思想的自由。"① 言论自由在宪法规定的公民基本权利体系中占据重要位置,是其他自由之源。历史经验表明,在言论自由受到控制的时代,人格的自由发展和创造力会受到严重损害。除少数不受欢迎的言论之外,通过言论自由表达思想和观点是社会良好发展的必要前提。

---

① L. I. C. vs. Professor Manubhai D. Shah,[（1992）3 SCC 637].

"自由不仅意味着个人拥有选择的机会和承受选择的负担,它还意味着个人必须承担自由行动的后果,并接受对自己行动的赞扬或非难。"① 言论自由得到高度重视,并受到充分保护,但同时也受到合法限制,以确保人类尊严和其他自由、平等权利得到保护。言论自由当然不是一项绝对权利,在《欧洲人权公约》的框架内,一个国家可以限制行使,只要遵守第十条第二款规定的条件。②

言论自由的限制关键是确定言论自由的界限,虽然"在界定言论自由的界限方面存在持续困难,以及在确定人类表达界限方面的总体摩擦",但这"是在宽容和开放的社会中言论自由的代价。保持一个自由的民主社会需要同样程度的极端和大胆的牺牲,使自由首先成为可能"③。通常而言,各国宪法、法律对于言论自由限制的原则包括"公共利益原则、明显而现实的危险原则、比例原则、伤害原则、利益平衡原则"等。④ 也有的学者将限制言论自由的条件概括为三个条件:一是依法规定;二是该限制为达致法律所容许的目的;三是该限制是必须的,包含两方面的条件,即社会有迫切的需要对言论自由作出限制,以及这些限制的措施对于要达致的目的而言是适当的,或者说,限制的手段与要达致的目的之间需要有一种平衡的关系。⑤ 这种限制的标准很大程度上类似于比例原则,对个人权利限制比较尽量少,权利限制所获得的收益大于权利限制所造成的成本。

在很多国家,使用国家象征的行为是否属于应当受到保护的言论、是否有正当理由加以限制也存在一定的争议,这似乎在任何国家都是无法避免的问题。在很多国家,使用国家象征的行为都认为是言论自由表达的一种形式。使用国家象征通常象征表达爱国主义情感、对国家或者政权的支持、对国家某项具体政策或者具体活动的支持。当然,在实际生活中,一些人认为,将毁损国家象征作为抗议活动的方式,直接表达政治观点的手段,更是言论自由的方式。但也有观点认为,通过一定措施采用国家象征推行爱国主义,需要审查那些破坏国家团结或者不尊重的言论,可能导致"扭曲通常被描述为思想市场的公共

---

① ［英］弗里德里希·奥古斯特·冯·哈耶克:《自由宪章》,杨玉生等译,中国社会科学出版社2012年版,第107页。

② 《欧洲人权公约》第十条规定:人人享有表达自由的权利。此项权利应当包括持有主张的自由,以及在不受公共机构干预和不分国界的情况下,接受和传播信息和思想的自由。本条不得阻止各国对广播、电视、电影等企业规定许可证制度。行使上述各项自由,因为负有义务和责任,必须接受法律所规定的和民主社会所必需的程式、条件、限制或者是惩罚的约束。这些约束是基于对国家安全、领土完整或者公共安全的利益,为了防止混乱或者犯罪,保护健康或者道德,为了保护他人的名誉或者权利,为了防止秘密收到的情报的泄露,或者为了维护司法官员的权威与公正的因素的考虑。

③ Chriska Francois. The Risk It Takesto Bloom:The Freedom of Speech and Its Limits in the United States and France a Comparative Examination, UMKC Law Review Summer, Vol. 84, p. 1059(2016).

④ 赵天水:《网络言论自由的限度及其法律规制》,载《发挥社会科学作用 促进天津改革发展——天津市社会科学界第十二届学术年会优秀论文集(下)》,第776—777页。

⑤ 肖蔚云、饶戈平主编:《论香港基本法的三年实践》,法律出版社2001年版,第125页。

话语构成,损害言论自由的价值,从而描绘了一种错误的民族团结感",被认为是涉及观点歧视。[①] 因为在绝大多数情况下,公民以任何形式的使用国家象征均被视为是一种言论,是观念的表达。按照法律、法规规定,收回、销毁国家象征等个别行为除外,不属于言论自由讨论的范畴。

(二)维护国家象征与保障言论自由的影响因素

言论自由可能与具有象征意义的宪法原则、价值相冲突。国家象征、人的尊严或世俗主义原则就是这种情况,它不仅表达了中立的义务,也表达了对每个人的信仰的尊重。"对言论自由施加一定数量的限制旨在捍卫价值而非权利,确保尊重基本原则而不是防止混乱。这些价值观可以被认为是一个国家的基本价值观,即一个国家法律秩序的基本原则,是其历史和当代要求的产物。"这些价值观包括在符号、国旗和国歌中。[②] 虽然很多国家都支持公民享有同样的基本权利,但很多国家在将这些权利应用于特定社会时采取了不同的途径,致力于保护公民免受言论中最严重的内部和外部危险,但是保护言论自由呈现出不同的形式和模式。以是否将侮辱国家象征的行为定罪作为划分标准,美国、英国、澳大利亚、新西兰等国家强调言论自由的重要性;法国、俄罗斯等同时强调保障言论自由和维护国家象征的尊严。上述国家都强调言论自由的重要性,但是否在维护言论自由和国家象征之间存在相互矛盾的立场,主要的影响因素体现在以下方面:

一是多变的社会、文化和政治的差异以及时代要求。"普遍性的言论自由与特殊性的公共利益的平衡,必须在特定国家和特定社会的语境中进行。"[③] 各国根据社会、文化和政治的变化及时代要求,可能作出的决定往往是不同的,如法国在"二战"后,强调自由、民主,对于言论自由十分重视。但是随着 20 世纪以来,法国人口组成发生重要变化,非洲族裔人员逐渐增加,法国各界又开始强调国家象征的保护。

二是个案影响因素。"在民族国家语境中,公共利益与个体言论自由应当处于动态的均衡和同等保护之中,不应过度强调个体言论自由的优越性,而要均衡保护公共利益与言论自由。"[④] 很多国家对国家象征的保护是应对社会产生的具体案例而出现的。立法中没有涉及两者相互冲突时的处理规则,实践中多是在司法实践中讨论两者保护的平衡。维护国家象征冲突,就言论自由而

---

① Alan K. Chen, *Forced Patriot Acts*, Denver Law Review, Vol. 81:4, p:707 (2004).

② Michel Verpeaux. Liberté d'expression et discours politique. Annuaire international de justice constitutionnelle Année. 2008 23-2007. p. 239.

③ 高巍:《国家符号的刑法保护》,载《中国法学》2022 年第 1 期,第 192 页。

④ 高巍:《国家符号的刑法保护》,载《中国法学》2022 年第 1 期,第 193 页。

言,多出现在象征性言论可能带来侮辱国家象征时。这一点在国旗、国歌使用时可能发生。

三是言论自由本身具有持续的内部张力。"保持一个自由的民主社会需要同样程度的极端和大胆的牺牲,使自由成为可能。"[1] 当公民参与公共话语并提出不同意见时,紧张情绪进一步促进了对话。寻求真理的密集紧张对话经常在一些强调过度自由理念的国家出现,如在美国和法国,曾就保护言论自由,而产生与国家象征的冲突呈现为社会撕裂的最高峰。在一些经典案例中,如美国焚烧国旗系列案件,法国就侮辱国歌、国旗入刑案件的争论,激发了关于言论自由和国家象征关系的激烈讨论。但在界定言论自由界限方面的持续困难,以及在设定表达界限方面的冲突,是在宽容和开放的社会中言论自由的代价。

二、维护国家象征与保障言论自由的冲突:典型国家分析

1776 年美国第二次大陆会议批准的美国国旗是近现代以来较早正式确立的国旗;1789 年法国大革命确立的三色旗是近现代史上具有广泛影响力的国旗;1818 年德国在争取民主自由和国家统一的过程中创作出黑红金三色国旗。三国国旗都对世界其他国家确立本国近现代以来的国旗具有广泛而深入的影响。三国对于保护国旗旗帜的力度,维护国家象征与保障言论自由之间的冲突有着不同的发展路径,具有典型性。

(一)美国

1. 历史沿革:美国侮辱国旗案判决的演变

在美国,对国家象征,尤其是对国旗的态度问题,长期以来一直存在法律争议。大多数(但不是全部)州法律,以及自 1990 年以来的联邦法律,都将故意损坏、焚烧或践踏美国国旗定为犯罪。争论的焦点是,这种对国旗的保护方式是否构成了对受宪法保护的言论自由的侵害。

"二战"后,美国联邦最高法院逐渐认定,"将和平标记粘贴在国旗上""将国旗缝在裤子的臀部位置"等,属于受美国宪法第一修正案中的国会不得制定剥夺言论自由法律的保护范围。但是,第一修正案有一定争议,并没有阻止州和联邦立法者试图惩罚亵渎国旗的做法。1968 年的美国国旗法典也规定禁止包括焚烧国旗在内的亵渎国旗行为。因此,美国联邦最高法院面对相关判例时需要就此问题作出裁决。

---

[1]　Chriska Francois, *The Risk It Takes to Bloom: The Freedom of Speech and Its Limits in the United States and France a Comparative Examination*, UMKC Law Review Summer, Vol. 84, p. 1059(2016).

1984 年 8 月,共和党在美国西部得克萨斯州的达拉斯举行全国大会,再次推选保守的现任总统里根作为共和党总统候选人,竞选连任。格里高利·李·约翰逊(Gregory Lee Johnson)率领一群人抗议共和党偏袒大企业的政策,他们来到市政厅前示威,约翰逊将一瓶煤油倒在了国旗上,他的伙伴则用打火机将其点燃。这些示威者一边焚烧,一边欢呼歌唱:"美国,红、白、蓝,我们对你吐口痰。"随后,警察赶到,约翰逊因违反得克萨斯州法,亵渎国旗而被捕。得克萨斯州法禁止亵渎"庄严的对象"(Venerated Object),包括美国国旗。在得克萨斯州地区法院,约翰逊被判有罪,处以有期徒刑 1 年和 2000 美元罚款。案件上诉到得克萨斯州的刑事上诉法院。上诉法院不仅推翻了定罪,而且接受被告辩护律师的看法,认定约翰逊的所作所为乃是一种"象征性的言论"(Symbolic Speech),因此应该受到《美国宪法》第一项修正案言论自由条款的保护。[①] 后来,该案上诉至美国联邦最高法院,美国联邦最高法院于 1989 年以在代表严重分歧五票比四票的判决中,认定得克萨斯州的法律违反宪法的规定,亵渎国旗不应当被定罪。

在案件审理过程中,得克萨斯州声称其法律旨在保护两项利益:(1)防止破坏和平,以及(2)维护国旗作为民族和国家统一的象征。美国联邦最高法院的多数观点,即威廉布伦南大法官所执笔的多数派意见认为:(1)宪法保护言论自由的目的是鼓励而不是限制讨论;(2)其他人(即使是大多数人)的反对不能作为压制言论自由的依据,因为这是保护少数公民权利和利益的必要条件;(3)维护国旗以及任何国家统一的象征,在宪法上是不可接受的目标,因为这样的维护会导致引起焦虑、不满甚至激起愤怒等宪法所不希望实现的目标。在平衡国家在维护国旗作为一种象征的价值与个人的第一修正案权利方面的利益时,少数派代表史蒂文斯法官认为国家的利益足够重要,国旗作为一种象征的价值是无法衡量的,对国旗的公开亵渎将玷污其价值。公民的基本权利并没有因为这种"对自由表达的微不足道的负担"而受到不合理的限制。[②] 最终美国联邦最高法院判决认为,该州有关保护国旗的法律违反宪法第一修正案。这意味着美国 48 个州以及首都哥伦比亚特区有关保护国旗的法律均因违宪而失效。

作为对美国联邦最高法院判决的回应,美国国会通过了 1989 年的国旗保护法,规定如果"故意毁坏、污损、玷污、焚烧、置于地板或地面、践踏任何美国国旗",将处以罚款或 1 年监禁。尽管如此,美国联邦最高法院在 1990 年美国诉艾希曼案中将该法视为违宪,认为政府将保护美国国旗作为国家象征的利益并不高

---

① Texas v. Johnson, 109 S. Ct. 2533, 2536(1989).

② Patricia Lofton, *Texas v. Johnson: The Constitutional Protection of Flag Desecration*, Pepperdine Law Review, Vol. 17:6, p. 757 (1990).

于公民通过轻视这种象征的表达行为的利益。[①] 但是美国大多数民众以及政府部门对焚烧国旗仍然持否定态度,对此的争议近年来在美国社会也被反复提出。

2. 平衡背后逻辑:坚持绝对的人民主权原则

从美国联邦最高法院判决看,美国对待保护国家象征与保护言论自由的关系的思路是:将涉及保护国家象征的行为(如侮辱国旗行为)作为象征性言论,纳入宪法第一修正案关于言论自由的保护范围。而政府在保护国旗方面不存在有效的国家利益。象征性行为被认为是与纯言论或者书写同等重要的,能够传递思想的方式,如使用旗帜、标志或者其他象征物来表达思想、观点。导致美国联邦最高法院坚持上述观点的依据,美国学者对此进行了深入分析,认为这是因为美国长期坚持人民主权原则,享有绝对主权的是人民,而不是政府。因此审查权在人民对政府,而不是在政府对人民。"人民主权精神要求人民保留定义国家象征的权力。象征只具有解释者赋予它们的主观意义。任何合法惩罚亵渎国旗的企图都将与美国的民主概念相矛盾。"焚旗者不会危及国旗的象征价值,相反却可以认为是肯定了一个理想的愿景。"国家象征创造了一个共同身份,这些象征不仅代表了民族性,还代表了自由和异议权。"[②] 这种坚持绝对人民民主的原则是从美国建国以来就有的,而且长期以来,"在美国人的自我感觉和意识中,没有任何其他的概念比自由更为重要"[③]。总体上,在美国,言论自由高于维护国家象征的利益。

尽管美国联邦最高法院认为焚烧国旗是政治表达,因此受到宪法第一修正案的保护,焚烧国旗一直被视作是对美国社会的象征性威胁,这种威胁最终导致了灾难心态。焚烧国旗是渗透到美国公民意识中并引起潜在的社会焦虑。随后立法禁止亵渎国旗的尝试也未能通过法院的合宪性审查,但问题并未得到解决。在一个保护言论自由的民主国家中,持续努力禁止不受欢迎政治表达的纠结在社会建构主义的关键要素中比比皆是。[④]

(二)德国

在德国,基本法规定了国旗,没有规定国歌、国徽。1950 年西德通过总统令确定了正式的国旗、国徽,1952 年西德总统确定了国歌。两德统一后,通过总统

---

① 　U. S. v. Eichmann,496 U. S. 310(1990).

② 　Ute Krüdewagen,*Political Symbols in Two Constitutional Orders:The Flag Desecration Decisions of the United States Supreme Court and the German Federal Constitutional Court*,Arizona Journal of International and Comparative Law,Vol. 19:2,p. 679 (2002).

③ 　[美]埃里克·方纳:《美国自由的故事》,王希译,商务印书馆 2002 年版,第 8 页。

④ 　Michael Welch,*Flag Burning:Moral Panic and the Criminalization of Protest*,Contemporary Sociology. Vol. 31:2,p. 191-192(2002).

令再次确认了西德国旗、国徽、国歌为德国的国家象征,但是没有制定相关法律。《德国基本法》明确保护言论自由,"人人享有以语言、文字和图画自由发表、传播其言论的权利,并有无阻碍地以通常途径了解信息的权利。保障新闻出版自由和广播、电视、电影的报道自由。对此不得进行内容审查"。同时《德国基本法》还规定"一般法律和有关青少年保护及个人名誉权的法律性规定对上述权利予以限制"。其中"一般法律"包括《德国刑法》,其明确规定禁止侮辱联邦国旗、国徽,比如第90a条中规定,"任何人在集会中或者以公开发行的方式,公开诋毁联邦或者各州的官方颜色、旗帜、徽章或歌曲,将处以最高3年监禁或者罚款"。《德国刑法》这种对言论自由的限制是在宪法允许的范围内的,但这并不妨碍公民表达自己意见的自由,只是不得以这种侮辱的方式表达意见。

实践中,德国联邦宪法法院在涉及国旗的案件中,都强调了对言论自由的保护,判决的结果也是有利于维护言论自由,但是在判决的论证理由中,德国宪法法院承认政府在维护国旗方面的国家利益,认为"作为一个自由国家,联邦共和国依赖于其公民对国旗所象征的基本价值观的认同",而"国旗的颜色代表自由民主的基本秩序"[1]。"由于国旗是通过它所包含的主要国家目标作为政治整合的重要手段",因此,诽谤国旗"会损害国家的权威,而这是内部和平所必需的"[2]。虽然德国宪法法院持有上述观点,但是德国宪法法院进一步通过比例原则进行权衡,认为对权力的批评和对国家的批评必须始终保持可能,国家象征的保护不应被用来使国家免受批评,进而明确对于侮辱国家象征的行为进行刑事惩罚必要性不足,从而保护了行为人利用涉及侮辱国家象征的行为表达言论的自由。

在2008年侮辱德国国旗一案中,被告人被诉在公众场合称国旗颜色为"黑红色芥末酱"。德国宪法法院在审理时认为,该言论属于宪法保护的言论自由范围。因为言论不因其正当性、内在性或者正确性而免于言论自由的保护。即使言论是以夸张的方式表达,其也不会失去法律的保护。对于国旗颜色的表达进行惩处,构成了对言论自由基本权利的干涉。[3]

相较于美国否认政府在维护国家象征的国家利益,强调言论自由的重要性,"德国通过系统的法律制度,实际上是法律和更广泛的文化,通过设计而不是偶然的方式实现不同的结果"[4]。在德国,通过刑法条文明确保护国家象征,当国家象征与基本权利发生冲突时,德国宪法法院观点是进行个案平衡,在判

---

[1]　BVerfGE 81,278-Bundesflagge. https://www.servat.unibe.ch/dfr/bv081278.html.

[2]　BVerfGE 81,278-Bundesflagge. https://www.servat.unibe.ch/dfr/bv081278.html.

[3]　BVerfG,15.09.2008-1 BvR 1565/05.

[4]　Ronald J. Krotoszynski, Jr, *A Comparative Perspective on the First Amendment：Free Speech，Militant Democracy，and the Primacy of Dignity as a Preferred Constitutional Value in Germany*, Tulane Law Review May, Vol. 78：5, p. 1549（2004）.

决时进行缩小解释,扩大对言论自由的保护。一般情况下,德国涉及国家象征的案件,往往因为受到言论自由、新闻自由、艺术自由的保护,免于纳入刑法规制的范围。但在其他案例中,当基本权利受到侵犯,与其他基本权利冲突时需要平衡,因此,最终需要依据个案进行考虑。

总体上,德国因侮辱国家象征而定罪的较少。2016 年,在德国因违反《德国刑法》第 90a 条规定而定罪的案件共有 7 起,尽管《德国刑法》规定最高 3 年监禁,但判决中绝大部分是罚款。① 2022 年 2 月,在德国萨尔州首府的游行示威中,有的参与人员举起的国旗画上了香蕉的图案。随后,该案件被警察机关认定为违反《德国刑法》第 90a 条规定,但是检察官办公室在对事实进行了实际和全面的法律审查后认为,通过国旗将德意志联邦共和国等同于香蕉共和国,是对强制接种疫苗的尖锐和夸张的批评,但它在《德国基本法》和言论自由的范围内。② 该案件未起诉到法院。

（三）法国

在法国,宪法规定了国旗、国歌,同时规定了保护言论自由。法国没有就国家象征制定专门法律。在 2001 年法国对阿尔及利亚足球比赛期间嘘国歌引起广泛批评后,2003 年 2 月 13 日法国国民议会通过第 2003-239 号法律,颁布了新的《内部安全法》,其中包括关于亵渎国家符号（国歌和国旗）的条款;刑法典也作了相应修改。这是法国首次将普通公民亵渎国旗视为犯罪。新的《内部安全法》第一百一十三条规定,"在公共机构组织或者管理的活动中,公开侮辱国歌、三色旗行为将处以 7500 欧元罚款。在公开集会中实施上述行为的,处以六个月监禁和 7500 欧元罚款"。2 月 14 日,法国国民议会和参议院议员 60 人向宪法委员会提出《内部安全法》违宪的审查建议,其中认为将侮辱国歌、三色旗的行为入刑,违反了宪法。议员们认为,这些规定"严重侵犯了言论、良心和见解自由";此外,它们违反了"犯罪和惩罚的合法性原则以及制裁必要性的原则"。

法国政府认为,《人权宣言》第十一条所确立的言论自由是一种基本的和必需的自由。然而,应该由立法机构来协调这种宪法保障的自由与其他宪法规则或原则,以及具有宪法价值的目标之间的冲突。关于犯罪和违法行为的确定,根据刑罚的必要性原则,立法者有自由裁量权,只有在明显不相称的情况下,宪法委员会才可以对其提出质疑。在本案中,立法者正是在言论自由和维护公共

---

①　CHRISTIAN RATH. " Schwarz-rot-gelbe Umgangsformen ". https://taz.de/Gerichtsurteil-zur-Deut-schlandfahne/！5520652/.

②　Thomas Gerber. Deutschland-Bananenfahne ist keine Straftat. https://www.sr.de/sr/home/nachricht-en/panorama/deuschland_bananenflagge_bei_demo_keine_straftat_100.html.

秩序之间进行了这种协调。它在其自由裁量权的框架内认为,在某些情况下对《法国宪法》第二条规定的三色旗或国歌造成的公众蔑视,可能会破坏国家的凝聚力和公共秩序。在决定将这种侮辱作为一种罪行来惩罚时,它没有不适当地侵犯言论自由。

法国政府认为,法国刑法已经包含了旨在保护国家象征或合理地侵犯言论自由的罪行。因此,《法国刑法典》第433-5条规定,对拥有公共权力的人所犯的蔑视行为将受到惩罚,以便在此人之外保护国家的代表或此人所体现的公共权力。《军事司法法典》第四百四十条规定,任何士兵或登船人员如果犯有蔑视国旗或军队的行为,将被处以5年监禁;如果罪犯是一名军官,他或她还将被剥夺军衔。《法国刑法典》第322-2条明确规定了对公共建筑或用于公共用途或装饰的财产破坏的刑罚。

关于犯罪和刑罚的合法性原则,法国政府认为立法机构已经准确地确定了它打算惩罚的犯罪的构成要素。公开侮辱的概念已经出现在刑法中,并被理解为可能损害人的尊严或其他受到尊重的事物的任何类型的语言、行为、文字或图像。立法者明确将该罪行的范围限定为在公共当局组织或管理的活动中犯下的公共侮辱案件,排除了这些案件之外的惩罚。最后,立法者无意减损《法国刑法典》第121-1条所明确的个人刑事责任原则:对于每个被起诉的人,将由公诉人证明他或她亲自实施了构成犯罪的行为。[①]

2003年3月13日,宪法委员会作出第2003-467 DC号决定。一方面,考虑到1789年《人权宣言》第十条规定:"任何人不应为其意见甚至其宗教观点而遭到干涉,只要它们的表达没有扰乱法律所建立的公共秩序。"《人权宣言》第十一条规定:"自由交流思想与意见乃是人类最为宝贵的权利之一。因此,每一个公民都可以自由地言论、著作与出版,但应在法律规定的情况下对此项自由的滥用承担责任。"另一方面,根据《法国宪法》第二条第二款的规定,"国旗是蓝、白、红三色旗","国歌是《马赛曲》"。考虑到立法者可以通过确定适用于新罪行的刑罚规定新的罪行;但是,这样做是因为政府有责任确保调和公共政策的要求和保障受宪法保护的自由。考虑到在私人圈子中的言论以及在示威过程中的行为,这些行为不是由公共当局组织的,也不是由公共当局管理的,排除在该规定之外。根据议会程序得知,"由公共当局监管的活动"一词必须理解为是指在遵守法律和法规卫生规则的前提下发生的具有体育、娱乐或文化性质的公共活动,必须考虑这些活动的安全性,因为参与的人数众多;立法者认为,考虑到通过确立这种罪行,确保在上述宪法要求之间保持协调;其确定的惩罚不明

---

① Observations Gouvernement sur les recours dirigés contre la loi pour la sécurité intérieure. Journal Officiel du19 mars 2003-Numéro 66-Page 4827 à 4837.

显与所犯之罪不成比例。鉴于以上所述,在不违反议会关于"公共机构组织活动"解释的保留的前提下,所指法律的第一百一十三条并不违反《法国宪法》。①这种对言论自由的限制被法国宪法委员会判定为符合宪法,理由是这种罪行将思想活动、在私人圈子中发表的言论、非公共当局组织或不受政府监管的示威活动中的行为排除在其范围之外。法国宪法委员会认为,立法者使国家象征的保护与良心和意见的自由表达之间取得令人满意的协调。

对此,有法国学者评论,导致将藐视国旗定为犯罪的紧张局势不仅是由于害怕破坏国家认同,而且还因为害怕看到国家主权真正受到质疑。②

三、我国维护国家象征和保障言论自由冲突的处理

在国歌法制定、国旗法和国徽法修改过程中,也有不少人士担心公民的言论自由受到威胁。国旗、国歌、国徽是国家象征和标志,言论自由在我国作为政治权利的重要组成部分受到宪法、法律的保护,实践中需要妥善处理两者之间可能产生的冲突。

首先,法律对公民、组织使用国家象征有一定规定,国旗法、国歌法、国徽法明确了一些禁止使用情形,但是没有明确对应的法律责任,其他不适当的行为,如不唱国歌、手放错位置,只要同时没有侮辱的行为,就不会承担法律责任。一般情况下,如果类似的行为涉及言论自由,则会受到言论自由的保护。

其次,言论自由并不是绝对的,而必须考虑言论的表达方式和场合。我国宪法和法律保障公民的言论自由,宪法第五十一条规定,公民在行使自由和权利的时候,不得损害国家的、社会的、集体的利益和其他公民的合法的自由和权利。对于在公共场合,故意以焚烧、毁损、涂划、玷污、践踏等方式侮辱国旗、国徽的;恶意修改国歌歌词,以歪曲、贬损方式奏唱国歌,或者以其他方式侮辱国歌的,构成了滥用国家象征、侮辱国家象征,明显属于违法的行为,就需要承担相应法律责任。上述行为实质上是滥用言论自由,破坏国家象征,损害公共秩序、国家利益、国家尊严。这种滥用言论自由的行为不可能得到法律的豁免。

最后,对于以不合理的表达方式、带有不适宜的动作奏唱国歌、使用国旗和国徽,以表达其言论的行为,需要依据个案进行考虑,需要对其行为的性质、危

---

① 参见法国宪法委员会判决:Décision n° 2003-467 DC du 13 mars 2003. https://www. conseil-consti-tutionnel. fr/decision/2003/2003467DC. htm.

② Par Élodie DERDAELE. LE DRAPEAU TRICOLORE, UN SYMBOLE CONSTITUTIONNEL DANS TOUS SES ETATS(DU DROIT). Communication présentée au VIIIe Congrès de l' Association française de droit constitutionnel, Nancy, les 16,17 et 18 juin 2011, dans l' atelier n° 1《Droit constitutionnel et autres branches du droit》présidé par les professeurs Guillaume DRAGO et Charles VAUTROT-SCHWARTZ. p. 93.

害程度等进行综合考量,包括损害大众感情、损害公共利益的程度等。对于确实达到侮辱国家象征的程度,构成了侮辱国家象征,法律应当给予必要的限制,明确必要的法律责任。对于情节轻微的,需要对公民言论自由予以保障。

第三节　国家象征与艺术自由

一、艺术自由是什么?

艺术表达是人类生活中不可或缺的组成部分,为人类提供超越物质的体验,促进人类精神世界的蓬勃发展。保障艺术自由,对于避免艺术表达受到压制,具有重要意义。"艺术可以为政治服务,政治也可以为艺术服务,艺术有它的独立品格,并不从属于政治。"[①] 将艺术与政治过度捆绑,必然影响艺术的发展。艺术自由是宪法保护的重要公民基本权利之一。宪法保护艺术自由主要是保障艺术创作的过程及其产品不受国家不合理不合法的干涉,艺术创作不因政治意愿而被肆意破坏。在世界范围内,对于艺术自由的保护,主要分为两种模式:一是将艺术自由往往视为言论自由的一种,并未将艺术自由作特殊保护。例如言论自由被视为美国宪法秩序中重要的内容之一,涵盖了艺术自由。二是强调艺术自由的独特价值,就艺术自由进行特别保护,如德国。

"有序的人类共处不仅需要公民的相互考虑,还需要有效的国家秩序,这对于确保基本权利保护的有效性至关重要。"[②] 这也是对艺术自由进行限制的前提性认识。在德国,根据主流观点,对宪法或其机构进行智力攻击的艺术作品要接受比例原则考量;在这样做的时候,必须在受宪法法律平等保护的对立利益之间寻求相称的平衡,目的是实现最优化。[③] 在艺术创作的过程中,也涉及创作国家象征有关的作品或者相关类似作品。通常情况下,善意合理的涉及国家象征的创作得到宪法、法律的认可,但是在涉及有可能引起歧义、争议的作品上,则需要考虑到艺术自由范围和空间的理解和适用。艺术自由是受到宪法保护的权利,但是受到限制。这种限制"来源于其他权利主体的基本权利""来源于其他具有宪法级别的权利客体"[④]。艺术自由还受到国际条约公认的保护。

---

① 陈望衡、范明华等:《大唐气象:唐代审美意识研究》,江苏人民出版社 2022 年版,第 440 页。
② NK-StGB/Hans-Ullrich Paeffgen,5. Aufl. 2017,StGB § 90a Rn. 26-28.
③ NK-StGB/Hans-Ullrich Paeffgen,5. Aufl. 2017,StGB § 90a Rn. 26-28.
④ 单晓光、刘晓海:《德国联邦宪法法院关于宪法规定的艺术自由和著作权法规定的合理引用关系的判决》,载《科技与法律》2004 年第 1 期,第 50 页。

《公民权利和政治权利国际公约》第十九条第二款规定："人人有自由发表意见的权利;此项权利包括寻求、接受和传递各种消息和思想的自由,而不论国界,也不论口头的、书写的、印刷的、采取艺术形式的、或通过他所选择的任何其他媒介。"但第三款同时规定:"本条第二款所规定的权利的行使带有特殊的义务和责任,因此得受某些限制,但这些限制只应由法律规定并为下列条件所必需:(甲)尊重他人的权利或名誉;(乙)保障国家安全或公共秩序,或公共卫生或道德。"

二、维护国家象征与保障艺术自由的冲突:以德国为例

《德国基本法》第五条第一款规定,人人享有以语言、文字和图画自由发表、传播其言论的权利,并有无阻碍地以通常途径了解信息的权利。同时在第五条第二款中明确,"一般法律和有关青少年保护及个人名誉权的法律性规定对上述权利予以限制"。在德国,艺术自由属于基本权利中的"无法律保留"的基本权利,即艺术自由也不受国家立法机关的限制,但是德国联邦宪法法院从保障"宪法整体性"和"宪法整体价值秩序"出发,认为这些基本权利仍会受到"宪法内在限制"的制约。"宪法内在限制"源于对宪法的系统解释方法:宪法应作为内在统一的整体,所有条款之间相互联系、相互协调,对每一项条款的解释都应通过系统考量各个条文的相互关系而得出,由此宪法才能获得统一实施。[1] 艺术自由既受到第三方基本权利的限制,还受到其他宪法条款的限制。[2] 德国联邦宪法法院认为,对国旗的维护是一项宪法价值,并不一定意味着定罪。国家在维护国旗方面的宪法利益与被告在艺术表现形式方面的宪法利益相抵触,法院要求在每种情况下都要权衡这些可能冲突的利益。[3]

在对待艺术自由方面,美国、德国在司法实践中持不同的态度。美国联邦最高法院认为,言论自由在既定宪法秩序中占据优先地位,忽视艺术自由的价值和独特性,在案件中仅仅将艺术表达视为宪法第一修正案保护言论自由的一种,并适用于言论自由的规则。[4] 但德国联邦宪法法院认为,虽然艺术表达自由与言论自由有着共同的主要特征,但它仍然有其特定的特征。它是由"以艺术

---

[1]　赵宏:《限制的限制:德国基本权利限制模式的内在机理》,载《法学家》2011 年第 2 期,第 157 页。

[2]　NK-StGB/Hans-Ullrich Paeffgen,5. Aufl. 2017,StGB § 90a Rn. 26-28.

[3]　Ronald J. Krotoszynski,Jr,*A Comparative Perspective on the First Amendment:Free Speech,Militant Democracy,and the Primacy of Dignity as a Preferred Constitutional Value in Germany*,Tulane Law Review May,Vol. 78:5,p. 1549(2004).

[4]　Raman Maroz,*The Freedom of Artistic Expression in the Jurisprudence of the United States Supreme Court and Federal Constitutional Court of Germany:a Comparative Analysis*,Cardozo Arts and Entertainment Law Journal,Vol. 35,p. 343(2017).

本质为特征的结构特征来定义的,而这仅仅是它所特有的"。德国联邦宪法法院对在艺术自由与国家象征关系方面的论证主要是通过涉及国旗、国歌的宪法案件。

在德国士兵侮辱国旗案中,一位出版商出版的反战书,其封皮是士兵对国旗撒尿。被告是一家图书发行公司的总经理,拥有唯一的代表权,该公司在1981年9月至1982年5月共销售了949份出版物《让我独自平静———一本阅读书》。该出版物包含漫画和拼贴画以及诗歌、散文和书籍节选,其中描绘了战争的恐怖,并呼吁各国和平。封底是一幅拼贴画,其下半部分以黑白两色显示了德国武装部队的宣誓效忠仪式。在前景中,八名士兵举着一面伸出的联邦旗帜。在背景中,在一个营房建筑前,可以看到一个装饰有联邦鹰的讲台,另一名士兵正站在讲台上。[1]

初审法院认为,《德国刑法》第90a条规定的侮辱国家象征罪的条件已得到满足,并指出被告不能援引《德国基本法》规定的艺术自由,因为该作品不是艺术作品。封皮图案中"表达核心"是蔑视国旗(以及国旗象征的国家),以反对战争的形式只是掩盖"表达核心"的表达"形式"。地区高级法院驳回被告对初审法院判决的上诉,其理由也是违反了实体法。虽然它认为拼贴画是《德国基本法》第五条第三款意义上的艺术作品,但它认为《德国基本法》对艺术自由的保障并不能阻止被告根据《德国刑法》第90a条受到惩罚。被告用联邦旗帜诋毁了受《德国基本法》第二十二条保护的宪法级别的合法权利。在权衡应优先保障艺术自由还是维护国家象征时,《德国基本法》第五条第三款赋予的个人基本权利必须让位于《德国基本法》第二十二条和《德国刑法》第90a条所保护的整体利益。如果艺术作品对观众的影响对德意志联邦共和国及其基本秩序造成了当前的危险,就必须考虑对艺术自由保障的限制。

德国联邦宪法法院借鉴魏玛时期德国最高法院的判例认为,讽刺作品(如此处涉及的图案)由两个要素组成:"表达核心"(Aussagekern)及其表达的象征性"形式"(Einkleidung)。在讽刺作品中,比喻性表达形式相比表达核心应以较宽泛的标准来判断,因为表征讽刺艺术的"转换"是表达"形式"的基本组成部分。[2]

德国联邦宪法法院拒绝上述解释,认为该图案的"表达核心"是对军国主义的反对,并且"国家仅是在负责建立兵役的情况下才是攻击的目标",并允许其使用国家象征来反对战争。因此,"表达核心"仅包括对军国主义的攻击,而不

---

① BGH:Verunglimpfung der Bundesflagge(NJW 1986,1271).

② Mar.7,1990 81 BVerfGE 278.

是对国旗及其代表的国家的攻击。该图案对军国主义的攻击采取"在国旗上撒尿的男人"的形式,而讽刺的形式则享有更大的自由度。如果下级法院从这一点去理解,则可能产生不同的判决结果。德国联邦宪法法院根据《德国基本法》第五条的规定,认为该图案的核心是对军国主义的反对,是一种艺术自由,没有触犯刑法规定。① 德国联邦宪法法院推翻了该案,并使用适当的标准和解释将其退回下级法院重新考虑。因此,在判断讽刺作品时,决定某些思想是属于"表达的核心"还是仅属于"表达的形式"是至关重要的。可见,相较于艺术自由、言论自由权而言,国旗、国歌在德国法院并没有享有更多的保护。

在1986年德国巴伐利亚州一杂志侮辱国歌一案中,也有类似的判决。巴伐利亚州纽伦堡市某杂志主编将德国国歌歌词改编成讽刺歌词,命名为《德意志之歌1986》,旨在反映批评当时德国的现状。该改编歌曲被当地法院认为违反了《德国刑法》第90a条的规定,该条规定,任何人在集会中或者以公开发行的方式,公开诋毁联邦或者各州的官方颜色、旗帜、徽章或歌曲,将处以最高3年监禁或者罚款。德国联邦宪法法院认为,该歌曲的改编很明显是一个讽刺作品,本质上属于基本权利意义上的艺术创作。通过其歌词中一些消极概念而直接认定为侮辱国家是武断的,损害了宪法对艺术自由的保障。分析艺术作品的关键是解读其核心。法官应当权衡,这种对生活现实的讽刺、直接呈现是否会造成与国歌以及宪法秩序所代表的更高理念的对立。"虽然刑法第90a条规定的侮辱国歌罪与艺术自由是相容的,但是,不能基于对艺术自由漠视的情况下作出应给予刑罚的判断。"② 德国联邦宪法法院推翻了基层法院的判决,认为基层法院没有充分认识艺术自由的独特魅力,先天地认为刑法对于国家象征的保护高于艺术自由,没有平衡出版者在使用国歌以讽刺社会矛盾的利益和政府在维护国歌尊严的利益。

德国联邦宪法法院将需要保护更高位阶的价值置于保护国家象征和公民基本权利矛盾之上,抛弃了传统的观点。德国联邦宪法法院认为,人的尊严不得侵犯在德国处于最高位阶的价值不仅是德国基本法的要求,而且成为德国各界共识。德国联邦宪法法院明确指出,通过使用国旗、国徽等国家象征的方式实现艺术表达自由与"基本法"所载的人格尊严概念直接相关,并有助于塑造"基本法的人性观"。与言论自由比较而言,艺术自由更具体,更具有情感性,更具有主观表达的色彩,对其限制也不能过于苛刻。③ 正是基于上述德国联邦宪

---

①　Mar. 7,1990 81 BVerfGE 278.

②　BVerfG,19. 10. 1983-2 BvR 298/81.

③　Raman Maroz. THE FREEDOM OF ARTISTIC EXPRESSION IN THE JURISPRUDENCE OF THE U-NITED STATES SUPREME COURT AND FEDERAL CONSTITUTIONAL COURT OF GERMANY:A COMPAR-ATIVE ANALYSIS. 35 Cardozo Arts & Ent. L. J. 341 . Cardozo Arts and Entertainment Law Journal 2017,p. 366.

法法院的理解,所以当维护国家象征与保护艺术自由产生矛盾时,倾向于保护艺术自由。因此在德国,在以艺术形式攻击国旗的情况下,只有在非常具体的、详尽定义的条件下,艺术自由的保障才必须让位于对国旗的保护。

三、我国艺术自由与国家象征的保护

我国1954年宪法规定公民有艺术创作的自由,而1975年修宪时删除。我国现行宪法是1982年在对"文化大革命"历史错误的拨乱反正的基础上制定的,1982年宪法第四十七条规定,中华人民共和国公民有进行科学研究、文学艺术创作和其他文化活动的自由。国家对于从事教育、科学、技术、文学、艺术和其他文化事业的公民的有益于人民的创造性工作,给以鼓励和帮助。1982年宪法重新增加该条款的目的就是要确保公民有艺术创作的自由,艺术家在创作作品时具有自主权,并得到尊重。

艺术家是否具有创作与国家象征相关艺术作品的自由呢? 一般而言,我国没有在法律中明确国家象征可以用于艺术创作。但是我国国旗法、国歌法均规定,国家倡导公民和组织在适宜的场合使用国旗及其图案,表达爱国情感;国家倡导公民和组织在适宜的场合奏唱国歌,表达爱国情感。据此,公民可以在适宜场合将国旗及其图案用于艺术创作,或者在适宜的场合奏唱国歌。但是同时需要明确,上述创作的前提是不得违反宪法和法律,特别是国旗法、国歌法、国徽法的规定。近年来,我国也先后涌现一批使用国家象征进行创作的艺术作品,如2002年诗歌音乐晚会《国旗颂》、2009年长篇散文诗《国歌颂》、2012年国庆晚会《五星红旗 我为你骄傲》、2019年电影《国之歌者》等。这些艺术作品使用到国家象征的全部或者部分,以弘扬爱国主义为导向,起到了积极影响。

第四节　国家象征与宗教自由

一、宗教自由的价值、意义

宗教自由是很多国家宪法规定的公民基本权利。近代以来,为了防止国家干预或者压制宗教,多数国家宪法要求政教分离,并对宗教信仰自由、宗教活动自由进行保护。按照《公民权利和政治权利国际公约》的规定,宗教自由主要包括:一是信仰层面的自由,即维持或改变他的宗教或信仰的自由,不仅意味着不

信仰的自由,而且意味着按自己的意愿信仰的自由。二是实践层面的自由,包括单独或集体、公开或秘密地以礼拜、戒律、实践和教义来表明宗教或信仰的自由。任何人不得遭受足以损害他维持或改变宗教或信仰自由的强迫,也即不得直接或者间接地强制任何人参加任何一种宗教仪式。同时宗教信仰自由同所有自由一样,为保证所有人的自由,个人自由应受到必要的限制,"人人表示其宗教或信仰之自由,非依法律,不受限制,此项限制以保障公共安全、秩序、卫生或风化或他人之基本权利自由所必要者为限"。各国通常也通过宪法、法律对宗教信仰及活动自由进行保护,如《德国基本法》第四条规定,信仰、道德、信奉宗教或特殊哲学的自由均不得受到侵犯。不受干扰的宗教活动应获得保障。

就国家象征保护而言,信仰层面的宗教自由"是一种思想自由,无论是从法律上还是事实上立法者都不能涉足个人的内心意识,也不能进行任何强制或禁止"①,其与国家象征的冲突也止于个人的内心。行使宗教自由的权利与保护国家象征的冲突往往也会发生在实践层面,表明宗教信仰自由、宗教教育自由、少数群体的宗教信仰自由与国家关于国家象征法律的要求冲突,在国家象征的使用、礼仪以及国家象征图案本身都有可能与宗教自由产生两难之处,强迫履行法律义务带来法律惩罚和信仰背叛之间的两难选择。

一些国家也出现国家象征本身与宗教自由冲突的案例。例如,1996 年 6 月,韩国公民基督教徒安先生向韩国宪法法院提出宪法诉愿。安先生认为,八卦是道教文化的重要符号,韩国使用八卦图案中的四卦设计国旗,侵犯公民宪法上的宗教自由权。首先,韩国宪法法院确认了韩国国旗的设计过程,韩国国旗源于朝鲜王朝的太极旗,但在长期使用中颜色、图案各异。1948 年韩国政府成立时,教育部召集历史学家、艺术家和新闻记者等组建韩国国家复建委员会,经过专业审查,1949 年 10 月 15 日韩国政府正式确定规范的太极旗。其次,《宪法法院法》第六十八条第一款规定,受到侵犯宪法保障的基本权利的任何人都可以向宪法法院提出宪法诉愿。根据该法第六十九条第一款的规定,向宪法法院申诉,应自知悉之日起 60 天内,行为发生的 180 天内提出。针对侵犯基本权利的起诉期为韩国宪法法院成立日(1988 年 9 月 19 日起算),而原告自 1996 年 8 月 10 日提出申诉,超过法定期限,因此驳回申诉。申诉人两次向宪法法院申请复核,宪法法院均以原则上不可能对宪法法院的决定提出再次上诉,不予受理复核。韩国宪法法院虽然没有对该案所提的侵犯宗教自由进行回应,但以超过诉讼时效为由否决了申诉人的诉求,实质上是回避了坚持国家传统使用国家象征与宗教自由的关系。②

---

① [法]莱昂·狄骥:《宪法学教程》,王文利等译,郑戈校,辽海出版社、春风文艺出版社 1999 年版,第 212 页。

② 헌재 1996.10.16.96 헌아 7,결정문[각하(4 호)].

不可否认的是,很多国家的国家象征与宗教有着密不可分的联系。据统计,在世界上 190 多个国家中,约有 64 个国家的国旗包含宗教符号(约占全部国家总数的三分之一)。其中,大约一半有基督教标志(48%),大约三分之一有伊斯兰教标志(33%)。基督教符号出现在来自欧洲、亚洲和太平洋以及美洲的 31 面国旗上;伊斯兰符号出现在撒哈拉以南非洲、亚太地区以及中东和北非的 21 个国家的国旗上。①

二、国家象征的礼仪与宗教自由

一些国家有向国旗致敬的相关仪式,如美国、菲律宾、韩国、哥伦比亚等国家存在国旗宣誓的传统。当举行国旗敬礼仪式或者国旗宣誓仪式时,可能与宗教教义不符,就会产生冲突。在美国,美国宪法第一修正案规定,国会不得制定建立宗教或者禁止信教自由的法律。该条规定在司法实践中就宗教自由确立了三个原则:建立宗教条款通常禁止以促进或者认可宗教为目的或效果的政府言论;个人宗教言论、行为得到广泛保护,并受到宪法中言论自由条款的保护;存在一个隐性例外,政府有时被允许开展看似确实促进和支持宗教的言论,但前提是该言论是非强制性的、非宗派的且有着悠久的历史传统。② 在美国,国家象征与宗教自由紧张之处在于,宗教自由条款要求政府避免其公民在服从法律关于尊崇、使用国家象征的规定和服从他们宗教时的痛苦选择。

美国宣誓效忠制度由美国基督教浸礼派牧师弗朗西斯·贝拉米于 1892 年创设,是公立学校上课和国会每日例会的"法定项目"。该制度有两项内容:誓词、礼仪。誓词内容为:"我宣誓效忠国旗和它所代表的美利坚合众国。这个国家在上帝之下,统一而不可分割,人人享有自由和正义的权利。"③ 在他的推广影响下,美国社会上形成了升国旗、奏国歌时右手放左胸前,手掌心向下的礼仪。一些地方也规定学生在上课前实行国旗宣誓。但是耶和华见证会④ 信徒认为,《圣经》禁止崇拜国家象征物,在公立学校推广国旗致敬仪式违反了《圣经》关于不得崇拜其他神灵的教义。

---

① ANGELINA E. THEODOROU. 64 countries have religious symbols on their national flags. https://www.pewresearch.org/fact-tank/2014/11/25/64-countries-have-religious-symbols-on-their-national-flags/.

② Daniel O. Conkle, *Religious Expression and Symbolism in the American Constitutional Tradition : Governmental Neutrality , But Not Indifference*, Indiana Journal of Global Legal Studies, Vol 13 : 2 , p. 417 (2006).

③ 后来,弗朗西斯·贝拉米担任美国国家教育联合会下政府教育主管委员会主席,在负责为公立学校庆祝哥伦布发现美洲 400 周年制作节目的机会,大力推广这个制度。

④ "耶和华见证会"成立于 19 世纪后半期的美国,已发展为一个完全独立的国际性宗教团体。在有些国家,将其认定为宗教极端组织。2017 年 4 月,俄罗斯最高法院通过判决,认定"俄罗斯境内的'耶和华见证会'宗教团体为极端组织,禁止该组织在境内活动"。

对于耶和华见证会信徒拒绝向国旗致敬的行为,最开始在迈纳斯维尔学区教育委员会诉戈比蒂斯案中,教育委员会认为,向国旗致敬不是宗教仪式,而且与之类似行为包括在公立学校强制阅读圣经已经得到法律承认,向国旗致敬的行为不会损害宗教信仰自由。1940 年美国联邦最高法院以八比一的比例,判决戈比蒂斯败诉,认为当公民宗教信仰与公共利益冲突时,当事人不能推卸其政治责任,向国旗致敬是不能推卸的政治责任。该判决引起巨大争议。美国联邦最高法院曾将宗教定义为"一个人对他与造物主的关系,以及他们对他的存在和品格的崇敬以及对他的意志的尊重所承担的义务的观点"。个人看起来更加有资格确定某些行为是否会阻碍宗教信仰的行使。① 宗教信仰自由具有充分的个性化。越来越多的人认为,向国旗致敬可能会限制宗教自由,而且关键的问题是向国旗致敬是不是强迫的。

在 1943 年另一起类似的国旗致敬宣誓违反宗教自由案件中,美国联邦最高法院判决认为,"信仰自由条款意味着,首先以及首要的是,相信并信奉任何人希望相信的宗教教义。因此,第一修正案显然排除了所有'类似宗教信仰的政府规制'。政府不可强迫确认宗教信仰,惩罚政府认为教义错误的宗教表达,不可以因宗教观点和地位而使某些宗教无资格,不可运用政府权力支持或反对某种宗教权力或教条"②。象征性表达是传递思想的有效形式,向国旗致敬宣誓也是一种传递思想的方式。美国联邦最高法院认为,州法院要求向国旗致敬是强迫所有人树立共同的信仰,"州法院因强迫见证会确认一种他们未与社会共享的信仰而违反了第一修正案",最终判决当地教育部门败诉。此后,类似案件也遵循此判决的原则。

三、国家象征的使用与宗教自由

是否在宗教场所升挂国旗有一定争议,多数人认为,宗教场所升挂国旗代表效忠于国旗所代表的国家,也象征对国旗所象征的国家情感上的依恋,每个教会信徒都是国旗所象征国家的成员,对国家表示效忠和依恋是适当的,因此支持宗教场所升挂国旗。也有一部分人认为,升挂国旗仅象征属于国家的财产,或者代表国家机构。现代世俗国家普遍坚持宗教和国家分离,认为在宗教场所升挂国旗是不合适的。国家教堂、寺庙等宗教场所是否升挂国旗及如何升挂,主要取决于各国的法律规定、历史传承、宗教习俗等因素。

很多国家对宗教场所悬挂国旗没有强制性义务,仅仅要求的是提倡、尊重,

---

① *Compulsory Flag Salutes and Religious Freedom*, Harvard Law Review, Vol. 51;8, p. 1418-1424(1938).
② [美]阿兰·艾德斯、[美]克里斯托弗·N. 梅:《美国宪法个人权利案例与解析》,项焱译,商务印书馆 2014 年版,第 537 页。

如《美国国旗法》规定,当国旗在教堂或公共礼堂升挂时,国旗应当位于显著位置;且位于面对听众的牧师或者演讲者的右侧。同时,其他旗帜应位于牧师或演讲者的左侧即观众的右侧。该法仅规定国旗在宗教场所升挂时的注意事项,但没有明确宗教场所是否应当升挂国旗。《美国国旗法》关于宗教场所升挂国旗的规定主要来源于美国的实践。在美国,第一次世界大战期间,来自欧洲新教徒、天主教徒和东正教新移民经常在 20 世纪 20 年代的游行示威中展示国旗,同时升挂国旗也在美国教堂中开始兴起。第二次世界大战期间,在教堂悬挂国旗开始盛行,主要原因是教堂为服役的军人及其亲属提供祈祷服务的方便。当时,许多主教和牧师在教堂纪念册旁悬挂国旗,作为一种关怀信徒心理需求的方式,让信徒(特别是亲属有服兵役的信徒)为亲人祈祷。

国家象征的使用与宗教有密切关系。罗马天主教教会没有关于如何升挂旗帜的规定,是否以及如何在天主教教会中展示国旗的问题取决于教区主教的判断,后者则经常将其委托给牧师斟酌决定。澳大利亚大多数教派,如福音教派、东正教教派教堂以及佛教寺庙通常升挂国旗,意味着效忠澳大利亚;但天主教教派的教堂一般不升挂国旗。《印度国旗法规汇编》规定,公共组织、私人组织和教育机构等在不违反法律规定的情况下,可以升挂国旗。实践中,出于对国旗所象征的自由战士的尊重,传统上印度教寺庙在国庆日和独立日升挂国旗。

在一些国家,如加拿大、澳大利亚、韩国、新加坡、马来西亚、菲律宾等,虽然没有法律规定,基于历史传统或者受到美国宗教场所升挂国旗的影响,教堂升挂国旗是十分常见的事情。在一些国家,由于比较强调宗教与国家分离的传统,在宗教场所较少看到升挂国旗的现象,如德国、法国、西班牙、葡萄牙、意大利、比利时、荷兰、以色列等,法律没有规定宗教场所升挂国旗。实践中,教堂升挂国旗并不常见,仅仅是个别教堂的行为。其中,在法国、西班牙、葡萄牙等国,军事机关的教堂往往升挂国旗,以表达国家认同。世界三大主要宗教中,佛教是世界上唯一具有官方认可旗帜的宗教,而其他大的宗教通过独特的颜色和符号(宗教旗帜)代表自己。① 一些教派有自己的旗帜,对于如何升挂国旗、宗教旗各类宗教的教派做法也不一致。基督教、伊斯兰教按照其教义,分别将十字架、星月标志置于宗教场所的最高位置。为了避免国旗与宗教标志的冲突,国旗与宗教标志并不同时悬挂,通常十字架、星月标志位于教堂建筑的最高处,而国旗位于宗教场所前空地或者教堂礼堂的内部。

---

① [德]里奥巴·沙夫尼茨勒等:《旗帜巡礼》,高建中译,湖北教育出版社 2010 年版,第 17 页。

第五节 国家象征与良心自由

一、良心自由的范围及其限制

通说认为,良心自由(Freedom of Conscience)由宗教自由发展而来,良心自由是个人内在精神活动的自由,良心自由维护人的道德自由和人的尊严。思想和观点在表达之前是无形的,只有一个人能够表达信念,信念才有价值。良心自由分为两个层次:一是内心的活动良心自由,这在法律上是绝对的,法律无法对其限制;二是行为层次的良心自由,这种自由受到行为本身性质影响而受到法律的制约。在当代,很多国家将良心自由与信仰自由进行区分,是指排除信教自由之外的个人内在精神活动的自由,主要包括个人选择内心精神的自由、不被强制的权利、表达和实践信仰(包括生活哲学、信念等)的自由。根据有关统计,在联合国 193 个成员国之中,有 78 个国家的宪法之中规定了良心自由。

良心自由不是绝对的,也有一定的限制。"良心自由的限制应该遵循宪法保留的原则,宪法通常列举了限制良心自由的理由,这排除了法律对良心自由的随意限制。"[①] 良心自由的限制情形一般包括保护社会安全、公共秩序、个人健康、他人基本权利和自由所需要。很多国家在宪法、法律中明确了良心自由的限制条件,在实际案例中,可以运用相关限制条件作出决定、判决。

二、维护良心自由与国家象征之间的冲突:以日本为例

历史上,日本国旗"日之丸"和国歌《君之代》一直被视为日本军国主义的象征。1945 年 8 月日本宣布无条件投降后,《君之代》虽然充当"国歌"的角色,但直到 1999 年 8 月 13 日,日本国会才通过了《日本国旗国歌法》,但对国歌仅规定了一条内容,即明确《君之代》为国歌,并在附件中列出了歌词及曲谱,未规定侮辱国歌的行为及其法律责任。为鼓励学生更多奏唱国歌,日本政府在各公立学校要求教师教导学生理解国旗和国歌的象征意义。例如,2003 年 10 月,东京都知事在东京强化实施爱国教育,通过东京都教育委员会规定,所有公立学校教师在学校典礼上必须起立向国旗致敬,并齐唱国歌,违者将受到严惩。据统计,2004—2006 年,东京都教育委员会已对 350 起不唱国歌、升国旗时不起立

---

① 陈斯彬:《良心自由及其入宪——基于宪法文本的比较研究》,载《浙江社会科学》2014 年第 3 期,第 61 页。

等"不爱国"行为中的教师作出停职、罚款等惩戒处理。

要求公立学校教师在学校仪式上必须唱国歌的规定引起了日本社会广泛争议。反对在学校仪式上必须奏唱国歌的理由是,《君之代》与"二战"中日本侵略相联系,在学校仪式上唱《君之代》传递了日本在侵略中发挥的作用,构成了对公民内心中对反对侵略的信仰的压制,违背了教师作为普通公民享有的良心自由。一些日本地方法院也持有类似观点,如 2006 年 9 月 21 日,东京都地方法院判决认为,政府下达的通知以及教育部门的指导意见违反了宪法规定的保障思想和良心的自由条款,属于《日本教育基本法》禁止的对教育的不正当干涉,裁定教职员工没有向国旗肃立以及齐唱国歌的义务,禁止东京都政府和教育委员会对拒绝齐唱《君之代》的教职员工进行处分,并命令都政府和教育委员会向每名原告支付 3 万日元的赔偿金。

但上述案件上诉至日本最高裁判所后,判决教师败诉,其主要理由:一是唱国歌的行为并不是与教师的历史观或者世界观必然相连,"唱国歌是普通教师在学校典礼上职责的一部分,而不是一种观念的自白"①。在外界看来,教育部门、学校的指令并不是让教师去承认一种观念(这种观念可能违背教师的良心自由)。教师在典礼中违背学校规定拒不唱国歌,属于违背工作秩序的行为,在一定程度上破坏了仪式的秩序和氛围,对参加仪式的学生也产生了影响。二是在日本,公立学校的教师属于公职人员,按照《日本地方公务员法》第三十条规定,地方公务员作为公共利益的提供者,必须全力以赴地履行职责。《日本地方公务员法》第三十二条规定,地方公务员在履行职责时必须遵守法令法规、地方政府法规和地方政府组织制定的规章,并忠实地遵守上级的业务命令。对于公职人员的公职活动采取一定的限制是宪法允许的,也是有明确法律依据的。公立学校的教师须按照政府、学校的明确规定,在学校举行相关仪式时唱国歌。此外,私立学校的教师不属于公职人员,不受地方公务员法的约束,在典礼中可以不用唱国歌。

近年来,在一系列相关教师不遵守政府、学校规定唱国歌、讲授国歌的案例中,日本最高裁判所坚持一致的观点为判决教师一方败诉。日本最高裁判所的判决体现出在良心自由与维护国家象征时的考量,由于日本国旗国歌法没有明确加强对国旗、国歌的保护,但是日本最高裁判所回避了《君之代》所具有的特定历史内涵、意义,主要依据地方公务员法,强调了作为公务员的教师应当按照履职要求,同时从加强爱国宣传的角度,要求公职教师必须在学校仪式上唱国歌或者给学生讲授国歌。

---

① Isaac Young, *Shut up and Sing: The Rights of Japanese Teachers in an Era of Conservative Educational Reform*, Cornell International Law Journal, Vol. 42:1, p. 157 (2009).

三、我国法律中的良心自由与国家象征

我国宪法规定了宗教信仰自由,没有规定良心自由。但是我国宪法相关条文中隐含着对良心自由的保护。2004 年我国修改宪法,增加规定"国家尊重和保障人权",而人权中的一项重要权利为良心自由。我国宪法也规定"中华人民共和国公民的人格尊严不受侵犯"。人格尊严不受侵犯,"本质在于人的良心受到最低限度的尊重,尊重人的内心世界的独立性和自主性,不干涉人们内心的道德判断"。"人格尊严的核心内容在于公民的思想和良心自由"①。

对于是否明确规定良心自由,与保障国家象征关系也有一定的争议。有观点认为,"我国承认并尊重国际人权宣言,并积极推进国际人权事业,良心自由作为当代国际社会最基本的人权之一,其在中国的实现责无旁贷"②。但"若思想仅止于内心,由外部无从认识,故不成为法所规制的对象"③,良心是人固有的信念、思考,不能为外界所感知。只有人的良心所展现的行为对外界产生影响,才有法律进行规制的必要。特别强调良心自由,也可能为一些人为其个人极端行为寻找合法性理由。就使用国家象征而言,仅仅纯粹的使用国家象征,不涉及良心自由;而只有涉及与良心自由相关的礼仪、规则等时,可能影响良心自由的行使。法律明确良心自由的基本权利,可赋予公民在使用国家象征的方式、方法、规则等方面的选择权,一定程度上有利于公民自由权利的发挥。但也可能存在极少部分人员以良心自由为借口,拒绝使用国家象征,或者拒绝遵守国家象征的规则和礼仪。

第六节　国家象征与公民义务

一、尊重国家象征是公民义务

尊重国家象征是公民国家观念和爱国意识强的一种表现,是公民对祖国忠诚的标志,也是爱国主义的催化剂。对国家象征给予尊重,无论是国旗还是国歌、国徽,是每个公民的首要义务。有的国家还专门对尊重国家象征作了规定,

---

① 杜文勇:《认真对待"良心自由"》,载《河北法学》2010 年第 5 期,第 66 页。

② 陈斯彬:《良心自由及其入宪——基于宪法文本的比较研究》,载《浙江社会科学》2014 年第 3 期,第 64 页。

③ [日]阿部照哉等:《宪法(下)——基本人权篇》,中国政法大学出版社 2006 年版,第 130 页。

如《印度宪法》第51A(a)条规定,印度每个公民的义务包括遵守宪法,尊重其理想和制度、国旗和国歌。印度法院也明确指出,尊重国旗、国歌是每个公民的义务。《圭亚那宪法》第七条规定,圭亚那各地的公民和每个在圭亚那生活的人有义务尊重圭亚那的国旗、国徽、国歌、国民誓言和宪法,并应在任何场合给予国家标志应有的适当的庄重礼遇。对国家象征表示尊重,是爱国主义的生动体现。公民应当意识其有责任、有义务尊重作为宪法爱国主义和内在民族素质象征的国家象征。

在我国国旗法、国歌法、国徽法均规定,每个公民和组织,都应当尊重和爱护国旗、国歌、国徽。但是,在我国宪法中,没有对于尊重国家象征作为公民义务的定性。熊文钊、王梅认为尊重国歌是公民的义务,属于"隐含式"规定宪法义务,即在基本权利规范中隐含了义务性的规定,又称为"权界式"规定宪法义务。"宪法对不必要明确规定的义务通常会采用此种方式,目的是强调基本权利或是关于国家利益的其他目的。""宪法第一百四十一条对国歌进行规定,以'权界式'规定的形式规范奏唱国歌的基本义务,从国歌的宪法意涵可以推出,国歌是国家标志,代表国家的尊严;歌词蕴含'中华民族'共同体价值,尊重国歌,规范奏唱国歌,不随意侮辱国歌,篡改歌词和曲谱是公民的义务。"[①] 笔者认为,尊重国家象征的义务可以纳入宪法第五十四条规定的"维护祖国的安全、荣誉和利益的义务"之中。林来梵认为,宪法中规定的维护祖国的安全、荣誉和利益的义务具有一定道义(Moral)的性质。规定道义性质的义务,"体现了我国现代宪法积极认同强烈的价值判断的内在取向,同时在一定程度上也可能反映了我国法律文化史上'引礼入法'的传统定势"[②]。从性质上看,尊重国家象征就是尊重国家象征所代表的价值取向,而国家象征最核心的价值取向是要维护祖国的安全、荣誉和利益,因而,尊重国家象征的义务是维护祖国的安全、荣誉和利益义务的一种具体表现。

二、使用国家象征与公民义务

尊重国家象征是义务,但是在特定条件下使用国家象征是否成为一项义务还存在争议。例如,关于升挂国旗是不是一种义务,对于不同主体则不同。在法律要求应当使用国家象征的情形,公民、组织负有义务应当使用国家象征。在法律要求应当使用国家象征之外的情形,在不违反法律禁止性规定的前提下,公民有权利自行决定是否使用国家象征。例如,有的国家对公民有权使用

---

① 熊文钊、王梅:《维护国歌尊严的宪法意义——评杨某侮辱国歌案》,载胡锦光主编:《2018年中国十大宪法事例评析》,法律出版社2019年版,第160页。
② 林来梵:《从宪法规范到规范宪法:规范宪法学的一种前言》,商务印书馆2017年版,第253页。

国家象征作了规定,《塞浦路斯宪法》第四条中规定,"共和国机关与由共和国法律所创设或规定的公营法人或者公用事业机构应升挂共和国国旗,在节假日有权同时升挂共和国国旗与希腊族旗和土耳其族旗"。"共和国的任何公民、其成员为共和国公民的非公共机构、法人或非法人团体,有权在其房屋升挂共和国国旗、希腊族旗或土耳其族旗,其权利不受限制。"① 此外,在国旗诞生以来很长时间,除了在船舶上代表船舶所属国家之外,各国法律也普遍规定本国国籍的船舶应当升挂国旗,在这种法律要求的情况下,本国国籍船舶有义务升挂国旗。

多数情况下,国旗主要用于国家机构,是代表国家机关的象征。但是随着20世纪初以来,随着科技的发展,悬挂国旗条件越来越便捷,国旗可以在更多场合使用,人们对于国旗的态度也发生重大变化。对于升挂国旗是不是义务,这根据每个国家的情况,作出不同的判断。在德国,有人问及拥有私人房屋的个人是否有义务在国庆节期间悬挂国旗。德国议院研究部门认为,《德国基本法》规定,联邦旗帜是黑—红—金。原则上,每个人都有权使用国旗。另外,不得将使用国旗的义务强加给个人,以显示对国家的忠诚。② 在某些国家节日(如10月3日的德国统一日)悬挂国旗的义务只适用于联邦机构以及受联邦当局监督的公法规定的机构和基金会。根据《德国船旗法》,只有在海船和内河船的情况下,私人才有义务使用联邦旗帜。

在公民中是否普遍升挂国旗,与政治社会文化背景密切相关。有研究者认为,美国社会存在两种相互冲突的核心价值取向:作为亲社会价值观的人道主义、平等主义和强调纪律、对工作的奉献和成就的个人主义、新教职业道德。③ 那些将权力和支配地位与国旗联系在一起的人也应该想到侵略、服从和顺从,因为在美国从事军事行动或战争时,国旗展示特别频繁。④ 如果对于国旗使用的范围过度泛化,也可能起到反面效果,只有在适当的地点、适当的情形下使用国旗才是最有利的。

在我国民国时期,国家动荡,法律对于国旗的升挂要求不规范,如1927年一些地方就要求娱乐场所升挂国旗。1927年广西省曾发出通令要求,"为咨请事查各戏院为民众集合场所,本会为谋各民众对于本党主义及总理人格有相当之信仰及了解起见,似应饬令各戏院一律悬挂国旗党旗总理遗像并于开演时先

---

① 《世界各国宪法》编辑委员会编译:《世界各国宪法》(欧洲卷),中国检察出版社2012年版,第602页。

② Das Hissen der Nationalflagge an Nationalfeiertagen durch Privatpersonen. WD 3-3000-030/21 (11. Februar 2021). Deutscher Bundestag.

③ Irwin Katz & R. Glen Hass, *Racial ambivalence and American value conflict*: *Correlational and priming studies of dual cognitive structures*, Journal of Personality and Social Psychology, Vol. 55:6, p. 893-905(1988).

④ Julia C. Becker et al. *What Do National Flags Stand for? An Exploration of Associations Across* 11 *Countries*, Journal of Cross-Cultural Psychology, Vol. 48:3, p. 340 (2017).

读总理遗嘱。至影画院,除读遗嘱外,并将总理遗像及遗嘱影片首先排演"①。实际上,由于战争频繁、政权几经更替,普遍不遵守上述规定的情况长期存在。1934 年,国民党驻朝鲜直属支部请求解释结婚礼堂是否悬挂党国旗及总理遗像的问题。1934 年 7 月 19 日,中国国民党中央执行委员会组织委员会答复:"准此,谨按党国旗之制造及使用办法第七条:'凡党政军警各机关,各团体学校等,均须悬挂党旗国旗于会议厅,礼堂,及集会场所之正面,党旗居国旗之右,国旗居党旗之左,各成角三十至四十之下垂形。旗之中间挂总理遗像',及第八条:'会议厅,礼堂,悬挂之党旗国旗以第几号旗为得体,须视该厅堂正面面积之大小而采用之'规定,凡属礼堂似均应悬挂党国旗及总理遗像俾臻完善。准函前由,相应复请。查照为荷。"②过度形式化的要求,可能遇到实际情况难以实现,反而成了对国旗的滥用。

由于国旗图案具有鲜明的特性,可以采取现代科技等手段对国旗图案进行投影,以彰显国旗所代表的价值。2020 年 3 月 18 日,根据意大利参议院议长的决定,从当天晚上到该国正在进行的卫生紧急情况结束,参议院所在地夫人宫(Palazzo Madama)的外墙将照亮意大利国旗的颜色。议长认为,这是一个象征性的选择,有助于向所有意大利人发出信任和与机构亲近信号的具体愿望。在这个国家的剧变性阶段,必须期待国旗在勇气、团结、牺牲和对未来的信任等价值观方面一如既往地一直激励公民。

【案例一】能否强制公民使用国旗③

2015 年 7 月 2 日,拉脱维亚宪法法院作出了第 2015-01-01 号案件"关于拉脱维亚国旗法第 7(1)和(2)条以及拉脱维亚行政违法法第 201.43 条是否符合拉脱维亚共和国宪法第 100 条"的判决。该判决认为,在居民楼内悬挂拉脱维亚国旗的义务加强了民族意识。但只有在特殊情况下,为确保遵守公民义务而实施的惩罚才被认为是相称的。

一、有争议的规范

《拉脱维亚国旗法》第 7(1)和(2)条规定:"(1)拉脱维亚国旗应在 5 月 1 日、5 月 4 日、8 月 21 日、11 月 11 日和 11 月 18 日在公众人物、私法人和社团的建筑物以及居民建筑物上展示。(2)在 3 月 25 日、6 月 14 日、6 月 17 日、7 月 4 日和 12 月的第一个星期日,拉脱维亚国旗应在公共建筑、法人和受私法管辖的

---

① 《咨文:咨省政府通令警县转饬各戏院一律悬挂国旗党旗并读总理遗嘱屋影画院并须将遗嘱遗像影片首先排演文》(中华民国十六年七月廿八日),广西省执行委员会《中国国民党广西省党部党务月报》1927 年第 4 期,第 103 页。

② 《解释法令事项》,载《内政公报》1934 年第 7 卷第 29 期,第 1522—1523 页。

③ 本案判决英文版参见拉脱维亚宪法法院,网址:https://www.satv.tiesa.gov.lv/en/press-release/the-obligation-to-place-the-national-flag-of-latvia-on-the-residential-buildings-owned-by-natural-persons-complies-with-the-satversme-punishment-for-not-fulfilling-this-obligation-is-incompatible-wit/.

社团的建筑以及住宅建筑中以哀悼的方式升挂。"按照《拉脱维亚国旗法》第十五条的规定,以哀悼的方式升挂国旗包括:(1)正常升挂国旗,国旗上方系一条黑丝带;(2)下半旗。

《拉脱维亚行政违法法》第201.43条规定:"未在议会、部长内阁、各共和国市议会或县议会规定的日期或情况下升起拉脱维亚共和国国旗或其他国家的国旗,以及违反部长内阁规定的升起拉脱维亚共和国国旗的方式或程序,将被处以警告。对于同样的行为,如果在实施行政处罚后的一年内重复实施,应处以警告或处以最高四十欧元的罚款。"

二、具有较高法律位阶的规则

《拉脱维亚宪法》第一百条第一款规定:"人人都有言论自由的权利,包括自由获取、持有和传递信息以及表达意见的权利。应禁止审查制度。"

三、责任的限度

拉脱维亚宪法法院根据申请人的诉求,评估了有争议的规范是否符合《拉脱维亚宪法》第一百条的第一款。有争议的规范规定自然人有义务在法律规定的日期在属于他们的住宅楼前升挂拉脱维亚国旗,并规定对不遵守这一义务的行为进行行政处罚。

四、案件的事实

该案件是根据Solvita Olsen的宪法申诉而启动的。申诉人因2013年6月14日在其住宅楼前未以哀悼方式升挂拉脱维亚国旗而被处以行政罚款。申诉人说,她正在庆祝一个家庭宴会,而一面国旗上方系着表示哀伤的黑丝带影响庆祝活动的氛围。

申诉人认为,有争议的规范侵犯了她的言论自由权。把使用国旗作为一项强制性义务,并不能确保一个人选择或表达自己的观点,影响公民如何以及何时表达言论自由的权利。

五、法院的结论和决定

(一)关于表达自由权的范围

《拉脱维亚宪法》第一百条规定的言论自由权是一项个人权利,规定国家不得干涉个人的言论自由。宪法法院对表达自由的两个方面进行了区分。(1)自由获取和传递信息以及表达自己意见的积极或权利。(2)消极的,或保留信息的权利,持有意见和不表达意见的权利。

拉脱维亚宪法法院承认,在自然人拥有的住宅楼前升挂国旗是言论自由的表现形式之一,即言论自由与诸如言论、参与示威等一样,也包括言论自由的其他综合表现形式,包括使用象征。法院还指出,一个人可以通过表达特定的态度或行为来表达意见。态度的表达也可以采取不表达意见的形式。因此,在个人拥有的住宅楼前放置或不放置拉脱维亚国旗也是表达自由的表现之一。

（二）对言论自由的限制

拉脱维亚宪法法院承认，有争议的规范限制了申请人的言论自由，并指出，如果限制是合理的，即为公共利益所需，个人的权利可以被限制。在确定对权利的限制是否合理时，宪法法院还审查了该限制是不是由正式颁布的法律规定的。

（三）该限制是否具有合法目的

限制是否与其合法目的相称，即所使用的限制手段是否适合于实现合法目的，该目的是否不能通过对个人权利限制较少的其他手段来实现，以及限制对社会的好处是否超过对个人造成的伤害。

宪法法院承认，对权利的限制是由法律规定的，因为在本案中没有争议的是，有争议的规范是由正式通过的、颁布的、公开的和明确制定的法律所采用。

（四）限制的合法目的

拉脱维亚宪法法院指出，在居民楼前放置拉脱维亚国旗，有助于保护国家民主秩序。拉脱维亚国旗是国家的象征，载入了《拉脱维亚宪法》第四条。第四条是《拉脱维亚宪法》中构成拉脱维亚国家宪法和法律基础的一系列条款的一部分。

国旗作为国家的象征，在形成和加强民族意识方面发挥着重要作用。在居民楼内悬挂拉脱维亚国旗的义务加强了民族意识，从而加强了拉脱维亚民主共和国的意识。因此，宪法法院承认，该限制有一个合法的目的——保护拉脱维亚的民主国家秩序。

（五）关于限制的相称性

拉脱维亚宪法法院承认，在住宅楼前升挂国旗不仅可以确保特定建筑物的居民参与纪念历史事件，而且可以通过这种方式提醒广大公众注意对拉脱维亚国家具有重要意义的历史事件。因此，宪法法院得出结论，有争议的规范中规定的对言论自由的限制对于实现合法目的是适当的。

拉脱维亚宪法法院的结论是，没有更宽松的手段可以同样有效地实现合法目标。尽管案件各方指出了其他手段，如组织教育和信息活动的可能性，但宪法法院承认，视觉上展示国家象征与其他手段有质的不同，特别是在立即和同时接触到的观众的规模方面，因此这些手段不能被视为相互替代和在质量上同样有效。

在评估因限制基本权利而对个人产生的不利后果是否超过社会从限制中获得的利益时，宪法法院指出，在居民楼前升挂拉脱维亚国旗的公民义务对整个社会具有重大的好处。宪法法院指出，在一个仍然承认需要采取措施加强民族意识的国家，这项义务对社会的好处超过了对个人权利的损害。因此，拉脱维亚宪法法院认为，在自然人拥有的住宅楼内悬挂拉脱维亚国旗的义务是相称的。

　　然而,拉脱维亚宪法法院提请注意,对不在自然人拥有的住宅楼前悬挂国旗的处罚,改变了对基本权利的限制的法律性质。有一个合理的可能性是,悬挂国旗是因为怕受到惩罚,而不是为了纪念对拉脱维亚国家有意义的历史事件。

　　拉脱维亚宪法法院指出,必须按照民主国家的原则来促进国家意识的形成。只有在特殊情况下,为确保履行公民义务而实施的惩罚才会被认为是相称的。如果立法者实施与限制言论自由的消极方面(放弃表达自己的意见)有关的行政处罚,它必须充分说明这种行动的理由。宪法法院指出,从案件材料中无法确定,关于有争议的《拉脱维亚行政违法法》的规范,议会已充分证明在目前的民主社会中存在一个特殊的案例。宪法法院指出,在民主社会中,不允许规定对不发表意见进行惩罚。因此,拉脱维亚宪法法院认为,《拉脱维亚行政违法法》有争议的规范中所包含的限制,就其规定了对未在属于自然人的住宅建筑中展示拉脱维亚国旗的处罚而言,是不相称的,不符合《拉脱维亚宪法》第一百条的规定。拉脱维亚宪法法院认为,《拉脱维亚国旗法》第7(1)和(2)条与《拉脱维亚宪法》第一百条相一致。《拉脱维亚行政违法法》第201.43条规定了对未在自然人拥有的住宅楼内悬挂拉脱维亚国旗的处罚,与《拉脱维亚宪法》第一百条不符。

　　综上,拉脱维亚宪法法院认为,在属于自然人的住宅楼附近放置拉脱维亚国旗的义务符合宪法,不遵守该义务的处罚不符合宪法。拉脱维亚国旗标志着历史事件的发生,对拉脱维亚国的建立和存在具有特别重要的意义。因此,作为国家象征的拉脱维亚国旗是拉脱维亚宪法和国际身份不可或缺的组成部分。国旗作为国家的象征,在国家历史的各个阶段,在创造和加强国家意识方面发挥着重要作用。

　　确立在住宅建筑上悬挂拉脱维亚国旗的义务,目的是加强国家的民主秩序,同时要求在发生重大历史事件的日期悬挂国旗对拉脱维亚国家的存在具有重要意义。因此,国家意识在民主环境中得到加强。因此,宪法法院得出结论认为,将拉脱维亚国旗放置在住宅建筑上的公民义务为整个社会带来了重大利益。

　　设想对未能在拉脱维亚规定的日期将拉脱维亚国旗放置在自然人拥有的住宅楼上的事实进行处罚,将改变对个人基本权利施加限制的性质。即拉脱维亚国旗被放置在住宅楼上的可能性,是因为怕受到惩罚而不是为了纪念对拉脱维亚具有重要意义的历史事件。拉脱维亚宪法法院强调,在民主国家中,除了强制性措施外,还应为自愿履行公民义务创造一般性质的先决条件,这些先决条件主要不是基于对惩罚的恐惧,而是基于对国家地位的认识,并体现在个人的行动。法律应当确保个人不会因合法表达意见或不表达意见而受到惩罚。

【案例二】自由升挂国旗是一项公民权利

Naveen Jindal 是印度一家股份有限公司的联席董事总经理,其公司办公场所悬挂国旗。印度政府官员不允许他这样做,理由是"印度国旗规定汇编"①规定,除法律规定、政权授权的情况外,不允许普通公民悬挂国旗;且办公场所属于商业场所,按照《印度标志和名称(防止不当使用)法》规定也不得使用国旗。Naveen Jindal 认为其办公场所可以悬挂国旗,因此于 1995 年被印度政府起诉至法院。②

一、案件基本情况

Naveen Jindal 对印度政府要求其不得使用国旗的行为提出质疑,向德里高等法院提出书面抗辩,理由是没有任何法律可以禁止印度公民悬挂国旗,以尊重和尊严的方式悬挂国旗是一项基本权利。"印度国旗规定汇编"包含印度政府的行政指令,因此不是法律,不能被视为在《印度宪法》第十九条第二款的意义上对其进行了合理的限制。《印度宪法》第十九条第二款规定,为印度的主权和完整、国家安全、与外国的友好关系、公共秩序或道德或与藐视法庭、诽谤或煽动犯罪有关的利益,可以对言论和表达自由进行合理的限制。

在印度德里高等法院,印度政府提出了以下理由:

1. 中央政府有权对在任何公共场所或建筑物上使用国旗施加限制,并可根据 1950 年《印度标志和名称(防止不当使用)法》第三条赋予的权力对其进行管理。第三条中规定,除中央政府规定的情况外,未经事先许可,任何人不得将包括国旗在内的国家标志用于商业目的。

2.《印度标志和名称(防止不当使用)法》规定的限制和政府发布的命令在宪法上是有效的,是对《印度宪法》第十九条第二款规定的言论和表达自由的合理限制。

3. 允许自由使用国旗或限制其使用的问题是议会和政府可以选择的政策问题。既然是宪法允许的政策选择,法院就不应该干涉这种选择。"印度国旗规定汇编"中明确在某些情况下,在全国范围内不受限制地展示国旗,除此之外,印度政府有权授权在任何特定日期在任何地方因当地庆祝活动而不受限制地展示国旗。

二、德里高等法院观点

1995 年 9 月 22 日,印度德里高等法院在审理此案后认为:(1)关于政府的禁止措施是否违反了 1950 年《印度标志和名称(防止不当使用)法》的规定的问

---

① 印度内政部将国旗相关的法律、法规、规范性文件进行汇编,命名为"India Flag Code",但是该规定未经议会通过,为了便于理解,笔者将其翻译为"印度国旗规定汇编"。

② Naveen Jindal vs Union Of India on 22 September,1995. https://indiankanoon.org/doc/1332036/.

题,应由法院而非行政部门来决定。(2)"印度国旗规定汇编"是内政部关于国旗相关法律、法规、规范性文件的汇编,其对悬挂国旗的限制不是《印度宪法》第十九条第二款意义上的法律,因此不能被解释为刑事条款。(3)然而,如果违反规定的行为,是属于议会通过的法律明确的,则构成刑事犯罪。(4)公民需要通过发布"印度国旗规定汇编"来接受教育,同时必须以尊重的方式悬挂国旗,只要印度公民这样做,就不能根据"印度国旗规定汇编"中的指示施加限制。因此判决印度中央邦政府败诉。印度中央邦随后向印度最高法院提出上诉。

三、印度最高法院观点

2004 年 2 月 23 日,经漫长审理,印度最高法院在德里高等法院的基础上进一步认为,在价值判断上,国旗无可争辩地代表着整个民族,代表着民族的理想、愿望、希望和成就。国旗旨在彰显其所代表国家的身份并培养民族精神。国旗独特的设计和色彩体现了每个国家的特殊性格,并宣告了这个国家的独立存在。①

(一)关于自由使用国旗的争议

在国际上,巴西、加拿大等一些国家允许个人不受限制地使用国旗。另外,像英国这样的国家认为国旗非常神圣,不允许个人肆意使用和展示国旗。其他国家都试图在这两个极端之间取得平衡,基于本国的价值观、本国国旗的演变历史等。因此,为了辨别一个人是否有权展示印度国旗,人们必须判断辨别自由使用的优缺点,并平衡国旗在印度自由斗争中发挥的重要作用。

对于自由使用国旗的争议,主要有两派观点。一方面,印度的政策是限制国旗的使用,以确保国旗不受任何形式的侮辱。"印度国旗规定汇编"中的指示旨在确保对国旗的适当尊重,确保国旗不被任意使用。此外,更自由地使用国旗将需要公民有更高的公民意识。在这个问题上突然转向自由的做法可能会产生问题,特别是在确保广大公民遵守关于国旗的正确使用方法方面。不受限制地使用国旗可能会导致对国旗的商业利用,也可能会导致在游行、会议等活动中不加区分地使用。侮辱国旗以示抗议的情况也可能发生。要发现所有这些情况并采取必要的行动可能是困难的。不受限制地使用国旗可能不会像现在这样吸引公民的尊重和敬畏。

另一方面,有一些人热切地认为,有充分的理由放宽对国旗的使用,原因有很多,其中包括:(1)由于对国旗的使用和展示施加了各种限制,人们产生了一种印象,似乎国旗只供政府使用,广大人民只允许在某些有限的场合不受限制地展示国旗。这很可能在印度某些阶层的人中产生了不满情绪。(2)随着电子

---

① Union Of India vs Naveen Jindal & Anr on 23 January,2004. http://courtverdict.com/supreme-court-of-india/union-of-india-vs-naveen-jindal-and-anr.

媒体和卫星通信的普及,要确保避免公开展示国旗是非常困难的。展示国旗是一种民族自豪感的表达。如果严格执行对国旗使用的限制,就等于阻止了印度国民对国旗的认同。(3)对国旗使用的限制应该与各民主国家采取的国际惯例相一致,政府不应该施加任何限制,使人们与国旗产生距离。

因此,在是否应该允许公民自由和不受限制地使用国旗的问题上,存在着两种非常强烈的观点。

其他国家所采取的立场对印度迄今为止所采取的方针和未来所采取的方针肯定会有影响。从历史中可以看出,从制宪会议的讨论中可以非常恰当地反映出,国旗绝对是印度社会中最令人尊敬的物品之一。它当然必须得到最大的尊重和尊严。如果不对其使用施加任何限制,这是不可能的。但从全球的情况来看,主要的趋势是保护国旗不被撕毁、破坏等,而不是阻止个人对国旗的任何接触,使其使用实际上成为政府的专有特权。既然所有的印度人都为自由而战,那么,就不可能是有意拒绝他们使用国旗——全部自由的象征。

因此,人们可以得出结论,法律的基本意图是规定禁止以破坏、残害等方式对待国旗,并为何时和如何强制使用国旗提供某些基本规则。虽然没有法律明确规定,但必须赋予公民使用国旗的权利,也必须赋予公民在特定场合以外的使用权。

(二)悬挂国旗是不是一项基本权利

《印度宪法》第三部分规定了基本权利。根据《印度宪法》第十九条,印度公民享有六项自由权利,上述权利涉及《印度宪法》第十九条第一款(a)项言论和表达自由。然而,这样的基本权利并不是绝对的。它受第二款中监管规定的约束,其内容如下:如果法律为印度的主权和统一、国家的安全、与他国的友好关系、公共秩序、礼仪与道德之利益,或者就藐视法庭、毁谤以及煽动犯罪,而对本条第一款第(a)项规定赋予的权利的行使课以合理限制的,不得以第一款第(a)项规定而妨碍该现行法的施行。

印度最高法院认为,将悬挂国旗视为表达意见的方式,从上述讨论中可以看出,悬挂国旗是表达的象征,属于《印度宪法》第十九条第一款(a)项的范围。最终,印度最高法院判决认为:(1)在尊重的前提下自由悬挂国旗的权利是《印度宪法》第十九条第一款(a)项意义上的公民的基本权利,是公民对国家的忠诚和自豪感的一种表达。(2)悬挂国旗的基本权利不是一项绝对的权利,而是一项有条件的权利,要受到《印度宪法》第十九条第二款规定的合理限制。(3)1950年《印度标志和名称(防止不当使用)法》和1971年《印度防止侮辱国家荣誉法》对国旗的使用进行了规范。(4)"印度国旗规定汇编"虽然不是《印度宪法》第十三条第三款(a)项意义上的法律,但就其第十九条第二款而言,它不会对自由行使悬挂国旗的权利进行限制。然而,"印度国旗规定汇编"在维护国旗的尊重和尊严方面的规定,也值得遵循。(5)为了解释宪法制度,为了在公民的基本权利、法律权利与国旗之间保持平衡,监管措施与限制之间的平衡,可以诉诸《印度宪法》第四部分和第四章。

印度最高法院的上述判决,承认了在尊重的前提下自由悬挂国旗的权利是《印度宪法》第十九条第一款(g)项含义内的公民基本权利,对印度公民自由悬挂国旗起到了极大促进作用。同时,印度最高法院还认为,这种基本权利不是一项绝对权利,而是一项受《印度宪法》第十九条第二款规定的合理限制的有条件权利。这也就避免了美国判决中的极端法律主张,即焚烧国旗是一种愤怒的表达,这在印度是不能接受的,因为这等于对国旗的不尊重。

第三章 国家象征与国家机关

第一节 国家象征与权力机关

国家象征是一国最高的精神象征,通常由国家的最高权力机关确立。实践中,国家象征主要通过以下三种方式确立:一是在制宪会议上,与宪法一并确立;二是在代议制机构上,通过制定法律确立;三是在极少数国家,如德国,由于政治文化、历史传统等原因,部分国家象征由国家元首确立。权力机关在国家象征的确立、使用管理方面发挥重要作用,但是目前对于权力机关与国家象征的关系,尚无全面深入的分析。

一、国家权力机关明确国家象征的基本框架

在法治国家,国家象征法治化的首要责任主体是国家权力机关(立法机关)。"由于基本法仍然不免是其他万法之母法,并且对所规律的问题,亦须唯有立法者再定法律来规律之,因此基本法只能规定纲要、原则,具体形成即是立法者之职责。"① 通过立法,国家象征法治化得以实现。国家权力机关在维护国家象征方面主要发挥两项职能:一是确立国家象征;二是明确国家象征的具体使用管理制度。在我国,作为代行全国人民代表大会职权的第一届中国人民政治协商会议 1949 年 9 月于北平隆重举行,通过决议规定以五星红旗为国旗,以《义勇军进行曲》为代国歌,以北平为首都并改名为北京。

通常情况下,国家象征法的制定实施依据宪法。据统计,目前,世界上有131 部宪法明确了国家象征,并有 84 部宪法明确国家象征的具体使用管理制度由法律确定。宪法中以简要的方式明确了国家象征,实质是希望立法机构发挥宪法委托的作用。宪法委托是"宪法赋予立法者一个有拘束性的命令,来颁布法律,以贯彻宪法之理想,其并不是一个单纯的对立法者的一种政治或伦理的

---

① [德]康拉德·黑塞:《联邦德国宪法纲要》,李辉译,商务印书馆 2007 年版,第 148 页。

呼吁,而是一个有强制性的、法拘束性的义务"①。鉴于立法机构一直以来承担着宪法实施的重要责任,通过宪法规定积极敦促立法机构开展国家象征立法,从而实现立宪者所要达到的目的。

如果宪法明确了由法律规范国家象征,则权力机关有义务、有职责就国家象征开展立法活动。一是直接明确国家象征由法律规定,不在宪法中简要明晰国家象征。例如,《斯洛文尼亚宪法》第六条规定,国徽、国旗、国歌由法律规定。二是简要描述国家象征,明确法律作进一步具体规定。《斯洛伐克宪法》第九条规定,关于国家象征的细节及其运用应由法律规定。《匈牙利宪法》第九条规定,国徽、国旗可以在其他历史场合下使用。使用国徽、国旗和国家勋章的具体规则,由基本法律规定。

如果宪法没有明确法律规范国家象征,则国家元首、立法机关、行政机关均有权明确相关的规则制度。但是需要注意的是,如果规范国家象征的内容涉及宪法、法律保留事项,如宪法明确规定涉及影响公民基本权利的规定由法律明确。在这个时候,给公民基本权利带来不利影响的规定内容,只能由法律来进行规定。

如果宪法没有规定国家象征,立法机关是否有权确立新的国家象征? 这是一个问题。有的学者认为,"宪法中仅提及国旗和国徽并不意味着立法机关无权定义其他国家象征"②。例如,列支敦士登在宪法规定的国家象征外,还规定了列支敦士登公爵旗帜。在德国,《德国基本法》规定了国旗,但是没有明确国徽、国歌,而这由德国总统确立。因此,对于国家象征的确立权限,主要还是根据各国政治历史文化传统。较早立宪并且一直保留宪法原文的国家,可能由于立宪较早,没有涉及国家象征,如 1787 年制定的美国宪法中没有考虑国旗、国歌、国徽等国家象征,随后历经 200 多年,通过国会立法确立了上述国家象征。可见,宪法确立国家象征是一个逐渐形成的过程,在得到广泛认可后,再纳入宪法规定是一条成熟的路径。

二、权力机关在国家象征立法时坚持的理念

"立法一直担负着实施宪法的任务,负有具体化宪法规范内涵,并将之体现在生活关系中的义务。"③权力机关在开展国家象征立法时需要坚持一定的理念或者原则。在法律具体化宪法规定的过程中,宪法对部门法立法的约束可以

① ［德］康拉德·黑塞:《联邦德国宪法纲要》,李辉译,商务印书馆 2007 年版,第 157 页。

② Bussjäger, Art. 1 LV, in: Liechtenstein-Institut（Hrsg.）: Kommentar zur liechtensteinischen Verfassung. Online-Kommentar, Bendern 2016, verfassung. li（Stand: 31. August 2015）.

③ 郑贤君:《宪法虚伪主义与部门法批判》,载《中国法律评论》2016 年第 1 期,第 111 页。

概括为两个层面:"内容形成"和"越界控制"。① 国家象征法虽然不是部门法,但是作为宪法性法律,在立法过程中所受到的约束与部门法类似,"内容形成"方面主要是确保依宪立法,"越界控制"方面主要是坚持不得侵犯基本权利。此外,基于国家象征法的特性,立法过程中还应当妥善处理法律与礼仪的关系。

(一)坚持依宪立法,维护国家象征

我国宪法是国家的根本法,具有最高的法律效力。我国宪法序言中明确规定,一切国家机关和武装力量,都必须以宪法为根本的活动准则。我国宪法第五条中规定,一切法律、行政法规和地方性法规都不得同宪法相抵触。一切国家机关和武装力量都必须遵守宪法和法律。立法法第五条中规定,"立法应当符合宪法的规定、原则和精神",集中体现了立法机关依宪立法原则的精神。宪法是立法的基础和依据,基于宪法的最高效力,立法必须受到宪法的约束。"依宪立法"是宪法实施的重要方式,成为立法活动的基本原则。全国人大及其常委会在进行立法过程中,有着双重属性,既是依据宪法开展立法活动的行为,主要表现为依据宪法对相关条文的修改完善;也是依据宪法对立法行为、法律条文内容进行监督的行为,主要表现为开展合宪性审查工作,进行涉宪性问题研究工作。国家象征立法中"依宪立法"也充分体现了这个双重属性。在国家象征立法过程中,首先要按照宪法规定的程序、权限,开展国家象征立法工作。在立法过程中,严格按照宪法的规定、原则和精神开展国家象征具体的条文起草。

(二)不得侵犯基本权利

在国家象征的立法保护中,立法机关在权力设定、惩罚措施等方面具有广泛的裁量空间。国家象征立法不得侵犯公民基本权利。例如,《德国基本法》第一条第三款规定,基本权利作为直接有效的法则,不仅仅约束行政和司法,也直接有效地约束立法。"任何用来限制或加强基本权利的法律,其自身的合宪性必须首先受到审查。""凡是侵犯基本权利的法律都必须在形式上和实质上合宪。""形式合宪是指:法律的颁布必须符合规范流程,特别是立法者要具备相应的立法权限。"实质合宪是坚持比例原则,"鉴于其既定目的,对基本权利的侵犯必须是合目的、必要的、恰当的"②。当国家象征立法涉及公民权利,涉嫌对公民基本权利的干预时,必须坚持比例原则,确保干预是合目的、必要的、恰当的。

---

① 张翔:《具体法治中的宪法与部门法》,中国人民大学出版社 2023 年版,第 5 页。
② [德]赖因哈德·盖尔:《法律与宪法》,载谢立斌主编:《中德宪法论坛 2014》,社会科学文献出版社 2014 年版,第 228—229 页。

在当前立法进行合宪性审查的大背景下,"为了避免侵犯基本权利,立法者应当在立法程序之前、之中和之后,就法律是否侵犯基本权利的问题保持动态关注,并相应决定法律的立、改、废"。① 在国家象征立法过程中,立法者需要注意每一条款与基本权利的关系。例如,法国在明确侮辱国旗入刑的立法过程中,反复考量了入刑与保障公民基本权利之间的关系,法国新修改的《内部安全法》第一百一十三条将侮辱国旗行为认定为犯罪,并将入刑的行为情形严格限定在公共机构组织或者管理的活动中公开侮辱国歌、三色旗的行为。

(三)妥善法律与礼仪的关系

国家象征在国家仪典、社会礼仪中占据重要位置。对于国家象征的规范,需要考虑国家仪典、社会礼仪背后的文化、历史等因素。礼仪通常依靠自我约束,调整行为规范,而法律则依靠国家强制力推动。如果硬性将礼仪的规范纳入法律规范之中,强制人们必须尊重特定的礼仪规范,则可能与人们的文化相违背。例如,奏唱国歌时,是否抚胸,在不同文化背景中具有不同的文化意蕴,在东方文化中表示谦卑、自我反省等意义,而在部分西方国家则成为爱国的表现。因此,国家象征立法过程中,需要妥善处理法律与礼仪的关系,给礼仪留有一定的空间。

三、国家象征确定权:权力机关与国家元首的国家象征确定权之争

国家象征究竟由谁确定,有的通过制宪会议在宪法中直接明确,有的通过制宪会议交由议会通过法律明确,有的国家宪法没有对此作出规定。少数国家确立了议会和国家元首相结合确定国家象征的立法例,如《毛里求斯国旗、国徽、国歌和其他国家象征法》第十条规定,经议会决议批准后,总统可通过命令指定一个国家象征。实践中,在一些国家就出现了国家象征确定权的争议问题。例如,在印度制宪会议上,对确定国歌的主体进行了争论。有的认为这个问题可以提交给议会,并由议会以决议的形式作出决定。更多的认为,与其通过决议作出正式决定,不如由制宪会议主席就国歌问题发表一项声明。因此,制宪会议主席声明:由歌词和音乐组成的《人民的意志》(*Jana Gana Mana*)是印度的国歌,但在必要时可由政府授权对歌词进行修改。② 此外,当宪法已经规定了一个或者两个国家象征的情况下,国家元首或者政府首脑是否有权增加规定新的国家象征,也是一个争议问题。

---

① 谢立斌:《论法律与基本权利的关系》,载谢立斌主编:《中德宪法论坛 2014》,社会科学文献出版社 2014 年版,第 253 页。

② Shyam Narayan Chouksey vs Union of India. https://indiankanoon.org/doc/81046706/.

对于国家象征的确定权,在德国也出现了同样的争议问题。1922 年,《德意志之歌》全部歌词曲被首次确定为德国国歌。《德意志之歌》已经在几代德国人民心中扎根,从而使公民能够认同国歌。

1949 年 9 月 29 日,德国国会投票要求恢复这首歌的国歌地位,之后在联邦德国境内,对这首歌能否被接受作为国歌,展开了激烈的争论。德国总理康拉德·阿登纳和德国社会民主党领袖库尔特·舒马赫都支持这首歌,但是联邦德国总统特奥多尔·豪斯(Theodor Heuss)对它能否被接受表示怀疑。经过长时间辩论,豪斯总统在 1952 年宣布,只有《德意志之歌》第三节"统一、正义和自由"确认为联邦德国国歌。此外,在实践中,德国总统通过法令首先制定了国旗的样式、明确国徽的样式。

德国统一后,1991 年 8 月 19 日,联邦总统魏茨泽克和联邦总理科尔在通信换文中确认了《德意志之歌》第三节对统一德国的传统意义。《德意志之歌》第三节被正式确认为统一后德国的联邦国歌。两次通信换文内容都正式刊载于德国联邦政府公报。1996 年 11 月 13 日联邦总统关于德国国旗的命令规定,除了联邦旗,还有联邦总统的标准和其他联邦当局的联邦服务旗作为特殊形式。《德国基本法》第二十二条载有关于联邦国旗的规定,但并没有明确各机关的责任,没有对谁来决定国家象征以及以何种程序来决定的问题作出评论。

有德国学者认为,这是联邦总统不成文的特权权力。认为德国元首有权就国家象征作出明确:"根据不成文的宪法法律——联邦立法机构在某种意义上认为这是理所当然的——联邦总统也有权作出必要的决定,只要联邦立法机构不作出这些决定。这类权力不仅一直与国家元首的职位有关,而且与联邦总统代表国家统一(因此首先是国家本身)的任务特别接近"[1]。因此,必须假定,根据不成文的宪法法律,联邦总统有权决定国家的象征,也有权采取通常的措施来代表整个国家。对于立法机关关于国家象征的权力,这种观点认为,联邦立法机构,即联邦议院和联邦参议院有权在任何时候基于其立法的全能性,对国家象征作出决定并加以规范。在这方面,联邦总统不成文的权限始终只是一种并行的权限,一旦联邦立法机构发表了意见,联邦总统就没有什么可决定的了——在这个范围内。然而,"联邦立法机构最好继续保持它迄今为止对国家元首所表现出的政治礼貌"。

反对观点最主要的理由在于:对于这一权力应由联邦议院行使,因为它是整个德国人民的代表。如果绕过联邦议院,联邦总统和联邦总理将侵犯联邦议院的宪法权力。传统上,国家象征的使用一直是国家元首的任务,然而,这并不意味着只有联邦总统有权力设定国家象征。因为与总统令相比,由议会决定对

---

[1]　Maunz/Dürig. Grundgesetz-Kommentar. Werkstand:88. EL August 2019. Rn. 40-54.

国歌进行正式修改,具有直接的民主合法性,因为议会程序为辩论和寻求决定提供了更大程度的宣传,因此也为平衡冲突的利益提供了更大的可能性。[①]

另外,反对者还从刑法适用的角度判定应当由议会开展立法。议会通过立法明确侮辱国歌入刑的规定,如果想正确使用刑法的规定也必须由议会确定国歌。德国刑法已经明确对侮辱国歌的行为承担法律责任,国歌的内容可以通过解释来确定,德国议会有权对国歌的内容进行解释。"如果德国总统改变国歌,那么对公民来说,哪首歌曲作为德意志联邦共和国的国歌受到法律保护是不明显的。应受惩罚的行为不再是可预见的。因此,这就需要立法机构对刑事责任本身的这种意义深远的变化进行法定化。"考虑总统的决定,对于适用议会通过的法律具有较大的影响,在某种程度上,通过总统令创设国歌,联邦总统行使了根据《德国基本法》第二十条第三款规定的联邦议院的立法权。[②]《德国基本法》第二十条第三款规定,"立法应遵循宪法秩序,行政和司法应遵守正式法律和其他法律规范"。对于这一论据还有待进一步论证,法律通过后,国家元首、政府首脑有责任制定具体的实施性规范,在不违反上位法律的原则和精神的前提下,可以作出细化规定。如果国家元首通过命令创设的新国歌,与原有国歌精神不相符合,则造成刑法中侮辱国歌罪适用的差异。

第二节　国家象征与行政机关

国家权力机关虽然在保护国家象征中承担首要的职责,对于保护国家象征的具体要件及法律效果予以详细规定;但是行政机关大量运用国家象征,同时负有监督管理国家象征的职责。行政机关对待国家象征需要妥善处理自身运用与监督管理双重角色。

一、行政机关关于国家象征使用、管理的权力基础

(一)宪法、国家象征法的直接明确

对于国家象征的具体使用、管理事宜情形,很多国家会由宪法、国家象征法直接作出明确的规定。如果宪法和法律没有明确规定,需要具体的主管国家机构负责处理。在只要不违背国家象征法规定的权限条款的情况下,都可以由国家元首、政府总理、法定或者授权的部长发布行政法规。

---

① Anja Naumann. Der praktische Fall-Öffentliches Recht:Streit um die Nationalhymne. JuS 2000,786.

② Anja Naumann. Der praktische Fall-Öffentliches Recht:Streit um die Nationalhymne. JuS 2000,786.

对于中央政府的职责,国家象征法往往规定得比较具体。例如,《哈萨克斯坦国家象征法》第十条规定,哈萨克斯坦共和国政府的权限包括:(1)组织哈萨克斯坦共和国国旗和国徽标准的制作工作,这些标准与本法批准的国家标准及其图像相对应;(2)批准不符合国家标准的哈萨克斯坦共和国国旗、国徽的更换和销毁规则;(3)批准哈萨克斯坦共和国国旗、国徽及其图像以及哈萨克斯坦共和国国歌歌词的使用(设置、放置)规则;批准哈萨克斯坦共和国国家象征日庆祝规则;(4)确定哈萨克斯坦共和国国家象征领域的授权机构;(5)履行哈萨克斯坦共和国宪法、哈萨克斯坦共和国法律和哈萨克斯坦共和国总统法令赋予的其他职责。

对于地方行政机关在国家象征使用管理方面的职责,一些国家的国家象征法作了规定。例如,《哈萨克斯坦国家象征法》第十二条规定了地方行政机关的权限。地方行政机关对哈萨克斯坦共和国国家象征在相应行政区域单位领土上的使用(设置、放置)进行监管。

(二)宪法、法律关于行政机关的一般性授权

基于国家机关权力的分工,行政机关执行权力机关的决定,或履行管理社会的职责。在就国家象征使用管理时,可以根据一般法律原理就执行国家象征法的规定制定行政法规。例如,在德国,就联邦行政机关使用管理国家象征而言,可以根据《德国基本法》第八十六条第一款规定的"联邦通过自己的行政机关或联邦直属的公法机构和组织执行法律时,除法律另有规定外,联邦政府颁布一般行政规定",通过联邦政府的一般行政法规就相关事项作出决定。此外,中央政府可以依据法律授权规定作出执行性规定。例如,《德国基本法》第八十条第一款规定,联邦政府、联邦部长或州政府可经法律授权颁布行政法规。对此,法律须规定授权内容、目的和范围。在颁布的行政法规中应指明其法律授权根据,如法律规定此项授权可再予以授权的,则此项授权的再授权须由行政法规规定。

在国外,很多国家的中央政府除制定法规、规范性文件执行国家象征法外,还制定具体的指南、手册,引导、规范国家象征的使用管理。地方政府在执行国家象征的法律法规时,行使具体管理职权,查处相关违法违规案件,依法给予处罚。

二、行政机关维护国家象征的权力限制

从理论上看,行政机关维护国家象征行使相关行政权力时必须受到行政法基本原则的限制。一般认为,行政法基本原则包括职权法定、法律优先、法律保

留、行政比例、信赖保护等原则。① 根据国家象征法的特殊内容,行政机关在维护国家象征时主要受到以下原则的限制:

一是坚持职权法定原则。行政机关所行使的职权必须有法律规定,任何机关不得超越法律的授权。国家象征法通常明确规定了行政机关在使用、监督管理国家象征的具体职权,行政机关在履行职权过程中,应当遵循国家象征法和其他相关法律的明确规定。

二是坚持法律保留原则。法律保留原则是指宪法关于国家基本制度、公民基本权利限制等专属立法事项,必须由立法机关通过法律规定,行政机关不得代为规定,行政机关实施任何行政行为皆必须有法律授权,否则,其合法性将受到质疑。按照法律保留原则,立法机关应当制定法律规定国家象征的基本制度内容,如国家象征的构成、使用的基本情形、承担法律责任的情形等。由下位法规定国家象征使用更加细节的问题,如国家象征的使用具体情形、具体使用礼仪等。国家象征法律赋予行政机关一定的权力,如制定具体规则等,此时行政机关具有一定的裁量空间。一般性的行政权力无法改变国家象征,但是可以改变国家象征的具体构成,包括国旗颜色的色号、国旗的尺寸等。

三是坚持行政比例原则。行政机关在维护国家象征中的行政行为时应当符合其目的的达成,不得与目的相背离。具体而言,包括:其一,必要性原则,即"行政权的行使应尽可能使相对人的损害保持在最小的范围内";其二,比例性原则,即"行政主体对相对人合法权益的干预不得超过所追求的行政目的的价值,两者之间必须合比例或相称"②。在维护国家象征的行政行为中,行政机关需要充分考虑到国家象征的创设、使用的特殊性。考虑到创设国家象征的重要目的是让公民能够更加便捷、自由地表达爱国之情,行政机关在维护国家象征采用行政比例原则时,应当充分考虑推动让更多民众能够积极使用国家象征,主动维护国家象征尊严的价值因素。

很多国家通过法律确立了国家象征的许可制度。通过创设许可的方式,严格管控国家象征的制作、销售等。《马拉维受保护旗帜、徽章和名称法》第八条规定,部长为本法目的而颁发的任何许可证均可在部长认为合适的条件下颁发,部长可在任何时候酌情撤销他所颁发的任何许可证或改变其条件。《瓦努阿图国旗国徽法》第二条规定,除非得到部长的书面许可,该许可可以是一般性的或特定的,并受部长在许可中所指明的任何条件的限制,否则任何人不得:(a)出售或为出售而展示,或为出售而持有,或为出售而制作;或(b)在与任何业务、贸易、工作或职业有关的情况下使用。国旗、总统标准或国徽的任何复制

---

① 周佑勇:《行政法基本原则研究》(第 2 版),法律出版社 2019 年版,第 135—233 页。

② 周佑勇:《行政法基本原则研究》(第 2 版),法律出版社 2019 年版,第 197—199 页。

品,或与其中任何一项非常相似的东西,以至于让人相信该东西是其中之一。也有的国家确立了撤销制度。①

三、俄罗斯行政机关维护国家象征的特殊权力

为了应对在网络上日益增多的侵犯国家象征现象,2019 年 3 月,俄罗斯通过关于修改俄罗斯联邦行政违法法典的法案。该法案规定:"3. 在包括互联网和电信网络中传播以不雅形式表达的信息,这些信息侵犯人类尊严和公共道德,明显不尊重社会、国家、俄罗斯联邦官方国家象征、俄罗斯联邦宪法或在俄罗斯联邦行使国家权力的机构,但本法典第 20.31 条规定的情况除外,如果这些行为不包含刑事犯罪,将会被处以 3 万至 10 万卢布的行政罚款。""4. 再次实施本条第 3 款规定的行政违法行为,将被处以 10 万至 20 万卢布的行政罚款或 15 天以下的行政拘留。""5. 本条第 3 款所指的行为,如果个人以前曾因类似的行政违法行为受到过两次以上的行政处罚,那么其行为将被处以 20 万至 30 万卢布的行政罚款,或处以 15 天以下的行政拘留。"

该法明确规定禁止以不雅形式表达有损国家象征行为的处理程序和法律责任。② 如果在互联网上发现此类信息,俄罗斯联邦总检察长或其副手将向俄罗斯联邦通信、信息技术和大众传媒监督局提出申请,"要求采取措施删除特定信息并限制对传播特定信息的信息资源的访问"。如果没有被删除,俄罗斯联邦通信、信息技术和大众传媒监督局将立即确定此类网站的托管服务提供商,将发出违规通知并确定删除的时间。提供商有义务立即通知信息资源的所有者需要删除非法材料。如果所有者未在 24 小时内执行此操作,则提供商将不得不阻止该站点。如果提供商处于非活动状态,则访问将在电信运营商级别受到限制。如果网站所有者删除虚假信息,其必须通知俄罗斯联邦通信、信息技术和大众传媒监督局,后者"在检查此通知的准确性后"将立即通知电信运营商恢复对信息资源的访问。该法赋予了俄罗斯联邦网络管理机构维护国家象征的特殊权力,使互联网和现实生活中维护国家象征的规则趋向一致。

---

① "State Flag and Armorial Bearings Act". http://www. paclii. org/cgi-bin/sinodisp/vu/legis/consol_act/sfaaba265/sfaaba265. html? stem = &synonyms = &query = flag.

② "Госдума приняла закон о борьбе с оскорблением госсимволов Текст скопирован с сайта". https://proseverouralsk. ru/novosti/gosduma-prinyala-zakon-o-borbe-s-oskorbleniem-gossimvolov/.

第三节　国家象征与司法机关

国家象征在国内法起到维护国家统一、权威和尊严的作用,国家机关都有责任维护国家象征。为了保护国家象征的作用,司法机关作为国家机关的重要组成部分也必须确保国家象征法律对公民、组织的约束力,维护国家象征的尊严。

一、国家象征的特殊司法保护基础

国家象征是整个国家的象征,不仅仅是每一个公民要尊重和爱护国家象征;每一个组织都要尊重和爱护国家象征。司法机关作为国家机关也应当尊重和爱护国家象征。我国国旗法、国歌法、国徽法均规定,每个公民和组织,都应当尊重国旗、国歌、国徽等国家象征。司法机关在行使职权过程中,给予国家象征特殊保护的基础主要包括以下三个方面:

一是特别法律规定。规定司法机关使用国家象征的规定,如规定各级法院升挂国旗、法庭和审判区域悬挂国徽、重要活动和仪式遵守国歌等。司法机关应当遵守国家象征法的规定,执行具体规定。

二是国家象征法。有的国家象征法规定了涉及国家象征的具体诉讼制度,如起诉事先批准制度、扣押制度、举证倒置制度等。

三是诉讼程序法。司法机关依照法律规定行使司法职权。对涉及国家象征的案件,除了依据国家象征相关法律规定,也应当依照诉讼程序法律行使职权。

二、国家象征的特殊司法保护制度

国家象征法律一般没有对司法机关具体审理国家象征案件作出规定,但是一些国家就国家象征的诉讼程序作了特殊规定,主要有以下方面:

一是明确特定诉讼主体。在刑事诉讼中,多数案件是国家追究犯罪行为,起诉机关为检察机关。有的地方明确政府部门可以就国家象征的案件提起刑事诉讼。《多米尼加国家象征法》第四十九条中规定,政府部门可以依职权对违反国家象征的犯罪行为提起公诉。

国家象征案件事关重大,具有全国影响力,为此,一些国家规定,涉及国家象征刑事案件的起诉,需要由中央政府或检察机关(总检察长)事前同意。例如,《印度国徽(禁止不当使用)法》第八条规定,除非事先得到中央政府或中央政府一般或特别命令授权的任何官员的批准,否则不得对根据本法应受惩罚的任何罪行进行起诉。第九条规定,本法的任何规定都不能使任何人免于根据当时有效的任何其他法律对其提起的任何诉讼或其他程序。《马耳他国家象征法》第六条规定,任何人通过以下方式公开诋毁都是不合法的:言语、手势、书面材料(无论是否印刷)或图片,或以其他可见方式公开诋毁亵渎马耳他国旗或国徽。第七条第一款规定,任何违反本法第三条和第六条规定的行为都是犯罪行为,一经定罪,将被处以不低于 116.47 欧元和不超过 2329.37 欧元的罚款,如果是持续犯罪,在犯罪持续的每一天,将被追加不少于 2.33 欧元的罚款。除非得到总检察长的同意,否则不得对本法规定的罪行提起诉讼。

一些国家为了方便起诉,还规定了举报制度。《多米尼加国家象征法》第四十九条中规定,爱国庆祝活动常设委员会、多米尼加历史学院、杜阿尔蒂亚诺研究所或任何人都可以向主管检察院举报违反爱国主义象征的行为。

二是建立扣押制度。扣押是指法院或有执行权的行政机关将被执行人的财产运至有关场所加以扣留,不准被执行人占有、使用和处分。为了加强对国家象征相关案件的查处,一些国家在国家象征相关法律中专门规定了扣押制度。例如,《马拉维受保护旗帜、徽章和名称法》第七条规定:(1)如果警察有合理的理由相信,在任何场所发现了违反本法使用、展示、制造或进口的物品,警察可以要求该场所的负责人或看起来是负责人的人允许警察进入该场所,并向警察提供一切合理的便利来进行搜查,如果在合理的时间内不能进入,警察可以在没有搜查令的情况下进入该场所(必要时使用武力)并进行搜查。(2)如果警察在任何场所发现违法物品,而且有合理的理由相信任何人犯了本法规定的罪行,警察可以扣押该物品,如果警察这样做,应将其带到治安法官面前。如果治安法官确信该物品的使用、展示、制造或进口违反了本法,治安法官应命令将其没收,否则应命令将其归还被扣押的人。《肯尼亚国旗、国徽和国名法》也规定了类似的制度。

三是明确没收措施。没收制度所针对的是犯罪主体拥有所有权且他人不能主张权利的财产。在国家象征法律中专门规定没收制度,有利于加大对犯罪嫌疑人的威慑。《瑞士国徽及其他公共标志保护法》第二十三条规定了没收制度。法院可下令没收非法带有公共标志或可能与之混淆标志的物品,以及主要用于制造这些标志的设备、装置和其他手段。由法院决定是否必须使公共标志无法辨认,或者是否必须使这些物品无法使用、销毁或以特定方式使用。《瑞士国徽及其他公共标志保护法》第二十五条规定了初步民事措施。任何要求采取初步措施的人都可以,特别是要求法院下令采取以下措施:(1)获取证据;(2)确定非法印有公共标志物品的来源;(3)维持现有状态;或(4)暂时执行强制救济和补救措施的要求。《瓦努阿图国旗国徽法》第二条规定:(1)除非经部长许可,任何人不得制造、销售国旗国徽以及将其用于其他商业活动。（2）任何违反第一款的人都是犯罪，一经定罪，可处以50000瓦图的罚款。（3）法院在判定任何人犯有第二款规定的罪行时，除判处任何其他惩罚外，还可命令没收实施该罪行的工具或与之有关的任何物品。

四是建立合宪性事项飞跃上诉程序。美国法律对于涉及国旗合宪性案件规定了特殊上诉程序。《美国联邦法典》第十八编第三十三章第七百节中规定，任何人故意残害、污损、玷污、烧毁、掷于地面或践踏任何美国国旗的行为，将根据本编规定处以罚款或不超过一年的监禁，或两者并罚。对于美国联邦地区法院就依据上述规定作出的任何中间或者终审的判决、法令或命令提出合宪性质疑的，在诉讼期间内可直接向美国联邦最高法院提出上诉。如果最高法院之前没有对该问题作出裁决，则应接受对该上诉的管辖权，并在审理案件表上提前，尽可能加快审判。①

五是明确举证责任倒置。按照民事诉讼法有关侵权的一般理论，构成侵权的四种要件事实是：加害行为、损害后果、行为与后果之间的因果关系、主观过错。原则上上述四要件均应由受害方承担举证责任。但在一些国家的国家象征法中存在举证责任倒置的规定，即按照举证责任分配的一般规则将本来应当配置给一方当事人的客观举证责任，通过法律规定转移给另一方当事人承担。例如，《瑞士国徽及其他公共标志保护法》第十九条规定了举证责任的倒置，任何使用公共标志的人必须证明他或她被允许这样做。《新西兰旗帜、标志和名称法》第十一条规定，涉及新西兰国旗的违法行为：（1）任何人犯有违反本法的行为，包括（a）在没有合法授权的情况下，在新西兰国旗上放置任何字母、徽记或图案，从而改变了新西兰国旗。（b）在任何公共场所或在其视线范围内，以任何方式使用、展示、毁坏或损坏新西兰国旗，意图使其丧失名誉。（2）在对违反本条规定罪行的任何起诉中，证明对新西兰国旗的任何改变是合法授权的责任在被告身上。

三、国家象征法律实施与司法机关

国家象征法律施行过程中，出现争议时主要解决途径是司法裁决。国家象征法作为直接实施宪法的法律，也是宪法关于国家象征条款的具体化。"宪法规范内容的具体化以及其实现，只有通过纳入该规范试图规范的现实环境才有可能。这种关联构成了'规范范围'，而这种范围是会发生历史变化的。""宪法的规范性力量具有可能性，同时也是局限性，来自存在与应该存在之间的相关

---

① 18 U. S. Code § 700.

协调；这种力量取决于是否能够适当地适应社会和文化的政治需要，而这又受制于负责实施宪法程序的人实现宪法内容的持续'意愿'。"①负责实施宪法程序的主体在实践中主要是适用国家象征法律进行裁判的司法机关。司法机关实施国家象征法律，对于国家象征法律的实施效果起到重要影响作用。例如美国，由国会通过、总统签署的国旗法中的侮辱国旗入刑条款被联邦最高法院认定为侵犯言论自由无效；而 21 世纪初，法国通过修改内部安全法，将侮辱国旗入刑，得到法国宪法委员会的认可，从而得以生效。此外，国家象征法律实施过程中，鉴于国家象征的背景知识（如旗帜学、纹章学等）与国家象征的具体使用含义、法律规则的具体内容紧密结合在一起，司法机关要了解国家象征相关的非法律背景知识，考量国家象征法律规则的目的，以及国家象征使用者所传达的含义，方能对合理使用、亵渎或滥用国家象征有更加清晰的判断。

---

① Aldret, Octavio. Conjeturas acerca de la limitación a la libertad de expresión, por respeto a los símbolos patrios(caso del poeta maldito). Cuestiones constitucionales: revista mexicana de derecho constitucional, ISSN 1405-9193, N°. 16, 2007.

第四章 国家象征法的基础制度

第一节 国家象征的使用规则制度

国家通过强化国家象征的使用,让抽象的国家与具体的个人在特定的时空节点发生联系。这种联系是以国家象征所象征的国家与个人内心所崇尚的国家在某种程度上出现交汇,在个人内心中形成一种归属感。这种归属感是一种主观情感。这种归属感不是天生的,而是需要教化才能养成的;这种情感不是直接调整利益,而是间接地产生影响。这种情感需要反复刺激才能够使间接的影响得以维持、加强。因此,需要通过国家机构、教育机构等高频率升挂国旗、宣传教育国家象征等,适当地、反复地强化出现来加强巩固国家归属感。

国家象征的使用中存在着差异,不同之处在于国旗、国徽和国歌在国家生活实践中所占据的具体传统地位。国旗在更大程度上体现了某种民族的民间象征,所以它的使用实践是相当广泛的,在使用上比国徽有更多的自由。国徽一直是而且仍然是国家、国家权力的象征。在很多国家,任何人都无权授权或规定使用国徽,除非相关法律规定或禁止使用。在有关法律规定或法律承认允许使用国徽的情况下,使用国徽不需要向任何当局申请或获得许可。

国家象征所创设的一项重要目的就是方便公民、组织以便捷的方式、在适当的场合使用,以表达爱国之情。国家象征的使用制度,自然成为国家象征制度的核心制度。国家象征的使用涉及广泛的主体,例如,我国国旗法、国歌法、国徽法分别规定,每个公民和组织,都应当尊重和爱护国旗、国歌、国徽。同时,各国对国家象征的使用的基本态度总体上持积极态度。但具体而言,国徽由于起源于专属于王室的纹章,国徽的使用与国旗、国歌有所不同。因此,国家象征的使用规则成为各国国家象征法律首要关注的制度。

一、国家象征使用的基本原则

根据国旗法、国歌法、国徽法规定以及实践情况,国家象征使用的基本原则可以概括为三个方面:

一是依法原则。国家象征法律从四个维度明确了国家象征使用的范围、情形或者方式,即应当使用、可以使用、倡导使用、禁止使用。在法律有要求的情况下,必须先按规则要求使用。对于法律没有直接概括的情况,可以依据国家象征法律基本制度的精神去使用。各国往往制定了国家象征法律,在法律已经明确国家象征的使用规则时,公民和组织应当依法使用。我国法律法规规章等已经建立起较为全面的国家象征制度使用规则,公民、组织应当依法根据上述规则使用国家象征。

二是优先原则。国家象征是国家最重要的象征和标志之一,与其他标志相比,必须保证其优先地位。国家象征使用可以分为单独使用、与其他标志共同使用两种情形。在这两种情形下,都必须坚持优先使用的原则:单独使用时,要确保国家象征处于显著、较高、中间等适宜的位置,与整体环境相协调,同时体现对国家象征的尊重。并列使用时,国家象征处于更优先、更高、更显著的位置。

我国法律法规对国家象征优先作了专门规定。国旗使用方面,国旗法第十七条第一、二、三款规定,升挂国旗,应当将国旗置于显著的位置。列队举持国旗和其他旗帜行进时,国旗应当在其他旗帜之前。国旗与其他旗帜同时升挂时,应当将国旗置于中心、较高或者突出的位置。国徽法第七条第一款规定,本法第六条规定的机构应当在其网站首页显著位置使用国徽图案。

在许多升挂国旗的地方,国旗往往不是唯一存在的旗帜,如何处理好国旗与其他旗帜的地位和位置,是需要由法律规定和解决的问题。在国际交往活动中,形成了国际间关于多个国旗使用的惯例规则,这作为国家象征优先原则的例外,各国予以普遍承认,我国相关部门在外交、体育等方面也作了规定。

三是适宜原则。国家象征使用时要坚持适宜的原则,应当以符合国家象征尊严的方式界定合适的国家象征使用方式。在法定国家象征使用方式之外,以其他方式使用国家象征的,必须坚持维护国家象征的尊严,而对于适宜的方式,法律没有规定,从判断方式上看,可以从以下角度来分析:(1)应当坚持尊重和爱护国家象征。国家象征代表国家,在使用国家象征时,首先要坚持尊重和爱护国家象征的前提。(2)从使用环境、情形、方式等因素相考量。例如,我国国旗法对升挂国旗时使用国旗的尺寸作了规定,国旗法第三条第二款规定,国旗、旗杆的尺度比例应当适当,并与使用目的、周围建筑、周边环境相适应。在使用国家象征时,应当考量使用的环境是否合适。(3)不得违反法律禁止性规定。为了维护国家象征,法律规定了国家象征不得使用的情形,如我国国旗法、国歌法、国徽法规定,国旗、国歌、国徽不得用于商标、授予专利权的外观设计、商业广告。国歌法规定,奏唱国歌时,不得有不尊重国歌的行为。

二、国家象征使用情形的特征

国家象征使用的情形一般由法律法规规定。从法律法规规定的情形看,国家象征使用情形的特征如下:

一是具有法定性。不同于宪法、法律未明确赋予宪法和法律地位的一般民间公认的国家象征,法定化的国家象征往往由法律法规规定了法定使用的场合,在此类场合、情形出现时,应当使用国家象征。

二是具有公开性。具有公共性是指国家象征的使用通常是公开的、集体的场合。如我国国旗法规定的应当每日、工作日升挂国旗的场所;国歌法规定的应当奏唱国歌的场合;国徽法规定的应当悬挂国徽的地点,都具有公开性。对于可以使用国家象征的场合,一般也具有公开性,如我国国旗法第八条规定,举行重大庆祝、纪念活动,大型文化、体育活动,大型展览会,可以升挂国旗。对于在私人场合使用国家象征,除对外产生影响之外,法律一般不予以规制。

三是具有政治性。国家象征使用的场景通常具有政治性。例如,我国国旗法规定的应当每日、工作日升挂国旗的场所。国歌法规定的应当奏唱国歌的场合,包括:全国人民代表大会会议和地方各级人民代表大会会议的开幕、闭幕;中国人民政治协商会议全国委员会会议和地方各级委员会会议的开幕、闭幕;各政党、各人民团体的各级代表大会等;重大外交活动;重大体育赛事等。上述应当奏唱的场合,一般具有政治性。重大体育赛事涉及国家、部分地区、具有特定的政治社会效益,也具有政治性。国徽法规定的应当悬挂国徽的地点,都有强烈的政治性。

三、国家象征使用的方式

国家象征有不同的使用方式,不同的国家象征因其属性不同,需要采取不同的使用方式。

一是关于国旗的使用方式。国旗的使用方式较多,主要包括国旗实物的升挂、悬挂,国旗图案的使用等。

国旗分为国旗实物和国旗图案,不同的地点,国旗使用的方式有所不同。1990 年我国制定国旗法时,对于国旗的使用方式,仅规定了"升挂"的方式。2020 年修改国旗法时,有的意见提出,很多时候,国旗使用时还存在垂直悬挂的,没有升挂的动作。在实践中,一些文件如《新时代爱国主义教育实施纲要》同时使用了"升挂"国旗、"悬挂"国旗,有的意见提出要对"使用""升挂""悬挂"进行区分。从词语的内涵看,"升挂""悬挂"各有所指。"升挂"意思是升起挂着,主要是带有旗杆,可以举行升旗的仪式。而"悬挂"就是悬起挂着,意思单一,不含有"升起"的意思。在一些没有旗杆的机构、场所,比如公民居住场所等往往没有旗杆,无法升起国旗,此时只要将国旗悬挂起来就是适宜的方式。在我国修改后的国旗法中,分别使用了"使用""升挂""悬挂",分别用于不同的情形。从语义讲,"使用"一词内涵更广,包括了"升挂""悬挂"以及使用国旗图案等方式。

二是关于国徽的使用方式。国徽的使用方式,包括国徽实物的悬挂、摆放以及国徽图案的使用等。国徽使用主要分为两类,国徽实物主要用于悬挂,小型的国徽也可以用于机关会议室、办公室摆放。国徽图案使用较为广泛,广泛用于国家机关的证明文件、工作证件等。

三是关于国歌的使用方式。国歌作为一种音乐,主要分为演奏、演唱两种使用方式,前者主要采用各类乐器表演国歌(可以分为有人歌唱、无人歌唱不同方式),后者主要是采用歌唱的方式表演国歌。实践中,播放国歌也是国歌使用的重要方式,主要是在一些场合,现场播放权威的国歌奏唱版本。我国国歌法没有明确对奏唱进行界定,但是实质也是作了上述区分。我国香港特别行政区《国歌条例》第二条中对"奏唱国歌"的含义作了明确,奏唱国歌包括:"(a)歌唱国歌;(b)用乐器演奏国歌;及(c)播放国歌的录音。"上述规定也是对国歌法的进一步解释明晰。

四、国家象征使用的法律规范模式

法律规范一般分为四种模式:命令性规范,即"应当做某事";禁止性规范,即"不得做某事";非禁止性规范,即"允许做某事";非命令性规范,即"允许不做某事"。[①] 但在国家象征法律中,由于国家象征的特殊性,国家对国家象征的态度是积极的、主动的,因此还存在一种倡导性规范,即"鼓励做某事"。因此,国家象征法律对于国家象征使用的法律规范模式,可以分为以下几种模式:应当、可以、倡导、禁止。每一种模式表明国家对此不同的态度。

一是应当。应当升挂、悬挂国家象征的场所、机构按照时间频率排序,显示出层次,越重要、越具有政治性的场所、机构要求越严格,越需要更加频繁地使用国家象征。我国国旗法规定了应当每日升挂国旗的场所或者机构所在地,应当在工作日升挂国旗的机构所在地,应当在开放日升挂、悬挂国旗的设施,应当

---

① 参见张乃根:《西方法哲学史纲》,中国政法大学出版社 1993 年版,第 175—176 页;魏治勋、陈磊:《法律规范词的语义与法律的规范性指向——以"不得"语词的考察为例》,载《理论探索》2014 年第 3 期,第 107 页。

在重要节日、纪念日升挂国旗的公共活动场所;应当升挂国旗、悬挂国旗的仪式等。国歌法第四条规定应当奏唱国歌的场合。国歌法第十三条规定,国庆节、国际劳动节等重要的国家法定节日、纪念日,中央和省、自治区、直辖市的广播电台、电视台应当按照国务院广播电视主管部门规定的时点播放国歌。国徽法第四条规定应当悬挂国徽的机构,第五条规定应当悬挂国徽的场所,第六条规定应当刻有国徽图案的机构印章,第七条规定应当在其网站首页显著位置使用国徽图案的机构,第八条规定应当印有国徽图案的文书、出版物等。

二是可以。对于特定情形,实践中往往已经大量使用国家象征,具体是否使用需要根据具体情况进行判断,法律授权其可以使用国家象征,给予特定情形一定的自由裁量空间。例如,我国国旗法第八条规定,举行重大庆祝、纪念活动,大型文化、体育活动,大型展览会,可以升挂国旗。国徽法第九条、第十条规定可以使用国徽图案的情形:显示国家主权的标志物、中国人民银行发行的法定货币、特定证件证照、国家机关和武装力量的徽章。

三是倡导。为了充分发挥国家象征强化爱国主义的作用,法律明确倡导公民和组织在适宜的场合使用国家象征。例如,国旗法第九条第一款规定,国家倡导公民和组织在适宜的场合使用国旗及其图案,表达爱国情感。国歌法第五条规定,国家倡导公民和组织在适宜的场合奏唱国歌,表达爱国情感。

四是禁止。为了维护国家尊严,法律明确禁止使用国家象征的情形。例如国旗法第二十条规定,国旗及其图案不得用作商标、授予专利权的外观设计和商业广告,不得用于私人丧事活动等不适宜的情形。国歌法第八条规定,国歌不得用于或者变相用于商标、商业广告,不得在私人丧事活动等不适宜的场合使用,不得作为公共场所的背景音乐等。国徽法第十三条规定,国徽及其图案不得用于的具体情形。

在学理分析中,有的学者依据是否由官方使用将所有实际使用国家象征的情况分为两类:官方使用和非官方使用。官方使用是由国家权力机构明确的,载于相关法律文件中,并必须遵守所有法定规则(除非法律法规另有规定,否则不允许违背官方明确的用途)。非官方使用是指不具有官方意义的使用,这种使用没有任何明确的规则(尽管有例外),而且不是强制性的。[①] 非官方使用常常容易受到文化影响,容易变动。同时,非官方使用中,可能出现不尊重甚至侮辱国家象征的现象。通常情况下,以下非官方使用的情形是禁止的:(1)个人、企业将国家象征用于印章、证件、证照等非官方用途;(2)将国家象征用于强行改变宪法秩序的基础,破坏国家的完整性,煽动社会、种族、民族和宗教仇恨;

---

① Безруков Андрей Вадимович. К вопросу о неофициальном использовании государственных символов Российской Федерации. 《Наука. Общество. Государство》 2016. Т. 4 , № 1. С. 13 .

（3）将国家象征作为商品、作品和服务的视觉识别和广告手段。

五、国家象征使用的禁止情形

公民为了表达爱国之情，可以使用各种方式运用国家象征。但是国家象征的使用有其特殊性，必须在符合特定的政治、文化和背景条件下使用，以及通过以期传达国家想要赋予含义的方式使用。当以污损、倒挂等法律禁止使用的方式运用国家象征时，最初这些情形没有额外的含义，但在观众参与"阅读"、重新解释国家象征时，可以取得额外具有讽刺、有其他内涵的意义。[①] 我国民国时期，当时政府对国家象征的禁止使用情形作了规定。1931 年 7 月 14 日，国民政府第 366 号训令颁布施行的《党旗国旗之制造及使用办法》第十四条规定，"使用党旗国旗不得作为他种用具，党旗国旗之式样不得作为商业上一切专用标记，缀置各种符号或印刷图写文字，及制为一切不庄严之装饰品"。1934 年《党旗国旗制造使用条例》第十四条规定，"党旗国旗之式样不得作为商业上一切专用标记，或制为一切不庄严之用品，旗面不得缀置各种符号及印刷图写各种文字"。1944 年《国旗党旗制用升降办法》第十四条规定："国旗党旗式样不得作为商业上一切专用标记或制为一切不庄严之用品。"

为了维护国家尊严，国家象征必须规范使用，明确国家象征禁止使用的方式、用途等。我国国旗法第二十条规定，国旗及其图案不得用作商标、授予专利权的外观设计和商业广告，不得用于私人丧事活动等不适宜的情形。国歌法第八条规定，国歌不得用于或者变相用于商标、商业广告，不得在私人丧事活动等不适宜的场合使用，不得作为公共场所的背景音乐等。值得注意的是，我国国家象征法律中，明确禁止情形的法律用语是"不得"。在法律用语中，"不得"和"禁止"都是禁止性规范。"不得"一般用于有主语或者有明确的被规范对象的条文中，"禁止"一般用于无主语的条文中。上述法律中，共同禁止使用的情形，可以概括为：商标、授予专利权的外观设计、商业广告、丧事活动。

总结以上不同禁止情形，总体上可以分为三类：

一是禁止用于不适当行为。例如，对国家象征采取不适当的行为，如在国家象征上涂画特殊标志、践踏等。国家象征是国家的最高象征，应当保障其完整性。在国家象征上涂画特定象征意义的图案，挑战国家象征的本质，因为国家象征是一国的专属标志，代表着所有的民族、地区、人民。对国家象征的内容进行修改，破坏了国家象征的完整性，损害了国家象征的权威。

---

① ЮЛИЯ ВЛАДИМИРОВНА ЕРОХИНА. АНИТА КАРЛОВНА СОБОЛЕВА. Семиотико-правовой анализ визуальной репрезентации государственных флагов в России. Труды Института государства и права РАН. 2019. Том 14. № 6. С. 47.

　　二是禁止用于不适当用途。国家象征不适当的用途包括注册知识产权、用于商业广告、用于欺诈等。我国国旗法、国歌法、国徽法分别规定了国旗、国歌、国徽不得用于商标、授予专利权的外观设计、商业广告。国徽法还规定,国徽及其图案不得用于日常用品、日常生活的陈设布置。

　　三是禁止用于不适当场合。不适当的场合主要包括国家象征不得用于私人丧事活动。我国国旗法、国歌法规定,国旗、国歌不得用于私人丧事活动;国徽法规定,国徽及其图案不得用于私人庆吊活动。私人丧事活动,是指个人结束生命之后,由亲属、邻里、好友等进行哀悼、纪念、评价的仪式,也是殡殓祭奠的仪式。私人丧事活动用以表达对死者的哀悼和怀念之情。在我国,各民族、各地区都有自己独特的风俗,但作为丧葬仪礼的内容却基本相同:(1)表示对死者的沉痛哀悼;(2)怀念死者生前的功德;(3)利用宗教仪式超度亡灵,使死者的灵魂得以安息;(4)通过热闹的礼仪,免除生者对死者、对鬼神的惧怕心理。①私人丧事活动是在哀悼的氛围中举办的,在此时使用国家象征,在氛围、感情上是不适宜的。对于非私人丧事活动,国葬、经一定国家机关批准的葬礼等可以使用国家象征,如我国国旗法专门规定了下半旗制度、覆盖国旗制度,以示对国家、社会、集体作出贡献的逝世人员的尊重。

　　此外,对于故意将国家象征用于表达对国家、国家特定政策、制度等反对意见的行为,有的学者称之为"象征性反对的言论行为"(Symbolic Counter-speech)。这类行为既具有象征性,同时也具有反对性。象征性反对的言论行为主要包括三种类型:第一是不参与象征性活动,特别是包括旨在肯定和尊重象征的仪式;第二是攻击象征本身——通过破坏(如通过燃烧)象征的现有物理形式;第三是直接在原始象征上显示不同的相反象征,尤其是希望压倒或淹没原始象征。该学者还认为,在上述三种类型的行为中,国家象征仅意味着自由、机会平等、宗教宽容、民族团结和善意。任何使用国家象征或其附属物来表达偏离大众接受的含义的信息,都会被视为不尊重,行为者也会受到谴责,也许还会受到审查。②

六、国家象征的商业使用

　　国家象征的商业使用与一国的文化传统密切相关。在大多数国家,对国家象征商业使用进行严格控制,但是有的国家出于更大范围促进国家象征的使用或者为了本国在国际上的知名度,允许有条件地使用国家象征。在国际上,各

---

　　① 姜洪编著:《实用民俗礼仪》,湖南科学技术出版社 2011 年版,第 149 页。

　　② Howard M. Wasserman, *Symbolic Counter-Speech*, William & Mary Bill of Rights Journal, Vol. 12:2, p. 392(2004).

国普遍禁止国家象征用于注册商标、授权专利权的外观设计等知识产权用途，也禁止用于商业广告。国家象征禁止用于知识产权商业用途将在国家象征的知识产权制度一节中进行讨论。

商业广告禁用国家象征是国际通例。我国国旗法、国歌法、国徽法分别规定国旗、国歌、国徽不得用于商业广告。我国广告法第九条规定，广告不得有下列情形：使用或者变相使用中华人民共和国的国旗、国歌、国徽，军旗、军歌、军徽。商业广告是指商品经营者或者服务提供者通过一定媒介和形式直接或者间接地介绍自己所推销的商品或者服务的活动。广告应当真实、合法，以健康的表现形式表达广告内容，符合社会主义精神文明建设和弘扬中华民族优秀传统文化的要求。广告不得含有虚假或者引人误解的内容，不得欺骗、误导消费者。在商业广告中使用国家象征，会使消费者误解，使人误以为商品得到国家或者国家机关的认可、支持。

按照《互联网广告管理暂行办法》，利用互联网从事广告活动，适用广告法和该办法的规定。互联网广告，是指通过网站、网页、互联网应用程序等互联网媒介，以文字、图片、音频、视频或者其他形式，直接或者间接地推销商品或者服务的商业广告。在互联网广告中，也不得使用国家象征。

实践中，国家象征可以用于公益广告。按照《公益广告促进和管理暂行办法》，公益广告是指传播社会主义核心价值观，倡导良好道德风尚，促进公民文明素质和社会文明程度提高，维护国家和社会公共利益的非营利性广告。政务信息、服务信息等各类公共信息以及专题宣传片等不属于该办法所称的公益广告。国家鼓励、支持开展公益广告活动，各类广告发布媒介均有义务刊播公益广告。将国家象征用于公益广告时，按照《公益广告促进和管理暂行办法》的规定，还需要注意公益广告应当保证质量，内容符合下列规定：（1）价值导向正确，符合国家法律法规和社会主义道德规范要求；（2）体现国家和社会公共利益；（3）语言文字使用规范；（4）艺术表现形式得当，文化品位良好。

除了各国通行限制的禁止用于商标、商业广告之外，各国始终面临着国家象征的其他商业用途问题。在我国民国时期，因为商业用途与政府欲使国家象征神圣化的意图相悖，地方政府多次禁止国家象征的商业用途，但是"国家象征的商业用途无法完全禁止"；国旗"时常被大规模地用于商业性的宣传与广告"①。面对国家象征的商业用途时，始终有一个两难问题：一是国家出于强化公民国家观念的需要，提倡或者鼓励公民、组织使用国家象征，同时为了保障国家象征的尊严，必须禁止侮辱国家象征的行为；二是公民、组织在使用过程中，

① ［日］小野寺史郎：《国旗·国歌·国庆——近代中国的国族主义与国家象征》，周俊宇译，社会科学文献出版社2014年版，第296页。

难免有不适当用于疑似或有商业用途的,如携带国旗或者国旗图案出现在商业活动场所等。如果对公民实施过于苛刻的惩罚,可能会导致公民噤若寒蝉,失去对国家象征的热爱之情。针对上述问题,秦奥蕾教授认为,国家标志的宪法内涵包括国家、国家机构、国家共同体情感认同几重含义,相应地,国家标志的商业价值也应区别考虑:当国家标志代表国家及国家机构时,其商业价值与普通商品并无不同,对其商业使用的管理可以按照普通的商品监管。而当国家标志代表对国家的认同感时,对其商业价值的使用就应进行较为严格的监管。①对于这一两难问题,笔者认为可以通过两个制度层面解决:一是除商标、商业广告等国际通行的禁止使用情形外的其他禁止商业用途的情形在法律中作原则性规定,对于具体其他情形可以通过行政法规或者规范性文件予以明确,使得出现争议时,不会因为规范的层级过高,导致难以及时纠正解决。二是禁止情形逐渐细化,不宜过于笼统,使得禁止情形符合人们逐渐变化的预期。当能够明确不应当使用的情形时,可以先明确部分情形,然后再逐渐完善。

第二节　国家象征的监督管理制度

国家象征的使用过程中,牵涉面广,涉及国家、社会、公民个人生活各个领域,如公民能否使用通常代表国家机构的国徽图案、能否用于讽刺漫画等涉及公民言论自由、宗教自由、平等权等公民基本权利,很容易产生使用不规范的问题,引发社会矛盾。② 由于国家象征的重要性,很多国家赋予国家元首或者政府首脑在监管国家象征方面的重要监督管理职责,同时通过法律、法规明确具体承担相应职责的机构。

一、国外国家象征的监管模式

据笔者统计,50 个欧美国家中,除法国、梵蒂冈没有制定专门的国家象征法律法规外,其他国家均制定了国旗、国徽或者国歌相关的法律法规或者规范性文件。由于历史传统、部门设置等原因,各个国家监管部门各有不同。在 48 个

---

① 《"国家标志、国家象征的宪法理论与〈国旗法〉〈国徽法〉修改"学术研讨会实录》,载微信公众号"中国政法大学法学院"2020 年 9 月 21 日。

② 在美国,由于国旗使用、管理的很多问题,需要案件上诉至美国联邦最高法院才能明确,而很多地方法院不连贯的判决,引发了广泛争议。在俄罗斯,1991 年制定的国徽法禁止公民使用国徽图案,俄罗斯宪法法院也近十次判决使用国徽图案的案件败诉,导致了大量争议,直至 2017 年修改国徽法允许公民使用国徽,争议才平息。其他国家也有很多类似的案例。

已制定法律法规的国家,有 14 个国家明确由国家元首或者政府首脑办公室负责监管,13 个国家明确由内政部门监管,7 个国家明确由国家纹章部门监管,5 个国家明确由文化部门监管,1 个国家(挪威)明确由外交部门监管。也有一些国家明确由国家元首监管,如美国、瑞典;一些国家既没有明确国家元首,也没有明确具体主管部门监管,如英国、爱尔兰、安道尔等国家。

一些国家明确主管部门主要职责是制定执行统一的国家象征的规则及重大方针政策,审批机构、组织申请使用国家象征及其图案,监督管理国家象征法律的实施。很多国家还在法律中明确,知识产权部门对涉及国家象征的商标、专利、外观设计的监督管理职责,也明确外事、军事、交通等部门负责特定领域的监督管理。通常情况下,国家象征监督管理事项单一,虽然事项重大但不需要成立专门的政府机构管理,而是在现有政府机构中明确具体的承担部门。

(一)专业委员会模式

在一些国家,由专门负责纹章登记、管理的机构,多称为"国家纹章委员会"(National Heraldry Commission)或者"国家标志委员会"(National Emblems Committee),负责监管国旗、国徽相关事宜,典型国家有俄罗斯、白俄罗斯等。在欧美很多国家,历史上形成了家族、机构以及国家使用纹章代表本家族、机构、国家的传统习惯,很多国家有专门的纹章注册机构,以便公民、组织以及相关机构申请注册各类纹章。有的国家纹章管理机构是官方性质的,有的是王室所有公司,有的是社会组织。在俄罗斯、白俄罗斯等国,在传统纹章机构的基础上由官方成立了纹章管理委员会,就国旗、国徽及其图案监督管理方面承担一定的法定职责。具体而言,专业委员会模式具有如下特征:

一是直属于国家元首的咨询机构。俄罗斯国旗法、国徽法赋予总统在国旗、国徽管理等方面的职责。1999 年 6 月 29 日俄罗斯联邦总统令《关于俄罗斯联邦总统领导下的纹章学理事会》,将作为联邦总统行政部门的下属机构纹章局升级为国家纹章委员会,其是"为了在纹章领域制定、执行统一的国家政策"。2019 年 11 月,俄罗斯通过总统令还专门制定了《国家纹章委员会组织条例》,对其性质、任务、职权进行界定。委员会活动的物质、技术、法律和信息支持由俄罗斯联邦总统行政当局及其下属有关部门提供。白俄罗斯、乌克兰、匈牙利等国也与俄罗斯类似,都属于总统直属的高规格委员会。

二是参与主体方面具有广泛性。例如,俄罗斯国家纹章委员会理事会主席由国家东宫博物馆副主任担任,成员由政府官员和纹章、历史、艺术等领域专家组成。联邦总统办公厅为委员会提供必要的物质和技术支持。

三是通过法律法规赋予一定职权。例如,俄罗斯根据俄罗斯总统颁布的《总统直属的国家纹章委员会法令》《国家纹章登记册法令》等,国家纹章委员会负责国旗、国徽、国歌及其他国家象征的登记、管理事务,还负责俄罗斯联邦政府、地方政府及其机构的官方标志(旗帜、纹章及其他标志)的登记、管理职责,对于不按照法律法规使用纹章有一定的处罚权。国家纹章委员会出台制定了《国旗使用规则》《国徽使用规则》等规则。

由专业委员会对国家象征监督管理,具有专业性、代表性,同时享有法定的职权,有利于国家象征统一管理,是国家象征监督管理的良好途径。

(二)国家元首或者政府、首脑办公室监管模式

在一些国家,由政府首脑办公机构直接负责管理国家象征。政府首脑办公机构直接成立相应的部门,专门负责国旗、国徽、国歌等国家象征监管事务,如意大利、澳大利亚、爱沙尼亚、马耳他等国。意大利总理府下设的国家礼仪处负责国家象征事项。在澳大利亚由为总理、内阁直接提供服务的总理内阁部下属的荣誉、象征和领地管理机构负责。该机构具有一定政策制定权、审批权和指导权,制定了国旗、国徽使用指南,负责对国旗使用过程中的问题进行解答,负责审核教育书籍和电子产品,负责代表国家参加国际竞赛使用国徽的申请等。①

由国家元首或者政府首脑下属的办公室管理国家象征,有利有弊,有利之处在于由政府首脑直接管理国家象征的相关事宜,但是国家元首或者政府首脑下属的办公室是综合性机构,负责事务较为庞杂,变动较大,如澳大利亚荣誉、象征和领地管理机构作为下级机构,多次变迁,也给国家象征的管理带来诸多不便。

(三)政府专业部门监管模式

1. 内政部门

在一些国家,由专门负责内政的部门管理国旗、国徽、国歌事务,如德国、芬兰、墨西哥。内政部门主要负责治安、边境、移民、救援等内部安全的综合性事务。一些国家从社会层面维护国家象征使用、方便审批、加强管理的角度,将国家象征纳入内政部门主管。在德国,内政部负责国旗、国徽相关事务。《德国联邦建筑物旗帜升挂法规》明确,内政部负责联邦建筑物国旗升挂事宜,外交部负责驻外使领馆国旗升挂事宜。《德国公章制作、官方标志和印刷品上使用联邦鹰准则》第四条规定,只有得到联邦内政部许可,才允许使用国徽和联邦鹰。②

---

① "Commonwealth Coat of Arms Information and Guidelines". https://www.pmc.gov.au/resource-centre/government/commonwealth-coat-arms-information-and-guidelines.

② Richtlinien für die Anfertigung von Dienstsiegeln und Verwendung des Bundesadlers auf amtlichen Schildern und DrucksachenVom 4. März 1950(Gemeinsames Ministerialblatt Nr. 2 vom 18. April 1950 Seite 17) In der Fassung vom 15. September 2004(GMBl. 2004 Seite 1013). http://www.verwaltungsvorschriften-im-internet.de/bsvwvbund_04031950_V1b1110724.htm.

在芬兰,《芬兰内政部条例》规定内政部的职责包括监管芬兰国旗、国徽。根据《芬兰商标法》《芬兰产品外观设计法》的规定,使用国旗、国徽图案需要到芬兰内政部申请。

2. 文化部门

国旗、国徽、国歌是国家重要的文化内容。在一些国家,由政府文化部门进行监管,典型国家有加拿大、新西兰。法律明确政府所属的文化和传统部门主要负责国旗、国徽图案使用,以及国家象征的政策制定、宣传推广等工作,如1965年加拿大政府法令规定,文化和传统部下属的庆典和礼仪机构负责审核申请注册商标或者设计中包含国旗的枫叶图案。由于近年来加拿大政府实行统一的国家形象标志设计计划,申请使用国徽图案应向加拿大财政委员会秘书处联邦形象项目(办公室)申请。该机构负责统一管理加拿大政府及其附属机构的文字商标和商业签名。据《新西兰旗帜、标志和名称保护法》第十三条第三款规定,除政府使用国徽外,只有获得文化和传统部许可才能使用国徽及其图案。① 该法规定了文化和传统部部长有权决定国旗的标准尺寸、颜色以及升降的时间、场所等。这些国家将国旗、国徽、国歌等国家象征作为文化传统的重要组成部分,着重于从文化层面加强国家象征的宣传教育、推广。

还有个别国家,由于历史、传统原因,由其他特定的部门监督管理部分国家象征管理事项。例如,《挪威国旗和商船旗使用规则》第七条明确,有关公共建筑物使用国旗的具体问题,由相关部门提交至外交部;《挪威国王徽章和国徽使用规则》第一条规定,外交部处理有关国王徽章和国徽的事宜。

(四)分散管理

还有一些国家,由于历史、传统等原因,没有统一的国家象征管理部门,总体上管理较为分散,典型国家有美国、英国。

美国是世界上使用国旗、国徽、国歌等国家象征最为广泛的国家之一,但在国家象征监督管理方面也存在诟病。美国《国旗法典》没有明确国旗具体主管部门,但明确了总统负有国旗管理方面的职责。美国总统签署国旗、国徽的重要法令,如已经发布的《国旗尺寸和星星位置的规定》《部分现任官员及卸任官员逝世下半旗的规定》《美国国旗》(第2605号新增命令)。1944年第2605号行政命令明确,对外援助使用商品或者包装上使用国旗图案的审批,由外国经济管理局(现由国际开发署负责)。而关于国徽,美国法典仅规定,美国国务卿负责保管大印章,没有总统规定,任何文书不得加盖大印章。美国总统制定《无

---

① Flags, Emblems, and Names Protection Act 1981. see: http://www. legislation. govt. nz/act/public/1981/0047/latest/whole. html.

特别授权加盖大印章的规定》明确了外交场合使用大印章的情形。美国国务院在其网站专门明确，国务卿无权授予或拒绝使用大印章或复制、仿制其图案的任何部分。国务院仅向官方使用目的提供大印章图案，具体事务由国务院公共事务局负责。此外，国防部、退役军人事务部、总务管理局等部门也负责各自领域国旗、国徽事务。由于仅靠美国国会、总统及相关部门制定法律法规，但没有明确具体监督管理部门，美国国旗、国徽使用较为泛滥，而滥用国家象征导致社会争议时有发生，引起部分社会群体的不满，进而会导致社会的撕裂。

在英国，由于历史原因没有制定国家象征法律，国旗、国徽分属不同机构管理，国歌也没有专门的部门监管。英国王室徽章既是英国王室的徽章，也可以作为英国国徽使用。根据《英国商标法》第四条第一款规定，不得注册与王室徽章相关商标，除非得到女王或其代理人的同意，或者特殊情形下王室成员的同意。① 具体实践中，由英国王室机构张伯伦勋爵办公室（Lord Chamberlain's Office）代表女王审核同意带有英国王室国徽的使用。张伯伦勋爵办公室主要负责王室与上议院的联系，组织王室所有庆典、礼仪活动，包括王室婚礼、国事访问等活动。张伯伦勋爵办公室为管理王室徽章、王冠图案的申请使用，制定了一套标准的程序和文件。申请者依据批准使用王室图案时，只能以批准的财产权利为限，未经允许不得扩大使用范围。同时，张伯伦勋爵办公室专门制定指南，明确王室徽章的使用范围。

此外，由于英国王室旗帜与英国国旗不同，王室不承担管理国旗的职责。英国没有统一的国旗法（目前，仅针对北爱尔兰制定了《旗帜规则（北爱尔兰）2000 年》），国旗相关事务主要由英国文化、媒体和运动部负责。2007 年该部发布了《英国联合王国政府建筑物升挂国旗指南》。2012 年，英国住房、社区和地方政府部针对英格兰地区还发布了《简易升挂国旗指南》。此外，苏格兰、威尔士、北爱尔兰地方政府制定了本地区的国旗升挂指南。

从以上关于国外国家象征的监管模式分析介绍来看，可以有以下经验启示：

一是高度重视国家象征法治化监督管理有利于维护国家象征。"视觉象征（符号）是政治和文化信息最有效的传播者。"② 通过国家象征，公民可以表明尊重其所属国家的传统，并承诺继承国家建设和发展的遗产。对国家象征"尊崇与守护在当代中国对于维护宪法权威、加强宪法实施具有格外重要的意义，是

---

① 《英国商标法》第四条第一款规定，包含王室徽章、旗帜或王室徽章、旗帜图案的主要部分，或与其近似，或引起人误解为王室徽章、旗帜图案的商标不得注册，除非得到女王或其代理人的同意，或者特殊情形下王室成员的同意。

② José Ramón González Chávez. Simbolismo de la Bandera Nacional de México. Derecho y Cultura. Número 13. p. 142.

潜移默化和润物无声的宪法教育"①。正因为国家象征是国家的代表,在凝聚国家共识、促进国家团结、维护国家统一方面具有重要的精神象征意义,大部分国家的国家象征法律将国家元首或者政府首脑确认为国家象征的首要监督管理责任人,这是其他政府监督管理事项所不具备的,也是现代国家普遍重视国家象征保护的重要体现。通过高规格的国家象征监督管理模式,也能有效地应对国家象征监督管理过程中与基本权利冲突的关系。

二是明确主管部门是国家象征监督管理法治化的主流。由于国旗、国徽、国歌作为国家象征的重要性和特殊性,很多国家将国旗、国徽及其图案的使用、管理区别于一般物品特殊对待,明确专门的保护机构对国家象征进行严格的、规范的保护。虽然各国根据不同的历史文化,确定不同的部门,但大多数国家明确了国家象征的具体监督管理部门。从国际经验看,明确主管部门,不仅有利于统筹协调,而且有利于国旗、国徽作为国家象征的宏观、微观监管。由于加强国旗、国徽标准制定、生产、使用、维护、销售和收回、处置等全过程的统筹协调监管,能够实现监管政策、监管方向的一致性、连续性,有利于克服不作为状态,解决主管部门职责界限不清的问题,也有利于防止产生执法乱作为甚至执法不当的情形。

三是统一管理是促进国家标志监督管理法治化的方向。国家象征广泛运用于国家、公民的方方面面,涉及多个领域。同时,国旗、国徽、国歌分散监管也带来了问题。例如在智利,"对国家象征的监管分散,导致社会甚至公共机构错误或不完整地使用这些国家象征,并因非宪法规定的标志的出现又加剧了这种情况"②。20世纪中叶以来,很多国家在对国家象征法治化的过程中,将国旗、国徽、国歌等国家象征明确由统一部门监管,如西班牙、冰岛、波兰等国家。统一完善的国家象征保护成为国家象征保护的重要途径,有助于政府、国家合法性的治理。明确统一的管理部门,分清涉及国家象征管理的各部门职权与责任,有助于跨部门的机构进行顶层协调。从监管角度讲其益处是多方面的:其一,避免国家象征监管重叠和缺乏、空白,有效地就新情况、新问题及时规制。其二,监管效益明显增加,明确的统一主管部门,有利于各方面方便快捷凝聚共识,降低国家象征监管的成本。强调统一主管机关在国家象征监管中的核心地位,消除多头监管体系下监管标准差异导致的监管失灵、监管无效。其三,明确统一主管部门,有利于其就国家象征事项进行统筹协调。主管部门进行宏观协调,外交、交通、公安、市场监管、军事等部门根据主管部门政策指导,同时负责

① 王旭:《"国家象征"需要专门机构监管守护》,载《检察日报》2019年6月5日,第7版。

② Vergara-Rojas, Manuel Patricio. (2021). Los emblemas nacionales: regulación, problemas y propuestas. Revista de derecho (Coquimbo), 28, 5. Epub 05 de febrero de 2021. https://dx.doi.org/10.22199/issn.0718-9753-2021-0005.

本领域的政策制定与执行,在标准制定、信息共享、执法合作、争端解决等方面进行常态化协调配合。

四是清晰明确的监管权限划分是国家象征监督管理法治化的重要途径。明晰的职责权限是国家象征监督管理法治化的重要方式。在欧美国家,国家象征的监管不仅仅涉及其使用,还涉及生产、销售、知识产权、维护、监管等具体事项,需要由相应的行业主管部门负责。在国家象征使用的特殊领域,如外交、军事领域,还需要由外交、军事主管部门负责。很多国家在法律法规中对国家象征各类主管部门的职责进行了明确,日常管理、知识产权、民事保护、刑事保护等职责分别由相应部门负责作了明确。① 此外,中央与地方在国家象征管理方面的权限划分也是国家象征监督管理法治化的重要内容。一般而言,中央政府有国家象征监督管理的政策制定权、指导权、审批权,而属地政府相应部门则具有相应的职权。通过明确地方政府各部门职责权限的方式也有利于避免将国家象征管理维护职责划给不同执法主体的现象。

二、我国国家象征的监管制度体系

在我国,2020 年修改国旗法、国徽法前,一直没有明确国旗、国徽等国家象征的主管部门,缺乏配套性规则体系的构建。将国旗、国徽明确由统一的部门进行管理是国家象征法治化管理的趋势,有利于发挥国旗、国徽作为国家象征的整合功能,2020 年国旗法、国徽法修改后,逐渐建立了国家象征的监管体系。

一是建立统筹主体、分领域多层次监管的体系。明确国家象征的主管部门,是此次国旗法、国徽法的重要突破,对于完善我国的国家象征监督管理具有重要意义。第一,中央层面由国务院办公厅统筹。2020 年修改的国旗法、国徽法分别规定,国务院办公厅统筹协调全国范围内国旗、国徽管理工作。按照国旗法、国徽法的原则、精神,国务院办公厅应该统筹全国范围内国歌管理有关部门。第二,地方层面,明确地方各级人民政府统筹协调本行政区域内国旗、国徽管理有关工作,县级人民政府确定的部门对本行政区域内国旗、国徽的使用和收回,实施监督管理。第三,明确各级人民政府市场监督管理部门对国旗的制作和销售,实施监督管理。国旗、国徽的全过程管理涉及多领域,其制作、销售在国家象征的使用管理中占据重要作用。

二是多个分领域多层次监管的体系。在体育、船舶、军事、外交领域由相应主管部门监管的原因在于其领域的特殊性。外交、体育、军事都有相关的国际

---

① 如《斯洛文尼亚国旗、国徽和国歌法》第二十五条规定,国旗、国徽及其图案不得用于商标、外观设计、广告等,国歌不得用于以营利为目的的演唱,市场监管部门负责监管。

习惯、惯例,难以有统一的规则。上述领域国家象征使用较为普遍、广泛,应当由专门的对应部门予以监管。

此外,人民检察院是国家的法律监督机关,是保障国家法律统一正确实施的司法机关,是保护国家利益和社会公共利益的重要力量,是国家监督体系的重要组成部分。近年来,一些地方按照《中共中央关于加强新时代检察机关法律监督工作的意见》(2021年6月15日),积极探索对国家象征使用监督的公益诉讼。例如,2021年以来,一些地方人民检察院针对国家象征法律实施情况,发出依法履职检察建议书,确保国旗、国徽规范使用。

三、我国国家象征的监督管理制度

国家象征代表着国家主权的形象。维护国家象征尊严,需要构建完善的国家象征的制作、销售、日常管理、回收等全流程的监督管理制度。

（一）制作监督管理制度

国家象征作为国家的代表,其制作应当谨慎对待。国家可以通过多种途径明确国家象征制作,加强国家象征的监督管理,具体方式包括明确生产许可制度、确立生产的国家标准、明确生产的监督管理部门等。

一是国旗的制作监督。实践中,国旗的制作不统一,如表现为国旗尺寸不一,个别还有颜色的偏差,甚至皱巴、污损,旗杆更是五花八门。为了维护国旗的尊严,保证国旗的制作质量,1991年以来,我国先后制定《国旗》《国旗颜色标准样品》《国旗用织物》国家标准,规范了国旗的制作。国旗相关国家标准是市场监督管理部门对国旗的制作、销售监督管理的重要依据。标准化法第三十二条规定,县级以上人民政府标准化行政主管部门、有关行政主管部门依据法定职责,对标准的制定进行指导和监督,对标准的实施进行监督检查。目前,县级以上人民政府市场监督管理部门是标准化行政主管部门,应当对国旗相关国家标准的实施进行监督管理。

自中华人民共和国成立至2020年以前,为了对国旗的质量进行监管,规定了定点企业制作国旗的制度。2020年修改国旗法时,考虑到近年来针对国旗制作先后已经出台了不少国家标准,只要生产企业严格按照国家标准进行生产,就可以保证国旗质量。因此,按照"放管服"改革要求,修改后的国旗法取消了指定国旗制作企业制度,改为由市场监督管理部门按照有关标准进行监管。

二是悬挂国徽的制作监督。国徽可以运用于不同场景,其中悬挂国徽是国徽具体管理的重点。中华人民共和国成立初期,建立悬挂用的国徽指定企业制作制度。1991年制定国徽法时,明确规定悬挂的国徽由国家指定的企业统一制作。2020 年修改国徽法保留了该规定。

1994 年 6 月,原国家技术监督局发布强制性国家标准《国徽》(GB 15093-1994)。经修改后,2008 年 6 月,原国家质量监督检验检疫总局、中国国家标准化管理委员会发布强制性国家标准《国徽》(GB 15093-2008)。该标准规定了用于悬挂的国徽的技术要求、试验方法,检验规则、标志和包装。

三是国歌的制作监督。为了维护国歌的尊严,应当由国家审定国歌标准演奏曲谱,录制国歌官方录音版本,并以一定形式发布。根据上述意见,国歌法第十条第四款规定,国歌标准演奏曲谱、国歌官方录音版本由国务院确定的部门组织审定、录制,并在中国人大网和中国政府网上发布。"国歌标准演奏曲谱",特指为在正式场合规范国歌演奏,维护国歌的尊严,由国务院确定的部门组织审定的、专门编配用于器乐演奏的国歌曲谱。

(二)日常监管制度

国家象征的日常监管在中央层面应当有专门的主管部门,而在地方层面,主要依靠当地地方政府的相关主管部门。

一是国旗日常监管。国旗法第二十二条第一款规定,国务院办公厅统筹协调全国范围内国旗管理有关工作。地方各级人民政府统筹协调本行政区域内国旗管理有关工作。一些地方还具体细化相关部门的日常管理事项。第一,明确相关行业主管部门,如《西安市国旗升挂使用管理办法》第三条中规定,区县教育、商务、文化旅游、文物、体育、城管等部门在辖区内根据各自职责对国旗的升挂、使用、收回实施监督管理。第二,明确国家机关对本单位所属国旗使用具体监督管理。升挂国旗的国家机关作为国家机构,本身也具有职责维护管理本单位的国旗。第三,规定乡镇街道职责。乡镇街道有责任对本辖区的社区、村以及相关单位的国旗升挂、使用、收回实施监督管理。

二是国徽日常监管。对于国徽的日常监管,不仅包括悬挂国徽,对于国徽的图案使用也需要具体部门负责。1991 年国徽法第九条规定,在本法规定的范围以外需要悬挂国徽或者使用国徽图案的,由全国人民代表大会常务委员会办公厅或者国务院办公厅会同有关主管部门规定。第十四条规定,县级以上各级人民政府对国徽的使用,实施监督管理。修改国徽法后,国徽使用的重要事项须报国务院办公厅批准。

三是国歌的日常监管。对于国歌的日常监督管理,我国国歌法第十四条仅在地方政府层面明确作了规定:"县级以上各级人民政府及其有关部门在各自职责范围内,对国歌的奏唱、播放和使用进行监督管理。"相较于国旗、国徽而言,还缺乏一个中央层面的主管部门,在地方政府层面还缺乏一个具体明确的负责部门。

（三）收回处置制度

实物的国家象征使用后出现毁损、破损等情况下，应当回收进行处理。

一是国旗收回处置。我国在民国时期建立了国旗收回处置制度。1937 年 5 月 22 日，国民政府第 410 号训令颁布施行《破旧党国旗处置办法》，其中第二条规定："破旧党国旗，除具有重大历史价值者，应送由当地有关保管史迹文物之机关收存外，余均须敬仅焚化，不得将破旧之党国旗，任意弃掷污地，或另作他用，致失尊敬。"第三条规定："凡破旧党国旗之处置，有违反前条之规定者，各地党部，或警察机关，予以指导纠正。"① 在中华人民共和国成立初期，已经考虑到国旗的收回处置问题。1950 年 8 月政务院起草的《中华人民共和国国旗悬挂办法（草案）》规定："国旗破旧，应保存或焚化，不得改作他用。如有历史意义的国旗（例如中国人民政协一届全体会议通过的样旗及天安门所升之第一面国旗），应送交国立历史博物馆保存。"② 2009 年 10 月 15 日，《国务院办公厅关于做好破损污损褪色或者不合规格国旗回收处理工作的通知》明确了破损、污损、褪色或者不合规格国旗的回收责任单位、程序、礼仪等。同时就回收的礼仪、程序作出具体规定。为了确保国旗的规范性、严肃性，2020 年修改国旗法时增加规定，不得随意丢弃国旗。破损、污损、褪色或者不合规格的国旗应当按照国家有关规定收回、处置。大型群众性活动结束后，活动主办方应当收回或者妥善处置活动现场使用的国旗。

二是国徽的收回处置。悬挂国徽经过长时间使用后，需要定期更换，旧国徽需要以适当方式回收处理。1980 年 7 月 7 日，《国务院办公厅关于悬挂国徽等问题给湖北省人民政府办公厅的复函》明确规定，县以上各级人民政府悬挂的国徽由国务院统一制发。县以上地方各级人民政府的建制，由于行政区划的改变等原因而发生改变时，应将不需用的国徽缴回制发机关。后来，国徽由指定企业生产，县以上各级人民政府悬挂的国徽可以自行购买。1991 年制定的国徽法没有对国徽的收回进行明确。2020 年修改国徽法，增加规定县级人民政府确定的部门对本行政区域内国徽的悬挂、使用和收回实施监督管理。对于悬挂国徽的收回工作，需要县级人民政府确定的部门具体开展。

（四）其他管理制度

实践中，一些地方规定了国旗使用管理相关法律制度。一是规定定期检查制度。例如，《西安市国旗升挂使用管理办法》第十八条规定，国旗管理部门和

---

① 《处置破旧党国旗办法》，载《行政院公报》1937 年第 2 卷第 23 期，第 417—419 页。

② 中央档案馆编：《中华人民共和国国旗国徽国歌档案》（下卷），中国文史出版社 2014 年版，第 445 页。

镇人民政府、街道办事处应当定期对国旗的升挂、使用情况进行检查。对未按照本办法规定升挂、使用国旗的,应当要求当事人立即改正。二是规定举报查处制度。例如,《内蒙古自治区国旗升挂使用管理规定》第十六条规定,发现违反本规定的行为,任何单位和个人有权向升挂、使用国旗的单位或者个人提出纠正建议,或者向有关人民政府、行政部门报告。有关人民政府、行政部门和单位接到报告后,应当依法依规调查处理。三是明确预案制度。例如,2018 年 11 月,武汉市人民政府办公厅印发《关于进一步加强国旗使用管理的通知》明确,要制订国旗升降应急预案,妥善处理突发问题,增强升降国旗仪式的严肃性和神圣感。

第三节　国家象征的教育宣传制度

亚里士多德认为,"立法者通过塑造公民的习惯而使他们变好。这是所有立法者心中的目标"①。两千多年后,同样出于上述目的,立法者在国家象征法律中明确规定了国家象征的教育宣传制度。

国家象征在公众心目中是一种强大的情感激励。国家象征的教育宣传是加强多民族团结和完整的重要手段,其宗旨是形成爱国情怀和爱国意识,履行保护祖国的公民义务,加强各群体的团结和友谊。如果缺乏全面深入的国家象征宣传教育,其结果必然是导致了对国家、对国家象征的冷漠。完善和加强国家象征宣传教育,是国家机关、组织和教育机构所要实施的系统性活动。国家不仅要在各种仪式中加入国家象征,以实现公民的归属感,还要有针对性地开展教育宣传工作,强化公民的爱国情感。

一、为什么需要用国家象征加强爱国主义

国家象征往往被描绘为体现了一个重现辉煌奋斗的过去,或者描绘了一个美好的理想历史实体,代表着具有令人钦佩的政治、文化和经济影响力的现实。国家象征是对自我肯定的回应,旨在提供独立国家、政权存在合法性的证据,成为具有丰富纪念仪式的公民崇拜回忆国家的项目。国家象征的教育宣传将为形成一个统一国家的观念起到基础性推动作用。20 世纪初,在一些国家出现了学生经过国旗飘扬的学校门前,高呼国家万岁的现象,这已经被人们认为是坚定爱国的标志。②

---

① 　[古希腊]亚里士多德:《尼各马可伦理学》,廖申白译注,商务印书馆 2003 年版,第 36 页。

② 　Laurence Boudart. Lecture et apprentissage de l'identité nationale. Étude de manuels scolaires belges (1842-1939). Culture & Musées. Année 2011. 17. p. 52.

为什么需要用国家象征加强爱国主义,主要原因可以概括为以下几个方面:

一是国家象征是表达爱国情感的最佳载体。"爱国是社会主义核心价值观的重要内容,国旗作为国家的象征和标志,是进行爱国主义教育的最好教材。"①国家象征是国家构成的基本要素之一,传递国家的无形价值、理念和目标。国家象征具有便捷性、易懂性,同时蕴含深刻内涵,这使在更多情形中采用升国旗、唱国歌等方式作为爱国教育的手段成为一种必然。

二是强化公民爱国主义观念需要持续的教育宣传。公民价值观、世界观的形成是在有目的的教育影响下形成的,对于爱国观念而言,也需要持续地影响予以加强。"教育者通过运用承载国家民族观念的国旗、国徽、国歌等国家象征,向受教育者渗透爱国情感,帮助受教育者构建国家认知、强化爱国信念、塑造国家认同、规范爱国行为。"②通过国家象征持续对公民特别是在青少年开展爱国主义教育,强化对国家象征的认知,让其了解国家象征的历史发展、采纳国家象征的重要原因、国家象征的重要意义等,使公民意识到与其命运密切相关的历史背景,通过对共同命运的领悟,增强公民的责任感和团结精神,培育良好的公民价值观、世界观,有助于公民爱国情感的形成。

三是应对网络信息时代质疑批判精神的兴起。在当前的网络信息时代,网络已经成为日常生活和社会各领域发展的基本要素。网络信息技术促进了语言和思想的简化,也促进了国家象征图案传播的加速化。在网络时代,表达更加自由而理性却不足,观点越极端越受追捧。通过开展广泛宣传国家象征的爱国主义教育,将激发公民的爱国主义情感,抑制极端观念,从而在公众中形成一种稳定的国家认同感。

二、国家象征纳入爱国主义的限度

爱国主义是一种公民对国家热爱的感情,这种感情不能通过强制获得,而必须靠国家的争取。

(一)国家象征纳入爱国主义的方式

英国著名历史学家艾瑞克·霍布斯鲍姆(Eric Hobsbawm)认为,随着民主渗透到越来越广泛的社会层面,国家成为"新的世俗国家宗教":它成为巩固社

---

① 武增主编:《中华人民共和国国旗法、国歌法、国徽法导读与释义》,中国民主法制出版社2021年版,第261页。

② 刘镇江、王学维:《国家象征在新时代爱国主义教育中的重要功能及其运用探析》,载《西华师范大学学报(哲学社会科学版)》2023年第2期。

会的主要工具和将公民与国家联系起来的基本手段。它也是对抗其他如宗教、少数民族或社会阶层等力量的有效武器。由此产生的信念是,爱国主义(被理解为对国家的无限制奉献)可以而且应该通过一套价值观、符号和形象来学习,所有公民都应该在其中认识到自己,并通过它感受到同一社区的一部分,无论它是多么理想化和想象的。①

将国家象征纳入爱国主义教育,在很多国家得到法律法规和政府政策的保障,并且采取不同的方式。(1)要求学校开展国家象征教育。例如,《俄罗斯国歌法》规定,在普通教育机构和职业教育机构(无论其所有制形式如何),新学年开学第一天的第一堂课之前,以及上述教育机构为庆祝国家和地方官方节日而举办庆祝活动时,应当演奏国歌。2019 年 11 月,中共中央、国务院印发的《新时代爱国主义教育实施纲要》明确,认真贯彻执行国旗法、国徽法、国歌法,学习宣传基本知识和国旗升挂、国徽使用、国歌奏唱礼仪。在全社会广泛开展"同升国旗、同唱国歌"活动,让人们充分表达爱国情感。各级广播电台、电视台每天定时在主频率、主频道播放国歌。(2)开展国家象征相关比赛。俄罗斯政府批准的《俄罗斯联邦公民爱国主义教育国家纲要(2016—2020 年)》明确,由俄罗斯国防部、儿童和青少年爱国主义教育中心、俄罗斯地方政府举办全俄儿童和青少年爱国歌曲比赛。(3)对于从事特定活动作出额外关于国家象征的要求。《巴西国家象征法》第四十条规定,不具备国歌知识的人员,不得从事公共服务。

(二)国家象征纳入爱国主义面临的风险

爱国主义对每个人都有不同的意义,取决于其文化水平、世界观、生活经历。把国家象征纳入爱国主义教育,可能因为环境、制度等而面临不同问题,国家象征教育所面临的风险主要在以下方面:

一是官方解释与公民理解之间存在差异,这种差异随着时代的变迁会加剧。"国家象征的教育任务是有争议的,因为它虽然有助于延续民族的团结,但往往会把对民族及其历史的官方解释强加于人,而从本质上讲,这些解释永远不会固定。因此,冒着对符号的官方解读与公民对它的理解之间产生扭曲的风险,以及后者对应该将它们聚集在一起的符号的疏远。"② 因为所有国家象征都

---

①　Laurence Boudart. Lecture et apprentissage de l'identité nationale. Étude de manuels scolaires belges (1842-1939). Culture & Musées. Année 2011.

②　Par Élodie DERDAELE. LE DRAPEAU TRICOLORE, UN SYMBOLE CONSTITUTIONNEL DANS TOUS SES ETATS(DU DROIT). Communication présentée au VIIIe Congrès de l'Association française de droit constitutionnel,Nancy,les 16,17 et 18 juin 2011,dans l'atelier n° 1《Droit constitutionnel et autres branches du droit》présidé par les professeurs Guillaume DRAGO et Charles VAUTROT-SCHWARTZ. pp. 50-51.

是主权国家的标志,都希望在公民中树立权威;要求国家机构悬挂国旗,与公民必须接受国家象征的教育在某种程度中有一定的相似性,都具有强制性,强加的敬意都是要建立国家的权威。

二是过度使用国家象征开展爱国主义,也可能起到激化民族主义的后果。一般而言,国家象征的象征意义取决于它是否以及如何嵌入和展示在特定的文化习俗和国家事件与仪式中。有社会学者深入分析了广泛使用美国国旗的后果。国旗不仅是国家仪式的焦点,而且在许多时候,美国国旗在美国公共建筑物、住宅等处随处可见。美国国旗代表了一个自豪而强大的国家以及这个国家在世界上的看法。这种自我看法不仅将美国视为有利和正义的,而且比其他国家优越——这些想法已与国旗相关联,因为美国人期望美国通过展示相对于其对手的优势而获胜,至少在某些人的心目中,它会促进对国家敌人的侵略。"尽管国旗通常被认为是爱国象征,相比爱国主义,国旗更有可能激起民族主义"①,而狭隘的民族主义往往意味着极端主义和侵略。

在使用国家象征的过程中,要区分建设性爱国主义与盲目爱国主义。"盲目的爱国主义被定义为对国家不容置疑的积极评价、坚定的效忠和对批评的不容忍的依恋情感;建设性的爱国主义被定义为对支持当前政府做法的质疑和批评,旨在导致积极变化的国家依恋情感。"②盲目的爱国主义与政治分裂、极端民族主义、夸大外国威胁、对象征性行为的过度敏感正相关。相反,建设性的爱国主义与积极政治参与密切相关,包括注重政治效用、积极参与社会建设等。在加强爱国主义建设中,要多在建设性爱国主义中使用国家象征,避免在盲目爱国主义中使用国家象征。

三、国家象征纳入中小学教育

从教育的历史看,现代民族主义国家的诞生发展与国家全民教育有着密切的联系。19世纪是民族主义的世纪,将政治实体(国家)与文化社区(民族)结合在一起;同时,19世纪也是全民上学时代到来的世纪。两者的巧合意味着教育系统在国家建设中所发挥的独特作用。③学校已经成为推动形成社会凝聚力和维持秩序的重要基础,是塑造青少年思想行为的首选之地。

---

① Markus Kemmelmeier, David G. Winter. *Sowing Patriotism, But Reaping Nationalism? Consequences of Exposure to the American Flag.* Psychology Political. Volume29, Issue6. December 2008.

② Schatz, Robert T. et al. *On the Varieties of National Attachment: Blind Versus Constructive Patriotism.* Political Psychology 20(1999).

③ Laurence Boudart. *Lecture et apprentissage de l'identité nationale. Étude de manuels scolaires belges* (1842-1939). Culture & Musées. Année 2011.

国家象征的知识必须在公民教育中占据重要地位。中小学教育是青少年进入国家教育体系的开端。中小学教育对于中小学生自身、国家都具有重要意义。国家象征纳入中小学教育的必要性：一是对于中小学生而言，有助于其养成良好的综合素质，养成良好的行为习惯、自我意识、规则意识等，有利于打造良好人生的发展基础。通过加强中小学国家象征教育，有助于在面对国外文化侵袭时，通过对本国人民文化遗产的认识，加强对本国历史文化的忠诚。二是通过加强其对本国公民身份特征价值的认识，促进学生的性格、公民身份的形成，让其有意识地提升审美、道德和价值观，促进其均衡的发展，促进学生爱国主义观念的形成。因此，对于国家而言，中小学开展国家象征教育将有利于培养具有一定国家意识、法治意识、道德意识的良好公民。

不同的国家采取不同的形式将国家象征纳入教育体系。例如，《墨西哥国徽、国旗和国歌法》第四十六条规定，所有幼儿园、小学和中学必须接受国歌教育。每年，教育部门举办中小学生参加的唱国歌比赛。《巴西国家象征法》第三十九条规定，在所有公立或私立一、二级学校，都必须讲授国旗的图案及其含义，以及国歌歌词的演唱和解读。公立、私立小学，每周必须奏唱国歌一次。2019 年法国通过修改法律，明确全国所有小学和中学必须在课堂内展示法国国旗、法国国歌歌词以及法国座右铭和欧盟旗帜。而在此之前，法国法律仅要求学校升挂国旗。法国作出该规定的目的在于加强公民精神，培养中小学生的爱国情怀，加强中小学生的国家认同感。[①] 因此，在适当的教学领域，特别是在正式仪式中，都应确保教师、学生和其他员工对国家象征的尊重态度。

我国一直高度重视国家象征在中小学爱国主义教育中的重要作用。1994 年中共中央《爱国主义教育实施纲要》，1996 年原国家教委《关于要求各级各类学校在重要场合奏唱国歌的通知》，2004 年中宣部、教育部《中小学开展弘扬和培育民族精神教育实施纲要》将国旗、国歌教育作为爱国主义教育，也作为中小学教育的重要组成部分。2014 年中共中央办公厅、国务院办公厅《关于规范国歌奏唱礼仪的实施意见》还对学校开展国歌教育作出专门规定，明确要求"小学、幼儿园要组织学生学唱国歌"。

2017 年我国制定国歌法，国歌纳入中小学教育是国歌法第一条立法目的"弘扬爱国主义精神，培育和践行社会主义核心价值观"的具体体现。2020 年修改国旗法、国徽法，进一步明确规定，国旗、国徽应当作为爱国主义教育的重要内容。中小学应当教育学生了解国旗、国徽的历史和精神内涵，遵守国旗升挂使用规范和升旗仪式礼仪。

---

① 刘玲玲：《法国政府新规定："开学第一课"从爱国讲起》，载《人民日报》2019 年 9 月 11 日，第 17 版。

四、国家象征的宣传

国家象征大规模、便捷性、高频率的使用是促进国家认同的重要指标。国家象征的视觉使用是一种重要方式。视觉信息被人们接受的速度、程度远高于语言信息。视觉信息主要是为情感的、直观的感知而设计的,这意味着一个视觉的、情感丰富的图像能够被意识快速轻松地掌握,这个过程不受智力等因素限制。随着互联网和其他现代交流互动方式的积极发展,视觉信息传输方式越来越受欢迎。视觉图像不仅成为一种娱乐手段,还成为一种吸引和宣传的手段:这是现代民族主义运动的重要工具,需要特别注意。①

已有学者对国家象征如何宣传更加强化民族认同进行了阐释。国家有意推动的国家认同,在多大程度上被公民从个人意愿上认同,与国家象征本身有着密切的联系。"当国家象征成功结合历史遗产(为意大利统一而进行的解放斗争)和支持意大利人愿望的国家政策时,国家通过象征物促进民族认同可以是有效的。如果创建国家象征的过程是'自上而下'的,并且没有真正的历史需要,宣传将被视为公开压力。"②

国家象征的宣传要高度重视国家象征的历史含义,并通过推广国家象征来捍卫自己的地位。例如,近几十年来,俄罗斯政治家们对国旗的合法化和规范化(编纂国旗的技术色彩特征)表现出了极大的兴趣。然而,更广泛使用的是视觉和宣传性质的措施——国旗博物馆及其网站、国旗绘画展览、专门为国旗出版的诗歌和歌曲,以及受人民敬仰的著名诗人参与宣传民族国家的理念。③

国家象征代表国家尊严和主权。我国的国家象征是我国人民用鲜血和生命谱写出来的,凝结着中国共产党领导中国各族人民为争取民族独立、人民解放和实现国家富强、人民富裕不屈不挠、英勇奋斗的精神,凝聚着各族人民实现中华民族伟大复兴的梦想。加强国家象征的宣传,普及国家象征礼仪知识,有利于激发人们的爱国热忱,激发公民的爱国主义和革命英雄主义精神。我国历来重视国家象征的宣传,在多个文件中将奏唱国歌作为对学生和公民进行思想政治教育、爱国主义教育和道德建设的要求。按照国旗法、国歌法、国徽法的规

① Бабикова Марина Рашитовна, Ворошилова Мария Борисовна. Контекстные прецедентные феномены как способ репрезентации националистических идей. Политическая лингвистика. 2017. No 6. S. 66.

② Итальянский национальный флаг. Государственная символика и национальная идентичность. Вестник Московского университета. Серия 19. Лингвистика и межкультурная коммуникация. 2010. No 4. S. 68.

③ Шевлякова Дарья Александровна. Контекстные прецедентные феномены как способ репрезентации националистических идей. Сер. 19. Лингвистика и межкультурная коммуникация. 2010. No 4

定,新闻媒体应当宣传国旗、国歌、国徽的知识,普及国歌奏唱礼仪知识,引导公民和组织正确使用国旗、国歌、国徽。

第四节　国家象征的知识产权制度

2019 年 4 月,某网站售卖国旗、国徽图案引起广泛争议。该网站中国旗、国徽图案中的"图片使用说明"显示"此图片是编辑图片,如用于商业用途,致电客服"。该事件引发思考:国家象征是否享有知识产权保护,如果享有知识产权,是否属于国家所有?

一、国家象征是否享有知识产权

对于国家象征是否享有知识产权,理论界尚无深入研究。有的学者在官方标志的研究中囊括了这个问题。在对官方标志知识产权的研究中,通说认为国家象征属于官方标志的一种,"官方标志不是知识产权的客体,而是公共机构行使行政权力或者公共权力的工具"[①]。

国旗、国徽等国家象征通常以一定的色彩和图案相组合,反映出一个国家的政治特色和历史文化传统。由于国家象征的图案多是具有一定显著特征的标识,其知识产权问题成为很多国家法律保护的重要内容。一般而言,知识产权包括版权(也称著作权)、工业产权两大类。著作权包括发表权、署名权、修改权、改编权等权利;工业产权包括商标权、专利权(发明、实用新型和外观设计)。

国际知识产权组织和很多国家法律对国旗、国徽、国家名称等国家象征不得注册知识产权作了规定。《保护工业产权巴黎公约》第六条之三规定,本联盟各国同意,对未经主管机关许可,而将本联盟国家的国徽、国旗和其他的国家徽记、各该国用以表明监督和保证的官方符号和检验印章以及从徽章学的观点看来的任何仿制用作商标或商标的组成部分,拒绝注册或使其注册无效,并采取适当措施禁止使用。但已成为现行国际协定予以保护的徽章、旗帜、其他徽记、缩写和名称除外。有些国家对于国家象征禁止注册的知识产权范围较宽,包括商标权、版权、专利权、设计权等权利,如马来西亚、印度、菲律宾、特立尼达和多巴哥、新西兰等国家。

---

① 李玲娟、张嘉荣:《我国官方标志保护法律问题研究》,载《东北师大学报(哲学社会科学版)》2022 年第 5 期,第 89 页。

每一类国家象征的介质不同,是否具有知识产权需要个案分析。国旗、国徽都是实物形式的,是否具有知识产权需要根据各国法律决定,实践中主要涉及著作权、工业产权,而国歌作为歌曲与前两者不同,国歌主要涉及著作权,包括署名权、改编权等。

一是明确属于公共领域,不得注册使用。一些国家在国旗、国徽等国家象征法律中对国家象征的知识产权直接予以保护,如马来西亚、印度等,明确规定不得注册的知识产权包括商标、设计、专利。典型的立法例如下:《印度标志和名称(防止不当使用)法》第四条规定,任何政府机构不得允许注册包含国家象征或国名的商标或设计,不得授予包含国家象征或国名的发明以专利。

二是明确属于国家所有。这种规定的逻辑是国旗、国徽由国家征集设计,知识产权理应由国家所有。如《特立尼达和多巴哥国家象征管理法》第二条规定,国旗和国徽设计的版权永久授予国家,专利和版权法中涉及的注册者所享有的权利归国家所有。

三是部分保护。一些国家其国家象征图案的组成部分是通用的图案,允许组织、个人申请注册包括国家象征及其组成部分的知识产权。例如,加拿大国旗也称为枫叶旗,国旗由红白两色组成,中间有一枚红色枫叶。国旗图案中的枫叶属于通用的图案,1965 年加拿大政府法令允许申请注册商标或者设计中包含国旗中的枫叶图案。该法令规定,任何加拿大人在符合以下条件时可以使用国旗中的枫叶图案:(1)商标或者设计使用得体;(2)商标或者设计申请者在申请时放弃枫叶图案的排他性使用权;(3)拥有商标或者设计的权利人不得试图阻止其他人使用枫叶图案。

二、国家象征不得用于工业产权

知识产权包括版权和工业产权,工业产权又包括商标权和专利权(发明、实用新型和外观设计)。"保护国家符号和标志免遭排他性私人权利是法律制度的基本原则之一。"① 通常情况下,各国不允许组织和个人使用国家象征获取利益,因而禁止国家象征注册工业产权。

(一)国家象征不得用于商标

1. 国外案例

国外普遍不允许国家象征用于商标,有的在国家象征法律中规定,有的在

----

① Dr. Oliver Pagenkopf. Die Verwendung staatlicher Hoheitszeichen in Geschmacksmusteranmeldungen. Gewerblicher Rechtsschutz und Urheberrecht. 104(2002). 758-764.

商标法中规定,如美国、德国。在一些国家,法律也禁止外国国家象征用于注册商标。例如,2012 年 12 月,德国某公司向德国专利商标局申请注册模仿瑞士国徽的商标,被拒绝后其向德国专利商标局申诉。该公司认为,其申请注册的商标为黑色底圆角矩形和白色加号,与瑞士国旗图案有很多不同之处,不应视为模仿瑞士国旗图案:加号的比例也并非瑞士十字架的比例;矩形的面积比十字架的小;矩形角是圆形的,而非瑞士国旗的正方形;且注册的背景颜色与瑞士国旗颜色也不一样;中间的符号既可以理解为叉号也可以理解为加号。

《德国商标和其他标志法》第八条规定,国徽、国旗和其他国家的国徽或国内地方的徽章不得注册商标。德国专利商标局认为,商标法的目的是防止公共标志用于商业目的,甚至滥用。判断是否构成模仿国徽图案的商标,需要通过可能的相似性或可能带来的混淆进行判断识别。《保护工业产权巴黎公约》明确"模仿"包含"纹章学意义上的模仿"一词,"在纹章学意义上"的模仿,不是基于国徽的几何描述,国徽的几何描述本质上更为详细。纹章学意义上的模仿,是从更加宏观或者整体角度上考量,不会因为徽章图案以某种方式被固定化或仅使用了一部分而不认为是模仿。

该公司所申请的注册商标包含瑞士联邦国徽的仿制品。这是因为申请的标志具有上述标志的所有纹章特征。瑞士联邦议会关于 1889 年 12 月 12 日联邦国徽的联邦法令第一条规定如下:"联邦的国徽是红色底色,独立的白色十字架,十字架长度是国徽图案宽度的六分之一。"与瑞士国徽颜色不同,行为人申请注册的符号是黑白颜色。然而,该申请具有瑞士国徽的纹章学意义上同样的特征,即红色表面上的白色十字,公众极易将其理解为模仿瑞士国徽的符号。行为人申请注册图案的十字架的长度与宽度之比与瑞士国徽的纹章学描述略有不同。但大多数观众无法识别出这种小的偏差。行为人申请注册图案用了圆角正方形的事实也无关紧要,因为瑞士国旗法关于国徽的纹章学描述没有明确全部区域的特定形状。[①]

2. 我国立法演变

(1)不得用于商标的历史

清末政府就开始借鉴西方国家在商标方面对于我国国家象征的保护。我国历史上第一部成文商标法制定于 1904 年的《商标注册试办章程》第八条规定,"不准注册之商标如左所列:二、国家专用之印信字样(如国玺、各衙门关防钤印等类)及由国旗军旗勋章摹绘而成者"[②]。

进入中华民国时期,商标禁止使用国旗已经得到进一步加强。1917 年,当

---

① BPatG,Beschluss vom 25.04.2012-BPATG Aktenzeichen 25 W(pat)64/11.

② 黄宗勋:《商标行政与商标争议》,商务印书馆 1940 年版,第 92 页。

时的农商部因为不时有商户工厂将国旗、总统肖像等申请注册商标,遂专门作出命令予以禁止。① 中华民国时期的商标法也对此作了规定。1930 年商标法第二条规定,"左列各款,均不得作为商标呈请注册。一、相同或近似于中华民国国旗、国徽、国玺、军旗、官印、勋章、或中国国民党党旗党徽者"。当时出现的典型案例,如"洪大川厂以宝鼎商标注册,核其图样中绘国旗党旗各一面,违反商标法第二条第一款之规定"②。

同时,中华民国时期的商标法还对外国国旗给予保护。1930 年商标法第二条中规定,"相同或近似于红十字章或外国之国旗、军旗者",不得呈请注册商标。中华民国时期出现了典型案例,如"查相同或近似于红十字章或外国之国旗、军旗之商标,不得呈请注册,为商标法第二条第三款所明定,本案被请求人之两注册商标,均以红色太阳为其图样构成之主要部份,实与日本之国旗相近似,尤与日本之军旗相混淆,请求人认为该两商标有违反商标法第二条第三款之规定,自属允当"③。

(2)不得用于商标的判定

我国对国旗、国徽相关知识产权的法律保护主要由国旗法、国徽法、商标法作出规定,并通过著作权法间接规定了不得适用著作权。国旗法、国徽法、商标法直接规定了国旗、国徽不得用于商标。国旗法第二十条中规定,国旗及其图案不得用作商标。国徽法第十三条中规定,国徽及其图案不得用于商标。商标法第十条进一步作了规定,下列标志不得作为商标使用:同中华人民共和国的国家名称、国旗、国徽、国歌、军旗、军徽、军歌、勋章等相同或者近似的,以及同中央国家机关的名称、标志、所在地特定地点的名称或者标志性建筑物的名称、图形相同的;同外国的国家名称、国旗、国徽、军旗等相同或者近似的,但经该国政府同意的除外。

商标是用以识别和区分商品或者服务来源的标志。任何能够将自然人、法人或者其他组织的商品与他人的商品区别开的标志,包括文字、图形、字母、数字、三维标志、颜色组合和声音等,以及上述要素的组合,均可以作为商标申请注册。④ 国旗法、国徽法、商标法均明确"不得作为商标使用"是指除了禁止这些标志作为商标注册外,还禁止上述标志作为商标使用。⑤ 例如,注册或者使用的商标与国旗、国歌、国徽相同或者相似,使得商标具有一定的欺骗性,容易使公众对商品的质量等特点或者产地产生误认,也会造成不良影响。对与上述标

---

① 《商标禁用国徽》,载《新闻报》1917 年 12 月 21 日,第 9 版。
② 黄宗勋:《商标行政与商标争议》,商务印书馆 1940 年版,第 33 页。
③ 黄宗勋:《商标行政与商标争议》,商务印书馆 1940 年版,第 35—36 页。
④ 国家知识产权局制定:《商标审查审理指南》(2021 年版),第 157 页。
⑤ 国家知识产权局制定:《商标审查审理指南》(2021 年版),第 173 页。

志有关的商标与国家尊严密切相连,因此,商标注册审查审理机构应当严格审查审理,原则上禁止上述标志的注册和使用。

在实际商标注册申请判断中,为了维护国家尊严,应当以从严掌握的标准,"不得用于商标使用"具体而言有两层含义:一是不得与上述标志"相同或者相似",即标志整体上与国家象征相同或者相似;二是对于含有国家象征的,但整体上并不相同或者相似的标志,如果该标志作为商标注册可能损害国家尊严的,可以认定属于商标法第十条第一款第八项"有害于社会主义道德风尚或者有其他不良影响的"规定的情形。①

《商标审查审理指南》(2021年版)对商标的相同、相似作了明确。商标相同是指两商标在视觉效果上或者声音商标在听觉感知上完全相同或者基本无差别。所谓基本无差别,是指两商标虽有个别次要部分不完全相同,但主要部分完全相同或者在整体上几乎没有差别,以至于在一般注意力下,相关公众或者普通消费者很难在视觉或听觉上将两者区分开来。商标近似是指文字、图形、字母、数字、三维标志、颜色组合和声音等商标的构成要素在发音、视觉、含义或排列顺序等方面虽有一定区别,但整体差异不大,使用在同一种或者类似商品或者服务上易使相关公众对商品或者服务的来源产生混淆。文字商标的近似应主要考虑"形、音、义"三个方面,图形商标应主要考虑构图、外观及着色;组合商标既要考虑整体表现形式,还要考虑显著部分。

申请国旗、国歌、国徽相同或类似商标的判定原则和方法,也可以适用《商标审查审理指南》(2021年版)关于商标相似的判定原则和方法。判定商标相同或者近似时,首先应认定指定使用的商品是否属于同一种或者类似商品;其次应从商标本身的"形、音、义"和整体表现形式等方面,以相关公众的一般注意力和认知力为标准,采用隔离观察、整体比对和要部比对的方法,判断商标标志本身是否相同或者近似。同时考虑商标本身的显著性、在先商标知名度、相关公众的注意程度、商标申请人的主观意图等因素判定是否易使相关公众对商品的来源产生混淆。

（二）国家象征不得用于外观设计专利

外观设计,是指对产品的整体或者局部的形状、图案或者其结合以及色彩与形状、图案的结合所作出的富有美感并适用于工业应用的新设计。关于国旗、国徽专利纠纷案件多发生在外观设计领域。通常各国不允许国家象征用于申请专利,特别是外观设计专利。"国家象征即使仅构成注册外观设计的一部分,也没有资格获得外观设计保护。如果由于对象的重大更改而导致没有混淆

---

① 国家知识产权局制定:《商标审查审理指南》(2021年版),第174页。

国徽或滥用国徽的风险,则可以进行注册"①。2000 年至 2001 年,欧元在德国开始过渡使用阶段,一些公司向德国专利商标局申请带有德国国徽联邦鹰的各类外观设计,有杯子、卡片等。德国专利商标局拒绝了这类申请,随后,相关公司起诉到德国专利法院。相关公司认为,《德国外观设计法》没有禁止注册带有国徽图案的外观设计,因此,可以注册申请。德国专利法院认为,国家标志旨在向公民传达塑造合法化国家的价值观,保护国家标志是法律的基本原则之一。《德国外观设计法》并未明确禁止使用国徽这一事实,并不表示在外观设计中使用国徽图案不会违反公共秩序。德国专利法院以违反公共秩序为由驳回相关公司的起诉。鉴于相关判决引发的争议,2003 年《德国外观设计法》进行了修改,明确规定禁止注册带有国徽图案的外观设计,进一步加强了对国徽及其图案的保护。

在我国,2020 年国旗法、国徽法修改时,增加国旗、国徽不得用于专利权的外观设计,没有包括发明、实用新型,主要是考虑到一般情况下,国家象征用于专利权时多是指用于外观设计,很少用于发明、实用新型。为了更有针对性,我国国旗法、国徽法增加了不得用于授予专利权的外观设计的规定。

同时,考虑到一些公益物品上可能使用国家象征,为了避免一律禁止所有物品的外观设计不得使用国家象征,我国国旗法、国徽法修改时,专门强调的是国旗、国徽及其图案不得用于授予专利权的外观设计,而非所有的外观设计。在日常生活使用的外观设计中,可以将国家象征用于外观设计,但是在具有侮辱性使用、让人误以为得到政府支持或者认可的情况下使用国家象征都是不适当的。

按照我国《专利审查指南》规定,构成外观设计的是产品的外观设计要素或要素的结合,其中包括形状、图案或者其结合以及色彩与形状、图案的结合。"产品的色彩不能独立构成外观设计,除非产品色彩变化的本身已形成一种图案。""形状,是指对产品造型的设计,也就是指产品外部的点、线、面的移动、变化、组合而呈现的外表轮廓,即对产品的结构、外形等同时进行设计、制造的结果。""图案,是指由任何线条、文字、符号、色块的排列或组合而在产品的表面构成的图形。""色彩,是指用于产品上的颜色或者颜色的组合,制造该产品所用材料的本色不是外观设计的色彩。""外观设计要素,即形状、图案、色彩是相互依存的,有时其界限是难以界定的,例如多种色块的搭配即成图案。"②

① Dr. Oliver Pagenkopf. Die Verwendung staatlicher Hoheitszeichen in Geschmacksmusteranmeldungen. Gewerblicher Rechtsschutz und Urheberrecht. 104(2002).

② 中华人民共和国国家知识产权局制定:《专利审查指南(2010)》,知识产权出版社 2010 年版,第 82 页。

（三）国家象征也不可用于注册其他专利

我国专利法第二条规定,发明创造是指发明、实用新型和外观设计。发明,是指对产品、方法或者其改进所提出的新的技术方案。实用新型,是指对产品的形状、构造或者其结合所提出的适于实用的新的技术方案。根据专利法第五条第一款的规定,对违反法律、社会公德或者妨害公共利益的发明创造,不授予专利权。按照《专利审查指南》,在对涉及国家象征的授予专利权时,可以从严掌握,主要有三方面要求:一是不得违反法律。二是不得违反社会公德。社会公德,是指公众普遍认为是正当的、并被接受的伦理道德观念和行为准则。它的内涵基于一定的文化背景,随着时间的推移和社会的进步不断地发生变化,而且因地域不同而各异。三是不得妨害公共利益。妨害公共利益,是指发明创造的实施或使用会给公众或社会造成危害,或者会使国家和社会的正常秩序受到影响。以中国国旗、国徽作为图案内容的发明创造,不能被授予专利权。

三、国家象征的著作权

2019年4月,某网站售卖国旗、国徽图案引起广泛争议已经逐渐平息,但涉及国旗、国徽图案著作权问题仍尚未厘清。有的观点认为,"国旗和国徽是国家的标志和象征,由此产生的所有权利,应当归国家,而不是由任何个人或者私人机构所享有"。有的观点认为,国旗由中华人民共和国成立前的新政协筹备会作了征集、筛选、确定,征集确定的作品所有权应属于全国政协。有的观点认为,"国旗、国徽等代表国家形象,属于公共领域,商业公司无权对公共领域的图片主张权利,也不得用于商业行为"。国旗、国徽的著作权是值得关注的重要问题。

很多国家的国旗法、国徽法或者国家象征法律没有规定国旗、国徽或者国家象征的著作权。国旗、国徽作为国家象征通常由法律法规、政府命令进行明确,而根据著作权法,法律法规、政府命令作为官方作品不适用著作权法。因此,国旗、国徽通常不适用著作权法。官方作品不享有著作权保护的原因并不是其不具备著作权法规范的"个人的智力创作"这一作品受著作权保护的条件,而是"为了公共利益将官方作品排除于著作权保护之外"[①]。国旗、国徽通常作为官方作品,进入公共领域,公民、企业可以不受版权法的限制进行使用,但是国旗、国徽通常由专门的国旗法、国徽法予以特殊保护,使用国旗、国徽要受到这些法律的限制。

---

① 《德国著作权法(德国著作权与邻接权法)》,范长军译,知识产权出版社2013年版,第6页。

以美国为例,《美国法典》第四编第一章"国旗、徽章、政府所在地、州"虽然没有规定国旗、国徽的知识产权,但简要地明确美国国旗、国徽图案构成。美国政府第 10798 号行政命令"国旗比例、尺寸及星星位置"规定国旗的制法说明。《美国版权法》第一百零五条规定,本法规定的版权保护不适用于任何美国政府的作品,但美国政府仍可接受并拥有通过让与、遗赠或其他方式转移给它的版权。美国国旗、国徽作为美国联邦政府的作品不适用著作权法,并进入公共领域,不得注册版权。

还有一些国家的著作权法明确规定国旗、国徽等国家象征不适用著作权法。由于一些国家在确定国家象征时,法律法规或者命令仅仅用文字描述,为了防止滥用发生,将国旗、国徽明确排除著作权法适用范围之外。这种规定在许多东欧国家以及苏联国家之中比较普遍。《俄罗斯联邦著作权法》第一千二百五十九条第六款中规定,除了国家机关和自治市组织的地方自治机关的官方文件,包括法律、其他规范性文件、法院判决、其他立法、行政和司法材料、国际组织的官方文件及其官方译本之外,还专门明确国家象征物和标志(国旗、国徽、勋章、货币标志和类似物)以及自治市组织的象征物和标志不属于著作权的客体。《立陶宛著作权和领接权法》第五条也作出同样的规定。

实践中,也有一些国家通过法律法规以及规范性文件对国旗、国徽等国家象征的著作权进行了规定,并明确其特殊的著作权规则。《墨西哥联邦版权法》第一百五十五条规定,墨西哥国家是国家象征版权中精神权利的持有人;第一百五十六条规定,使用国家象征必须符合墨西哥国徽、国旗和国歌法的规定。版权一般认为包括精神权和财产权,精神权利包括发表权、署名权、修改权和保护作品完整权。《墨西哥联邦版权法》赋予了国家享有国家象征版权的精神权利,放弃了版权中的财产权。《特立尼达和多巴哥国家象征管理法》第二条中规定,国旗和国徽设计的版权永久授予国家,专利和版权法中涉及的注册者所享有的权利归国家所有。

综上,各国国旗、国徽是否适用著作权法,是否享有著作权,因各国国家法律不同而有所差别。但无论是将其作为政府作品纳入不属于著作权法的范围,还是在著作权法中明确不适用该法,都没有否认国旗、国徽等国家象征所有权人是国家。对于国旗、国徽等国家象征,也是由国家以权利人的角色进行管理的。将国旗、国徽等国家象征的版权明确归国家所有,更直接表明国家是国旗、国徽等国家象征的所有权人。可见,无论是通过明示还是暗示,国旗、国徽等国家象征的所有权人应当是国家。

在我国,国旗法、国徽法、商标法直接规定了国旗、国徽不得用于商标,但没有涉及著作权问题。著作权法第五条规定,本法不适用于:法律、法规,国家机关的决议、决定、命令和其他具有立法、行政、司法性质的文件,及其官方正式译文。国旗法、国徽法均附了图案。虽然著作权法没有直接排除国旗、国徽,但是国旗、国徽的图案是法律的一部分。因此,根据此规定,国旗、国徽的图案不具有著作权。因此,直接与国旗、国徽相关的作品也不能声称享有著作权。

虽然著作权法不适用于国旗、国徽,但是国旗、国徽作为特定物,本身也具有一定的权利。通常国旗、国徽等国家标志的产生有三种方式:由政府组织专人设计,政府征集确定,政府确认广泛认同的标志为国旗、国徽。① 上述三种方式通常为集体成果,无论何种方式都是由代议制机构或者政府通过法律法规、政府命令确定而成,体现了代表人民的政府的意志。国旗、国徽的设计草案作为作品在未被确认为正式国旗、国徽之前,其设计者享有著作权。一旦通过法律法规、政府命令确定,成为国家的象征或者标志,其在私法意义上的著作权便由于其作品成为法律法规、政府命令不适用于著作权法,其转移为国家所有,其相应的权利也转移至国家所有。国旗、国徽由国家确定,由国家机构进行专门管理,代表国家,其所有权理应属于国家,这是毋庸置疑的。世界各国通常如此,但也存在极个别国家的例外规定。②

国旗、国徽属于国家所有,为了加强特殊保护,各国通常规定其使用不受私法(商标法、专利法等知识产权法)约束,而主要受公法约束,并受到专门的国家象征法律保护(国旗法、国徽法)。

国歌通常由个人创作,经广泛传播并经国家认可之后成为国歌,也有一些国家的国歌通过公开征集,并经国家正式认可确定。世界很多国家没有对国歌的版权进行法律规定,如美国、土耳其、爱尔兰等;也有一些国家确定了国歌的版权,如加拿大、法国等。国歌作为音乐作品,最主要的权利是版权即著作权,通常分为人身权和财产权,人身权主要包括署名权、修改权、保护作品完整权等;财产权包括复制权、使用权和获得报酬权等。就国歌作为音乐作品,通常著作权的人身权属于国歌作品创作者:根据国际上知识产权保护的惯例,作品中的精神权利始终归作者所有,因此国歌的署名权属于国歌作品的创作者。保护作品完整权,是指未经著作权人许可,不得对作品进行实质性修改,更不得故意改变或用作伪的手段改动原作品;修改权是指著作权人对自己创作的作品享有修改权。保护作品完整权、修改权可以因法律法规或者著作权的转移而不同;一般情况下,国歌的保护作品完整权、修改权受到一定的限制,实践中有相关实践案例。国歌作者的复制权、使用权和获得报酬权等涉及财产利益,如果国歌作品创作者与国家相关机构没有明确约定,很容易引起纠纷。

---

① 如以色列的国旗,在以色列建国时明确个人设计的世界犹太复国主义者大会的旗帜作为国旗。

② 在英国,英国王室的徽章通常作为英国的国徽,没有法律对英国国徽进行规定,但通常认为国徽的所有权应该属英国王室所有,由英国王室对其进行管理。

第五节　国家象征的特殊领域制度

在国家象征的使用过程中,由于使用情形特殊且在某一特定领域使用也较为广泛,该领域形成了具有本领域特色的国家象征使用制度,具体包括体育领域、船舶领域、军事领域、涉外领域。

一、体育领域

体育是一种以身体与智力活动为基本手段,提高身体素质、增强运动能力、改善生活方式的一种有意识、有目的、有组织的社会活动。体育既是个人增强体质与提高运动能力的活动,也是组织进行文化、外交交流,促进社会进步的重要方式。在体育领域,使用国家象征将会进一步增强体育参与者、体育观众的集体意识、国家意识,激发爱国情感,进一步推动爱国主义教育。在体育领域,国旗的升挂、国徽图案的使用是体育活动的重要组成部分。

一是体育场所升挂国家象征。在一些体育赛事活动办公区域、场所也会升挂国旗。例如,在北京冬奥组委办公区有一个升旗广场,有 5 面旗帜,顺序由西至东依次为:北京冬奥会会旗、国际奥委会会旗、中华人民共和国国旗、国际残奥委会会旗、北京冬残奥会会旗。中华人民共和国国旗位于正中,旗杆高度最高。

二是体育仪式使用国家象征。在很多体育的开幕仪式、闭幕仪式、颁奖仪式升挂国旗、奏唱国歌。在体育运动开始前,专门举行升国旗仪式。例如,2008年北京奥运会开幕式上,专门进行了升国旗仪式。在国际体育赛事中,每项具体项目比赛结果确定后,为表彰优秀运动员,将举行升国旗、奏国歌的颁奖仪式。

体育仪式良好运用国家象征将发挥积极效果,"体育仪式建构国家认同是以象征资源为起点,并通过象征的再生产完成对国家认同的建构,即按照'象征资源→意指→象征的再生产→国家认同'的顺序进行。具体来讲,体育仪式中的象征资源生产出了记忆、价值观等,并通过象征再生产出民族认同和文化认同,以此来促成国家认同的建构"[1]。在很多国家,国家象征已经与体育仪式深度融合。例如,在美国,爱国主义的象征,包括奏国歌,长期以来一直是体育的一个组成部分,并成为体育赛事本身的一部分。[2] 基于体育仪式与国家象征的

---

[1] 李春阳:《体育仪式:国家认同建构的象征维度——以北京冬奥会为考察对象》,载《体育视野》2022 年第 15 期,第 1—4 页。

[2] Carmen Maye, *Public-college Student-athletes and Game-time Anthem Protests: is There a Need For a Constitutional-analytical Audible?* Communication Law and Policy, Vol. 24:1, p. 55(2019).

结合,对于建构国家认同的作用,还需要进一步发挥国家象征的作用:"挖掘时空资源,促进记忆生产与再生产""精心策划仪式操演,突出国家符号表征"①。在网络时代,需要更加借助新闻媒体,在体育仪式中充分展示国家象征,这样有助于强化活动的爱国主义内涵。

三是体育特许商品使用国家象征。在一些重大的国内、国际体育赛事中,国家象征图案经过允许可以使用在特许商品上。特别是在奥运会上,使用国家象征图案较为普通。在国际上,根据往届奥运会特许商品计划和奥林匹克收藏惯例,各届奥运会组委会都会开发使用奥运会主办国和主要参赛国国旗图案的特许商品,奥运会主办国均给予支持。特许商品既是奥运会的纪念品,也是宣传奥运会乃至该国传统和现代文化的载体。根据国际奥运会和北京奥组委规定,特许商品只能由授权企业严格依据该届奥组委事先审批的设计样稿生产,并通过指定销售渠道销售。在体育运动会特许商品上使用国旗图案,将为体育项目筹集资金,也有利于传播奥运会理念,提升体育运动项目的品牌价值。

在体育比赛赛前和赛事活动中,奏唱国歌、表达对国歌的敬意成为体育赛事中的一项重要活动。根据一些国际体育组织规则,唱国歌是体育比赛开幕式、闭幕式、颁奖中的重要仪式,奏唱国歌往往与升国旗同时进行。《俄罗斯国歌法》规定,在俄罗斯联邦境内和俄罗斯境外举办官方体育赛事时,根据比赛规则演奏俄罗斯联邦国歌。《巴西国家象征法》规定,在国家举行的体育比赛开幕时,可以奏唱国歌。

体育领域国家象征使用广泛,已成为部分公民使用国家象征表达观点的重要途径。但在实践中,对于国家象征还"存在相关体育规范的保护力度不足、规范不健全以及与司法衔接不畅等问题"②。例如,奏唱国歌时发出嘘声、播放错误的国歌、升挂不规范国旗等现象在很多国家体育赛事中出现。从表面上看,"法不责众"的心理导致了在大型体育场所不尊重国家象征现象的出现,但更多的是宣传教育不充分等多方面原因导致的。有的学者提出,为解决上述问题,"应明确规定相关组织体的地位与权责,设立与义务相对应的责任条款;应区分针对不同主体的惩戒机制"。"应着力营造维护国家象征的积极情境、培养国家认同的意识,在竞技体育赛场内外营造维护国家象征的环境氛围。"③ 在体育赛事中难免会有个别极端分子不尊重、侮辱国家象征的情况存在,但更多的是在公民热爱祖国的情况下的自发运用。除了对于个别长期、反复不尊重、侮辱国

---

① 李春阳:《体育仪式:国家认同建构的象征维度——以北京冬奥会为考察对象》,载《体育视野》2022 年第 15 期,第 1—4 页。

② 贾健、董欢:《竞技体育领域侵犯国家象征行为的规制》,载《体育学研究》2022 年第 36 期,第 93 页。

③ 贾健、董欢:《竞技体育领域侵犯国家象征行为的规制》,载《体育学研究》2022 年第 36 期,第 93 页。

家象征的人依据法律规定使其承担法律责任之外,对于体育赛事应当更多地从教育、引导的角度出发,从提前预防的角度防止不尊重、侮辱国家象征现象的出现。

二、船舶领域

船舶领域主要使用国旗。船舶旗帜是国旗的重要起源之一,船旗在很久以前就出现了——它们起源于造船和航海的最早阶段。古埃及壁画和浮雕保存了早在公元前 14 世纪和公元前 13 世纪就存在的船旗形象。船旗在船舶中既是一个独特的标志,也是一个崇敬的对象;许多传统、仪式和习俗都与它有关。

欧洲中世纪时,船舶已经开始使用旗帜来进行识别。随着越来越多的探险船舶、商船和军舰出现在海上,旗帜作为明显的标识开始广泛地适用于船舶。在船舶的主桅杆上悬挂国王或者王子的旗帜,在其他桅杆悬挂表示装饰或者所有地区的旗帜。随着船舶上使用旗帜越来越多、越来越复杂,逐渐诞生了固定的旗帜悬挂规则。在 15 世纪至 17 世纪的大航海时代,悬挂王室旗帜的船舶带来了明显的船舶效益,对于促进国旗的诞生、推广起到了重要作用。当前,船舶使用国旗过程中,形成了以下几种制度。

一是船旗国制度。在海上,旗帜表明船只为船籍国的管辖权范围。船舶所悬挂的旗帜通常与该船的船籍注册国有关。在船舶领域较早明确了船舶悬挂国旗的制度。每个国家应确定对船舶给予国籍、船舶在其领土内登记及船舶悬挂该国旗帜的条件。船舶应当悬挂所属国家的旗帜。每个国家应向其给予悬挂该国旗帜权利的船舶颁发该权利的文件。在我国,按照《船舶登记条例》规定,船舶经依法登记,取得中华人民共和国国籍,方可悬挂中华人民共和国国旗航行;未经登记的,不得悬挂中华人民共和国国旗航行。

二是船舶管理制度。由于船舶上升挂、悬挂旗帜与陆地上有着很大的不同,船舶通常升挂多面旗帜,而陆地通常升挂一面或者少量旗帜;船舶进出口港、与特殊船舶相遇升挂旗帜有特定的规则礼仪,而陆地不会出现此类情况。正是基于船舶悬挂、升挂国旗与陆地不同,各国通常在国旗相关法律中明确,船舶悬挂、升挂旗帜依据专门的船舶旗帜使用办法。船舶升挂国旗由相应的主管部门负责规定。我国国旗法第十二条规定,民用船舶和进入中国领水的外国船舶升挂国旗的办法,由国务院交通主管部门规定。执行出入境边防检查、边境管理、治安任务的船舶升挂国旗的办法,由国务院公安部门规定。国家综合性消防救援队伍的船舶升挂国旗的办法,由国务院应急管理部门规定。

三是船舶升挂国旗的特殊规则制度。船舶升挂国旗的规则由两部分组成:一是因船舶的特殊性而与众不同的规则;二是与通行升挂国旗一致的规则。例如,1991 年我国制定的《船舶升挂国旗管理办法》(以下简称《办法》)要求,与一般情况下升挂国旗一致的规则包括:中国籍船舶应当每日悬挂中国国旗;船舶悬挂中国国旗应当早晨升起,傍晚降下。但遇有恶劣天气时,可以不升挂中国国旗;船舶悬挂的中国国旗应当整洁,不得破损、污损、褪色或者不合规格,不得倒挂。遇有国旗法规定的情形时,港务监督机构应通知或通过船舶代理人、所有人通知船舶例如下半旗等。按照《办法》,船舶升挂国旗还有以下特殊规则。(1)外国船舶升挂国旗。船舶除悬挂船旗国国旗外,进入他国水域时须同时悬挂他国国旗。进入中华人民共和国内水、港口、锚地的外国籍船舶,应当每日悬挂中国国旗。(2)悬挂的位置。船舶升挂国旗时在位置上有所不同。中国籍船舶应将中国国旗悬挂于船尾旗杆上。船尾没有旗杆的,应悬挂于驾驶室信号杆顶部或右横桁。外国籍船舶悬挂中国国旗,应悬挂于前桅或驾驶室信号杆顶部或右横桁。中国国旗与其他旗帜同时悬挂于驾驶室信号杆右横桁时,中国国旗应悬挂于最外侧。(3)悬挂的礼仪。按照国际通行的规则,船舶升挂国旗还形成了特殊的规则礼仪。一是礼遇礼仪。中国籍船舶在航行中与军舰相遇,需要时可以使用中国国旗表示礼仪。二是取得国籍升挂礼仪。船舶取得中华人民共和国国籍后,第一次升挂中国国旗时,可以举行升旗仪式。三是改变国籍礼仪。中国籍船舶改变国籍,在最后一次降中国国旗时,可以举行降旗仪式。降旗仪式可参照升旗仪式进行。

三、军事领域

军事领域是最早使用国家象征的领域之一。在战争时,鲜明的国旗是区分敌我的重要标志,也是强化军事人员国家观念、民族意识的重要旗帜。音乐起到鼓舞军心、提高斗志的作用。《周礼·夏官·大司马》中说:"若师有功,则左执律,右秉钺以先,恺乐献于社。"又云:"王师大献,则令奏恺乐。"进入现代国家以来,国旗、国歌在军事领域运用更加广泛,与军旗等同时使用的情形也越来越多。军事领域与其他领域不同,有其自身的特殊性。特别是军事机关、军队营区、军用舰船等,与其他机关、场所不同,使用旗帜较多,对于使用旗帜有着特殊的要求。各国通常授权军事机关自行制定该领域的国旗、国歌使用办法。

一是军事领域使用国家象征由军事机关规定。我国国旗法第十一条规定,中国人民解放军和中国人民武装警察部队升挂、使用国旗的办法,由中央军事委员会规定。国歌法第九条第二款规定,军队奏唱国歌的场合和礼仪,由中央军事委员会规定。中央军委于 1990 年 9 月 25 日通过《中国人民解放军升挂国旗规定》印发全军,并遵照执行,共 9 条,对军队升挂国旗的范围、升挂国旗的地点以及升挂国旗的时间、仪式和方法等均作了明确规定。同时,中国人民解放军队列条令、内务条令、海军舰艇条令等也对国旗使用、管理、礼仪等作了具体规定。

二是使用国家象征的情形较为特殊。关于升挂国旗的地点,2018年《中国人民解放军内务条令(试行)》第二百九十九条规定,下列军队单位应当每日升挂国旗:(1)军委机关部门;(2)战区机关,军兵种机关,军事科学院,国防大学,国防科技大学,以及战区军种和其他副战区级单位机关;(3)边防海防哨所,驻边境口岸的军队外事机构。第三百零一条规定,军队单位举行重大庆祝、纪念活动和大型文化、体育活动,以及大型展览活动,可以升挂国旗。驻民族自治地区的旅级以上单位机关,在民族自治地方人民政府规定升挂国旗的纪念日和主要传统节日,可以升挂国旗。

三是明确使用国旗、国歌的仪式。关于升国旗仪式的在场人员的礼仪,历次内务条令均对此作了规定。2018年《中国人民解放军内务条令(试行)》第五十九条规定:"升国旗时,在场的全体军人应当面向国旗立正,着军服的行举手礼,着便服的行注目礼。奏唱国歌时,在场的军人应当自行立正,举止庄重,肃立致敬,自始至终跟唱;集会奏唱时,应当统一起立,设立分会场的,应当与主会场保持一致。"军队单位在节日、纪念日或者组织重要活动时,可以举行升国旗仪式,按照下列程序进行:(1)仪式开始;(2)升国旗,奏唱国歌;(3)向国旗敬礼;(4)仪式结束。

四、涉外领域

涉外领域是使用国家象征较为广泛的领域之一。在对外交往、执行国家外交政策时需要国家象征作为象征本国的标志。在涉外领域使用国家象征,具有政治性、庄重性、严肃性。通常情况下,涉外领域使用国旗较为常见,主要分为两种情况:一是在国内涉外场合升挂本国国旗、外国国旗;二是在国外升挂国旗。

(一)涉外领域使用国家象征的基本原则

在涉外领域,国家象征的使用占有一席之地。涉外领域国家象征的使用需要考虑对外宾尊重、尊荣方面的礼仪、礼节和顺序、位次等,特别是需要考虑对另一国的元首、国家、外交代表的尊重、尊荣和友好。惯例、平衡、对等、礼让是国际交往中礼宾的原则,在涉外领域使用国家象征同样适用。例如,我国外交部《关于在外交活动中奏唱中华人民共和国国歌的规定》(以下简称《奏唱国歌规定》)第三条规定:"外交活动中奏唱中国国歌,应当符合惯例、平衡、对等、礼让原则。"

一是惯例原则。使用国家象征需要遵守一定的国际习惯做法。例如,在国际上,外国公民在他国境内平日不得在室外和公共场所升挂国籍国国旗。遇其国籍国国庆日,可以在室外或公共场所悬挂其国籍国国旗,但必须同时悬挂所在国国旗。很多国家涉外升挂国旗的法规对此作了规定。我国《奏唱国歌规定》也作了同样的规定。此外,我国外交部《关于涉外升挂和使用国旗的规定》也强调遵循惯例(习惯做法),明确中国国家领导人和各种代表团出国访问,根据东道国的规定和习惯做法升挂中国和东道国国旗。

二是平衡原则。在外事活动中国家不论大小都应一视同仁,坚持无差别待遇原则,不歧视原则。如果同时升挂多国国旗时,往往按照本国文字的顺序依次升挂。同时,还要求旗帜大小相同、升挂高度相同。

三是对等原则。对等是指国家间相互给予平等的待遇,目的是达到国与国之间相互尊重,平等互利。如在国际交往中,一国在他国国家代表来访时使用国家象征较少或者较多,他国遇到同样情况时,可以同等对待。

四是礼让原则。礼让原则,是要求国家在相互交往中遵守善意、友好、礼遇的做法和规则。例如,在奏唱国歌时,一般坚持他国国歌优先奏唱的规则。如《巴西国家象征法》规定,在必须奏唱外国国歌的仪式中,处于礼貌,必须在奏唱巴西国歌之前奏唱。我国《奏唱国歌规定》第七条规定,双边外交活动中奏唱中国国歌和外国国歌,中方主办活动,一般先奏唱外国国歌;外方主办活动,一般先奏唱中国国歌。有特殊规定的除外。

(二)在本国升挂外国国旗

对于外国国旗在一国国内的升挂,各国通常采取比较谨慎的态度。例如,意大利政府《公务礼仪和程序规则》规定,外国或国际组织的标志只能在外国当局进行正式访问或举行国际会议时才显示,其升挂只限于活动进行期间或为庆祝特定场合。

例如,英国议会制定的《旗帜规则(北爱尔兰)2000年》第三条规定,在北爱尔兰地区,女王以外的国家元首访问政府大楼时悬挂国旗的旗帜规则:(1)女王以外的国家元首访问政府大楼之际,英国国旗可升挂在政府大楼上。(2)凡在该建筑物上悬挂英国国旗且该建筑物有多个旗杆的地方,则在该建筑物上也可悬挂来访国家元首所在国的国旗。第五条还规定,并列升挂时,其他国家的国旗的高度不得高于英国国旗。如果同时升挂英国国旗、女王旗帜,则女王旗帜高于国旗。政府大楼升挂外国国旗时,从当天上午8时开始至日落降下。

根据我国《关于涉外升挂和使用国旗的规定》,只有在以下场合,可以升挂、使用外国国旗。(1)特定范围的外国贵宾以本人所担任公职的身份单独或率领代表团来华进行正式访问时应当升挂国旗:可以在贵宾的住地升挂来访国国旗,在贵宾乘坐的交通工具上悬挂中国国旗和来访国国旗。(2)接待外国国家元首(含副元首)和政府首脑时,在重大礼仪活动场所,如欢迎仪式、欢迎宴会、正式会谈、签字仪式等,升挂中国国旗和来访国国旗。外国国家元首如有特制元首旗,可按对方意愿和习惯做法,在其座车和下榻的宾馆升挂元首旗。(3)明确重要国际活动场所可以升挂国旗。(4)外国驻中国使、领馆和其他外交代表机构可以按照《中华人民共和国外交特权与豁免条例》和《中华人民共和国领事特权与豁免条例》升挂派遣国国旗。(5)其他外国常驻中国的机构、外商投资企业,凡平日在室外或公共场所升挂本国国旗者,必须同时升挂中国国旗。同时,该规定还专门明确,外国公民在中国境内平日不得在室外和公共场所升挂国籍国国旗。遇其国籍国国庆日,可以在室外或公共场所悬挂其国籍国国旗,但必须同时悬挂中国国旗。遇中国由国家成立的治丧机构或国务院决定全国下半旗志哀日,外国常驻中国的机构和外商投资企业,凡当日挂旗者,应该降半旗。

我国《关于涉外升挂和使用国旗的规定》还明确,外国国旗在国内升挂的礼仪。中国国旗与外国国旗并挂时,各国国旗应该按照各国规定的比例制作,尽量做到旗的面积大体相等。在中国境内举办双边活动需要悬挂中国和外国国旗时,凡中方主办的活动,外国国旗置于上首;对方举办的活动,则中国国旗置于上首。在中国境内,凡同时悬挂多国国旗时,必须同时悬挂中国国旗。在中国境内,中国国旗与多国国旗并列升挂时,中国国旗应该置于荣誉地位。

(三)在国外升挂本国国旗

根据国际惯例,各国允许特定情形下,他国国旗在本国升挂;同时各国也会规定本国国旗在他国升挂的情形,主要是本国驻外机构应当升挂本国国旗。《维也纳外交关系公约》第二十条规定:"使馆及其馆长有权在使馆馆舍,及在使馆馆长寓邸与交通工具上使用派遣国之国旗或国徽。"《维也纳领事关系公约》第二十九条国旗与国徽之使用规定:"一、派遣国有权依本条之规定在接受国内使用本国之国旗与国徽。二、领馆所在之建筑物及其正门上,以及领馆馆长寓邸与在执行公务时乘用之交通工具上得悬挂派遣国国旗并揭示国徽。三、行使本条所规定之权利时,对于接受国之法律规章与惯例应加顾及。"

在我国,按照外交部《关于涉外升挂和使用国旗的规定》,在国外升挂我国国旗的,要根据东道国的规定和习惯做法升挂。我国派驻外国的外交代表机关和领事机关,按照《维也纳外交关系公约》和《维也纳领事关系公约》可以在馆舍和馆长官邸升挂中国国旗。各馆可以根据当地习惯每日或在重大节庆日升挂中国国旗。遇中国由国家成立的治丧机构或国务院决定全国下半旗志哀日,外国常驻中国的机构和外国投资企业,凡当日挂旗者,应该下半旗。

外交活动是国家实现对外政策、开展对外交往,处理国际关系的重要活动,外交活动形式多样,包括领导人访问、进行谈判协商、举办或者参加国际会议等。在外交活动中奏唱国歌,是外交礼仪的重要组成部分,事关国家的形象与民族的尊严。规范外交场合奏唱国歌做法可进一步凸显外交活动仪式感和隆重性,有助于提升公众对国家的自豪感和爱国热情,对外展现大国形象。在我国,根据国歌法第四条第七项、第九条第一款的规定,重大外交活动场合应当奏唱国歌;外交活动中奏唱国歌的场合和礼仪,由外交部规定。2019年9月,外交部公布《关于在外交活动中奏唱中华人民共和国国歌的规定》。该规定明确了在国内外举办外交活动时奏唱中国国歌原则、场合和礼仪。奏唱原则为惯例、平衡、对等、礼让;采用概括和列举方式明确了须奏唱国歌的场合,包括外国国家元首、政府首脑和国家副元首访华,在华举办建交(复交)、授勋仪式等重大外交庆典活动;规定了活动中奏唱中外国歌先后顺序、在场人员行为举止等。

第六节　国家象征的法律责任制度

一、法律责任概述

国家象征作为近现代以来的国家产物,其相关法律责任不如人类历史自产生以来涉及生命、财产承担相关法律责任的起源早。法律责任是法定的,国家象征涉及的法律责任并不是一开始就具有的,因国家象征承担法律责任基于国家象征法律制度的发展而产生。一般而言,法律责任分为民事法律责任、行政法律责任、刑事法律责任。国家象征法律制度中的主体涉及国家与个人,法律责任制度主要涉及行政法律责任、刑事法律责任,很少涉及平等主体之间的民事法律责任。

民事法律责任是公民、法人因违反民事法律、违约或者因法律规定的其他事由而依法承担的不利后果,包括侵权责任和违约责任等。我国民法典第一百七十六条规定,民事主体依照法律规定或者按照当事人约定,履行民事义务,承担民事责任。从该法的规定看,违反该法承担的民事责任应当主要为侵权责任,并主要表现在财产权益方面。在国家象征法律制度中,有少数事项涉及民事法律责任。

例如,在国歌领域,很多国家的国歌有其作词者、作曲者,虽然个别国家明确其不适用于知识产权法律领域,但是还是对国歌的作词者、作曲者进行保护。一般来说,对版权作品的未经授权的改动也可以被视为对经济权利、精神权利的侵犯。作词者、作曲者享有作品的署名权、修改权和保护作品完整权,如果在相关法律对作词者、作曲者保护规定的期间内,作词者、作曲者及其继承人有权依据著作权法等法律,提出民事法律责任的诉讼。[①] 当然,歪曲或破坏国歌的内容与侮辱国歌行为定罪中的"公开故意篡改国歌的歌词或乐谱;或以歪曲或贬损的方式演奏和演唱国歌"的内容是重叠的。这种改变有可能同时引发民事和刑事责任。

实践中,对于国家象征法律制度中存在礼仪性规范,即在特定政治性场合升挂国旗、奏唱国歌等情形,如果出现失误,导致出现遗漏国旗、错唱国歌等情形,如果法律没有直接对其规定法律责任,且出现的失误并非故意的,一般不承担法律责任。也有的学者认为,宜将国家象征法律中的义务区分为道德义务和法律义务。对公民的不当行为,应该先通过批评教育的方式予以纠正;构成违法的,首先通过行政处罚予以追究,情节严重构成犯罪的,才应追究刑事责任。[②]

二、行政法律责任

通常认为,行政法律责任是指行政主体因行政违法或行政不当,违反其法定职责和义务而应依法承担的否定性法律后果。[③] 广义上的行政法律责任主体涉及行政机关、行政相对人。在国家象征法律中的行政法律责任,既涉及行政机关的法律责任,也涉及行政相对人的法律责任,而涉及行政相对人的法律责任多为行政处罚。涉及国家象征的行政法律责任,主要由国家象征法律规定。在一些专门法律中,如商标法、专利法、著作权法、广告法、标准化法等也有相关的规定。

(一)相关专门法律规定的行政法律责任

违反国家象征机关的制作、销售、收回等管理规定,根据国家象征法、行政处罚法等机关法律,可以给予行政相对人行政处罚。我国行政处罚法第九条规定:"行政处罚的种类:(一)警告、通报批评;(二)罚款、没收违法所得、没收非法财物;(三)暂扣许可证件、降低资质等级、吊销许可证件;(四)限制开展生产经营活动、责令停产停业、责令关闭、限制从业;(五)行政拘留;(六)法律、行政法规规定的其他行政处罚。"在国家象征相关案件中使用比较多的行政处罚种类包括:罚款、行政拘留、暂停营业、吊销许可证等处罚类型。

---

① Tianxiang He, *Freedom of Speech*, *and the Insult to the National Anthem*, Hong Kong law journal, Vol. 51:1, p. 65(2021).

② 《"国家标志、国家象征的宪法理论与〈国旗法〉〈国徽法〉修改"学术研讨会实录》,载微信公众号"中国政法大学法学院"2020 年 9 月 21 日。

③ 古力、余军:《行政法律责任的规范分析——兼论行政法学研究方法》,载《中国法学》2004 年第5 期,第 37 页。

一是违反商标法的法律责任。商标用于商业活动。我国商标法对不得将国旗、国徽、国歌标志作为商标使用作了规定。商标法第十条第一款第一项、第二项规定,下列标志不得作为商标使用:(1)同中华人民共和国的国家名称、国旗、国徽、国歌、军旗、军徽、军歌、勋章等相同或者近似的,以及同中央国家机关的名称、标志、所在地特定地点的名称或者标志性建筑物的名称、图形相同的;(2)同外国的国家名称、国旗、国徽、军旗等相同或者近似的,但经该国政府同意的除外。根据商标法的规定,如果出现将国徽相同或者相似的标志作为商标使用,法律责任主要包括以下类型:(1)商标无效;(2)商标专用权自始不存在,并承担相应法律责任;(3)予以制止,限期改正,可处罚款。

二是违反专利法的法律责任。按照对国家象征进行知识产权保护的一般原理,不得将国家象征用于专利。违反专利法的规定使用国家象征,应当承担的行政法律责任主要包括:(1)不得授权专利。专利法第五条第一款规定,对违反法律、社会公德或者妨害公共利益的发明创造,不授予专利权。(2)宣告无效。专利法第四十五条规定,自国务院专利行政部门公告授予专利权之日起,任何单位或者个人认为该专利权的授予不符合本法有关规定的,可以请求国务院专利行政部门宣告该专利权无效。(3)宣告无效的专利权自始即不存在。专利法第四十七条规定,宣告无效的专利权视为自始即不存在。(4)承担赔偿责任。宣告专利权无效的决定,对在宣告专利权无效前人民法院作出并已执行的专利侵权的判决、调解书,已经履行或者强制执行的专利侵权纠纷处理决定,以及已经履行的专利实施许可合同和专利权转让合同,不具有追溯力。但是因专利权人的恶意给他人造成的损失,应当给予赔偿。(5)承担行政责任。专利法第六十八条规定,假冒专利的,除依法承担民事责任外,由负责专利执法的部门责令改正并予以公告,没收违法所得,可以处违法所得五倍以下的罚款;没有违法所得或者违法所得在 5 万元以下的,可以处 25 万元以下的罚款;构成犯罪的,依法追究刑事责任。

三是违反著作权法的法律责任。国家象征一般不适用于著作权法。著作权法第五条中规定,本法不适用于:法律、法规,国家机关的决议、决定、命令和其他具有立法、行政、司法性质的文件,及其官方正式译文。按照上述法律规定,国旗、国徽、国歌由法律规定,不适用著作权法。如有人在相关著作产品中,包括了国家象征,并且主张具有著作权,则是违反著作权法第五条规定的情形。例如,2019 年 4 月在某网站上提供的中华人民共和国国旗和国徽图案上,带有版权归其所有的版权声明。显然该网站不享有国旗、国徽图案的版权,其标注版权声明的行为是违反著作权法规定的。

四是违反广告法的行政法律责任。广告法第九条第一项规定,广告不得有下列情形:使用或者变相使用中华人民共和国的国旗、国歌、国徽,军旗、军歌、军徽。根据广告法第五十七条规定,有上述情形的,由市场监督管理部门对广告主责令停止发布广告、处以罚款、吊销营业执照,限制一定期限内广告申请。对于广告经营者、广告发布者,没收广告费用、处以罚款、吊销营业执照。

五是违反标准化相关法律的法律责任。国家象征的制作应当符合国家标准。国旗、国徽相关国家标准是市场监督管理部门对国旗、国徽的制作、销售监督管理的重要依据。按照标准化法的规定,强制性标准必须执行。不符合强制性标准的产品、服务,不得生产、销售、进口或者提供。生产、销售、进口产品或者提供服务不符合强制性标准,或者企业生产的产品、提供的服务不符合其公开标准的技术要求的,依法承担民事责任。生产、销售、进口产品或者提供服务不符合强制性标准的,还应当依照产品质量法、进出口商品检验法、消费者权益保护法等法律、行政法规的规定查处,记入信用记录,并依照有关法律、行政法规的规定予以公示;构成犯罪的,依法追究刑事责任。目前,关于国旗、国徽的强制性国家标准有《国徽》(GB 15093-2008)、《国旗颜色标准样品》(GB 12983-2004)、《国旗》(GB 12982-2004)三项。生产、销售国旗、国徽不符合上述强制性国家标准的,应当依照相关法律规定查处。

六是违反船舶悬挂国旗的法律责任。船舶悬挂国旗用于识别,表明国籍。船舶相关法律规定了船舶悬挂国旗的规则,违反规则,应当承担法律责任。(1)关于非法悬挂我国国旗。海商法第四条规定:"中华人民共和国港口之间的海上运输和拖航,由悬挂中华人民共和国国旗的船舶经营。但是,法律、行政法规另有规定的除外。非经国务院交通主管部门批准,外国籍船舶不得经营中华人民共和国港口之间的海上运输和拖航。"第五条规定:"船舶经依法登记取得中华人民共和国国籍,有权悬挂中华人民共和国国旗航行。船舶非法悬挂中华人民共和国国旗航行的,由有关机关予以制止,处以罚款。"(2)关于未悬挂我国国旗。海上交通安全法第九十六条中规定,船舶未依法悬挂国旗,或者违法悬挂其他国家、地区或者组织的旗帜的,由海事管理机构责令改正,对违法船舶或者海上设施的所有人、经营人或者管理人处 2 万元以上 20 万元以下的罚款,对船长和有关责任人员处 2000 元以上 2 万元以下的罚款;情节严重的,吊销违法船舶所有人、经营人或者管理人的有关证书、文书,暂扣船长、责任船员的船员适任证书 12 个月至 24 个月,直至吊销船员适任证书。

(二)治安管理处罚法相关行政法律责任

在治安领域,涉及国家象征轻微的违法行为,可以给予治安管理处罚。西方定义的国家象征进入我国之初,相关法律未将国家象征纳入规范范围。清末开始,1908 年清末的《违警律》、1915 年北洋政府的《违警罚法》、1928 年南京国民政府的《违警罚法》均没有涉及国旗、国歌、国徽的直接规定。在实践中,有处理国旗使用混乱的行为。例如,1930 年南京市社会局发布训令《社会局为令饬取缔并纠正市民悬挂未遵中央规定及破旧之党国旗由》(训令府字第一〇一九号 1930 年 11 月 20 日)提到南京部分地区发现:"首都为中外观瞻所繫,每遇国庆及各种纪念日时,常发现无知商民及各街巷住户门前所悬之党国旗多有破烂不堪,上下倒置者,似此情形非特有失国体,抑且贻讥中外。"①经审议讨论,南京市发出通令,市长决定由社会局纠正。

1943 年 9 月国民政府公布的《违警罚法》开始涉及国家象征的行政法律责任。《违警罚法》第五十七条规定:"下列各项行为之一者,处三十元以下罚锾:一、亵渎国旗、国章或国父遗像,尚非故意者……"第五十八条规定,"有下列各款行为之一者,处二十元以下罚锾或申诫:一、升降国旗、经指示而不静立致敬者;二、闻唱国歌,经指示而不起立致敬者;三、于公共场所瞻仰国父遗像,经指示而不起立致敬者;四、于公共场所瞻对中华民国元首,或最高统帅或其肖像,经指示而不起立致敬者;五、国旗之制造或悬挂不遵定式者"②。

中华人民共和国成立后,我国于 1957 年、1986 年先后制定的治安管理处罚条例,以及 2005 年全国人大常委会制定的治安管理处罚法均没有直接涉及国家象征,实践中涉及损毁、破坏等方式损害国家象征的,情节较轻的,先后依照治安管理处罚条例、治安管理处罚法相关条款给予行政处罚。1990 年国旗法第十九条规定:"在公共场合故意以焚烧、毁损、涂划、玷污、践踏等方式侮辱中华人民共和国国旗的,依法追究刑事责任;情节较轻的,参照治安管理处罚条例的处罚规定,由公安机关处以十五日以下拘留。"本条治安管理处罚条例所指的拘留是行政拘留。1991 年制定的国徽法也有同样的规定。

2005 年 8 月 28 日,第十届全国人民代表大会常务委员会第十七次会议通过《中华人民共和国治安管理处罚法》。2009 年 8 月,第十一届全国人大常委会第十次会议通过《关于修改部分法律的决定》,将国旗法、国徽法中的"情节较轻的,参照治安管理处罚条例的处罚规定,由公安机关处以十五日以下拘留"修改为"情节较轻的,由公安机关处以十五日以下拘留"。上述规定,将侮辱国旗、国徽的法律责任进一步区分为行政责任、刑事责任。

在实践中,很多情节较轻的涉及国旗的案件,多以行政拘留结案。行政拘留是公安机关依法对违反行政管理秩序的公民采取限制其人身自由的惩罚措施。行政拘留只能由县级以上公安机关作出。行政拘留不同于刑事拘留,虽然都是由公安机关作出的。行政拘留权属于行政权的范围,因而行政拘留为行政法所规定,遵循行政程序。刑事拘留的目的是防止现行犯或犯罪嫌疑人对社会

---

①　《取缔市民悬挂不合式之党国旗案》,《首都市政公报》1930 年第 73 期,第 54 页。

②　戴鸿映:《旧中国治安法规选编》,群众出版社 1985 年版,第 368 页。

造成危害。一般应于拘留后 3 日内提请人民检察院批准逮捕。

三、刑事法律责任

国旗、国歌、国徽是国家的象征,对国家象征的侮辱会破坏国家的权威,因此是一种具有社会危险性的行为。在很多国家,涉及国家象征不适当的使用分为不同情形,以是否构成侮辱国家象征为标准,可以分为两种情况:一是非故意、无意使用国家象征,没有使人明显感觉到侮辱的情形;二是故意侮辱性地使用国家象征的情形。对于第一种情形,多数国家给予宽容态度,不予追究法律责任。如果使用属于商业用途,则可能受到广告、知识产权领域等法律给予的罚金处罚。对于第二种情形,是否承担法律责任存在争议。一些国家明确,公开场合故意侮辱国家象征的,构成犯罪;一些国家由于政治传统、法律规定等原因,不认为构成犯罪。

(一)侮辱国家象征是否承担刑事法律责任的争议

1. 认为应当承担法律责任的理由

多数国家认同和支持侮辱国家象征的行为应当承担法律责任,从不同的角度,可以探讨应当承担法律责任的不同理由,主要包括:

一是基于国家象征是实物与精神为一体的。基于国家象征可以分为两种类型:(1)有形的国家象征本身是物质,是一种有形物;(2)无形的国家象征,在精神层次上,象征着民族共同体的国家。国家象征代表着国家的主权和尊严。对于破坏有形物,凡是物质上破坏,能够构成精神上的侮辱。

二是基于利益权衡角度。国家主义、集体主义认为,国家利益具有国家权威、国家的不可侵犯性。这种利益超越个人利益,而应当得到重视;个人主义认为,国家是为了国民的生活与福利而存在的机构,因此对国家利益的犯罪就侵害了多数国民的利益,故应得到重视。

三是基于基本权利限制的角度。国家象征是国家尊严和统一的象征物,对于国家象征的维护就是对国家尊严和统一的维护。然而,国家象征因其特殊的象征意义常常成为一些人上访、集会等活动的牺牲品。实质上,肆意侮辱国家象征,性质上就是滥用言论自由,破坏国家象征,损害国家利益、公共秩序。宪法保障公民的言论自由,宪法也规定了公民行使权利不得妨害国家利益、集体利益和他人利益。言论自由的权利并不是在任何时候和任何场合都是绝对的,而必须考虑言论的表达方式和场合。对于不合理的表达方式和场合,构成了侮辱国家象征,损害大众感情,损害公共利益的,法律应当给予必要的限制。

对侮辱国家象征的行为设定法律责任,是一种必要的限制。这仅仅限制了一种表达方式,并未禁止公民以其他形式实现"表达"①,属于有限限制;国旗、国歌、国徽象征了国家的主权和统一,这种象征意义足够重要从而可以被认为是"公共秩序"的组成部分;以一种有限限制的方式促成重要的公共秩序的维护,手段并未超过目的之必需。因此,对侮辱国家象征的行为设定刑事责任,给予积极的保护,对于维护公共秩序,保障国家利益,具有重要意义。

此外,在一些国家,带有宗教标志的国旗可能会引起一些具体问题,因为这些国旗将被赋予神圣的性质。在一些伊斯兰教国家就存在这种情况,国旗上有伊斯兰教的标志,而伊斯兰教在该国被视为国教,伊斯兰教的标志神圣不可侵犯,侮辱带有伊斯兰教标志的罪行就会被加倍视为亵渎神明,侮辱带有伊斯兰教标志的国家象征,则应该承担刑事责任。

2. 认为不应当承担刑事法律责任的理由

也有一些观点认为,侮辱国家象征不构成犯罪,主要理由包括:

一是国家象征分为实物层面和精神层面,从实物上破坏国家象征的载体,但不能构成精神上的破坏、侮辱国家象征。国旗的象征意义是宪法、法律赋予的,但又是在公民内心中广泛认同所形成的,公民尊重和爱护国旗,既包括爱护实体上的国旗,也包括国旗所代表的象征意义,但是实质上,尊重和爱护的是国家象征所代表的实质意义,不仅是物质的材料。因此,侮辱实物的国家象征不能构成犯罪。

二是侮辱国家象征与尊重国家象征的实质目的是一致的。例如,有的美国参议员认为,"焚烧国旗的行为是为了表达对政府违背宪法精神的抗议意见(如反越战、反种族主义、反霸权主义等),实际上焚烧、践踏国旗与保护国旗在根本上是一致的,都是为了美国的自由、民主理念"②。这种观点是从终极目的来进行判断。

三是尊重国家象征,更多的是道义责任而不是义务。③ 通过限制言论自由等公民基本权利推动国家象征的保护是不合适的。国家不能强制公民产生国家象征所代表的情感。通过刑法的手段使人们尊重国家象征是有问题的。"不能从法律上防御或者应对的角度来对待国家象征,国家象征的使用或者质疑有很多社会感情因素在内,而这正是公民行使自由和基本权利的结果。""对于国家象征的保护源于对理念、祖国和制度的尊重,但也应当保护公民使用国家象

---

① Texas v. Johnson,491 U. S. 397(1989). at 2557(Stevens, J. ,dissenting).

② 邵志择:《表达自由:言论与行为的两分法——从国旗案看美国最高法院的几个原则》,载《美国研究》2002 年第 1 期,第 95 页。

③ José Gilberto GARZA GRIMALDO. ULTRAJE A LAS INSIGNIAS NACIONALES VS. LA LIBERTAD DE EXPRESIÓN(LA BANDERA NACIONAL:SÍMBOLO DE LIBERTAD). p. 35.

征作为行使自由和基本权利手段的权利。"①上述观点将国家象征的分类、作用从另一角度进行分析,试图从不同视角为侮辱、不尊重国家象征的行为提供背后合理的解释。

四是惩罚不当使用国家象征损害言论自由。考虑到对侮辱国家象征行为的惩罚,意味着对批评政府言论的压制,将会造成一定困境,"如果仅仅通过压制言论自由来禁止或惩罚侵犯国旗的行为,以国旗为代表的国家权威和形象将受到损害,公民对国旗的尊重感将受到损害,公民将陷入极端的对抗和冲突中"②。在许多情况下,法律以保护言论自由的理由没有规定侮辱国家象征的罪行。例如,比利时不起诉侵犯国旗的罪行。同样,在英国,法律不承认侮辱国家象征。这并不意味着这种行为在实践中不能被起诉,其可能会以一种迂回的方式被起诉。例如,在 1999 年女王的一次访问中,两名抗议者向女王的汽车投掷了燃烧的国旗。他们因破坏和平而被起诉。③

从各国情况看,很多国家对于侮辱国家象征定罪都比较慎重,国家象征刑事法律案件呈现少量化的特点。例如,自 2003 年 3 月 18 日起,《法国刑法典》第 433-5-1 条对藐视国歌或国旗罪进行了规定和处罚。2012 年 2 月 26 日,法国司法部回应议会询问时表示,自 2003 年 3 月 21 日生效以来至 2011 年 7 月,仅有 4 人被定罪。所有被定罪者都是法国国籍。④

(二)定罪的基本立法模式:定罪的范围及其例外

在大多数国家,明确侮辱国家象征的行为承担法律责任,具体法律责任的方式有以下几种情况:

一是具体列举型。有些国家列举了侮辱国家象征行为的具体类型,如《美国国旗法》中规定,以下行为都应被视为犯有轻罪,并应由法院根据其裁量权判处不超过 100 美元的罚金或不超过 1 年的监禁或二者并处:(1)无论任何人,以任何方式,为展览或陈列需要,在任何美国国旗上,附加或让他人附加任何字母、数字、标记、图画、图案或任何性质的广告。(2)自己或让他人在公众场合展示在国旗上面印刷、描绘或用其他方式附加、粘贴或增添任何字母、数字、标记、

① ENRIQUE BELDA. ELEMENTOS SIMBÓLICOS DE LA CONSTITUCIÓN ESPAÑOLA. LA PROTECCIÓN DEL USO DE LOS SÍMBOLOS POR LAS PERSONAS Y LAS INSTITUCIONES-Symbolic elements of the Spanish Constitution. Protection of the use of symbols by citizens and institutions. Revista Española de Derecho Constitucional No. 117(septiembre/diciembre 2019),p. 45.

② 헌재 2019. 12. 27. 2016 헌바 96,판례집 31-2 하,81[합헌].

③ Jason Kelly et Donald Fraser,deux socialistes écossais,ont plaidé coupable,et ont été condamnés à une amende d'un total de 450£. Cf. BBC News,13 octobre 1999.

④ Question écrite avec réponse n° 1960, 31 juillet 2012-Droit pénal-Outrages-Drapeau et hymne national. poursuites. statistiques. Publication au JO:Assemblée nationale du 31 juillet 2012.

图片、图案、图画或任何性质广告。（3）制造、销售或为任何目的使用或占有下述的任何物品：在其上面印刷、描绘、附加或以其他方式增添了国旗，以便宣传、引起公众注意。《新西兰旗帜、标志和名称保护法》规定，任何人违反本法规定，以让人相信得到政府的批准、认同、支持的方式，悬挂、展示或以其他方式使用国徽图案，构成犯罪。

二是概括列举型。一些国家仅以概括性规定的方式，明确诋毁、侮辱国家象征的，承担相应的法律责任。例如，《德国刑法》第90A条规定，任何人以公开方式，在集会或者公开发行的方式：诋毁联邦或者各州的官方颜色、旗帜、徽章或歌曲，将处以最高3年监禁或者罚款。《西班牙刑法典》第五百四十三条规定，以言语、文字或行为公然侮辱西班牙及其自治区、国家象征、国徽的，处7个月至12个月监禁或者罚金。① 根据《法国刑法典》，以下任何扰乱公共秩序、蓄意侮辱国旗的，处第五级违警罪之罚金：在公共场所或对公共开放的场所，摧毁、破坏或以有辱国旗荣誉的方式使用国旗的；行为人自行或让人传播上述犯罪行为之录像的，即使于私人场合实施上述行为的。②

三是违反本法规定承担法律责任。有些国家的国家象征相关法律明确具体的禁止性情形，并且笼统地规定违反本法规定的法律责任，如《马来西亚标志和名称（防止不当使用）法》第三条规定具体的禁止情形；第五条规定，任何违反本法第三条的即属犯罪，一经定罪，可判处不超过1000林吉特的罚款。

四是指引性规定。一些国家就侮辱国家象征的法律责任作出指引性规定。例如，《俄罗斯国旗法》第十条规定，违反本联邦宪法性法律使用俄罗斯国旗，以及侮辱俄罗斯国旗的，依俄罗斯联邦法律追究责任。

（三）刑事犯罪构成要件分析

在我国，刑法规定国家象征罪始于清末，1911年清末制定的《大清新刑律》首次规定了侮辱外国国旗国章罪③，第一百二十六条规定"意图侮辱外国而损坏、除去、污秽外国之国旗及其他国章者，处四等以下有期徒刑、拘役或三百圆以下罚金"。1912年北洋政府制定的《暂行新刑律》保留该规定。1928年南京国民政府颁布的《中华民国刑法》在保留侮辱外国国旗国章罪的基础之上，首次增加了侮辱本国国旗国章罪，作为妨害秩序罪的类型之一。第一百六十七条规定，"意图侮辱民国，公然损坏、除去或污辱民国之国旗国章者，处一年以下有期徒刑、拘役或三百元以下罚金"。当时有专家的解释是"暂行新刑律第一百二十

---

① 《西班牙刑法典》，潘灯译，中国检察出版社2015年版，第243页。
② 《最新法国刑法典》，朱琳译，法律出版社2016年版，第321条。
③ 清末至民国初年的一段时间，"国徽"被称为"国章"。

六条对于侮辱外国国旗国章罪,既有明文处罚,故本法增入本条"①。该解释是表面的,实质上从民国初年已经有国旗、国徽立法,也有相关案例,增加规定是历史和实践所需。该罪的构成"以有意图侮辱民国为要件,否则只能照普通损坏罪处断"②。一般而言,侮辱国家象征罪的构成要件如下:

一是犯罪主体。每一种犯罪,都必须有犯罪主体。在各国,国家象征法、刑法规定,通常为自然人犯罪。在一些国家,法律明确犯罪主体包括国家机关工作人员、企业等。

二是犯罪客体。犯罪客体,是犯罪构成的必要要件。刑法所保护而为犯罪行为所侵犯的社会关系。犯罪客体是抽象的,它总是通过一定的载体表现出来,这一载体就是犯罪对象。犯罪对象是指犯罪行为直接作用的物或者人。对于侮辱国家象征罪所保护的法益,有的观点认为是"在于保护国家符号所关联的维持国家存续和功能发挥的运行条件,该运行条件是一种集体法益"③。

在我国,侮辱国家象征罪名侵犯的对象只限于中华人民共和国国旗、国歌、国徽,侮辱外国的国旗、国歌、国徽不构成我国规定的侮辱国家象征。关于中华人民共和国国旗、国歌、国徽的范围,包括根据国旗法、国歌法、国徽法及《国旗制法说明》规定制作的国旗、国歌、国徽。对于是否还包括印刷、手绘等方式制作的国旗、国徽图案,有不同的观点:(1)有的观点认为如果侮辱的属不合规格的国旗或自制的国旗,就不构成侮辱国旗罪。国旗的范围应以法律规定为标准。国旗应符合法定的规格,具体标准应根据国旗法、《国旗制法说明》来确定。(2)有的观点认为这里国旗的范围包括不合规格的国旗,其理由在于侮辱这些非标准制作的国旗,也会使人认为损害了国旗的尊严。

一些人为了发泄对国家、政府的不满,侮辱不合规格的国旗、国徽、国歌,也是对国旗象征的国家尊严进行了侮辱,理应属于侮辱国旗、国徽罪的范围之内。我国香港特别行政区《国旗及国徽条例》规定,如有国旗或国徽的复制本并非与国旗或国徽完全相同,但其相似程度足以使人相信它就是国旗或国徽,该复制本被视为是国旗或国徽。我国澳门特别行政区《国旗、国徽及国歌的使用及保护》规定,侮辱对象为国家象征的复制本也属于侮辱国家象征,但复制本除必须与原本明显相似外,还须足以令公众以为是国家象征。印度等国家也有类似的立法例。

三是犯罪主观方面。主观方面,体现的是行为人在怎样的心理状态支配下实施危害社会行为的。犯罪主观方面的心理状态有两种,即故意和过失。国家象征的犯罪要求有条件的故意行为。"对国家符号的不当利用,在法益侵害上

① 何葆铭编辑:《中华民国刑法详解》,上海法政学社 1929 年版,第 116 页。
② 黄荣昌:《中华民国刑法释例汇纂》(订正三版),上海法政学社 1933 年版,第 294 页。
③ 高巍:《国家符号的刑法保护》,载《中国法学》2022 年第 1 期,第 188 页。

表现为对集体意向构建的规范性要求的背离。""只有行为人基于发泄仇恨情绪等内心倾向所实施的侵害国家符号行为,才可以评价为具有背离性,从而侵害了国家运行条件。"① 根据通常意见,这里要求有相应的故意不要求有危害国家的意图,否则构成根据加重处罚的理由。②

四是犯罪客观方面。客观方面,是指犯罪行为的具体表现。

(1)行为类型。该罪行的客观方面是侮辱国家象征,并以积极行动为特征,表明对国家象征的不尊重态度。这包括使用愤世嫉俗的铭文或图画、撕碎、焚烧等行为对待国家象征。

侮辱国家象征,行为方式主要包括以下类型:①不合理移动位置,是指从展示国家象征的地方移走,破坏原有国家象征与周围环境整体形成的象征意义。就国旗而言,只须在不适当的时间将其降下即可,即使它仍在原地。但是,为了阻止国旗的公开展示而从仓库或类似场所进行预防性转移,不属于犯罪行为。②使其破坏,是指损害国家象征的完整性,使其让人看起来存在残缺。③使其无法使用,是指取消其使用价值,即对犯罪对象作为国家象征的功能造成实质性损害。④使其无法辨认,即消除象征的可识别性而不损坏(如粘贴在上面、容易清除的图案;部分裁剪,从而减少可见度)。

(2)行为的公开性。国家象征在公开场合展示代表国家的权威、表明主管机关认可、表达国家权力的存在。因此,对侮辱国家象征的行为进行惩罚,前提是行为涉及的国旗、国徽是公开展示的。例如,在夜里时,国旗应当是照明可见的。对于国旗、国徽,在客观方面,行为人必须具有在公众场合以焚烧、毁损、涂划、玷污、践踏等方式侮辱国旗、国徽的行为;对于国歌,在客观方面,必须具有故意篡改国歌歌词、曲谱,以歪曲、贬损方式奏唱国歌,或者以其他方式侮辱国歌的行为。

(3)侮辱。在判断是否认定为侮辱国家象征时,应当明晰侮辱要有明确性,即表达侮辱的人明确或暗示将侮辱国家象征。同时,侮辱还具有恶意性,恶意是指出于卑鄙、敌对的态度和应受谴责的动机行事。因此,行为人一般的反国家态度不足以作为行动恶意的基本标志。对于侮辱国家象征的认定,要进行综合判断。比如,在侮辱国歌中,有的学者认为,合理的模仿和相当于歪曲或肢解作品的修改之间的区别往往是模糊的。③ 在判断国歌奏唱是否具有恶意时,由于人内心的想法无法直接知悉,因此需要通过相关环境、条件来综合判断。再比如在侮辱国旗行为中,"以侮辱国旗作为一种发表方法的人通常是要发表一

---

① 高巍:《国家符号的刑法保护》,载《中国法学》2022 年第 1 期,第 199—200 页。

② NK-StGB/Hans-Ullrich Paeffgen,5. Aufl. 2017,StGB § 90a Rn. 38.

③ Tianxiang He. Freedom of Speech,and the Insult to the National Anthem. Hong Kong law journal. 2021,51(1):p. 65.

个抗议的信息,唯其拟传达的那个信息不一定清晰,可能是对一个国家的仇恨或反对,或是对当权政府的抗议;又或者是对政府的一个现行政策表示抗议,或想表达某些其他信息。法院必须考虑围绕该次侮辱旗帜事件的情况才能确定当事人欲传递的信息到底是什么"①。

---

① 黄江天:《香港基本法解释理论及判例研究》(上册),香港城市大学出版社 2018 年版,第 374 页。

分　论　一
纯粹性质国家象征

　　国旗、国歌、国徽是国家在人们视觉、听觉、触觉三种不同感觉系统中确立的国家象征，其创设的纯粹目的是象征国家。国旗、国歌、国徽使人们在具体生活中能够感知到抽象的国家。国家通过宪法、法律、法令创设了国家象征。为了维护国家的尊严，也为了维护规范国家象征的使用和管理，必然要求国家通过体系化的制度体系维护国家象征。

第三编

国旗的制度与规范

第一章 概　　述

第一节　国旗概述

一、国旗为什么成为国家象征

一般认为,国旗从旗帜演变而来。在古代、近代和现代,旗帜对于个人、部落和国家有着不同的作用和意义。人类迈过原始人的低级阶段之后,用以区分人与人、部落与部落、国家与国家的特殊标志就自然产生。[①] 在古代社会,旗帜作为标识使用,能够表达不同的含义,如用来在战场上给士兵提供定位点、传递特殊的指令、区分和标识特定地位人员的出现等。[②] 随后经过演变,旗帜开始逐渐象征神灵、宗教、国王,最后演变成为国家的象征。国旗为什么成为国家象征,除了国家本身的需求之外,还在于国旗本身作为一种旗帜有其特殊性,主要有以下原因:

一是制作简易。国旗通常由布或者类似的材质制作,制作过程简单方便。国旗的图案通常简洁,也易于其他载体使用。

二是特征明显。旗帜通过图形和颜色来区分所代表的对象。旗帜早期主要运用于军事领域,是为了满足战场辨别敌我的需要。在船舶航行中,由于旗帜实际用于识别,产生了用以识别彼此的旗帜。从起源的角度看,国旗起源于战斗旗、船旗。

三是使用广泛。国旗作为国家象征,在需要凸显国家的场所,都可以使用。飘扬的国旗被广泛用于船舶、建筑物、军队等各类场合。

四是区分性突出。在近现代国家诞生的过程中,彼此交往时,需要特定的媒

[①]　F. EDWARD HULME, F. L. S. , F. S. A. , The flag of the world: Their History, Blazonry, and Associations, FB&c Ltd, p. 1.

[②]　Thomas Hylland Eriksen and Richard Jenkins edited, *Flag*, *Nation and Symbolism in Europe and America*. Routledge, 2007. p. 15.

介用以区分和交流,如在国家元首交往中,旗帜成为代表彼此国家的重要元素。"国旗不单是一块装饰布,还是一个国家的化身;正如国旗由国家来界定,国家同样由国旗来界定。"① 因此,国旗是最为常见、使用最为广泛的国家象征。

国旗在历史的发展中逐渐成为国家象征。目前,对于国旗的确切起源难以考据。但采取旗帜象征一个群体、族群、民族乃至国家的事实不仅仅在一个国家出现,在不同的文明起源地都曾出现过相关的历史。一般认为,国旗源于11世纪欧洲的十字军东征中的军旗,其后通用于航海的商旗。据相关研究,国旗的诞生演变分为三个时期:第一个阶段是11世纪至法国大革命前,国旗萌芽时期。近代意义上的国旗始于1219年采用的丹麦国旗,它是目前最古老且仍在继续使用的国旗。第二个阶段是法国大革命后,现代意义国旗诞生时期。美国独立战争、法国大革命带来近现代意义上民族国家的诞生,对应的现代意义国旗相应诞生。此时,国旗代表国家及其人民的理念才开始出现,以1789年法国大革命确立法国三色旗为标志。第三个阶段是第一次世界大战后,国旗全面普及时期。第一次世界大战后,一些国家放弃原有带有王室痕迹的国旗,确立新的国旗,包括冰岛、捷克、立陶宛等国家。20世纪以来,随着亚非拉国家独立的高潮出现,大批国旗相应诞生。

二、国旗的类型

根据不同的分类方法,可以将国旗分为不同的类型。

根据国旗使用对象、使用性质不同,可以分为以下类型:(1)政府专用国旗,主要用于政府机构,普通公民、组织不得使用。(2)民用国旗,主要由公民个人使用。(3)军用国旗,主要用于军舰。在很多国家,政府专用国旗、军用国旗,是在民用国旗上增加特殊图案,如国徽图案等。作此区分的主要是一些欧洲国家,如挪威等。

根据国旗的形状,也可以将国旗分为以下类型:(1)长方形国旗,绝大部分国家的国旗为长方形。(2)正方形国旗,瑞士国旗和梵蒂冈城国国旗是仅有的正方形国旗。(3)非矩形国旗,尼泊尔国旗由两个上下相叠的三角形旗组成。

根据国旗所象征意义的不同,可以将国旗分为以下类型:(1)象征国家的组成。国家成为代表一个国家组成部分之间团结的一种手段,在联邦制国家即是如此,如美利坚合众国,国旗50颗星代表其50个联邦州,以及13条条纹象征着13个原始殖民地。斯里兰卡国旗象征该国共存的信仰印度教、佛教、伊斯兰教的不同群体。(2)代表国家的重要标志——可能是政治的、哲学的或宗教的。

---

① ［美］大卫·科泽:《仪式、政治与权力》,王海洲译,江苏人民出版社2021年版,第10页。

许多伊斯兰国家的旗帜为宗教象征,其中包括作为伊斯兰教象征的新月和星星。(3)象征本国的地域特征。国旗成为一个国家展示自己的方式,有时是为了展示其属于一个特定的地理区域,有时是为了确认对特定的领土组合的关怀。如新西兰、巴布亚新几内亚、密克罗尼西亚和萨摩亚,这些国旗中加入了南十字星的图案;大洋洲的图瓦卢旗帜上的五颗星代表了五个行政区。(4)代表本国的历史渊源。将国旗作为一种对历史起源的怀念,作为其独立和身份的一种表现,如许多英联邦国家国旗的左上角采用英国国旗。(5)象征意义组合。国旗将颜色符号组合在一起,更接近于传统上使用旗帜作为战时集结的标志,如荷兰、卢森堡、法国、泰国。①

三、国旗的特殊价值

国旗是最为常见、使用最为广泛的国家象征。对于国家机构而言,国旗象征国家机构所在地、象征归属于国家。对个人而言,可以使用国旗来强调其公民身份,表达对属于特定国家的自豪感。

国旗、国歌、国徽都运用于国家仪式中,国旗经常用于许多重大事件。例如,在体育竞赛场所展示;在体育竞赛前,举行升国旗仪式,奏唱国歌;阅兵游行、节日游行以及重大庆祝活动等使用飘动的国旗。庆祝活动中挥舞国旗的意义可以超越庆祝活动之外,通过富有寓意的仪式感,增强参与这些活动公民的爱国热情。在上述仪式中使用国旗,或者将国旗作为活动整体氛围装饰等,以表明国家的认可、支持。这些仪式的盛况和环境使得使用国旗能够更加激发爱国主义情感。与国旗相关的仪式包括升国旗仪式、下半旗仪式、国旗宣誓仪式、覆盖国旗仪式等。有的国家,如巴西法律还专门建立了国旗退役仪式。生动、多样的国旗使用方式使得国旗在政治教化中发挥着更为微妙的、隐蔽的和潜移默化的作用,利于促进国家认同。而其他国家象征往往没有上述仪式。

第二节　国旗法律制度概述

一、国外国旗法律制度的发展历程

国家象征的重要类型之一是国旗,国旗在近现代国家起源中发挥着重要作

---

①　Frederique Rueda-Despouey. L'hymne et le drapeau: des symboles de l'Etat en droit comparé. Les symboles de la République. Actualité de l'article 2 de la Constitution de 1958(pp. 81-99) Publisher: Toulouse: PUSS. December 2013.

用。资产阶级革命兴起之后,从美国独立战争、法国大革命时期,以及拉丁美洲独立运动后,欧洲和美洲开启了国家象征法律制定的开端。这一时期国家象征法律主要是确立国旗的图案及其意义。

18世纪末,早期资本主义国家通过法律确定国旗的样式。在美国,1777年6月14日,第二届大陆会议通过1777年国旗法,明确:"兹决议,美国国旗为十三条横条,红白交替;其中联盟部分为十三颗蓝底白色的星星,代表一个新的星座。"①随后,美国国旗因加入联邦的州的数量增加,而通过相应的法律予以明确。1790年秋,法国制宪议会决定,所有法国军舰和商船都将悬挂带有三个垂直区域的旗帜:附近为红色,旗杆中间为白色,之后是蓝色。1794年2月15日,法国大革命时期建立的法国历史上第一个资产阶级共和国——法兰西第一共和国期间,国民大会颁布法令,明确"国旗"(Le pavillon national)由垂直排列成带状的三种国家颜色组成,旗杆附近为蓝色,中间为白色,之后为红色。②可见,在法国正式确立国旗的法令诞生于1794年。在西班牙,西班牙国王颁布《1785年5月28日皇家法令》,明确西班牙国旗的样式。该旗帜成为现代西班牙国旗的基础。在美国、法国、西班牙等国的立法实践上,18世纪末国旗法律开始在越来越多的近现代国家确立,早期的国旗法律主要是创设国旗的样式,并没有规定国旗的使用、管理事项。实践中,早期确立的国旗主要是用于船舶、军队。

进入19世纪,很多国家开始通过法律确定国旗使用、管理的规则。在德国,1867年10月25日,德意志帝国前身北德意志邦联颁布《商船悬挂邦联旗法令》,明确规定,邦联国旗今后将作为国旗由邦联各州的商船专门悬挂,商船不允许在邦联旗上使用特殊的徽章。③1892年11月8日,德意志帝国颁布《帝国旗帜使用法令》确定,1867年10月25日《商船悬挂联邦旗法令》为德国商船制定的邦联旗帜成为德国国旗。19世纪,拉丁美洲独立国家日益增多,各国也随之开启了南美国家象征法制定的新浪潮。美洲大陆的许多新国家都在寻找合适的国家象征,而通过法律形式确立的国家象征,反映了动荡的国家在努力建立新的主权身份。

---

① Whitman H. Ridgway, *A Century of Lawmaking for a New Nation: U. S. Congressional Documents and Debates*, 1774-1875, Journals of the Continental Congress, Vol. 8, p. 464.

② "Collection complète des lois, décrets, ordonnances, réglemens, et avis du Conseil-d'État: publiée sur les éditions officielles du Louvre; de l'Imprimerie nationale, par Baudouin; et du Bulletin des lois, de 1788 à 1824 inclusivement, par ordre chronologique...: suivie d'une table alphabétique et raisonnée des matières/par J. B. Duvergier, avocat à la cour royale de Paris" [archive], sur Gallica, 20 janvier 1794 (consulté le 6 août 2022).

③ Verordnung, betreffend die Bundesflagge für Kauffahrteischiffe. https://www.deutscher-reichsanzeiger. de/rgbl/verordnung-betreffend-die-bundesflagge-fuer-kauffahrteischiffe/.

进入 20 世纪后,国旗使用管理制度开始广泛确立。在国家象征的使用过程中,逐渐形成了通用的国家象征使用规则、管理规则等。随着人们对于国家象征的尊崇化程度日益提高,采取法治保障手段也越来越有必要。例如,1942 年 6 月美国总统签署由国会通过的《国旗法典》,较为系统地明确国旗使用的规则。

20 世纪中叶以后各国纷纷制定国旗相关法律,普遍较为详细地规定了国旗的使用情形、使用规则、法律责任等内容。国旗法律制度已经成为各国法律制度的重要组成部分。例如,1955 年苏联通过国旗法,明确规定国旗应当升挂的地点和时间,明确国旗使用的规则等;1971 年阿联酋制定国旗法;1973 年沙特阿拉伯制定国旗法;1981 年西班牙制定国旗和其他旗帜使用法;1982 年瑞典制定国旗法;1987 年葡萄牙制定国旗使用规则。

二、我国国旗法律制度的发展历程

自我国清末以来,随着同世界各国交流的增多,原本没有确立国旗的中国,开始使用国旗。自清末至中华民国时期一共使用过三种国旗,分别为黄龙旗、五色旗和青天白日满地红旗。国旗的接连变化,象征着政权的快速更迭,国旗法律制度始终未得到确立巩固。[①]

(一)清末时期:国旗制度建立伊始

19 世纪末,晚清政府与西方列强接触密切,发现在外交场合无旗帜代表中国,在窘迫的情况下于 1862 年确立了第一面中国国旗——黄龙旗[②],但并没有大规模推广使用。考虑到长方形龙旗与八旗中的正黄旗接近,因此削去一角为三角形以避免僭越。[③] 但是三角旗的设计与国际上通行的国旗设计有较大不同,实际使用中也不便于识别。黄龙旗最初为清朝非正式的海上政府船旗,主要为政府船只和海军使用,民船不得悬挂。其后,由于实践的需要,一些涉外官方机构也开始悬挂三角黄龙旗。

1888 年,清末朝廷批准颁布的《北洋海军章程》提出:"应将兵船国旗改为长方形,照旧黄色,中画青色飞龙,各口陆营国旗同式。"[④] 随后,国旗逐渐改为长方形。1889 年,天津军械局完成了长方形龙旗设计样稿和营造法则:"查黄龙

---

① 目前,尚未有专门的论文著作,从制度内容的角度梳理国家象征法律制度的变迁。

② 参见施爱东:《哀旗不幸,怒旗不争:大清龙旗 50 年》,载《民族艺术》2011 年第 1 期,第 8—9 页。育民:《清朝国旗考》,载《上海师范大学学报(哲学社会科学版)》1992 年第 2 期,第 71 页。

③ 施爱东:《哀旗不幸,怒旗不争:大清龙旗 50 年》,载《民族艺术》2011 年第 1 期,第 8 页。

④ 姜鸣:《清末龙旗研究——以文献、图像和实物为中心》,载《中国国家博物馆馆刊》2022 年第 4 期,第 75 页。

旗为与各国交接而设,旗幅必须较大,方壮观瞻。其宽长尺寸又须与升挂之处合宜。""现改用长方旗式,应仍仿照办理。遵经妥细考校,酌拟制造。""尺寸分为大小四号:头号横长一丈五尺六寸,直宽一丈六寸五分;二号横长一丈三尺九寸,直宽九尺五寸;三号横长一丈一尺五寸,直宽七尺六寸;四号横长九尺六寸,直宽六尺三寸。""旗式一律照长方,照旧用正黄色羽纱制造。旗中青色飞龙,仍用羽纱照旧镶嵌,龙头向上,五爪。"[1] 此方案被清政府批准并"照会东西洋各国一体知照"[2]。清末国旗黄龙旗起源于军旗,实际用途上也适用于对外交往的船舶、军舰中。有关研究表明,清末新政时期开始(始于 1901 年),开启了国民悬挂国旗以庆贺君主诞辰的政治文化。[3] 悬挂国旗的场合不再仅仅局限于少数情形,而是开始向更多国民普及。

清末国旗的诞生是在学习借鉴国外国旗基础上产生的。从国旗样式的确立过程来看,与国外通过颁布决议、决定的方式确立不同,清政府主要通过批准章程的方式确立,这是仍处于封建时期的国情导致的。总体上看,国旗法律制度方面,清末尚未有比较详细的规定以及相关阐释。

(二)北洋政府时期:国旗制度动荡中发展

中华民国成立之初,就着手确定新的国旗。如 1912 年 1 月 9 日,身居武汉的副总统黎元洪致电南京,希望尽快通过法律程序使国旗规范化:"正朔已定,国旗及军商各旗式应即划归一律,请速颁发定式,以便遵行。"南京参议院随即复电:"沿江各省现在皆以五色旗为国旗,经本院议决,请大总统通告各省,国旗即用五色旗。"[4] 1912 年 1 月 10 日,当时新成立的南京临时参议院通过专门决议,使用五色旗作为临时国旗。红、黄、蓝、白、黑五色分别表示汉族、满族、蒙古族、回族、藏族,所选用的五色为五个民族传统上所喜爱的颜色,象征着五族共和。临时参议院作出决议后,提请临时大总统核准通过,但 1912 年 1 月 11 日,孙中山在"复参议院论国旗书"中指陈五色旗的弊端:"一、清国旧例,海军以五色为一二品大官之旗,今黜满清之国旗而用其官旗,未免失体。二、其用意为五大民旗,然其分配代色取义不确,如以黄代满之类。三、既言五族平等,而上下排列,仍有阶级。"之后,他意图将五色旗降等为区域性的"苏浙之旗",最终得出结论:民国国旗"本总统以为暂勿颁定施行,而俟诸民选国会成立之后",坚决地

① 姜鸣:《清末龙旗研究——以文献、图像和实物为中心》,载《中国国家博物馆馆刊》2022 年第 4 期,第 87 页。
② 育民:《清朝国旗考》,载《上海师范大学学报(哲学社会科学版)》1992 年第 2 期,第 68 页。
③ 小野寺史郎:《大清臣民与民国国民之间?——以新政时期万寿圣节为中心的探讨》,载《华东师范大学学报(哲学社会科学版)》2011 年第 5 期,第 84 页。
④ 王小孚:《民国五色旗出自赵凤昌之手 一度被孙中山搁置》,载人民网,http://culture.people.com.cn/n/2012/1211/c172318-19861079.html。

搁置了"国旗案"①。孙中山意将兴中会的青天白日满地红旗作为国旗,并不赞成将五色旗作为国旗,因此并未将该项决议通告各省。

民国国旗未定,在参议院一直也有争议。1912 年 5 月 4 日,由南京迁至北京的临时参议院召开第一次会议,"国旗案"被再次提出。由于临时政府建立时"前南京参议院议决用五色旗者,因各省几乎一致,故从多数",至 5 月 10 日,"议长用五色旗为国旗之意询众议员,众议员全体起立表决,拍掌欢呼民国万岁",五色旗率先获得全票通过。②

参议院在提请临时大总统公布国旗的咨文中称:"以五色旗为中华民国国旗,就道德上、历史上、习惯上、政治上种种方面观察,非惟足以代表全国精神,且为中华民国永久不磨之特色。现友邦公使、外域华侨,函电所通均已共晓。而外人并有目此旗为虹旗,谓中国驱除专制、建设共和正如彩虹亘天,阴霾尽扫者。此尤可见此旗荣誉中外欢迎,应即定为中华民国国旗。"

1912 年 6 月 8 日,袁世凯发布"临时大总统令":"参议院议决以五色旗为国旗,商旗适用国旗,以十九星旗(原十八星铁血旗中心增加一星)为陆军旗,以青天白日旗(此处指青天白日满地红旗)为海军。本大总统按照约法(指 3 月 11 日南京临时政府公布的《临时约法》)第二十二条公布之,此令。"③至此,国旗之争尘埃落定,问世 7 个月的五色旗正式成为中华民国法定国旗。国旗确立后,1914 年 6 月,北洋政府内务部发布命令,考虑到"无知之徒竟将国旗滥行作用,自非严行查禁,殊不足以崇国体而表尊崇",内务部要求"通告商民人等,嗣后如敢将国旗及海陆军旗随意模制滥行作用,一经查觉,定即严惩罚办"④。1915 年 8 月,北洋政府内务部发布命令,要求各省暨特别区域发布公告,让人民遇有国家典礼之日,一律悬挂国旗。⑤

综上,中华民国之初,已经充分认识到国旗的象征意义以及教育作用。国旗"是国家的标识,并且有极可纪念的历史,极远大的意义"。"自今以后,一般国民若能就国旗的色彩上、形式上、作用上感悟各种道理,激发各种感情,这国旗,不但是国家的徽识,并且还是国民教育上的好材料呢。"⑥但是民国战乱,北洋政府的国旗未能全国通行,也未能颁布制定国旗使用管理的具体制度规范。此后,五色国旗一直沿用至北洋政府结束。

---

①　《大总统复参议会论国旗函》,载《临时政府公报》1912 年 2 月 3 日第 6 号,第 7—9 页。

②　王小孚:《民国五色旗出自赵凤昌之手　一度被孙中山搁置》,载人民网,http://culture. people. com. cn/n/2012/1211/c172318-19861079. html。

③　《临时大总统:公布议决国旗商旗海陆军旗式(中华民国元年六月初八日)》,载《政府公报分类汇编》1915 年第 40 期,第 15 页。

④　《饬知尊崇国徽》,载《时报》1914 年 6 月 14 日,第 15 版。

⑤　《内务法令例规辑览》(第十四类·礼俗),1912 年 2 月至 1918 年 4 月内务部编辑处编,第 160 页。

⑥　《国旗浅说》,载《讲演汇编》1917 年第 27 期,第 6 页、第 11 页。

(三)南京国民政府时期:国旗制度主体内容得以确立

南京国民政府成立之后,对于国旗尤为重视。青天白日满地红旗是在 1928 年北伐成功之后,于 12 月由当时国民政府通过的《中华民国国徽国旗法》确定。该旗帜以青天白日旗为蓝本,加上红色为底色,而形成"青天、白日、满地红"的国旗。其寓意为:青色代表光明纯洁、民族和自由;白色代表坦白无私、民权和平等;红色代表不畏牺牲、民生和博爱。白日的 12 道光芒,代表着一年 12 个月,一天 12 个时辰;也象征着国家的命脉,随着时间的前进永存于世界;更鼓舞国人与时俱进,自强不息。

1928 年《中华民国国徽国旗法》既规定青天白日旗为党旗,又规定青天白日满地红旗为国旗,显示以党治国之意。1931 年 7 月,国民政府通过训令颁布《党旗国旗之制造及使用办法》。[①] 为统一管理旗帜制售,1935 年 5 月,国民政府通过训令颁布《制售党国旗商店管理办法》。1935 年 5 月 1 日,国民政府训令第 360 号公布施行,增加制售旗帜商店须经政府核准的规定。1946 年 12 月 25 日,制宪国民大会通过《中华民国宪法》,第一章总纲第六条明确规定:"中华民国国旗定为红地,左上角青天白日。"

南京国民政府时期,对于国旗的意义、重要性认识更加深刻,也出台了系列国旗使用的具体制度。"国旗为代表国家之标识,民族精神所寄托,对于使用有不易之方式,对于迎送有规定之礼节,即所以示敬重而崇礼制也。"[②] 但是国旗知识仍未普及广大人民群众。"对于国旗,往往不知尊敬,穷乡僻壤,向不悬挂国旗的,固不待言。就是通都大邑遵章悬旗,也不免参差错乱。有将颜色排列错误的,有将旗章上下颠倒的,甚至有用破旧布条或是纸上涂色,勉强塞责的,不但观瞻不雅,而且令人看见,说我国人民毫无尊敬国旗的意思,岂不惹人耻笑。"[③] 1945 年一报刊上登载《关于国旗》一文,指出"就现在街巷里悬挂的旗帜来说,颇有些国人好像是忘了国旗的形式,否则,便是根本马虎不曾熟识过,最马虎的便是不曾数清白日的光芒有多少个,其次是忘了看颜色"[④]。

民国时期是我国借鉴西方国家构建近现代主义国家象征的开端。民国国旗制度取得较大的发展,一些重要的国旗制度得以确立,如升国旗制度、下半旗制度等,也明确了一些国旗使用的规则,如国旗优先等。

斗转星移,国家象征自清末至民国多次变化,其间的沧桑变化与当时的政治体制的性质密切相关。从清末至中华人民共和国成立前,局势动乱,一些割

---

① 《党旗国旗之制造及使用办法》,载《国民政府公报(南京 1927)》1931 年第 823 期,第 2、4—9 页。

② 《敬崇国旗》,载《中华周刊》1935 年第 516 期,第 6 页。

③ 《国旗浅说》,载《讲演汇编》1917 年第 27 期,第 7—8 页。

④ 斯桐:《关于国旗》,载《大华周报》1945 年第 2 期,第 14 页。

据或傀儡政权,也称自身是"中央政府",亦设有各自的"国旗"。但是由于使用时间较短、使用范围较窄,早已在历史长河中销声匿迹。

(四)新中国成立以后:国旗制度取得长足发展

新中国成立后,国旗使用越来越广泛,开启了国旗法治化的进程。改革开放以前,国旗法治化进展缓慢;改革开放以后,伴随着整个国家法治化进入快速通道,国旗法治化也迎来新的阶段。

1. 新中国成立初期,国旗法律制度曲折中前进

新中国成立之际,为了能够建立一个区别于旧政权的国家象征,在中国共产党的领导之下,1949 年 6 月 15 日,新政治协商会议筹备会开始征集国旗图案。1949 年 9 月 27 日,中国人民政治协商会议第一届全体会议通过《关于中华人民共和国国都、纪年、国歌、国旗的决议》,该决议第四条规定:"全体一致通过:中华人民共和国的国旗为红地五星旗,象征中国革命人民大团结。"此次决议正式通过了新中国的国旗。1949 年 9 月 28 日,中国人民政治协商会议第一届全体会议主席团公布《国旗制法说明》。新中国成立伊始,中央人民政府就着手开始研究制定国旗使用办法,虽然拟定了草案,但最后因故未颁布实施。① 1954 年第一届全国人民代表大会第一次会议通过《中华人民共和国宪法》,正式在宪法中确立国旗。然而,由于"文化大革命"等因素,自新中国成立至 20 世纪 90 年代初,我国未能在法律层面建立完整的国旗法律制度。

2. 改革开放后,国旗法律制度逐渐成形

1984 年,中央宣传部制定《关于中华人民共和国国旗升挂的暂行办法》,明确国旗的升挂机关、地点、仪式、禁止情形以及注意事项。1990 年 6 月 28 日,第七届全国人民代表大会常务委员会第十四次会议审议通过了《中华人民共和国国旗法》,这是新中国成立以来我国颁布的第一部国旗法。国旗法建立了规范化的国旗使用、管理制度,包括国旗的组成、国旗的使用情形、国旗的使用礼仪、国旗的使用规则、国旗的法律责任等制度。根据国旗法,1991 年 4 月 15 日,外交部发布《关于涉外升挂和使用国旗的规定》。1991 年 10 月 10 日,原交通部发布《船舶升挂国旗管理办法》。一些地方也开始制定国旗相关条例,如 1997 年 7 月 7 日上海市人民政府发布《上海市升挂使用国旗管理办法》等。为更好实施国旗法,相关国旗国家标准开始制定,如国家标准《国旗》(GB 12982-1991)规定了国旗的外观质量(形状、旗面图案、制版定位、标准尺寸、旗面颜色)、染色牢度、国旗缝制、旗面评定、试验方法、检验规则、包装、标志的技术要求。《国旗升挂装置基本要求》(GB/T 18302-2001)规定了国旗升挂装置的技术要求、标志、

---

① 中央档案馆编:《中华人民共和国国旗国徽国歌档案》,中国文史出版社 2014 年版,第 344 页。

标签和包装。国家标准《国旗用织物》（GB/T 17392-1998）（2008 年修改）规定了加工制作国旗用的棉、丝、涤纶、腈纶、锦纶类织物的技术要求、试验方法、检验规则、包装和标志。《国旗颜色标准样品》（GB 12983-1991）（2004 年修改）规定了以化学纤维织物（不含人造纤维织物）、丝绸、棉布为材质制作的国旗颜色标准样品的尺寸、色度的技术要求。

3. 进入新时代，国旗法律制度日趋完善

国旗法颁布施行以来，对保障国旗的正确使用，维护国旗的尊严，增强公民的国家观念，弘扬爱国主义精神，发挥了重要作用。针对实践中存在的突出问题，2020 年 10 月 17 日全国人大常委会通过修改国旗法的决定，进一步完善国旗使用和管理制度，对于增强公民的国家观念、弘扬爱国主义精神、培育和践行社会主义核心价值观起到重要作用。在国旗制度方面，主要修改内容如下：一是完善国旗尺度。增加了对非通用尺度国旗的原则要求，同时对国旗与旗杆的尺度比例提出要求。二是增加国旗志哀相关制度。增加国家领导人等逝世、烈士遗体、灵柩或者骨灰盒可以覆盖国旗。三是增加国旗教育宣传制度。增加规定，国旗应当作为爱国主义教育的重要内容，中小学应当教育学生了解国旗的历史和精神内涵，遵守国旗升挂使用规范和升旗仪式礼仪。新闻媒体应当积极宣传国旗知识，引导公民和组织正确使用国旗及其图案。四是明确国旗的监管部门。为进一步加强国旗监督管理，此次修改，增加规定由国务院办公厅统筹协调全国范围内国旗管理有关工作，地方各级人民政府统筹协调本行政区域内国旗管理有关工作。

国旗法实施后，很多县级人民政府依据国旗法的规定确立本行政区域内管理国旗的主管部门，国旗主管部门的确立确保了本地国旗管理制度的实施。我国香港、澳门特别行政区根据修改后的国旗法完善了本地立法，推动国旗法在港澳实施，加强了我国港澳特区的爱国主义教育。

三、国旗法律制度的主体框架

国旗法律制度是国家象征法律制度中较为系统、全面的，但国旗法律制度的主要内容有哪些，目前还没有学者进行系统的总结概括，根据各国立法和司法实践，国旗法律制度的主要内容如下：

一是国旗的性质和地位。国旗是国家的象征，国旗的性质和地位是国旗法律制度的首要条款，是国旗法律制度的统领性条款。例如，我国国旗法第四条规定，中华人民共和国国旗是中华人民共和国的象征和标志。每个公民和组织，都应当尊重和爱护国旗。

二是国旗的构成。国旗的构成分为两部分：在外部是尺寸，在内部是图形和颜色。各国法律通常情况下对国旗有两种规定方式：（1）在正文对国旗进行简要描述；（2）在附件中对国旗的具体制法、具体样式、尺度等进行详细说明。

三是国旗的使用情形。国旗的使用情形一般包括：（1）应当使用国旗的场合、情形，如国旗法律往往分别规定每日升挂国旗、节假日升挂国旗、重大活动升挂国旗的地点等。（2）鼓励国旗使用的情形。（3）可以使用国旗的场合、情形。（4）国旗禁止使用的特定情形，如不得用于商标、商业广告、外观设计专利等。在外交、军事、船舶等领域，由于使用场景与一般场景有很大不同，所以国旗的使用方式也有很大不同，这些领域形成了特殊的使用制度。

四是国旗的使用仪式。为了维护国旗的尊严，增强使用国旗的仪式感，给予国家象征以尊荣地位，有必要形成一系列国旗的仪式，如升国旗仪式、下半旗仪式等。

五是国旗的使用规则。为了维护国旗的尊严，给予国家象征以尊荣地位，需要专门明确国旗使用的规则，如明确国旗使用的优先规则及例外情形。

六是国旗的监督管理制度。具体制度内容包括：（1）国旗的主管部门制度；（2）国旗生产、销售、收回等方面的制度；（3）国旗的知识产权制度；（4）国旗的教育宣传制度。

七是国旗的法律责任。根据情形不同，对涉及损毁、侮辱国旗等行为明确不同的行政责任、刑事责任。

第二章　国旗的构成

第一节　国旗的图案

国旗的构成是国旗法律制度的基础性问题,也是每个国家国旗法必须要明确的事项。设计一面代表整个国家的旗帜,往往是充满挑战的,为了应对这种挑战,很多国家往往采取全民征集、代议制机构决定的方式确定国旗图案。"各国国旗的区别,主要表现在国旗的具体构成(如国旗的形状、颜色、图案等具体要素)的不同。"[①] 通常而言,国旗作为实体物时,可以从两个维度分析:内部维度可以称为国旗的图案,具体包括国旗图案的图形、颜色、比例;外部维度可以称为国旗的尺寸,主要涉及长宽高。国旗的图案是国旗构成的首要要素。

一、国旗图案的图形

国旗图案的图形具有象征意义,象征着所代表的国家的独特历史、价值和使命。一国国旗将旗帜的相关元素结合在一起,创造出代表整个国家的象征,而对于制定者而言往往希望整个国旗能够最大限度地代表国家的不同地域、不同民族、不同种族。

从实践的角度,国旗图案设计的第一个原则是保持简洁,当它挥舞时,可以从远处、两侧看到。如果把旗帜设计复杂化,它会变得更加昂贵,也无法从远处看到细节。一国国旗要体现充分的多样性,充满活力。国旗只有既醒目、恰当,又易于辨认,才能在总体上取得成功。世界上各个国家的国旗大都简洁,并具有象征意义,可以说明它们所代表的国家。例如,美国国旗有 13 条条纹和 50 颗星星,分别代表 13 个原始殖民地和 50 个州。英国国旗由圣安德鲁十字、圣帕特里克十字和圣乔治十字组成,按特定图案重叠。这三个符号分别代表苏格

[①]　武增主编:《中华人民共和国国旗法、国歌法、国徽法导读与释义》,中国民主法制出版社 2021 年版,第 254 页。

兰、爱尔兰和英格兰。独特的民族历史和理想使国旗设计需要考虑整合性。例如,澳大利亚国旗在最靠近旗杆的左上角有英国国旗,以承认英国人在澳大利亚定居的历史。

历史经验表明,不同国家的国旗蕴含着不同的含义,这种不同的意义既是国家所要传达和强化的,也是具有影响力的国旗所必须具备的。在长期的历史实践中,国旗所蕴含的意义与一国政治历史文化传统相互影响。

二、国旗图案的颜色

(一)国旗颜色的寓意

"颜色的象征性是指某些颜色对每个人都有共同的联想作用,因此颜色可以作为符号或表意文字。色彩案例最典型的象征是一个国家的国旗颜色。国旗上的每一种颜色都被赋予了特定的含义,国旗颜色体现出各国在地域、文化、经济等方面都有很大的不同,同时也有不同的文化心理和个人情感因素。国旗上的颜色可以看作一个民族性格的代表。"[①]颜色通常有象征意义,这种象征意义与文化、礼仪等有密切关系,设计使用国旗时对于国旗的颜色必须高度重视。通常,国旗颜色的选择主要有两种不同的思路:一是与国家本身传承及其身份有关。例如,美国保留了英国国旗的红色、蓝色和白色。英国和法国无疑将红色、白色和蓝色留给了他们的殖民地和前殖民地。二是使用颜色中所通常认为的寓意。如红色的旗帜描述经常使用诸如"独立"或"主权"之类的词语,这些词语被归类为"斗争"。"二战"以后很多新独立的国家国旗颜色往往包含此类颜色的含义。

对于同一种颜色的含义,不同国家有自己的解释。而且,即使在一个国家内,这些解释也可能不同。国旗被采用后,颜色通常会有附加意义。在美国国旗中,红色象征力量和勇气;白色象征纯洁和纯真;蓝色象征着警惕、毅力和正义。这些特征被认为与美国的价值观密切相关。在马尔代夫共和国,国旗为绿色,带有红色边框,中心有一个垂直的白色新月,新月的封闭面位于旗帜的升起面。红色矩形代表国家英雄的鲜血,以及他们为保卫国家而牺牲每一滴鲜血的意愿;中间的绿色矩形象征着和平与繁荣;白色的新月象征着国家和当局的伊斯兰信仰。在巴基斯坦,国旗为深绿色,左侧有一条白色长条,中央有一个白色新月形和一个白色五角星形。巴基斯坦国旗所用颜色和符

---

① 김중관.아랍15개국기의색채비교를통한다문화적심리기제분석.한국이슬람학회.한국이슬람학회논총.한국이슬람학회논총제23권제1호.2013.61-83.

号的意义如下：白色——和平与诚实，象征着宗教少数群体的角色；绿色——希望、欢乐和爱，在许多文化中都具有神圣的意义，绿色也与伊斯兰教有关。新月、星星和绿色是伊斯兰教的传统象征。

（二）国旗颜色的法定化

颜色是人的大脑对物体的一种主观感觉，是由亮度和色度共同表示的。色度是不包括亮度在内的颜色的性质，它反映的是颜色的色调和饱和度。人的视觉系统对色彩的感知是错综复杂的，为了可以量化地描述色彩，国际照明协会根据实验，将人的视觉系统对可见光内不同频率的辐射，所能引发的感觉用红、绿、蓝三原色的配色函数来加以记录。除了配色函数对色彩加以描述之外，国际上通用不同的色卡来便捷地确定颜色。色卡是自然界存在的颜色在某种材质上的体现，用于色彩选择、比对、沟通，是色彩实现在一定范围内统一标准的工具。国际上比较通用的颜色标准包括 Pantone 色卡、RAL 色卡、NCS 色卡等。一些国家通过法律法规、规范性文件对国旗的具体颜色标准作了规定，如卢森堡国旗颜色的相关规定明确，国旗的颜色定义如下：红色是彩通色号 032C，蓝色是彩通色号 299C。[①]

目前，我国国旗的颜色是通过国旗相关国家标准确定的。《国旗》（GB 12982-2004）规定"国旗红"是在色度图上特定红色范围内的红色。用化学纤维织物、丝绸制作的国旗中的红色，分别以 GB 12983 中化学纤维织物、丝绸制作的国旗颜色标准样品的红色为准。"国旗五星黄"是在色度图上特定黄色范围内的黄色。用化学纤维织物、丝绸制作的国旗中的五星黄色，分别以 GB 12983 中化学纤维织物、丝绸制作的国旗颜色标准样品的五星黄色为准。《国旗颜色标准样品》（GB 12983-2004）规定了以化学纤维织物（不含人造纤维织物）、丝绸、棉布为材质制作的国旗颜色标准样品的尺寸、色度的技术要求。国旗颜色标准样品的色度数据以 CIE 标准照明体 D65 和 CIE1964 补充标准色度系统计算。

上述国家标准主要采用较为精确的照明方法测定，并依赖复杂的函数系列来确定。上述标准较为专业，主要适用于检测国旗样品，如用于向普通公民普及国旗颜色知识则较为困难。为了普及国旗颜色的知识，确定国旗颜色可以采用更加容易让一般公民理解的色卡标准，如可以考虑采用我国国家标准委员会已经发布的中国颜色体系国家标准来确定国旗颜色。

在我国，通过国家标准委员会建立《中国颜色体系》（GB/T 15608-2006）和《中国建筑色卡》（GSB16-1517-2002）等，中国纺织信息中心在 CNCS 标准色彩

---

① 1993 年 7 月 27 日的大公国条例，规定了卢森堡国旗与内陆航运、航空旗帜的颜色组成。

体系的基础上,开发出简洁实用的色彩工具——CNCS 时尚色卡。中国颜色体系中各种不同颜色在空间的排列也是依据颜色的三属性即色相、明度和饱和度来排列和标定的,并规定观察条件用标准光源 D65 照明和在 10°视场以及 0/45°的观察下来察看颜色和标定颜色,使中国颜色体系与 CIE 色度系统(目前国旗国家标准所使用的确定国旗颜色的标准)相匹配。

三、国旗图案的比例

国旗长度与宽度的对比是国旗的长宽比例。国旗图案的长宽部分可以有不同的比例,最常见的比例是 3∶2(超过 40% 的国旗),然后是 2∶1 和 5∶3。世界各国国旗绝大部分是长方形。瑞士国旗和梵蒂冈城国国旗是仅有的两面正方形国旗。尼泊尔国旗是唯一不是四边形的国旗,其由两个三角形组成,也是唯一一面纵大于横的国旗。

适宜的长宽比例要符合公民一般的美感观念。有学者对于欧洲、非洲国旗的比例进行了研究,分析欧洲主权国家、非洲的国旗所使用的比例特征。通过研究表明,国旗的比例根据地区、语言、宗教、政府类型等因素而定。结果如下:(1)欧洲各国国旗的长宽比例从 1∶1 到 2∶1 共 15 种,其中有 3 种比例较高,分别为:3∶2(34.3%)、2∶1(26.7%)、5∶3(11.1%)。(2)3∶2 的比例,是国旗最常见的比例,与共和国、天主教、巴尔托-斯拉夫语及南部、东部、西部地区的国家有关。(3)2∶1 的比例与共和国、天主教或东正教、巴尔托-斯拉夫语、南部地区的国家有关,而不是其他地区。这一比例与共产主义和民族联盟有很大的关系。(4)5∶3 的比例与共和国、天主教、日耳曼、西部地区的国家有关,而不是南部地区。这个比例以及 8∶5 比 3∶2 或 2∶1 更接近于黄金比例 1∶0.618。(5)在 15 个国家使用的 12 种其他比例,比上述比例有更多的特点。这些比例与新教、日耳曼、北方地区,特别是君主制或中立国家有关。[1] 在非洲 53 个国家中,最常用的比例是 3∶2(占比 66%),其次是 2∶1(占比 17.0%),其他比例的旗帜占比 17.0%。[2]

---

[1]　정유나.국기조형의비례특성에관한연구-유럽주권국가를중심으로-2015, vol.16, no.6, 통권72호pp.551-564.

[2]　브랜드디자인학연구.아프리카대륙주권국가들의국기디자인분석연구.2011, vol.9, no.1, 통권17호pp.171-186.

第二节　国旗的尺寸与升挂尺度

一、国旗的尺寸

与国旗图案的比例是国旗内部长与宽的比例关系不同,国旗的尺寸涉及国旗与外部实物的对比关系,是国旗实物呈现的大小。国旗的尺寸是国旗升挂时必须考虑的问题。

在我国民国时期,民国国旗的尺寸经历了由混乱到统一的过程。南京国民政府成立之初,对于国旗尺寸未作详细要求。在实践中南京国民政府的国旗"在形式上却发生了不少的笑话和亵渎的事实,譬如关于党国旗的尺度样式质料颜色礼节和使用法等,各地相异,花样百出,无奇不有"①。1928 年 10 月 8 日,国民党中央第一七三次常会通过《中央划一之党国旗尺度》,并交国民政府转发执行。《中央划一之党国旗尺度》指出:"为通告事,本党党旗及中华民国国旗,自制定颁布以来,制造者于尺度比例、及星角光芒距离,每多任意增损,亟应重订,以资划一。兹经本会第一七三次常会决定:参照以前颁发之尺寸比例修正,除将党国旗图式尺度比例函送国民政府转饬遵照外,合将党国旗图式图案及尺度比例颁发,仰该党部转饬所属各级党部、及全体党员一体遵照。特此通告。"② 1928 年 10 月 12 日,"中执会"将议决后之旗帜式样及尺度比例函送国民政府,通令全国统一党国旗图案样式及尺度比例。统一国旗图案尺度,"使全国飘扬的党国旗整严划一,中华民族的伟大精神,就愈表现出生机蓬勃的境象了"③。

新中国成立之际,国旗的尺寸也得到考虑和明确。1949 年 9 月 28 日,中国人民政治协商会议第一届全体会议主席团公布《国旗制法说明》中明确规定:"国旗之通用尺度定为如下五种,各界酌情选用:甲、长 288 公分,高 192 公分。乙、长 240 公分,高 160 公分。丙、长 192 公分,高 128 公分。丁、长 144 公分,高 96 公分。戊、长 96 公分,高 64 公分。"1990 年 6 月 28 日,第七届全国人民代表大会常务委员会第十四次会议通过国旗法时,将《国旗制法说明》作为附件,沿用了国旗的通用尺度。

国旗法制定后,1991 年全国颜色标准化技术委员会起草了国家标准《国旗》(GB 12982-1991),明确了国旗法所确定的五种国旗标准尺寸和允许误差;

---

① 《中央颁布党国旗尺度比例》,载《中央周报》1928 年第 19 期,第 2 页。
② 《中央划一之党国旗尺度》,载《湖北省政府公报》1928 年第 20 期,第 100、101 页。
③ 《中央颁布党国旗尺度比例》,载《中央周报》1928 年第 19 期,第 2 页。

并且明确"因特殊需要制作不同尺寸国旗时,均按通用尺寸和允许误差成比例地放大或缩小"。由于实践中,手持国旗、桌旗、车旗等国旗使用也很普遍,1996年该标准进行了修改,增加了车旗、签字旗、桌旗的各项尺寸。根据国旗生产厂家的国旗生产情况,非通用尺度的国旗需求也大量存在。

二、公共建筑使用国旗的尺度

尺度与尺寸不同,尺寸是事物的长度单位,尺度是一个事物与另一个事物形成的数比关系,也特指人与物形成的数比关系。① 国旗与旗杆的尺度比例影响国旗展现效果,是国家形象塑造的重要内容。尺度设计是调整和控制人与环境审美目标的有效手段和工具,尺度设计依据人们不同的审美尺度心理需要进行,如获得亲切的审美尺度、获得崇高或宏大的审美尺度等。但同时,尺度比例也是通过主观的心理过程起作用,尺度设计需要与人的身心取得良好匹配,满足人们的正常心理需求。在苏联,国旗法对国旗与旗杆的尺度比例作了原则性要求:"要把国旗升在楼前或楼顶的专用旗杆上,不能在高大的旗杆上使用小旗,反之亦然。"②

我国在民国时期就对公共建筑升挂国旗的尺寸作了规定。1931 年 7 月 14日,国民政府通过训令颁布施行的《党旗国旗之制造及使用办法》第八条规定:"会议厅、礼堂悬挂之党旗国旗以第几号为得体,须视该厅堂正面面积之大小而采用之。"第九条规定:"凡商店住户所悬之党旗国旗以六号或七号为标准。"③1934 年《党旗国旗制造使用条例》继续保留上述规定。1944 年《国旗党旗制用升降办法》仅仅在第十条规定,"凡商店住户所悬之国旗党旗以附表号为标准"。

关于国旗、旗杆尺寸的规定,根据国旗法所附《国旗制法说明》的规定,国旗之通用尺度定为五种。但国旗法没有规定国旗的特殊尺度相关问题。根据具有强制力的国家标准《国旗》(GB 12982-2004)规定,"因特殊需要制作非标准尺寸国旗时,均按标准尺寸和允许误差成比例地放大或缩小"。国家标准《国旗升挂装置基本要求》(GB/T 18302-2001)仅仅规定了 4 种广场旗旗杆高度、旗杆直径、旗冠直径、旗杆间距和所升挂的国旗旗面尺寸配置:旗杆高度 5 至 7 米,旗面尺寸为 1.44 米×0.96 米;旗杆高度 7 米至 9 米,旗面尺寸为 1.92 米×1.28米;旗杆高度 9 米至 12 米,旗面尺寸为 2.4 米×1.6 米;旗杆高度 12 米至 15米,旗面尺寸为 2.88 米×1.92 米。国家标准《国旗升挂装置基本要求》没有强制力,仅具有推荐性。

---

① 郑宏:《天安门广场国旗旗杆高度设计研究》,载《北京规划建设》2012 年第 6 期,第 174 页。

② 《国旗·法律·爱国》编写组:《国旗·法律·爱国——国旗知识纵横谈》,中共中央党校出版社1990 年版,第 111 页。

③ 《党旗国旗之制造及使用办法》,载《国民政府公报(南京 1927)》1931 年第 823 期,第 3 页。

天安门广场是中华人民共和国第一面国旗升起的地方,具有极其特殊的象征意义。有的学者认为,天安门广场国旗的升挂尺度相对偏小,国旗醒目度不够,应加大天安门广场国旗升挂尺度。① 1949 年开国大典时,旗杆高 22米,国旗大小与目前(5 米长、3.3 米宽)近似,国旗升挂与旗杆的比例(升挂尺度)为 1∶6.65,因当时天安门广场面积小,国旗较为醒目。但 1991 年重新修建的新旗杆高度为 32.6 米,国旗升挂尺度变为 1∶9.09,且天安门广场面积扩大后已达 44 公顷,国旗在视觉上不如开国大典时醒目,国旗展示气势明显减弱。目前,国旗法对国旗升挂尺度规范没有明确要求,天安门广场国旗升挂尺度无依据可循,国旗升挂尺度变化存在不确定性。因此,建议在"大国巨帜"理念下,选定一个符合审美目标的国旗升挂尺度,建议尺度关系为 1∶6 左右。在综合考虑北京天安门广场面积、周边环境高度和借鉴外国经验做法的基础上,扩大天安门国旗尺寸,同时增加旗杆高度。

对于是否调整大型广场或者公共建筑物的国旗、旗杆尺寸,要充分考虑多重因素。

一是公共建筑物的政治象征意义。公共建筑物如天安门广场国旗景观是构成国家象征和标志符号之一,与人民英雄纪念碑景观、天安门城楼景观共同构成国家形象符号系统。调整大型广场或者公共建筑物的国旗、旗杆尺寸事关重大,需要进行充分的调查研究,既要符合审美的艺术需求,也要考虑实际的安全要求;既要得到专家的认同,还要取得人民群众的广泛认可,必须在广泛征求各方面意见的基础上,统筹考虑。

二是展现国家的形象与地位的必要性。国家的形象与地位不一定需要巨大的旗帜彰显,如大型广场或者公共建筑物周边的建筑与国旗、旗杆交相辉映,也可以彰显国家形象与地位。调整国旗、旗杆的尺寸不仅需要考虑气候、制作工艺,还需要考虑普通群众的审美,更需要考虑周边建筑物的整体性、象征性、协调性。例如,天安门广场国旗、旗杆的大小不能从整个天安门广场景区来衡量,而应以可以看到天安门广场国旗旗杆的视野范围(天安门城楼以南、毛主席纪念堂以北、人民大会堂以东、中国国家博物馆以西)来确定。

三是调整的可行性。我国国旗法和国家标准《国旗升挂装置基本要求》规定了通用的国旗标准,国旗升挂时的国旗、旗杆尺寸,但没有专门对大型广场或者公共建筑物的国旗、旗杆尺寸作出规定,对调整大型广场或者公共建筑物国旗、旗杆的尺寸没有明确的限制。如调整国旗、旗杆尺寸,须在具备充足理由的情况下,在充分调研的基础上,综合审慎考虑美观安全等多种因素,寻找充分合适的时机才能调整。

---

① 郑宏:《天安门广场国旗旗杆高度设计研究》,载《北京规划建设》2012 年第 6 期,第 168—174 页。

第三章　国旗的使用情形

第一节　国旗特殊情形的使用

在社会生活中,公共空间往往被政治化,同时公共空间中的国家机构空间本身就有政治性。国家机关工作场所、公共休闲场所、公共活动场所等公共空间往往被意识形态所渗透和充斥。因此,公共空间也被赋予了政治功能。在公共空间中,国旗的使用对于公共空间进行标识,对于其政治化起到强化作用。"仪式最为重要的特征之一是其规范化(Standardization)。它和重复性一同赋予了仪式以稳定性。进而,稳定性将仪式与强烈的情感联系在一起:这种情感产生于仪式循环往复的举行之中。"① 每日升挂国旗在实际上已经成为一种仪式,在长期不间断的重复中,加强仪式参与者理解和接受国旗所象征的意义。

一、国旗应当升挂的情形

为了加强国家观念,培育爱国主义精神,国旗法往往明确国家机构、教育机构、重要场所等应当升挂国旗。

一是国家机构所在地。一般国家均规定国家机构升挂国旗,具体包括:立法机关、司法机关、行政机关、军事机关以及驻外机关的建筑物、官邸。

二是教育机构。教育机构,特别是中小学校在公民成长之中占据重要地位。在教育机构升挂国旗,有助于潜移默化地增强公民的国旗意识、国家观念,推动爱国主义教育。各国普遍重视教育机构升挂国旗。

三是重要政治意义场所。在很多国家,一些场所、建筑物在政治上起到重要标志性的作用。在这些场所升挂国旗,有利于体现宣扬国家观念,加强爱国主义教育,如巴西三权广场、美国投票站等。

四是代表主权的场所。很多国家规定,在标识国家界限、显示国家主权的场所、设施等升挂使用国旗。

---

① 　[美]大卫·科泽:《仪式、政治与权力》,王海洲译,江苏人民出版社2021年版,第62—63页。

五是公共文化体育设施。公共文化体育设施是以满足公民基本文化、体育需求为主要目的。公共文化体育设施具有公益性，往往由国家资助建设，分布广泛。公共文化体育设施在开放日升挂、悬挂国旗，有利于扩大国旗展示的范围，进一步加强爱国主义教育。

二、政党机构升挂国旗

在1990年我国制定国旗法时，曾经考虑对政党升挂国旗作出规定。国旗法草案修改稿第七条规定："各政党升挂国旗的具体办法，由各政党决定。"在全国人大常委会会议审议过程中，有些委员提出，本法对政党升挂国旗的办法，应当作出统一的、具体的规定，不宜由各政党自行决定。有些委员则认为，法律对政党升挂国旗是否需要规定以及如何规定，都需要进一步研究，国旗法以暂不作规定为好。法律委员会经过研究，建议将这一条规定删去。[①] 1990年6月，第七届全国人民代表大会常务委员会第十四次会议通过的国旗法没有政党升挂国旗的规定。

随着实践的发展，对于政党升挂国旗有了新的认识。根据宪法规定，中国共产党领导是中国特色社会主义最本质的特征。十三届全国人大一次会议通过的宪法修正案，在序言确定了党的领导地位的基础上，进一步在总纲中增写"中国共产党领导是中国特色社会主义最本质的特征"。明确党的机关升挂国旗"遵循了宪法精神，于宪有据"，"进一步体现了中国共产党在国家中的领导地位"[②]。按照《中国共产党中央委员会工作条例》规定，党的最高领导机关，是党的全国代表大会和它所产生的中央委员会。在全国代表大会闭会期间，中央委员会领导党的全部工作，对外代表中国共产党。为体现中国共产党在国家中的领导地位，2020年修改国旗法增加规定"中国共产党中央委员会"所在地每日升挂国旗，并且明确"中国共产党中央各部门和地方各级委员会"所在地应当在工作日升挂国旗。

国旗法第五条规定，中国人民政治协商会议全国委员会应当每日升挂国旗。中国人民政治协商会议是中国人民爱国统一战线的组织，是中国共产党领导的多党合作和政治协商的重要机构。根据政协章程，政协全国委员会在政协组织体系中处于最高地位，对地方委员会有指导关系。虽然全国政协不是国家

---

① 项淳一：《对〈中华人民共和国国旗法（草案）〉（修改稿）一些修改意见的汇报》，1990年6月27日在第七届全国人民代表大会常务委员会第十四次会议上，载武增主编：《中华人民共和国国旗法、国歌法、国徽法导读与释义》，中国民主法制出版社2021年版，第259页。

② 兰琳宗：《完善国家标志制度 增强公民国家观念 专家解读国旗法国徽法修正案》，载中央纪委国家监委网站，http://www.ccdi.gov.cn/toutiao/202008/t20200811_223632.html。

机构,但它在我国政治体系中具有重要地位。因此,应当在其所在地每日升挂国旗。为了进一步体现政协地方各级委员会、各民主党派、各人民团体的地位,2020年修改国旗法增加规定,中国人民政治协商会议地方各级委员会,各民主党派、各人民团体所在地,应当在工作日升挂国旗。

2020年修改国旗法时增加规定,各民主党派、各人民团体所在地应当在工作日升挂国旗。有的意见提出,应进一步明确各民主党派、各人民团体的中央机关还有地方机关升挂国旗。由于各民主党派、各人民团体的情况不一样,各民主党派、各人民团体的地方机关可能没有条件升挂国旗,所以法律没有作严格的规定。在实践中,各民主党派、各人民团体的地方机关可以根据自身情况升挂国旗。

三、宗教场所升挂国旗

宗教场所是否应当升挂国旗,是国家象征立法过程中需要面对的问题。从世界各国情况看,存在不同的立法例,我国也有特殊的历史背景和现实情况。

(一)各国立法例

教堂、寺庙等宗教场所是否升挂国旗及如何升挂,主要取决于各国的法律规定、历史传承、宗教习俗等因素,大致可以分为以下几种情况。

一是法律中规定宗教场所升挂国旗的礼仪规则。在有的国家,法律中涉及宗教场所升挂国旗的相关规定。例如,《美国国旗法》第七条规定,当国旗在教堂或公共礼堂升挂时,国旗应当位于显著位置,且位于面对听众的牧师或者演讲者的右侧。同时,其他旗帜应位于牧师或演讲者的左侧即观众的右侧。该法仅规定国旗在宗教场所升挂时的注意事项,但没有明确宗教场所是否应当升挂国旗。罗马天主教教会没有关于如何升挂旗帜的规定,是否以及如何在天主教会中展示国旗的问题取决于教区主教的判断,后者则经常将其委托给牧师斟酌决定。

在美国,第一次世界大战期间,来自欧洲的新教徒、天主教徒和东正教新移民经常在游行示威中展示国旗,同时升挂国旗也在美国教堂中开始兴起。第二次世界大战期间在教堂悬挂国旗开始盛行,主要原因是教堂为服役的军人及其亲属提供祈祷服务的方便。当时,许多主教和牧师在教堂纪念册旁悬挂国旗,作为一种关怀信徒心理需求的方式,让信徒(特别是亲属有服兵役的信徒)为亲人祈祷。

对于是否应在宗教场所升挂国旗有一定争议,多数人认为,宗教场所升挂国旗意味着效忠于国旗所代表的国家,也象征着对国旗所象征的国家情感上的依恋。每个教会信徒都是国旗所象征国家的成员,对国家表示效忠和依恋是适当的,因此支持宗教场所升挂国旗。也有一部分人认为,升挂国旗仅象征属于国家的财产,或者代表国家机构。现代世俗国家普遍坚持宗教和国家分离,在宗教场所升挂国旗是不合适的。

此外,也有一些国家规定了宗教场所升挂国旗的规则。《特立尼达和多巴哥国家认同指南》明确规定,如果在教堂的圣坛上使用国旗,则应将国旗挂在旗杆上,在牧师面对会众时的右侧。任何其他旗帜都应该放在他的左边。当在圣坛前的小教堂或教堂的主体上展示时,它应该从面向圣坛或平台的会众右侧升挂。教堂主体中的任何其他旗帜都应位于教堂的左侧。

二是法律虽未规定,但实践中在宗教场所升挂国旗较为常见。在一些国家(如加拿大、澳大利亚、韩国、新加坡、马来西亚、菲律宾等),虽然没有法律规定,但基于历史传统或者受到美国宗教场所升挂国旗的影响,教堂升挂国旗是一种十分常见的事情。

英国没有制定专门的国旗法,由于历史传统不同,英格兰、苏格兰、威尔士、北爱尔兰教堂升挂旗帜各有不同,往往不升挂国旗。原英格兰、苏格兰王国有明确的官方基督教教派,英格兰官方教派的教堂升挂原英格兰王国国旗"十字旗",苏格兰官方教派教堂升挂原苏格兰王国国旗,这个传统延续到现在。而威尔士教堂、北爱尔兰教堂升挂所属教派自己的旗帜。在英国全境,军事机关的教堂一般升挂英国国旗。

澳大利亚大多数教派如福音教派、东正教教派教堂以及佛教寺庙通常升挂国旗,意味着效忠澳大利亚;但天主教教派的教堂一般不升挂国旗。

《印度国旗法规汇编》规定,公共组织、私人组织和教育机构等在不违反法律规定的情况下,可以升挂国旗。实践中,出于对国旗所象征的自由战士的尊重,传统上印度教寺庙在国庆日和独立日升挂国旗。

还有一些国家,一些基督教教派的旗帜与国旗相同,如挪威路德教派的旗帜与国旗一致,瑞典路德教派的旗帜与瑞典国旗一致。

三是受政教分离原则影响,宗教场所升挂国旗较少。在一些国家,由于比较强调宗教与国家分离的传统,在宗教场所较少能看到升挂国旗的现象。例如,德国、法国、西班牙、葡萄牙、意大利、比利时、荷兰、以色列等国法律没有规定宗教场所升挂国旗。实践中,教堂升挂国旗并不常见,仅仅是个别教堂的行为。其中,在法国、西班牙、葡萄牙等国,军事机关的教堂往往升挂国旗,以表达对国家的认同。

世界三大主要宗教没有官方统一确定的旗帜,很多国家各类教派有自己的旗帜,对于如何升挂国旗、宗教旗各类宗教的教派做法也不一致。基督教、伊斯兰教按照其教义,分别将十字架、星月标志置于宗教场所的最高处。为了避免国旗与宗教标志的冲突,国旗与宗教标志并不同时悬挂,通常十字架、星月标志位于教堂建筑的最高处,而国旗位于宗教场所前空地或者教堂礼堂的内部。

(二)民国时期宗教悬挂国旗的争议

在中华民国时期,曾因在举办活动时是否要升挂国旗引起争议。当时,法律没有对宗教场所升挂国旗作出要求,但实践中一些宗教场所日常会升挂国旗。1928 年 12 月 22 日晚,上海基督教青年会在上海的殉道堂举行演出活动。一般情况下殉道堂举办活动时悬挂中华民国国旗、中国国民党党旗,而在此活动中殉道堂悬挂着许多花花绿绿的多国国旗。现场参与人员七八百人,有人喧闹提出悬挂国旗、党旗的要求。举办方提出,"这是庆祝娱乐会,请看下面的好表演""今天的会是教会化的,请诸君不要误会"。部分人员认为主办方的解释是轻视国旗,"为什么教会化的会要悬挂万国旗? 唯独在五十面国旗中独缺我国国旗"。经再次要求,主办方才将国旗取来。而在场的人员有人要求主办方背读总理遗嘱,主办方恐发生骚乱,只得宣布散会。会场发生的争论引起关注,多家报纸报道。1928 年 12 月 25 日,国民党上海特别市党务指导委员会召集会议,宣布对主办方的措施,查封教会青年会,开除主办方的党籍等。①

(三)宗教场所可以悬挂国旗

我国国旗法对宗教场所升挂国旗没有作出明确规定,1991 年国旗法规定,企业事业组织,村民委员会、居民委员会,城镇居民院(楼)以及广场、公园等公共活动场所,有条件的可以升挂国旗。多年来,许多地方的宗教活动场所开展了升挂国旗活动,增强了宗教界的爱国意识,得到了宗教界的拥护和支持。

2018 年 7 月 31 日,在全国性宗教团体联席会议第六次会议上与会宗教团体发出《关于在宗教活动场所升挂国旗的倡议》。倡议提出,有条件的宗教场所要升挂国旗,在国庆节、国际劳动节、元旦和春节及各宗教重要节日或举行重大庆祝、纪念活动时,可以举行升旗仪式。宗教活动场所民主管理组织要履行升挂国旗的神圣职责,接受政府宗教事务部门的监督检查。要把在宗教活动场所升挂国旗作为开展创建和谐寺观教堂活动的一项重要内容,纳入考核评价指标。有条件的宗教团体要升挂国旗,各宗教院校要继续完善和执行升挂国旗制度。倡议的提出主体包括:中国佛教协会、中国道教协会、中国伊斯兰教协会、中国天主教爱国会、中国天主教主教团、中国基督教三自爱国运动委员会、中国基督教协会、中华基督教青年会全国协会、中华基督教女青年会全国协会。

---

① 亦镜:《书上海青年会祝诞时忘悬国旗的纠纷》,载《真光杂志》1929 年第 1 期,第 48—53 页。

倡议发出后,社会舆论大多数给予积极评价,主要观点有:一是宗教场所升挂国旗并不违反宗教信仰自由。宗教信仰没有国界,但宗教信徒有国界。国旗象征的不是一种信仰,升挂国旗并不违反宪法规定的宗教信仰自由的原则。二是宗教场所升挂国旗表明对国家主权的尊重、对国家的效忠。三是宗教场所升挂国旗在世界各国已经普遍接受,并且很多国家也是鼓励和支持的。在我国,倡议宗教场所升挂国旗并无不妥。在宗教场所升挂国旗,对深入贯彻国家的宗教工作基本方针,坚持宗教中国化方向,加强宗教界人士和信教群众爱国主义教育,激发宗教人士和信教群众的爱国热情,弘扬爱国主义精神,增加国家意识、公民意识和中华民族共同体意识,具有重大意义。

也有一些人对宗教场所升挂国旗并不认同,其主要观点为,国旗是世俗权力的象征,宗教场所如教堂是神的居所,神圣的地方不能容许高举世俗的旗帜。现代世俗国家普遍坚持宗教和国家相分离,国家不应过度介入宗教。也有的基督教人士认为,在教堂树立的十字架是基督教的标志,代表着上帝对世人的爱与救赎,是神圣不可侵犯的标志。在教堂中,十字架具有最高位置,在教堂升挂国旗时不应高过十字架。

总体而言,倡议发出后,得到了全国各地宗教场所的积极响应,各地掀起了宗教活动场所升挂国旗的潮流。

四、日常生活使用国旗

国旗是一个国家归属感和特定解释的有力象征,在日常生活中,国旗可能用于各种情形,如用于网络表情符号等。有的学者对此进行了专门研究。国旗表情符号是德国和美国在线政治交流中最常用的表情符号之一,而且是广受欢迎的拟人表情符号。国旗表情符号的含义取决于政治和文化背景。在美国,国旗表情符号与国家事件高度关联,而在德国这种关联稍弱。国旗分别成为德国和美国第二和第三常用的表情符号。国旗表情符号增加了国旗于在线交流中的可访问性,并且由于国旗对具有不同政治观点的人有不同的影响,一些政党可能比其他政党从增加的可访问性中受益更多。[1] 总体上看,接触国旗往往会增加对国家的认同感和归属感。对于公民能否在日常生活中使用国旗,不仅需要考虑维护国旗的尊严,也需要考虑公民表达爱国之情的现实需求,这种需要就是要求能够便捷、无压力、无负担地使用国旗。

---

[1] Ankit Kariryaa et al, *The Role of Flag Emoji in Online Political Communication*, Social Science Computer Review, Vol. 40:2, p. 367-387(2022).

第二节　国旗商业化使用的争议

对于国旗用于商业用途,各国通常持谨慎态度。近年来,将国旗图案用于服装等商品的现象时有发生。对于这一现象,各方面存在不同观点,有人认为国旗图案用于商业用途有损国旗尊严,还有人认为商业用途是表达爱国情感的一种形式,应予以支持。

一、国旗商业用途立法例:以服饰为例

国旗图案是否能够用于商业用途的常态化,其中一个重要的事例是能否用于服装。目前,各国对于国旗图案能否用于服装的观点并不一致,根据适用主体不同,主要分为以下两种类型。

(一)普通公民服装使用国旗图案

一是允许使用。在一些国家,法律允许国旗用于各类商品,也包括服装。例如,《俄罗斯国旗法》第九条第一项规定,在不侮辱俄罗斯联邦国旗情况下,公民、社会团体、企业、机构和组织可在其他场合使用俄罗斯联邦国旗及其图案。《韩国国旗法》第十一条规定,国旗及图案可用于各种商品、仪式或者其他目的,但不得以刺破、切割或毁损等其他方式使用国旗及其图案,也不得以令人反感的方式使用国旗及其图案。还有一些国家没有明确规定,但将国旗图案印在服装上属于法无禁止即可为的范围。

二是法律禁止但没有法律责任。例如,《美国国旗法》第八条规定,"不得将国旗的任何部分用作服装或运动制服。但是,可以在军人、消防员、警察和爱国组织成员的制服上印制国旗图案。国旗代表生机勃勃的国家,其本身被认为是充满生机之物"。由于《美国国旗法》没有规定相应的法律责任,且其所禁止的行为,与刑法中禁止侮辱国旗的规定不对应。因此,不得将国旗图案用于服装的行为实际上没有相应的处罚措施。这就导致在美国社会中,仍然大量存在将国旗图案用于服装的情况。

三是法律禁止且明确法律责任。在一些国家,法律规定不得将国旗图案用于服装并明确法律责任,如印度、菲律宾。印度 1975 年最初通过的《禁止侮辱国家荣誉法》没有对国旗能否用于服装作出规定。2002 年《印度国旗法规汇编》第 2.1 条规定,国旗不得用于服装或者制服中图案的组成部分,也不得镶嵌或者印制在垫子、手套、餐巾纸以及任何衣料上。但该法没有规定法律责任。

2005年,印度著名时装设计师身着印有国旗图案的服装出现在时装发布会,该行为导致印度国内广泛争议,印度地区检察官将其起诉到法院。2005年7月,印度国会通过《禁止侮辱国家荣誉法(修正案)》,专门增加规定:"(1)国旗不得用于任何人服装、制服或者服装配件腰部以下图案的任何部分;(2)国旗不得用于服装或者制服中图案的组成部分,也不得镶嵌或者印制在垫子、手套、餐巾纸以及任何衣料上。"根据该法第3(A)条规定,两次违反上述规定构成犯罪,并对每一次行为追究法律责任,处以不少于1年监禁。该修正案相当于放宽了在服装上使用国旗图案的范围。至此,印度将国旗图案印制于上衣的胸前或者后背的部分在市场上广泛销售。

《菲律宾国旗和国徽法》第三十四条规定,不得穿着印制部分或者全部国旗图案的服装或者制服。该法还规定,对于违反本法规定的行为给予罚款或者监禁的处罚。

此外,还有一些国家虽然法律没有直接规定不得将国旗图案用于服装,仅仅是笼统规定不得侮辱国旗,但在实践中却不允许将国旗图案用于服装。如在《马来西亚国家象征(控制升挂)法》中,仅笼统规定不得侮辱国旗。2016年10月4日,9名澳大利亚男子在马来西亚雪邦观看F1赛事时,酒后脱衣服露出以马来西亚国旗图案设计的泳裤,当天被警方逮捕,并扣留4天协助调查。

(二)特殊人员和特殊领域服装使用国旗图案

一些国家法律专门规定有关特殊人员的服装可以使用国旗图案。如《美国国旗法》第八条规定,可以在军人、消防员、警察和爱国组织成员的制服上使用国旗图案。在特殊领域,如国际体育赛事活动中,很多国家普遍允许在比赛服和工作服上印制国旗图案,不少国家在法律中予以明确。例如,《澳大利亚国旗规则》专门规定了运动员参加国际体育赛事申请使用国旗图案的程序。

除了服装之外,对于国旗的商业用途,很多国家的国家象征法律往往采取禁止的态度,禁止国旗用于注册商标、外观设计、专利等知识产权,也禁止用于商业广告、产品包装等商业宣传用途。但是对于特殊情形,如用于特许商品的销售等,也是允许的。

知识产权法通常规定禁止将国旗、国徽、官方标志和政府间组织的标志注册为商标。特别是《保护工业产权巴黎公约》第六条之三规定,保护国家和政府间及国际组织的纹章、旗帜、其他标志、缩写和名称。因此公民、组织不得将国旗注册为商标以及利用其开展商业活动。但在一些国家由于其文化传统或者国旗特色(例如采用三种颜色的条纹组成),对国旗的商业使用作了例外处理。在法国,国旗是由三种常见的颜色组成,任何公司都不得独占法国国旗的颜色,并对其进行垄断性的利用。这一权利属于每个公民,也解释了为什么法国商业广告中不禁止使用法国国旗的颜色。然而,这样的使用并非没有风险:如果使用国旗及其图案的过程导致公众对产品或服务的来源或质量产生混淆,则法律禁止使用。然而,可以肯定的是,在"经济爱国主义"①和"法国制造"的时代,法国是为了避免"法国制造"的欺诈行为。一些议员提议在《法国消费法》第L. 121-2 条中加入一项规定,主要是在法国销售的非本国领土制造的产品上粘贴或展示法国国旗是被禁止的,并构成欺骗行为。但提议内容未获得议会通过。

二、我国国旗商业化使用的情况及其思考

在我国,国旗法第二十条规定了国旗及其图案不得用作商标、授予专利权的外观设计和商业广告,不得用于私人丧事活动等不适宜的情形,没有对国旗图案能否用于服装等商品作明确规定。行政法规也没有相关规定,经检索,目前仅有国家体育总局制定的《国家队队服国家标志式样与使用办法》对体育领域使用国旗图案作出规定。该办法第五条规定:"国家队队服国家标志的使用:(一)专用和服:上衣胸前国家标志为国旗或国徽;(二)专用领奖服:上衣胸前国家标志为国旗,上衣背面为英文大写'CHINA(CHN)';(三)专用比赛服:胸前国家标志为国旗,也可根据需要选用汉字'中国',背面使用英文大写'CHINA(CHN)'。"该办法第六条规定"国家队运动员、教练员未经国家体育总局同意,不得穿着带有国家标志的国家队队服参加广告和商业推广活动。"上述用途可以视为国旗禁止商业化的例外情形。

根据网络购物网站搜索,目前大量存在印制国旗图案整体或者部分图案的服装销售,主要有运动服、厨师服、保安服等。多数服装将国旗图案印制在上衣上,也有部分将国旗图案印制在裤子上。近年来,身穿印制国旗图案的服装引发炒作时有发生。如 2017 年 5 月 17 日,法国第 70 届戛纳电影节开幕时,某网红身穿印制国旗图案的旗袍走红毯在社交媒体上引发广泛争议。网红称,身穿国旗是为了向世界展示中国之美,展示中国网红的自信、阳光和爱国,绝无半点不敬国家和国旗的意思。支持者认为,将印有国旗图案的服装穿在身上,代表着时刻铭记革命英雄先烈,是表明爱国情感、宣扬爱国情怀。允许将国旗图案穿在身上也说明中国越来越开放、自由。反对者则认为,将印有国旗图案的服装穿在身上参加国际公开的大型活动不得体。国旗法明确规定,国旗是中华人

---

①　在经济全球化背景下维护国家竞争优势,经济爱国主义是争论的主题。经济爱国主义是指公共当局、公司和消费者旨在偏袒本国公司及其产品,损害外国公司的利益。经济爱国主义目标是刺激国民经济,促使国家、地方当局和公司动员起来,在当前全球化和更严峻的竞争关系背景下发展或加强它们的竞争力。然而,经济爱国主义也包含防御性的一面,有时会导致它被定性为保护主义。

民共和国的象征和标志,每个公民和组织,都应当尊重和爱护国旗。国旗中的中国红是无数革命先烈用鲜血换来的。将国旗图案穿在身上吸引眼球,故意引起炒作,是对革命先烈的不尊重,也是对国旗的不敬。上述是对国旗图案用于商品的典型观点。

国旗的商业化是现实中复杂的问题,既涉及如何处理当前存在的大量商品不当使用国旗的问题,也涉及如何鼓励国旗在更多场景中展示的问题。秦奥蕾教授认为,随着中国国际交往和对外交流活动的频繁化,国家标志的使用场合逐渐增多,对国家标志的商业化使用会成为必然趋势。如何认知和使用国家标志的商业化价值,其关键就是回归国家标志的宪法功能。秦奥蕾教授还就国家标志的特别商业化使用提出了三项原则:一是禁止垄断性生产原则;二是对生产企业的许可采取形式审查原则;三是基于国家认同感层面的商业使用应以允许为原则,禁止为例外。① 从长远来看,能否进一步在法律中放宽国旗的商业化用途,需要综合判断,根据历史文化传统、当前政治状况、群众的接受程度等确定。

随着科技的发展,国旗可以以不同的形式展现。对于将国旗用于除法定禁止情形之外其他千变万化的商业用途,需要审慎对待,对其监管不能过分严格。为了防止国旗大量用于商业化带来的不尊重国旗现象,首先,要监督生产、销售环节。对于违反规定的生产、销售带有国旗图案的产品、服务等,严格按照法律规定追究法律责任。其次,妥善对待个人可能在商业活动中的使用国旗的行为,如个人出席商业活动展示国旗等场合,要区分不同的目的、性质以及产生的实际影响,对此不能过分强调刑罚。不能使国旗成为高不可攀的象征,要让公民能够尽情地表达爱国之情。

第三节 国旗禁止使用情形的类型

尊重和爱护国旗,是法律规定的每个公民和组织的义务。为了维护国旗的尊严,很多国家明确不得在法律所禁止的情形下使用国旗。还有一些国家,使用"不得损害尊严""侮辱""亵渎"等,以表示国家象征的禁止使用情形。例如,《韩国国旗法》规定,国旗及其图案不得以引起反感的方式使用。我国国旗法第九条第二款规定,公民和组织在网络中使用国旗图案,应当遵守相关网络管理规定,不得损害国旗尊严。

---

① 《"国家标志、国家象征的宪法理论与〈国旗法〉〈国徽法〉修改"学术研讨会实录》,载微信公众号"中国政法大学法学院"2020 年 9 月 21 日。

根据国旗使用的性质、特点,可以将国旗禁止使用的情形分为不得使用的方式、不得使用的用途、不得使用的场合。

一、不得使用的方式

一是不得使用破损、污损、褪色的国旗。升挂破损、污损、褪色的国旗损害了国旗的尊严。一些国家专门规定,不得损坏国旗以及升挂、使用损坏的国旗。例如,《美国国旗法》规定,旗帜不得以任何容易撕裂、弄脏或损坏的方式固定、升挂、使用或存放。《新加坡国徽、国旗和国歌规则》规定,任何人不得展示或者造成展示毁损的国旗,或者致使其处于不适宜和不干净的情形。《韩国国旗法》规定,不得使用已刺破、涂划以及以任何其他方式毁损的国旗及图案。我国国旗法第十九条中规定,不得升挂或者使用破损、污损、褪色的国旗。升挂国旗时使用的国旗要符合法定要求,即不得使用不合规格的国旗。遵循这一规定,使用完整、洁净、符合规格的国旗,是尊重国旗的表现,是维护国家尊严的需要。

二是不得使用不合规格国旗。不合规格的国旗是由于主观或者客观的原因导致国旗不符合标准的国旗。不符合标准的国旗损害了国旗的尊严。新中国成立之初,国旗确定不久,国旗的具体规格宣传还未深入普及,一些地方制作的国旗参差不齐,"有很多国旗制作得不合标准:有的是正方形的,有的五颗星都用白色,还有的竟是五颗同样大小的星分列在红底的中心和四角"①。为了维护国旗的尊严,避免实践中出现国旗的制作不统一、国旗尺寸不一、颜色偏差、旗面污损等问题,我国国旗法规定,不得升挂不合规格的国旗。为了维护国旗的尊严,保证国旗的制作质量,1991 年 5 月 25 日,由原国家技术监督局发布了《国旗》和《国旗颜色标准样品》两项国家标准,作为贯彻国旗法、确保国旗质量的配套技术标准,规定了国旗的形状、颜色、图案、制版定位、通用尺寸、染色牢度等技术要求。升挂的国旗,应当依法使用符合上述规格的国旗,体现对国旗的尊重,维护国旗的尊严。

三是不得用于不适当位置。国旗及其图案不适当的放置有损国旗的尊严,一些国家根据日常生活、工作的实际情形,细化各类不适当的放置情形。例如,《美国国旗法》规定:(1)除非在对生命或财产造成极端危险的情况下发出严重窘迫的信号,否则不得倒挂国旗。(2)国旗不得触及其下方的任何物体,如地面、地板、水面或商品。(3)国旗不应平铺地面或水平放置。根据国旗法的原则和精神,在使用我国国旗的过程中,不得将国旗用于不适当的位置。

四是不得改变或者添加其他图案。随意改变国旗图案或者在国旗图案添

---

① 　人民日报社论:《应该尊敬与爱护国旗国徽国歌》,载《人民日报》1951 年 8 月 29 日,第 6 版。

加文字、图案,将给人带来不适,因而被禁止。例如,《美国国旗法》规定,国旗不应放在任何性质的标记、徽章、字母、文字、图形、图案或图画上面,也不得构成上述的任何部分,也不得将上述标记等添加到国旗中。但在一些国家,明确在经相关部门许可后可以在国旗及其图案添加文字、图案。《墨西哥国徽、国旗和国歌法》规定,如获得内政部的事先授权,政府当局、机构、团体和教育机构可以在国旗上标明其名称,但前提是有助于对国家象征的崇拜。禁止在国旗上做任何其他标记。

实践中,出现将国旗部分或者整体图案用于短裤、帽子等情形。对于在短裤上使用国旗图案,多数认为寓意不佳,给人以不适感,但又不具有侮辱的严重性,认定为不适当使用国旗图案的行为。对帽子、皮带使用国旗图案,多数认为给人不舒适的程度低,属于不尊重国旗的行为。上述情形,总体上属于不适宜使用国旗的情节。

五是不得倒挂、倒插国旗。我国国旗法第十九条中规定,不得倒挂、倒插或者以其他有损国旗尊严的方式升挂、使用国旗。在本书关于国旗使用规则部分,对国旗不得倒挂、倒插作了重点介绍。

二、不得用于不适当用途

国旗作为国家象征不得用于不适当用途,以免损害国旗尊严。国旗的不适当用途包括注册商标、外观设计专利、商业广告,以及日常生活用途等。其中,关于国旗不得用于注册商标、外观设计专利、商业广告等,在总论国家象征的知识产权制度中作了详细介绍。

一是不得用于其他旗帜、纹章的组成部分。一些具有纹章学传统的国家往往在法律法规中明确规定,国旗图案不得用作其他旗帜、纹章。例如,《俄罗斯国旗法》规定,任何所有权形式的俄罗斯联邦主体、市政机关、社会团体、企业、机构和组织的旗帜不得与国旗相同。国旗不得用作任何所有权形式的地方市政机关、社会团体、企业、机构和组织旗帜的徽章基础。为了维护国旗的尊严,根据国旗法的原则和精神,除了经过法律规定或者相关国家机关批准外,不得将国旗用于其他旗帜纹章的组成部分。

二是不得用于欺诈。一些国家规定,国旗不得用于欺诈情形,使他人误以为使用者是国家机构及其工作人员,或者误认为得到政府认可。例如,《法国消费法》规定,不得在商品或者服务使用国旗欺诈。为了维护国旗的尊严,不得将国旗用于欺诈。

三是不得用于损害国旗尊严的用途。国旗及其图案用于生活、工作等的不适当用途,也会损害国旗的尊严,一些国家也作了专门规定。例如,《美国国旗法》规定:(1)不得将国旗用作服装、床上用品或帷幔。(2)不得将旗帜用作天花板的遮盖物。(3)不得将国旗用作接收、放置、携带或运送任何物品的容器。《巴西国家象征法》规定,不得将国旗及其图案用作帷幔、床单、桌布、讲台背景墙面,或用作将要落成的标志、肖像、展板或纪念碑的覆盖物。

在我国北洋政府时期,国旗为五色旗,曾发生多起将国旗用于不适当用途被禁止的案例。一是将物品设计为国旗式样。"近来鞋店、银楼、花店多用五色国旗及陆军九星旗形式,作时新花样,以投世好,甚亵国体。"① 随后当地政府出面予以禁止。二是使用类似国旗的绸布拴击马尾。"近因时有骑乘骏马者,分赴庙会跑赛,多有用五色绸块,拴击马尾,远看颇似国旗,殊非尊重国旗之道",因此,当地政府发布布告,"勿得再用五色绸布,拴击马尾"。

三、不得用于不适当场合

在私人丧事活动中使用国旗及其图案会使社会公众感到不严肃。为了体现国旗的严肃性和权威性,我国国旗法规定国旗及其图案不得用于私人丧事活动。但是非私人丧事活动,按照相关规定可以使用国旗。党和国家领导人,以及其他生前为国家作出卓越贡献的人士,由国家成立的治丧机构举行丧葬活动,不属于私人丧事活动,根据场合布置的需要,可以使用国旗及其图案。

实践中,对于私人丧事能否使用国家象征仍有一定的争议。有的认为,国旗是国家的象征和标志,为国家作出卓越贡献人士的丧葬活动中允许使用国旗,是对其生前作出的巨大贡献的褒奖,与国旗所要传达的精神内涵是一致的。而为了体现国旗的严肃性和权威性,国旗法规定,国旗及其图案不得用于私人丧事活动。私人丧事活动属于私人行为,在私人丧事活动中使用国旗及其图案,不严肃。而有的认为,为了表达爱国主义情感,可以允许公民使用国旗覆盖。如美国法律仅规定覆盖国旗的礼仪,但没有明确限定范围。为表达爱国情感,一般公民逝世后也可以覆盖国旗。

国旗图案代表国家,国旗的图案不宜随意使用,我国国旗法第二十条规定,国旗及其图案不得用作商标、授予专利权的外观设计和商业广告,不得用于私人丧事活动等不适宜的情形。实践中,除了国旗图案不得用于上述方式、用途、场合,也不得用于其他不适宜的情形。这种不适宜的情形,包括以引起反感的方式,甚至损害国旗尊严、侮辱国旗等国旗禁止使用情形。

---

① 《尊重国徽》,载《时事新报(上海)》1913 年 1 月 20 日,第 9 版。

第一节　升国旗仪式的精细化

"仪式最为重要的特征之一是其规范化（Standardization）。它和重复性一同赋予了仪式以稳定性。进而稳定性将仪式与强烈的情感联系在一起：这种情感产生于仪式循环往复的举行之中。"[①] 仪式将强制性的义务转化为周期性的行为，将占据主导地位的国家象征与仪式所代表的情感意义联系起来，从而在潜移默化中达到仪式所要实现的目的。在国家象征中，国旗是使用仪式最多的。为了尊重和爱护国旗，在使用国旗的过程中演变出了特定的程序和规则，以及使用国旗的方式和方法，主要包括升旗仪式、降旗仪式以及处置国旗的仪式等，可以称之为国旗礼仪。在国旗仪式中，往往将声音（主要是国歌）和行为（包括敬礼等）相结合，营造庄重、严肃的氛围。

一、升国旗仪式概述

升国旗是表达爱国情感的象征和方式，是捍卫国家独立、主权和身份团结的标志。国旗在节假日庆典、重大活动中，可以起到装饰作用，也可以起到烘托爱国情感的效果。在庆祝国庆、元旦等节假日期间，于全国范围内升起国旗，旨在提高公民的爱国意识和责任感。同时，所有相关政府机关有责任行使其自身职责，以确保落实每个公民和组织在固定日期悬挂国旗，包括政府大楼、商业和工业场所、住宅和私人住宅、主要道路沿线等场所。作为公民，正确升起和悬挂国旗是对国家支持的展示，也是爱国情感和民族精神的体现。

升国旗仪式代表着对国家的尊重和热爱。"二战"后，伴随着民族解放运动，独立的国家确立国旗后，纷纷确立了升国旗仪式。如在1996年新加坡为培养本民族爱国主义，推广升国旗仪式，要求所有学生必须参加。升国旗仪式通常的礼仪是面向国旗、行注目礼。也有一些国家规定了特殊的礼仪，如《美国国

---

① ［美］大卫・科泽：《仪式、政治与权力》，王海洲译，江苏人民出版社2021年版，第63页。

旗法》要求,在场人员除着制服者外,其他人员面向国旗,将右手抚于左胸心脏位置。外国人在美国参加升旗仪式,则没有这一要求,只需要肃立即可。

与日常升挂国旗不同,升旗仪式是专门为了升国旗确定的一定程序和礼仪。我国改革开放后,在全国各地一些学校里,就开始建立升降国旗制度,到1990年国旗法颁布前,中小学已经比较普遍地建立起升降国旗制度。

二、升国旗仪式的程序

在我国民国时期曾对升国旗礼仪的程序作出规定。1937年5月22日,国民政府通过训令颁布施行《党国旗升降办法》。第七条规定,全国各机关团体、部队、学校遇纪念日,可参照下列仪式,举行升降旗礼节:"(一)集合,(二)全体肃立,(三)唱党歌,(四)升(降),向旗致敬礼,升时奏乐,或吹号,(五)礼成。"[①]升国旗时唱党歌与国际惯例不符,不久国民政府对此进行了修改。1940年4月12日,国民政府通过训令颁布修改后的《党国旗升降办法》,第三条规定:"升降旗时,凡参加人员均须整队齐集向旗依次排列,其仪式如下:(一)全体肃立;(二)唱国歌;(三)升(降)旗、敬礼;(四)礼成。"[②]1944年国民政府制定的《国旗党旗制用升降办法》废止上述办法,但是保留上述升国旗礼仪程序。

对于升旗仪式的流程目前我国法律没有具体规定,从实践看,通常包括出旗、奏唱国歌、升旗等环节。1990年国旗法通过后,原国家教委于1990年8月24日制定《关于施行〈中华人民共和国国旗法〉严格中小学升降国旗制度的通知》明确,举行升旗仪式时,在校的全体师生参加,整齐列队,面向国旗,肃立致敬。升旗仪式程序是:(1)出旗(旗手持旗,持旗方式可因地制宜。护旗在旗手两侧,齐步走向旗杆,在场的全体师生立正站立);(2)升旗(奏国歌,全体师生行注目礼,少先队员行队礼);(3)唱国歌;(4)国旗下讲话(由校长或其他教师、劳动模范、先进人物等作简短而有教育意义的讲话)。内蒙古自治区、长沙市等地国旗升挂使用管理规定均规定,举行升挂国旗仪式时,由1人掌旗,2人护旗,庄重地步向旗杆。

具体出旗和升旗的动作规范,可参考《中国人民解放军队列条令(试行)》的规定:国旗由一名掌旗员掌持,两名护旗兵护旗,护旗兵位于掌旗员两侧。掌持国旗的姿势为扛旗。扛旗要领:右手将旗扛于右肩,旗杆套稍高于肩,右臂伸直,右手掌心向下握旗杆,左手放下。听到"齐步——走"的口令,开始行进。升旗时,掌旗员将旗交给护旗兵,由两名护旗兵协力将国旗套(挂)在旗杆绳上并

①　《党国旗升降办法》,载《行政院公报》1937年第2卷第23期,第418页。
②　《党国旗升降办法》,载《国民政府公报(南京1927)》1940年渝字第249号,第6页。

系紧,掌旗员将国旗抛展开的同时,由护旗兵协力将旗升至旗杆顶。

三、升国旗仪式的注意事项

(一)礼仪主体——在场人员

从升国旗仪式整体环境来看,涉及的人员主要包括以下类别:升旗手、国歌演奏者或者播放者、礼仪主持人、出席仪式人员、仪式保安或者维护人员、仪式路过者等。从范围大小看,仪式参加者的范围小于在场人员,仪式参加者包括升旗手、国歌演奏者或者播放者、仪式主持人、出席仪式人员,而在场人员不仅仅包括仪式参加者,还包括仪式相关的安保或者现场维护人员、仪式路过者。在一些国家,如萨摩亚等国家仪式路过者的范围进行了明确,要求仪式路过者要遵守奏唱国歌的礼仪,或者特定礼仪。除此之外,在电视网络直播或者播放升国旗仪式的场合,一般认为观众不是在场人员。

1990年国旗法第十三条第二款规定,举行升旗仪式时,在国旗升起的过程中,参加者应当面向国旗肃立致敬,并可以奏国歌或者唱国歌。在2020年国旗法修改过程中,有意见提出,升旗仪式不仅涉及参加者,也涉及周边行人。周边行人虽然未参加升旗仪式,但升国旗地点附近,周围人有喧哗、行走等行为也不严肃,所以附近的人也当止步,肃立面向国旗行注目礼。一些法规、规范性文件对途经升旗地点的人员作了要求。例如,《中国气象局升挂使用国旗管理办法》规定,升旗过程中,护旗人员以及途经升旗地点的人员应当肃立致敬,面向国旗行注目礼。为了体现对升旗仪式的尊重,考虑对周边行人的行为作出规范,并参照国歌法第七条"奏唱国歌时,在场人员应当肃立,举止庄重,不得有不尊重国歌的行为"的规定,国旗法修改后将"参加者"修改为"在场人员"。

(二)礼仪客体——象征国家的国歌

升国旗礼仪的对象即国旗所象征的国家。国歌礼仪要求奏唱的是法律规定的国歌歌词曲谱,而不能奏唱其他歌曲,或者经过改编的歌词、曲谱。

(三)礼仪媒介——基本行为

从升国旗仪式的基本行为看,除了少数国家右手的手势有所不同之外,各国升国旗仪式的行为基本是固定的,包括肃立、敬礼、唱国歌三项基本行为。

关于肃立。升国旗仪式是非常神圣庄重的场合,不得嬉笑打闹、随意走动。我国国旗法规定的在场人员应当遵守的礼仪是面向国旗,同时肃立致敬。面向国旗是表示对国旗的尊重,肃立是指恭敬严肃地站立。致敬对于一般公众而言,就是行注目礼,要求身体直立,眼睛注视目标。

关于敬礼。对于军人和其他着制式服装的人员,以及少先队员,则有不同的致敬要求。例如,《中国人民解放军队列条令(试行)》第六十九条明确规定,升国旗仪式时,听到"向国旗——敬礼——"的口令后,在场军人行举手礼(不便于行举手礼的,行注目礼),注视国旗上升至旗杆顶;国歌毕,听到"礼毕"的口令后,全体人员礼毕。原国家教委《关于施行〈中华人民共和国国旗法〉严格中小学升降国旗制度的通知》规定,升旗时少先队员行队礼。

关于奏唱国歌。1990 年国旗法规定,举行升旗仪式"并可以奏国歌或者唱国歌"。2017 年国歌法第四条规定,升国旗仪式应当奏唱国歌。2020 年我国修改国旗法,明确规定"举行升旗仪式时,应当奏唱国歌"。在举行升旗仪式时,应当奏唱国歌,但是可以根据实际情况选择奏国歌或者唱国歌,抑或同时奏唱国歌。例如,在各地举行人民代表大会会议开幕式时,现场播放国歌或者演奏国歌,同时在场人员还需要唱国歌,于 2017 年庆祝中国人民解放军建军 90 周年在内蒙古朱日和阅兵前的升旗仪式,则是同时奏唱国歌。

举行升国旗仪式时,奏唱国歌开始于升旗之时。当国旗升至旗杆顶部时,国歌也宜结束。目前,我国法律法规没有相关规定,但天安门广场升国旗仪式采用上述方式。一些国家对此作了要求,例如,丹麦要求,在一些场合升降旗时举行仪式,在这些场合应当唱国歌。在这种情况下,升降旗速度要与歌曲及其结束相符,也可以在国旗已升到顶之后或降旗之前开始唱或演奏。[①]

(四)礼仪环境——礼仪场合

升挂国旗时,可以举行升旗仪式。升国旗仪式主要适用于教育机构、行政机构等以及具有特定政治意义的场合。我国国旗法第十四条第三款、第四款规定,北京天安门广场每日举行升旗仪式。学校除假期外,每周举行一次升旗仪式。

四、升国旗仪式的时间

国旗法第十四条第四款规定,学校除假期外,每周举行一次升旗仪式。同时国旗法第七条第一款规定,国庆节、国际劳动节、元旦、春节和国家宪法日等重要节日、纪念日,各级国家机关、各人民团体以及大型广场、公园等公共活动场所应当升挂国旗;企业事业组织,村民委员会、居民委员会,居民院(楼、小区)

---

① 《国旗·法律·爱国》编写组:《国旗·法律·爱国——国旗知识纵横谈》,中共中央党校出版社 1990 年版,第 115—116 页。

有条件的应当升挂国旗。因此,如果重要节日、纪念日出现在假期中,是否举行升旗仪式? 如果在假期中,学生处于放假状态,此时应当由学校安排工作人员升起国旗。我国香港特别行政区就同样问题作了回答。提出的问题是:"元旦日(1月1日)、香港特别行政区成立纪念日(7月1日)及国庆日(10月1日)均属公众假期,学校是否必须于上述日子升挂国旗、举行升国旗仪式及奏唱国歌?"香港特区教育局回答:"教育局通告第 11/2021 号订明学校须于每个上课日升挂国旗,而元旦日、香港特别行政区成立纪念日及国庆日为重要日子,学校亦须于上述日子安排员工回校升挂国旗。至于升国旗仪式及奏唱国歌,学校可按本身的情况,安排当天或在上述日子前/后的上课日举行。"[①]

第二节　降国旗仪式与降国旗

近年来,有的意见提出由于国旗法中没有与升旗仪式相对应地规定降旗仪式,日常各地不重视降国旗,一些地方国旗只升不降,国旗破损严重。为了增强国旗仪式的完整性,可以在法律中明确规定降国旗仪式。对于是否规定降国旗仪式,首先要区分降国旗与降国旗仪式。我国虽然没有建立降国旗仪式,但是法律对于日常降国旗是有原则性规定的。日常生活中比较大的问题是没有按照国旗法规定严格实施降国旗的规范要求,需要进一步加强宣传教育、增强执法实效。

一、降国旗仪式与降国旗的区别

为体现尊重国旗,举行降旗仪式时,须遵守一定的礼仪。一些国家和地方作了专门规定。通常情况下,举行降旗仪式时,在场人员应向国旗致敬。敬礼应一直持续到国旗已降下并移走为止。如果有音乐伴随着旗帜升起或降下,则应保持敬礼直到音乐结束。身着军服的个人应行军礼。

降国旗仪式除了能够表示对国旗的尊重,还有代表结束统治的功能。由于国旗具有主权象征的功能,在举行领土交接仪式时也用于代表领土管理权的交接。在我国香港、澳门地区回归时,专门举行了隆重的降旗仪式、升旗仪式。回归活动中举行降旗仪式,标志着英国、葡萄牙管治的终结。

目前,我国有关规范性文件规定了特殊情况下的降国旗仪式。例如,外交

---

① 《国旗、国徽、国歌和区旗常见问与答》,参见:https://www.edb. gov. hk/attachment/sc/sch-ad-min/admin/about-sch/national-flag-emblem-anthem-regional-flag/faq_s. pdf.

部《关于涉外升挂和使用国旗的规定》(征求意见稿)第九条规定,驻外使领馆闭馆时应该举行降旗仪式。在船舶领域也有降旗仪式。我国原交通部《船舶升挂国旗管理办法》第十五条规定,中国籍船舶改变国籍,在最后一次降中国国旗时,可以举行降旗仪式。降旗仪式可参照升旗仪式进行。降旗仪式后,船长或船舶其他负责人应将中国国旗妥善保管,送交船舶所有人。船舶遇难必须弃船时,船长或船舶其他负责人应指定专人降下中国国旗,并携带离船,送交船舶所有人。

我国国旗法对降国旗的程序作了规定。国旗法规定国旗应当"傍晚降下";升降国旗时应当"徐徐升降","降下时,不得使国旗落地";下半旗时降旗,"应当先将国旗升至杆顶,然后再降下"。此外,教育、军队部门对降旗程序作了进一步明确。1990 年 8 月原国家教委《关于施行〈中华人民共和国国旗法〉严格中小学升降国旗制度的通知》和 1991 年 12 月原国家教委办公厅印发《关于施行〈中华人民共和国国旗法〉严格各级师范院校升降国旗制度的通知》,明确各高等师范学校、中小学每日升降旗时,要有旗手和护旗,每日升降旗时,凡经过现场的师生员工应面对国旗,自觉肃立,待国旗升降完毕后,方可自由行动。《中国人民解放军队列条令(试行)》第五十四条第二款规定:"降旗时,由护旗兵解开旗杆绳并将旗降下,掌旗员接扛于肩。"

二、是否将降旗仪式明确为法定仪式

降旗仪式与日常降旗是两项不同的制度,日常降旗作为国旗升降制度的组成部分,侧重于规范降国旗的时间节点和有关操作要求;而降旗仪式作为一项专门仪典,可能需要包括更多的礼仪要求,如奏唱国歌、在场人员肃立致敬等。我国国旗法将升国旗仪式作为适用于全民的仪典予以明确,并对升国旗仪式礼仪规则、适用场合作出了具体要求:举行升旗仪式时,在场人员在国歌声中向缓缓升起的国旗注目致敬,有利于激发其爱国情感;中小学通常在国旗升起后还可能在国旗下举行一些爱国主义教育活动,能起到更好的效果。但是立法过程中考虑到降国旗仪式的实践较少,对于其必要性和可能达到的效果也没有共识,因此法律中没有规定。从我们收集的资料看,世界各国相关法律中多数也仅对升旗仪式作出规定,极少规定降国旗仪式。

有的意见提出,实践中存在国旗只升不降,特别是恶劣天气不降旗损害国旗尊严的现象,通过建立降国旗仪式制度,可以很好地化解上述现象。实际上,国旗法对于国旗升降提出了不少具体规范要求。例如,国旗法第十三条第一款规定,国旗应当傍晚降下;第二款规定,依照本法规定应当升挂国旗的,遇有恶劣天气,可以不升挂。国家气象局制定的《气象灾害预警信号发布与传播办法》规定了恶劣天气的具体标准,主要包括台风、暴雨、暴雪、大风、沙尘暴等。一些地方国旗升挂使用办法也规定了恶劣天气的具体范围。此外,国旗法第十九条明确,不得升挂或者使用破损、污损、褪色或者不合规格的国旗,破损、污损、褪色或者不合规格的国旗应当按照国家有关规定收回、处置。通过严格执行上述规定,可以解决部分地方国旗只升不降,国旗破损严重的现象,也就没有专门建立降国旗仪式的必要。

目前实践中确实还存在一些单位未在天气恶劣或者傍晚及时降下并收纳国旗的现象,这主要是因为一些单位国旗法意识不强,地方政府有关部门对国旗升挂使用监督管理不足所导致。为了解决过去国旗法中缺乏具体监管部门的问题,国旗法修改时还增加规定地方各级人民政府统筹协调本行政区域内国旗管理有关工作,县级人民政府确定的部门对本行政区域内国旗的升挂、使用和收回实施监督管理。

第三节　下半旗仪式的常态化

下半旗制度是以国家名义向重大伤亡事件、重要人物逝世等志哀的一种重要方式。国旗是国家象征,用国旗志哀,体现了国家对伤亡的哀悼。早在清朝末年,为哀悼特定人物而下半旗志哀的方式已经开始实行。1908 年慈禧、光绪逝世,朝廷下令各公署以及各衙署局所均下半旗志哀。[1] 民国时期,下半旗制度开始规范化。1916 年民国首部《国葬法》规定,"中华民国人民有殊勋于国家者,身故后经大总统咨请国会同意或国会之议决,准予举行国葬典礼"。"举行国葬之日,所在地之官吏均往与祭,同时全国官署及公共团体均下半旗设位遥祭。""殡葬时,所在地及经过地方之官署及公共团体均下半旗,并由国家派遣军队、军乐护送。"[2] 考虑民间下半旗方式的混乱,1935 年 7 月,国民政府通过训令明确规定了下半旗制度:"按国旗使用有关观瞻,过去每遇遵令下半旗之纪念日,民间商店、住宅一律悬旗,方式参差,有似庆贺。亟应加以整饬,以崇体制。爰经本会第一七四次常会决议,凡下半旗之日,除机关门首向有旗杆每日必升旗者,应照下半旗外,其余一律不得悬旗。"[3]

近年来,一些学者、实务人员通过多种方式提出希望下半旗制度更加普遍,多为遭遇重大灾难、事故人员降半旗。[4] 例如,提出的建议包括:对目前条文中

---

[1]　《沪上大丧之举动》,载《神州日报》1908 年 11 月 20 日,第 5 版。

[2]　《国葬法》,载《政府公报》1916 年第 345 期。

[3]　《下半旗办法》,载《法令周刊》1935 年第 262 期。

[4]　肖巧平:《论我国下半旗志哀法律制度的完善——从下半旗志哀的政治功能说起》,载《时代法学》2007 年第 4 期;董育雄、丁建云:《国旗为平民而降》,载《楚天主人》2008 年第 6 期。

"特别重大伤亡"和"严重自然灾害"造成的重大伤亡进行量化,达到这个量的标准,国务院就应该下半旗志哀;采取列举和概括相结合的方式对"对中华人民共和国作出杰出贡献的人""为世界和平或者人类进步事业作出杰出贡献的人"尽量量化;如果出现以上情况,国务院不下半旗志哀,有关人士、广大公民可以请求国务院下半旗,国务院应该在接到请求的两天之内作出答复;"授权地方人民政府和一定级别的军事单位其管辖范围内下半旗志哀事项做出决定"①。上述意见建议,有的适合在行政法规、部门规章以及规范性文件中规定,如量化伤亡人数等;有的需要审慎评估利弊后作出决断,如改变下半旗的决定程序。对于进一步完善下半旗的人员范围、批准程序和时间地点,可以借鉴国外下半旗仪式制度的规定,从我国实际出发,逐步加以完善。

一、国外下半旗仪式制度基本内容

(一)下半旗的人员范围、批准程序

明确下半旗的人员范围、决定程序是为了防止下半旗仪式的随意性,消解本身礼仪的重要性、权威性。下半旗的人员范围和决定程序密切相关,很多国家的法律中规定,下半旗的人员范围由国家的政府首脑或者相关行政机关确定。有些国家还赋予地方政府首长在本地区可以决定下半旗的人员范围,如美国、印度。通常情况下,各国下半旗的对象包括:现任或者卸任国家元首、政府首脑;王室成员;造成重大伤亡的重大灾难;国外的国家元首、政府首脑。

下半旗的批准程序主要有两种模式:一是分为中央和地方两个不同的批准主体。在美国,联邦机构主要官员,国会议员,州长、领地或者属地的总督,其他官员、卸任官员或外国重要人士逝世下半旗的,由总统令决定;任何一州、领地、属地的现任或者前任官员,执行任务牺牲的军人和警察逝世下半旗,由所在地的政府首长决定。二是根据不同情形确定。有的分为不同情形确定批准的主体。如加拿大下半旗规则将下半旗人员范围分为三类:(1)必须下半旗的人员,不需要再进行批准。(2)可以酌定下半旗的人员,由政府文化遗产部决定。(3)总理可以酌情确定的下半旗人员。此外,当总理在紧急情况下无法决定处理可以酌情确定下半旗的建议时,枢密院秘书可以决定下半旗。②

① 肖巧平:《论我国下半旗志哀法律制度的完善——从下半旗志哀的政治功能说起》,载《时代法学》2007年第4期,第30页。
② Rules for half-masting the National Flag of Canada. see:https://www.canada.ca/en/canadian-heritage/services/flag-canada-masting-rules.html.

（二）下半旗具体时间、地点

通常情况下，下半旗时间的长短、地点范围的大小，取决于事件的重要程度或者受尊敬的已故国家官员或者重要贡献人士的级别。很多国家在法律法规中明确根据人员的不同职位规定了不同的下半旗时间和地点。通常职位越高，下半旗持续的时间越长、地点越广；一般人员则是在逝世当天和葬礼当天下半旗。

《美国国旗法》和下半旗规则规定：（1）以下人物逝世时在美国全境的联邦政府建筑物、地面以及海事船舶上下半旗：总统或者前任总统逝世后下半旗 30 天，副总统或者最高法院首席大法官或者已退休首席大法官、众议院议长去世后下半旗 10 天；最高法院大法官、内阁成员、前副总统、参议院临时议长、参议院多数党领袖和少数党领袖、众议院多数党领袖和少数党领袖从逝世到葬礼之日下半旗。（2）国会议员逝世的，在哥伦比亚大都会区和其所在州的联邦建筑物、地面以及海事船舶，当天及下一天下半旗。（3）州长、属地和领地总督逝世的，在联邦政府的建筑物及其地面，从去世到葬礼期间下半旗。（4）其他官员或者卸任官员、外国知名人士逝世的，由总统确定或者根据总统制定的规则确定下半旗的时间和地点。①

还有一些国家规定在纪念特定事件或人物的节日必须下半旗。《德国联邦建筑物国旗规定》明确，在所有联邦政府机构、组织以及联邦国防军、边防卫队的建筑及其办公室在纪念纳粹受害者纪念日、阵亡将士纪念日应下半旗。《加拿大下半旗规则》还专门规定，以下特殊纪念日当天从日出到日落所有联邦建筑物和公共机构必须下半旗：工人哀悼日、国家恐怖主义受害者纪念日、消防员牺牲纪念日、警察和安全官员牺牲纪念日、国家纪念日、反暴力侵害妇女行为日。

二、我国下半旗制度的完善

1990 年国旗法第十四条第二款、第三款、第四款规定："发生特别重大伤亡的不幸事件或者严重自然灾害造成重大伤亡时，可以下半旗志哀。依照本条第一款（三）、（四）项和第二款的规定下半旗，由国务院决定。依照本条规定下半旗的日期和场所，由国家成立的治丧机构或者国务院决定。"2020 年修改国旗法对此问题进行了研究，进一步细化了启动下半旗程序的主体，将上述条款（现为

---

① Display of Flag at Half-Staff Upon Death of Certain Officials and Former Officials. Presidential Proclamation No. 3044. March 1,1954,68 Stat. C32. 该规则仅具有指南的性质。

第十五条)修改为："举行国家公祭仪式或者发生严重自然灾害、突发公共卫生事件以及其他不幸事件造成特别重大伤亡的，可以在全国范围内下半旗志哀，也可以在部分地区或者特定场所下半旗志哀。依照本条第一款第三项、第四项和第二款的规定下半旗，由国务院有关部门或者省、自治区、直辖市人民政府报国务院决定。"但"依照本条规定下半旗的日期和场所，由国家成立的治丧机构或者国务院决定"没有发生变化。具体而言，主要有以下变化：

一是扩大了出现重大伤亡下半旗的情形。将"发生特别重大伤亡的不幸事件或者严重自然灾害造成重大伤亡时"扩大为"举行国家公祭仪式或者发生严重自然灾害、突发公共卫生事件以及其他不幸事件造成特别重大伤亡的"，这主要是考虑到2020年4月4日清明节，我国为新冠肺炎逝者下半旗的实践。为表达全国各族人民对抗击新冠肺炎疫情斗争牺牲烈士和逝世同胞的深切哀悼，国务院决定，2020年4月4日举行全国性哀悼活动。在此期间，全国和驻外使领馆下半旗志哀，全国停止公共娱乐活动。4月4日10时起，全国人民默哀3分钟，汽车、火车、舰船鸣笛，防空警报鸣响。对于是否进一步扩大下半旗的情形，如明确下半旗人员范围的具体人数标准，考虑到在法律中明确规定以逝世人数标准来衡量是否下半旗的范围过于简单化，实际操作过程可能一刀切。从国外看，很多国家是通过总统令或者政府规范性文件的形式明确具体下半旗的情形。对我国而言，可以根据公众对下半旗制度认识的程度，结合我国实践情况，通过制定下半旗的行政法规、规章等规范性文件，对此问题进一步细化较为合适。

二是增加扩大下半旗的范围。将未明确下半旗的地点范围，明确为"可以在全国范围内下半旗志哀，也可以在部分地区或者特定场所下半旗志哀"。在部分地区或者特定场所下半旗志哀，也是基于之前，我国的相关实践，如2010年1月，为悼念在海地地震遇难的八位中国维和警察，公安部和中国常驻联合国代表团19日开始下半旗志哀，其中公安部下半旗时间延续至21日。

三是明确细化下半旗的程序。此次修改，将下半旗的决定程序将由国务院决定细化到"由国务院有关部门或者省、自治区、直辖市人民政府报国务院决定"。实践中，也是主要由国务院有关部门或者省、自治区、直辖市人民政府报国务院决定。例如，2012年香港特区南丫岛发生撞船事件，香港特别行政区报经国务院同意，在香港特别行政区各政府建筑物国旗、区旗连续三天下半旗志哀。有的观点提出，是否有必要进一步放宽下半旗的决定程序，如由省级人民政府决定本省范围内下半旗的情形。在当前，如果让各省决定具体是否下半旗，可能出现标准不一的问题，对此问题还需要进一步深入研究。

第一节　国旗的使用优先规则

国旗是国家的象征和标志,具有崇高的地位。升挂使用国旗时,要坚持国旗优先,国旗比其他旗帜处于更加显著的位置。但国旗优先也不是绝对的,存在一些例外,主要有国际通行的例外情形以及各国存在的例外情形。

一、国旗使用方式的类型化

目前,我国对于国旗具体的使用方式没有一个上位概念,对于国旗具体的使用方式,没有统一的分析界定。笔者结合国外立法情况,根据我国国旗法的规定,对国旗具体的使用方式进行界定,并进行分类。在美国,《美国国旗法》将"display"和"use"并用。在涉及"display"使用的条款中,实际上,包含了升挂国旗和悬挂国旗。在新加坡,《新加坡国徽、国旗和国歌法》第二条中的定义条款规定,"display"包括以下类型:(1)展出(exhibit)、升挂(fly)和悬挂(hang)。[①](2)在任何表面上印刷、绘画或放置(place)国旗的图像。从上述规定可以看出,"display"(展示)可以作为升挂和悬挂的上位概念使用。"display"翻译为"展示"后,也可以涵盖住"升挂"和"悬挂"这两个概念。我国将"升挂"和"悬挂"并用。因此,将国旗的具体使用方式称为"国旗的展示方式"也是可以的。

在我国国旗法中,"升挂"也和"使用"并列使用,如国旗法第二十一条、第二十二条。笔者认为,国旗法中所采用的"使用"一词,是指除了升挂、悬挂以外的使用方式。从逻辑上看,国旗除了用于"展示",还可以用于印刷、绘画等其他不同的方式。因此,将"展示"方式和"使用"方式统称为"使用"也是可以的。此外,为了逻辑上更加周延,可以将国旗法上的"使用"视为狭义的"使用";将

---

①　SINGAPORE ARMS AND FLAG AND NATIONAL ANTHEM ACT. https://sso. agc. gov. sg/SL/296-R1？ DocDate = 20200424.

包含"展示"方式和狭义的"使用"方式的上位概念称之为广义上的"使用"。本书中,对于国旗的使用情形、使用仪式、使用规则等,都可以视为广义上的"使用"。如果将"展示"方式和"使用"方式的上位概念概括为"运用"或者其他方式,从逻辑上看,也是可以的,但是实践中很少用,也不符合人们日常用语习惯。因此,将"使用"区分为狭义和广义,是法律规定和现实情况带来的必然缺憾之一。对此,在学术上厘清即可,如果在条文中理顺概念之间的关系还需要长时间才能达成共识。

二、国旗使用优先逻辑

国旗代表国家,是国家机构服务载体的公共建筑必不可少的"装饰品",也是重大仪式、重大活动的重要组成部分。国旗作为重要的国家象征,为了维护其尊严的一个重要原则是优先原则,而优先原则的重要体现是象征所在的具体位置。象征人类学家特纳对于象征的位置意义进行了阐释。"某一物品的位置意义是由它与同一心理形态中其他象征之间的关系所确定的,它所具有的特征不能从这一形态各部分单独获得,也不等于各部分意义的简单叠加。"[1]国旗优先的原则在空间上主要体现在处于更优先、更高、更显著的位置。

面对地方旗帜时,国旗应当保持优先地位。在很多国家,地方受历史上的纹章启发而形成这个地方的独特标志、象征。但是实践中,也存在另一种争议,地方旗帜有可能被视为一种象征性的尝试,为寻求独立、分裂的势力提供象征,可能引起对主权的质疑。地方政府通常会基于本地的政治和历史文化,通过旗帜想象性展示自己的"宪法自治",确保自己的身份并表达自己的文化自我形象。[2]当地特定的标志,往往用于寻求共同点,包括共同的文化、价值观等,追求本地的利益和未来。这种象征确实是对国家主权的挑战,但国家不能随意禁止它们。很多国家考虑到国家统一、民族团结,未能绝对地禁止它们,否则还有可能导致损害《世界人权宣言》第十一条所规定的言论自由。在一国国内,在任何情况下,国旗都比地方旗帜处于更为优先的位置。比如,在法国,经常可以看到三色旗占据中心位置,右边是欧洲国旗(观察者的左边),左边是地方旗,这完全符合习俗、共和精神和欧洲的事实情况。

面对外国国旗、国际组织旗帜时坚持优先原则。在一些特殊场合,为了维护国家象征在一国的最高性,必须要维持国家象征的优先地位。在有外国国旗、国际组织旗帜的情况下,一些国家还要求应当同时悬挂、使用本国国旗以维

---

① 瞿明安等:《象征人类学理论》,人民出版社 2014 年版,第 165 页。

② Peter Häberle. "Nationalflaggen. : Bürgerdemokratische Identitätselemente und internationale Erkennungssymbole. "Duncker & Humblot;1st edition(2 July 2008). n 198.

护本国国旗的地位。例如,1920 年 3 月 20 日,法国内政部部长发布《关于在特殊情况下尊重外国势力的建议》明确,在特殊情况下可以悬挂外国国旗。但是,在任何情况下都不能忘记三色旗,三色旗必须保留在其旁边、在荣誉的位置上。根据礼宾惯例,法国领土上的三色旗优先于其他国家的旗帜。除了在斯特拉斯堡的欧洲机构或国际机构前展示的旗帜外,在法国本土展示的三色旗优先于其他所有旗帜。

例如,为了实现法国国旗三色旗在宪法上的至高无上的地位(除此之外,法国其他地方都是如此),设在法国的欧洲机构,从共和国参与欧洲建设的实践和精神中,法国与欧盟旗帜的特殊规则主要体现在以下五个层面:第一,为了体现国家主权,欧盟旗帜不能具有排他性。换句话说,如果没有本国国旗在场,就不能悬挂欧盟旗帜。第二,为了延续国家的情感,在爱国节日期间(如 5 月 8 日、7 月 14 日和 7 月 11 日),不能悬挂欧盟旗帜。第三,当它们共存时,欧盟旗帜必须位于法国国旗三色旗的右侧,以便法国国旗始终处于荣誉位置(即面对两面旗帜的观察者的右侧)。第四,两面旗帜共存时,必须大小相等,并在同一高度悬挂。第五,如果这两面旗帜之外还有其他标志存在,只要欧洲联盟和共和国在体制上有联系,并且都具有国际法律人格,那么欧盟旗帜就优先于三色旗以外的旗帜。① 1963 年法国内政部还专门发出通知,在国家纪念日时,法国国旗仍然是唯一公共建筑上悬挂的国家主权标志。

一些国家对国旗优先作了较为全面的规定,如在丹麦,关于丹麦国旗与外国国旗悬挂时的位置问题,丹麦法律规定,如果丹麦国旗同其他国旗同时悬挂时,旗杆应为同一高度,所有旗的尺寸应大体一样。同时丹麦国旗应居首位。如旗杆排成列,丹麦国旗要么悬挂在观众的最左侧的旗杆上,要么悬挂在中央的旗杆上。如各国国旗不能同时升降,丹麦国旗应最先升起并最后降下。不能在同一旗杆上悬挂多国国旗。超国家的旗,如联合国国旗可以享有最突出的地位并悬挂在特别设置的旗杆上。②

三、国旗使用优先规则的具体类型

国旗是国家的象征和标志,具有崇高的地位。经过漫长的实践经验,国旗

① Par Élodie DERDAELE. LE DRAPEAU TRICOLORE, UN SYMBOLE CONSTITUTIONNEL DANS TOUS SES ETATS(DU DROIT). Communication présentée au VIIIe Congrès de l'Association française de droit constitutionnel, Nancy, les 16, 17 et 18 juin 2011, dans l'atelier n° 1《Droit constitutionnel et autres branches du droit》présidé par les professeurs Guillaume DRAGO et Charles VAUTROT-SCHWARTZ. p. 62.

② 《国旗·法律·爱国》编写组:《国旗·法律·爱国——国旗知识纵横谈》,中共中央党校出版社 1990 年版,第 115—116 页。

升挂形成了较为完备的使用规则。升挂使用国旗时,要坚持国旗优先原则,在时间上,国旗升挂要早升晚降,给国旗以尊严;在位置上,除特殊情况外,国旗比其他旗帜处于更加显著的位置;在使用方式上,一般横挂,特殊情况下竖挂,不得倒挂。

（一）国旗升挂的时间规则

升挂国旗是爱国主义的具体表现,升降国旗要在适宜的时间,确保升降国旗的严肃性和崇高性,防止任何不尊重国旗的现象发生。通常情况下,国旗应在早晨升起,在傍晚落下,这是各国一种普遍的习俗。在建筑物以及露天的固定旗杆上,国旗日出升起,日落降下。当需要彰显爱国主义时,在有照明的情况下可以每天 24 小时悬挂。天气恶劣时不应升挂国旗。一些国家还专门明确早上和晚上的具体升降国旗的时间。例如,《巴西国旗法》规定,国旗可于白天或者晚上升降。通常情况下,8 时升起,18 时降下。国旗日（11 月 19 日）于 12 时以庄重的仪式升国旗。夜间悬挂时必须照亮国旗。《葡萄牙国旗使用办法》规定,国旗于上午 9 点升起,日落时降下。如有灯光照亮,国旗可在夜间悬挂。

我国民国时期就开始对国旗升挂的时间作出要求,1931 年 7 月 14 日,国民政府通过训令颁布施行的《党旗国旗之制造及使用办法》第五条规定:"室外悬党旗及国旗之时间自日出时起至日入时止。"1934 年《党旗国旗制造使用条例》、1937 年《党国旗升降办法》均继续保留该规定。1940 年《党国旗升降办法》进一步明确,每天的升降国旗时间,以日出日落为准,由各机关按照季节进行具体规定。1944 年《国旗党旗制用升降办法》则恢复到 1931 年的规定。新中国成立后,我国国旗法规定,对于每日升挂国旗、工作日升挂国旗及重大节日升挂国旗的,应早晨升起,傍晚降下。各地关于升降国旗的具体时间只要在上述范围内即可。

（二）国旗使用的位置规则

国旗是国家最重要的象征和标志之一,与其他标志相比,必须保证其优先地位。国旗使用可以分为国旗单独使用、国旗与其他标志共同使用两种情形。在这两种情形下,都必须坚持优先使用的原则。

一是单独使用时。国旗单独使用时坚持优先原则的具体体现是,在国旗所使用的环境中处于显著的位置。国旗应当升挂于一个显著的位置,一方面显示国旗作为国家象征和标志的崇高性,另一方面便于人们辨识国旗,发挥国旗在宣示国家权力与国家主权、激发人民群众爱国热情方面的作用。例如,丹麦规定,丹麦国旗可以用在讲坛后面的墙上,在墙上悬挂国旗进行装饰,但国旗必须悬挂在高处,且国旗的正方形部分应在上方或在观众的左方。同时,丹麦国旗可以用来装饰讲台,国旗可以覆盖在讲台正面,但不得覆盖在桌面上。国旗可用于覆盖棺椁,国旗的正方形部分应覆盖在棺椁的前部。①

民国时期,我国将国旗单独使用分为不同情形作了规定。1931 年 7 月 14 日,国民政府通过训令颁布施行的《党旗国旗之制造及使用办法》第六条规定:"门首悬党旗或国旗时须悬于门楣之左上方旗杆与门楣成三十度至四十度之角度;其党旗国旗同时悬挂于门户上面者,可成交叉形。"② 1934 年《党旗国旗制造使用条例》、1944 年《国旗党旗制用升降办法》继续保留该规定。新中国成立后,1990 年制定的国旗法较为原则地规定了国旗单独使用的规则。国旗法规定升挂国旗,应当将国旗置于显著的位置。

二是同时使用时。在许多升挂国旗的地方,国旗往往不是唯一存在的旗帜,如何处理好国旗与其他旗帜的地位和位置,是需要由法律规定和解决的问题。作为国家的一种标志,与其他旗帜同时出现时,国旗处于更优先、更高、更显著的位置,应当是一个基本原则。

行进时规则。当列队进行时,旗帜有前后之分,国旗必须处于最前方。这种情形在很多情况下会出现,如同时举持国旗与军旗、国旗与公司旗等。无论同时举持的是什么旗帜,国旗都应当处于其他旗帜之前。当并列行进时,需要区分一面国旗还是多面国旗同时并列。例如,《美国国旗法》规定,当国旗与另外一个旗帜并列行进时,国旗应在队列的右侧;当国旗与多个旗帜并列时,国旗应位于队列中间的前面。③

固定时规则。指国旗与其他旗帜固定位置升挂时,国旗处于中心、较高或者突出位置是国际通行的规则。国旗与地方旗帜同时悬挂时,国旗应悬挂在建筑物或设施向街方向右侧的优等位置。例如,《俄罗斯国旗法》规定,同时升挂(放置)俄罗斯联邦国旗与俄罗斯联邦主体、市政机关、社会团体、企业、机构或组织旗帜时,按面朝旗帜方向,俄罗斯联邦国旗置于另一面旗帜左侧;同时升挂(放置)单数面旗帜时,俄罗斯联邦国旗置于中心;同时升挂(放置)双数面(多于两面)旗帜时,俄罗斯联邦国旗置于中心左侧。《美国国旗法》规定,当国旗与州旗、地方旗、社会组织的其他旗帜并列升挂时,国旗位于中心和最高点。当州旗、城市旗、地方旗或者社会组织的旗帜与国旗在同一绳索上悬挂时,国旗必须始终在最高点。当有许多旗帜在相邻的旗杆悬挂时,国旗应首先升挂并最后降落。其他旗帜不能置于国旗上方或者国旗右侧。

中华民国时期,我国对国旗同时使用分为不同情形作了规定。1931 年《党

---

① 《国旗·法律·爱国》编写组:《国旗·法律·爱国——国旗知识纵横谈》,中共中央党校出版社 1990 年版,第 115—116 页。

② 《党旗国旗之制造及使用办法》,载《国民政府公报(南京 1927)》1931 年第 823 期,第 3 页。

③ 4 USC Ch. 1:THE FLAG.

旗国旗之制造及使用办法》第七条规定:"凡党政军警各机关各团体学校等均须悬挂党旗国旗于会议厅礼堂及集会场所之正面,党旗居国旗之右,国旗居党旗之左,各成角度三十至四十之下垂形(旗之中间挂总理遗像)。"第十二条规定:"国旗与外国旗并立一处时,其旗式之大小及旗杆之高低须相等。如两旗交叉时,本国旗居外国旗之左,外国旗居本国旗之右。"[1] 1934 年《党旗国旗制造使用条例》、1944 年《国旗党旗制用升降办法》继续保留上述规定。此外,1944 年《国旗党旗制用升降办法》第十二条增加规定:"持国旗党旗行进时,单行国旗在先党旗在后,双行党旗居国旗之右,国旗居党旗之左。"[2] 新中国成立后,1990 年制定的国旗法较为明确地规定了国旗同时使用的规则,其中第十五条第二、三、四款规定:"列队举持国旗和其他旗帜行进时,国旗应当在其他旗帜之前。国旗与其他旗帜同时升挂时,应当将国旗置于中心、较高或者突出的位置。在外事活动中同时升挂两个以上国家的国旗时,应当按照外交部的规定或者国际惯例升挂。"

(三)国旗的使用规则

从实践中看,国旗展示的基本方式主要有升挂、悬挂。国旗通常情况下以横向的方式升挂于旗杆之上,即升挂是指国旗长的一侧与地面平行,国旗宽的一侧与地面垂直的方式展示国旗。升挂国旗是最常见的国旗展示方式,主要适用于建筑物前的广场、空地或者屋顶之上设置专门旗杆的情形。

悬挂是指国旗在使用于墙面、街道、阳台等场景下,以非升降的方法,通过与地面垂直、水平、倾斜的方式,将国旗固定于特定位置的展示国旗的方式。悬挂还可以细化为不同方式:当国旗长的一侧与地面平行时,称为水平悬挂;当国旗长的一侧与地面垂直悬挂时,也称为竖挂;当国旗长的一侧与地面形成倾斜角度时称为斜挂。倒挂是竖挂的一种特殊类型,通常情况下的竖挂是指将国旗顺时针旋转 90 度,左侧部分位于上半部分的悬挂方式,而倒挂则是将左侧部分旋转后至于旗帜下半部分的悬挂方式。

一是特殊情形下可以竖挂。在国际体育赛事、外交活动以及国内庆祝场合,当存在多面国旗需要悬挂时,竖挂国旗成为有限空间内适宜的选择。竖挂国旗通常是指国旗正常横挂时的左侧,竖挂时成为位于国旗的上部。当一些国旗图案垂直、水平或者中心对称时,竖挂是将国旗顺时针旋转 90 度。还有一些国家规定竖挂时,国旗中部分特殊图案的朝向不变,这就需要专门制作特殊的竖挂国旗。一些国家在法律中规定了复杂的竖挂规则,如美国、希腊、以色列、

---

[1] 《党旗国旗之制造及使用办法》,载《国民政府公报(南京 1927)》1931 年第 823 期,第 3 页。

[2] 《国旗党旗制用升降办法》,载《行政院公报》1944 年第 7 卷第 5 期,第 81 页。

巴拿马等国家。我国国旗法没有关于国旗竖挂的规定。通过中国法律法规信息系统检索,目前仅一份国务院部委规章对国旗竖挂作出规定。1991 年 4 月 15 日,外交部颁布的《关于涉外升挂和使用国旗的规定》第十九条规定:"悬挂国旗一般应以旗的正面面向观众,不得随意交叉悬挂或竖挂,更不得倒挂。有必要竖挂或者使用国旗反面时,必须按照有关国家的规定办理。"该项规定适用于涉外场合。

二是禁止倒挂。在国际上,倒挂国旗具有特殊含义,主要含义包括:(1)在国际战争冲突中宣布投降。因此,通过颠倒国家标志,向外国社会发出一个明确的信息,即"我们投降",双方之间的敌对行为被认为已经结束。(2)在和平时期,在特定人群的象征性地点倒挂国旗。例如,当放置在建筑物的上部时,它会警告该地方发生骚乱或绑架情况。(3)在没有战争或内乱的情况下,当一个人将国旗倒置时,可能意味着抗议,甚至是反对国家、政府的法律威胁。因此,倒挂国旗一般用于暗示紧急状态或者危险,或表示战争状态的信号。而在一些国家,倒挂国旗经常用于抗议活动。一些国家的国旗是垂直、水平或者中心对称的,倒挂或者反挂国旗看起来是一样的,因此没有倒挂国旗的专门规定。

大部分国家将非紧急状态下倒挂国旗视为不尊重国旗或者侮辱国旗的行为。一些国家法律明确不得倒挂国旗。《美国国旗法》规定,"国旗的联盟部分绝不能倒挂,除非在生命或财产极端危险的情况下,作为遭受严重危害的信号"。但由于《美国国旗法》没有规定明确的法律责任,一些美国人将倒挂国旗视为是美国宪法第一修正案所允许的表达自由行为,所以经常在游行活动中倒挂国旗。我国在民国时期曾规定不得倒挂国旗。1931 年 7 月 14 日,国民政府第 366 号训令颁布施行的《党旗国旗之制造及使用办法》第十三条规定:"凡悬挂党旗国旗不得倒置(国旗倒悬系表示国家处在危迫境地求人援救之严重符号,平日悬国旗时切须留意)。"①

值得注意的是倒挂与倒插的区别与联系。倒挂国旗是指将国旗图案以上下颠倒的方式升挂、悬挂国旗;倒插国旗是指将国旗图案以上下颠倒的方式插在物品上。通常而言,倒挂、倒插国旗是指将国旗顺时针或者逆时针悬挂 180 度。倒挂、倒插国旗方式在各国不一样。通常,对于左上角或者左上角有特殊图案的国旗,倒挂、倒插是指将正常悬挂时国旗图案的左侧部分,置于下方,而非正常竖挂时的上方。对于内部主要为条状的国旗,如果各个条状的图案颜色不一致,倒挂、倒插的方式通常由该国专门明确。对于一些图案对称的国旗,不存在倒置的问题,如日本、奥地利等。一般情况下,竖挂国旗和倒挂国旗区别的

---

① 《党旗国旗之制造及使用办法》,载《国民政府公报(南京 1927)》1931 年第 823 期,第 3 页。

关键在于横挂时左侧的位置,垂直悬挂时左侧在上为竖挂,左侧在下为倒挂。当然,一些国旗图案为垂直、水平或中心对称,竖挂与倒挂没有区别。

近年来,我国香港特别行政区出现影响恶劣的倒插国旗事件。2017 年 10 月 19 日,在香港特区立法会大会上,议员郑松泰将建制派桌上的国旗和区旗倒插,引起广泛批评。香港特区警方以"侮辱国旗罪"以及"侮辱区旗罪"控告郑松泰。法院认为,郑松泰倒插国旗的行为,在正常合理人士眼中,已破坏了国旗、区旗的尊严,构成"玷污"的控罪元素;其行为又发生在立法机关,并两度倒插国旗及区旗,象征意义有所不同,应予以定罪。最终,法院认定郑松泰构成侮辱国旗罪、侮辱区旗罪,罚款 5000 元港币。

2020 年国旗法修改过程中,有许多意见建议提出,为了维护国旗的尊严,借鉴其他国家的做法,可以在法律中明确规定不得倒挂、倒插国旗。为了维护国旗尊严,解决实践中存在的各类不规范的升挂、使用国旗的方式,规范使用国旗的规则,修改国旗法时增加规定,"不得倒挂、倒插或者以其他有损国旗尊严的方式升挂、使用国旗"。在我国,倒插、倒挂国旗是指在升挂、悬挂国旗时将国旗五星部分置于下方的情形。其他有损国旗尊严的方式,主要是指与升挂破损、污损、褪色或者不合规格的国旗,以及倒挂、倒插国旗具有同等恶劣性质的方式升挂国旗。

第二节　国旗的使用优先例外

一、国际上通行的国旗使用优先例外

一个国旗在本国境内升挂时理应具有最高地位,但在面临国际上具有同等地位的其他国家时,一国确实有必要在其国家象征的使用上采取一些妥协。实际上,各国在同时使用多国国家标志时,总是在确保本国国家象征处于一种优越的、但是不明显偏袒的位置,同时也能够让人感觉到本国国家象征与其他国家象征处于同等地位的方式,如在旗帜大小、旗杆高度等方面做到一致。

国家主权平等是现代国际法的一项基本原则。如果希望在国际舞台上保持友好关系,展示其众多合作伙伴的国旗是对其他主权国家,也是对国际组织尊重的明显标志。在不危及国际和平与安全的情况下,任何国家不得主张对另一个国家拥有至高无上的地位。国际公认的礼仪规则是严格的,不允许有任何偏差。在国家主权平等原则的名义下,主权国家的国旗应当展示和悬挂在同一高度,并且是大小相同的。

（一）例外的具体情形

国旗优先原则并不是绝对的，也存在一些例外，主要有国际通行的例外情形以及特殊旗帜的例外情形。

一是与他国交往场合。根据国际惯例，禁止在和平时期将一个国家的旗帜高于其他国家。当一个国家的国旗与其他国旗一起升挂时，国旗的尺寸相同、高度相同。在与他国交往场合，通常将本国旗帜与他国旗帜并列，为了表示对来访国家领导人的尊重，将来访国国旗置于左侧（从观察者角度看），东道国国旗置于右侧。部分国家在国旗优先地位条款专门排除了其他国家国旗，如《新加坡国徽、国旗和国歌规则》规定，在服从国际惯例的前提下，国旗在新加坡升挂时优先于所有其他旗帜。规则还明确国旗优先地位的具体情形，但同时规定该法所称旗帜不包括其他国家国旗。如《关于在斯洛文尼亚共和国使用欧盟旗帜和歌曲的法令》第四条规定：（1）欧洲联盟的旗帜只能与斯洛文尼亚共和国的旗帜一起悬挂。斯洛文尼亚共和国的旗帜应放在荣誉位置上。（2）在欧盟委员会主席或欧洲议会主席正式访问斯洛文尼亚共和国时，可例外地在荣誉场所悬挂欧洲联盟旗帜。

二是国际组织场合。各国通常给予本国参加的国际组织的旗帜以尊崇地位，与本国国旗在特定场合同等升挂。在国际上，出现的例外表明，国家有权宣扬爱国主义，这种爱国主义不是"我们反对他者"（例如民族主义），而是"我们尊重他者"。这实际上也表明了，国家不是民族主义的，也不是完全排他的，不通过它的符号来表达对他者的拒绝。[①] 如在欧盟各国，将欧盟旗帜与国旗在多个场合同时升挂越来越普遍。这也反映了国家权力共同让渡给国际组织的权力变化所带来的在国旗升挂、国旗仪式过程中的象征性变化。国家象征的优越性地位受到了很大程度影响。

根据国际惯例，一些国家对于国际组织的旗帜往往也给予崇高待遇，一些国家还在法律中专门进行规定。例如，《美国国旗法》规定了国旗的优先原则及其适用规则，但同时规定联合国总部前，联合国旗帜在更突出位置，美国国旗与其他国旗不能处于同等位置。但在美国境内其他地方，联合国旗帜不得高于、平行于美国国旗。

三是国际体育赛事场合。在国际赛事中，国旗升挂的优先地位例外情形也较为常见。《奥林匹克宪章》对于举行奥运会时，奥林匹克旗与其他旗帜的升挂

---

① Par Élodie DERDAELE. LE DRAPEAU TRICOLORE, UN SYMBOLE CONSTITUTIONNEL DANS TOUS SES ETATS(DU DROIT). Communication présentée au VIIIe Congrès de l' Association française de droit constitutionnel, Nancy, les 16, 17 et 18 juin 2011, dans l' atelier n° 1《Droit constitutionnel et autres branches du droit》présidé par les professeurs Guillaume DRAGO et Charles VAUTROT-SCHWARTZ. p. 51.

使用作了原则规定。《奥林匹克宪章》第五十三条第一款规定："在整个奥林匹克运动会期间,比其他任何旗帜尺寸大的奥林匹克旗必须在奥组委负责的主体育场和其他场馆显著的位置升挂。"此外,根据奥林匹克相关比赛相关规则还明确,举行开幕式入场时,希腊国旗先入场,然后根据主办国语言字母顺序并结合国际奥委会礼宾顺序排列的国家的国旗入场,主办国国旗最后入场。颁奖环节,按照获奖选手等次明确国旗竖挂时的高低位置。如遇并列情况,在颁奖仪式上两名运动员代表的国家或地区旗帜应并列悬挂;如果空间不够,可以上下悬挂,顺序依照运动员姓氏的首字母来决定。

（二）例外时升挂规则

根据国际法,驻外外交机构有权悬挂本国国旗。尽管没有正式的规则,为了避免任何外交事件,国际上的惯例是按照本国的语言顺序排列（按字母顺序排列）。字母顺序是国际公认的客观分类标准。

通常情况下在升挂多面外国旗帜时,本国国旗的优先位置取决于安排旗帜的数量。（1）如果有两面旗帜,本国国旗在观察者的右边,另一面在观察者的左边。（2）如果有三面旗帜,本国国旗顺理成章地占据中心位置。（3）如果有三面以上的旗帜,则将它们分别悬挂在同等高度的杆子上按字母顺序排列,本国国旗在杆子最后,位于左边（观察者的右边）。

在国际交往中的使用方式,特别是在两国官员会晤等重要场所和时间,有些规则一定要注意。如果在会议场地中不注意安排国旗的位置,包括在会议人员所在国的情况下不将嘉宾国国旗放置在会议地点。从同等级别的角度看,是对来宾国和该国代表的一种侮辱,来宾甚至可以离开会议作为抗议,所以考虑到这个问题,必须意识到遵守国旗布置标准的重要性。例如,当两国高级官员会面时,在两国高级官员的椅子后面对应放置两面竖立的旗帜。

二、一些国家国旗使用优先例外

在一些国家,由于历史、宗教等原因,君主旗帜、宗教旗帜、执政党旗帜等旗帜在特殊地点、特殊时间的升挂处于更加显著的位置,使得国旗的升挂不再具有优先地位。

（一）王室、总督旗帜优先于国旗

在一些存在王室的国家,王室成员仍然享有尊贵的地位,享有一定特权。国王旗帜及王室其他成员旗帜也有特殊的升挂规则。对于国旗与王室旗帜的升挂,通常分为两种情况:一是将国王旗帜与国旗处于并列同等对待,但国旗处于更优先位置,如泰国常常将泰国国王旗帜与国旗并列使用,但国旗在左,国王旗在右。二是将王室旗帜特殊对待,但不与国旗同时出现。例如,在挪威、丹麦、比利时等国,通常情况下王室居住场所、王室所乘交通工具只升挂国王旗帜、王室成员个人旗帜,不升挂国旗;当其不在本国时,王室居住场所可以升挂本国国旗。

另外,在一些国家,法律、王室法令明确,王室、总督的旗帜优先于本国国旗。英国是君主立宪制国家,古老的英国王室作为凝聚英国及英联邦力量的象征,在英国及英联邦享有许多特权。代表英国王室的英王旗帜及其在英联邦国家总督的旗帜,也享有特权。英国没有统一的国旗法,英国国旗的升挂规则主要依据长期以来的惯例和实践。长期以来,英国国王旗帜及王室旗帜优先于英国国旗。2000 年,经英国下议院批准的《旗帜规则(北爱尔兰)2000 年》第五条规定,在要求同时升挂王室旗帜和联合王国旗帜时,王室旗帜应升挂在更高位置。此外,与英国国旗相比,王室旗帜优先还出现在下半旗制度情形中。《旗帜规则(北爱尔兰)2000 年》规定了英国国旗下半旗的情形,但是没有涉及王室旗帜下半旗的规定。英国王室官方网站明确,英国王室旗帜不实行下半旗制度,与国旗不一样,"即使国王去世,王室旗帜永远也不会下半旗,因为永远有君主在王位上"。

具有公益性质的英国旗帜研究院制定的《国旗升挂守则》对于英国国旗升挂具有重要指导意义。对于王室旗帜与国旗升挂同时升挂时规则,《国旗升挂守则》规定:(1)通常情况下,在有王室成员出席的场合,王室成员个人旗帜排在国旗等旗帜前。当有多位王室成员出席时,只悬挂王室成员地位最高的一位的旗帜。(2)当英联邦国家在英国举行活动时,排序为:王室旗帜、英联邦旗帜、英国国旗等。

英国国王在英联邦国家包括澳大利亚、加拿大、新西兰等国家,也有自己专门的特殊旗帜,当英国国王在场时,该旗帜也高于该国国旗。例如,加拿大政府文化和遗产部《国旗升挂规则》规定:"在加拿大境内升挂旗帜时,国旗与其他旗帜相比处于优先地位,但英国女王的加拿大旗帜、总督旗帜、省督旗帜(在本省之内)和英国王室其他成员在加拿大的个人旗帜除外。"在英联邦国家,如澳大利亚、新西兰等,英王在该国设有总督的,总督的旗帜也优先于该国国旗。

(二)宗教旗帜优先于国旗

有的国家明确,在宗教旗帜与国旗同时升挂的个别场合,宗教旗帜处于最显著的位置。例如,《美国国旗法》规定,以下情形其他旗帜可以高于国旗:海军牧师在海上进行礼拜时,美国国旗的右上方、在同一水平上可以放置其他旗帜或信号旗。此时,舰上祈祷旗也可以高于国旗。美国海军关于其官方牧师的规定中明确,"在牧师祷告时,带有蓝色拉丁十字架的白色三角旗高于国旗"。

在美国,对于同时升挂国旗与基督教旗帜的规则存在争议。1938年美国基督教新教卫理公会派通过的《基督教旗帜法典》规定,当基督教旗帜与国旗一起升挂时,应与国旗保持同样高度,且位于国旗右侧。而《美国国旗法》则规定,美国国旗应升挂在其他旗帜的右侧或者上方(例外是海上礼拜的国旗升挂)。对于上述两项不同的规定,引起争议,有的观点认为,基督旗帜象征宗教信仰,尊崇基督教旗帜等同于对上帝及其权威的尊重。因此,给美国国旗而不是象征上帝的旗帜优先地位是不正确的。美国独立厅联合会(非营利性组织)提出一种解决方案,同时满足两个规则,即国旗置于观众较远的最左侧,基督教旗帜放在观众前的右侧(不在同一平行线上),但两个旗帜的高度和大小相同。

（三）执政党党旗优先于国旗

在社会主义国家,常常将国旗、党旗并列使用,赋予执政党党旗高于其他旗帜的地位。在部分社会主义国家,执政党党旗优先于国旗。在特定情形下,为凸显执政党的地位,党旗和国旗可以同时升挂、使用,并且党旗优先于国旗。

国际惯例上,两个旗帜并列或者相交时,以左侧为尊(从观察者的角度看)。特别是一国到另一国来访时,往往将来访国旗帜置于左侧。在越南、朝鲜,执政党旗帜优先于国旗。一是并列升挂使用时党旗优先。越南文化、体育和旅游部《关于使用国旗、国徽、国歌和胡志明主席肖像的规则》中明确,在室内,国旗与党旗并列时,党旗在左,国旗在右。朝鲜也是如此。二是行进时党旗优先。在朝鲜、越南举行阅兵仪式时,党旗在国旗前;党旗、国旗、军旗并列行进时,党旗在中间。

古巴、老挝两个社会主义国家没有特别突出党旗。在古巴、老挝,两个旗帜并列时,国旗在左侧(从观察者角度),党旗或者地方旗帜在右侧。《古巴国家象征法》规定,"国旗不得低于其他任何个人的旗帜、徽章。国旗与其他旗帜并列时,处于同样高度,国旗在左侧"。国旗与党旗并列时,古巴国旗在左侧,党旗在右侧。对于队列行进,古巴、老挝举行阅兵仪式时,国旗在党旗前。

三、我国民国时期党旗、国旗先后顺序之争

我国在民国成立初期,就发生了党旗和国旗并列升挂的顺序问题,难以确定党旗在前,还是国旗在前。南京国民政府定都南京后,进入训政阶段,国民党以党治国、以党代政。重大事项先经国民党中央确定再交国民政府执行。党旗、国旗究竟何者居前,各地纷纷向国民党中央训练部陈述意见或者请求回答,

中央训练部认为："旗帜为党国精神之标示,其先后次序,极关重要。"中央训练部未擅自专断,整理各方意见,提请国民党中央常会公决。

1928 年,国民党中央训练部专门整理了双方观点。主张党旗在前的核心目的在于"以党旗居总理之右所以示重于党,先党后国之义也"①,主要理由包括:一是"本党以青天白日旗为党旗,乃总理创于广州第一次革命之时,中华民国以青天白日满地红旗为国旗,建议于同盟会成立后一年之东京大会,而确定于十三年改组后第一届中央执行委员会第三十九次常会,以其历史衡之,自应以党旗居先,国旗居后者"。党旗青天白日旗设计确立早于"国旗"青天白日满地红旗。二是"本党主张以党救国以党治国,是党之权力高于政府,则党旗之尊严亦应隆于国旗,此以事理衡之,应以党旗居先国旗居后者"。三是"党旗为代表中央党部、国旗代表国民政府,中央可命令国府,是应党旗居先国旗居后者"②。

主张国旗在前的理由包括:

> "国家之起源甚久,而党不过为国家演进过程中所产生之一种政治集团,换言之必先有国而后有党,未闻先党而后国者也,是应以国旗居先,党旗居后者一;本党之以党治国系以党之力量拯中国民众于水火,为民众谋利益,本党为中国各种革命民众先觉份子集团,应为被压迫之民族与民众而奋斗,在奋斗历程中,此革命份子集团应以牺牲奋斗为己任,以民众利益为前提,是以国旗居先党旗居后,盖表示革命党以牺牲为天职,而以勉励党员也;至谓党旗为代表中央,国旗为代表国府,然亦可谓旗代表本党党员国旗代表全国国民,不言而喻,是应以国旗居先而党旗居后者又一也。"③

随后,1929 年 4 月 25 日,国民政府"中常会"通过会议正式确定了党旗优先的原则,并且致函国民政府颁发训令颁布实施。1929 年 5 月 2 日,《国民政府训令》(第三一五号)明确:

> 中央执行委员会函示,查党国旗悬挂之位置不统一,亟应规定以昭慎重。兹经本会第五次常务会议决议规定党旗居国旗之右国旗居

---

① 国民党确定的党旗国旗顺序,以及主张党旗在前的理由在于:"(一)以党旗居总理之右所以示重于党,先党后国之义也;(二)国徽上之党徽规定在右上方,如将国旗置于党旗之右,则其党徽居于左上适与此旗之定制相反,自非所宜。"参见《令各县党部为转知 中央解释党国旗悬挂次序由》,载《训练特刊》1929 年第 3 期,第 26 页。

② 心生:《党国旗悬挂先后之讨论》,载《上海党声》1928 年第 32 期,第 1 页。

③ 心生:《党国旗悬挂先后之讨论》,载《上海党声》1928 年第 32 期,第 1 页。

党旗之左在案。除通令各级党部遵照外，相应录案函达即系查照转行
全国各机关一体遵照为荷。①

党旗、国旗先后顺序确定后，左右位置在不同视角理解正好相反：观众所看
的左右视角与以旗帜自身的视角左右不同。很快就有地方来函询问，江苏金山
等县执行委员会先后呈请解释党国旗悬挂办法一案中所规定的左右是否"以旗
之本身左右为左右"。中国国民党江苏省执行委员会请示国民党中央，随后，中
央秘书处会后函"常务委员批查，党旗居国旗之右，国旗居党旗之左规定甚明。
所谓左右当然为党国旗之左右，而非观者之左右"②。

当然需要注意的是，国旗的左右，代表了国旗顺序的前后，少数地方对党旗
位于国旗右是否与党旗在国旗前、党旗优于国旗相矛盾提出了疑问。处于转型
之期的民国对于旗帜并悬挂时以左为尊还是以右为尊，还未形成共识。"古今
国人对先后左右的主次标准不一，传统中国以左为上，现代惯例以右为尊"③。
1930 年 6 月 10 日，中央训练部在复函中强调"党旗居先国旗居后系称呼之秩序
而言""党旗居国旗之右、国旗居党旗之左系就其悬挂之位置而言""两案无抵
触"④。党旗、国旗顺序之争得以平息。

虽然党旗、国旗先后顺序之争在规范中得到解决，但是理论上仍然存在不
同意见。国民党统治时期，党旗国旗先后之争，是很多国家在民族解放时期，居
于统治地位的政党面临的共同问题。因国旗、党旗均具有重要政治象征意义，
党旗、国旗的先后也具有深刻的政治内涵，国民党政府明确党旗优先的核心在
于要运用党旗国旗顺序，强化其政党的合法性。

---

① 《国民政府训令》(第三一五号)，载《国民政府公报(南京1927)》1929 年第 156 期，第 3 页。

② 《中央秘书处函为党国旗悬挂左右以党国旗本身为左右由》，载《江苏党务》1929 年第 8 期，第
21 页。

③ 周游：《塑造党国之民：抗战前南京国民政府对党旗、国旗的政治运用》，载《华东师范大学学报
(哲学社会科学版)》2017 年第 6 期，第 117 页。

④ 《指令浙江省执行委员会训练部解释党国旗悬挂次序并无更改由》，载《中央训练部部务汇刊》
1930 年第四集，第 27 页。

第六章 法律责任

一、行政法律责任

(一)承担行政法律责任的主要类型

个人、组织的行为不符合国旗法律规定,应当依法承担一定的法律责任。承担行政法律责任的主要行为有情节轻微的、不涉及犯罪的不当使用国旗的情况,以及违反国旗法律关于生产、销售、管理等方面的规定。承担行政法律责任的主体可能是公民、外国人、企业以及公务人员等。

对于不尊重国旗的行为,国际上通行的行政法律责任是给予行政处罚。各国对于涉及国旗的行政违法通常有以下四种处罚:一是申诫罚,即以影响行为人的名誉、荣誉等精神权利为内容,包括警告、通报批评等。二是财产罚,即以剥夺行为人一定财产为内容,包括罚款、没收违法所得、责令退还费用等。三是行为罚,即限制或者剥夺行为人从事特定活动的资格或者权利为内容,包括暂停资格、取消资格等。四是人身罚,即以剥夺行为人一定期间内的人身自由权利为内容,主要是行政拘留。

在我国,从历史的角度看,涉及国旗承担行政法律责任,首次是明确规定在1943年9月国民政府公布的《违警罚法》。其中第五十七条规定:"下列各项行为之一者,处三十元以下罚锾:一、亵渎国旗、国章或国父遗像,尚非故意者……"第五十八条规定:"有下列各款行为之一者,处二十元以下罚锾或申诫:一、升降国旗、经指示而不静立致敬者……国旗之制造或悬挂不遵定式者。"

当时有关的讲义对第五十八条中明确不静立致敬法律责任的立法原意作了解释:

> 本款立法意旨,在养成人民对国家之尊敬心,并热诚拥护而设,人民对国家尊敬心养成,必在日常生活中潜移默化,不期然而然,使之内心热诚拥护尊敬,对于国家之生存,有效忠牺牲之决心,故代表一国家之国旗在升降时,凡在场者即应静立致敬,如经指示而不听者,则予以处罚,非仅指行进间之停止。即在着手工作时,于可能停止时,应即停

止静立致意,本款违警成立要件:(一)须是升降旗时。(二)须有经指示而不静立致敬之行为。①

有关讲义也对第五十八条中明确不遵守国旗制造和悬挂规定法律责任的立法原意作了解释:

> 本款立法意旨,在养成人民尊重国旗不得任意制造及悬挂,并促成井然之秩序,以求美观,国旗制造尺寸、质料及悬挂之方法,政府均有规定,不可任意制造悬挂,须遵照规定之式样尺度为之,本款违警成立要件:(一)须是国旗。(二)不遵定式制造悬挂者。②

新中国成立后,治安处罚相关法律法规长时间没有直接涉及国旗的规定。从实际案例上看,很多损毁、撕裂国旗的行为,情节不严重的,往往由公安机关按照治安管理处罚条例、治安管理处罚法的相关规定,给予行政处罚、行政拘留。

从国际上看,规定了亵渎、侮辱国旗承当法律责任的国家,往往也会给予情节不严重的行为人行政罚款、行政拘留。以墨西哥为例,使用和传播其国家象征的行为受《墨西哥国徽法、国旗法和国歌法》的约束。上述法律规定,对国家象征的不尊重或蔑视将根据违法者的严重程度和性质受到惩罚,如果以营利为目的,罚款和逮捕将增加。例如 2007 年,墨西哥歌手、演员宝琳娜·卢比奥(Paulina Rubio)为某杂志拍封面,在其中一张照片中,她用墨西哥国旗遮住了她的身体。这导致内政部展开调查并对歌手处以罚款,歌手承认了自己的错误并道歉。

(二)国家机构及其工作人员的法律责任

对国家机构及其工作人员不遵守国旗法律关于升挂国旗的规定,是否承担法律责任,一些国家作了规定。《拉脱维亚国旗法》第二十三条规定,使用拉脱维亚国旗的行政违法行为包括:(1)对于未在议会、内阁或地方政府规定的日期或情况下升挂拉脱维亚国旗的行为,将对公众机构负责人和公众控制的资本公司的执行委员会成员处以最高 20 个单位的罚款。(2)对于违反法律法规中规定的拉脱维亚国旗使用程序的行为,将对自然人和法人给予警告。《危地马拉国旗国徽管理法》第八条规定,所有国家机关、自治或分权机构以及国家教育系统的机构必须每天悬挂危地马拉国旗,否则将受到本法第十条规定的行政处

---

① 中央警官学校研究部编:《违警罚法讲义》,中央警官学校研究部印 1946 年版,第 65 页。
② 中央警官学校研究部编:《违警罚法讲义》,中央警官学校研究部印 1946 年版,第 67 页。

罚。在悬挂国旗时,应遵守相关条款中的禁止性规定。《哥伦比亚国旗、国徽和国歌法》规定,市长或者行使其职权者对下列行为应处以五至十日的法定最低日工资的罚款:(1)在本法令规定的日期内,未在公众可见的地方悬挂国旗的人。(2)悬挂状况不佳、褪色或变形的国旗。从上述规定可以看出,对于违反国旗法律的国家机构及其工作人员,通常由其负责人承担行政法律责任,主要包括如行政处分、行政罚款等。

在法国,曾出现市长没有在其所在城市下半旗导致其被停职,并且法国国务委员会已确认对其停职的程序。1958年《法国宪法》第二条规定,国旗为蓝、白、红三色旗,但没有任何立法或法规文本规定在公共建筑和建筑物上悬挂旗帜的规则。实践中升挂国旗主要依靠习俗和共和制传统。1989年9月13日,第89-655号《关于公共仪式、优先权以及民事和军事荣誉的法令》第一条规定,公共仪式是指由政府或由公共当局倡议组织的仪式。因此,由总理通过政府总秘书处向部长发出指示,在国家仪式或接待外国元首时为公共建筑和道路旁悬挂旗帜,或在官方哀悼时下半旗。在国家节庆期间,根据政府总秘书处的指示,由国务部长、内政部长和城乡规划部长向所有省长发出通知,然后由他们转发给国家机构的分支部门和地方当局,以便公共建筑(市政厅,学校,省、县、法院等)能够使用升挂国旗。省长负责确保这些指示得到尊重,而这些指示一般都得到了地方当局的良好遵守。内政部长有权暂停未履行其职责的市长或副市长的职务(《领土社区总法典》第L. 2122-16条)。① 《法国地方法典》第L. 2122-16条规定,在听取市长及其代表就被指控的事实提供书面解释后,可以由有权的部长发布停职命令,为期不超过一个月。市长只能根据部长理事会通过的命令明确予以解职。对暂停令或撤销令进行的有争议上诉无须律师。除非事先对市议会进行全面更新,否则解职将导致在解聘令后一年内依法不得担任市长和副市长职务。

对于市长未遵守指令下半旗的行为,法国国务委员会认为,在全国哀悼中,地方政府有义务规定政府公共建筑物的国旗下半旗,无论其职责如何。市长拒绝执行将国旗下半旗的指示,无视他作为国家代表在国家中所承担的义务。② 对于本案的处理,也得到了法国学者的认可,"合乎逻辑的是,作为一名公职人员,市长应该受到类似于中央集权背景下更普遍存在的、在权力下放

---

① Pavoisement à l'occasion de la Fête nationale. Réponse du Ministère de l'intérieur et de l'aménagement du territoire. publiée dans le JO Sénat du 10/11/2005-page 2917. https://www.senat.fr/questions/base/2005/qSEQ050718643.html.

② Par Élodie DERDAELE. LE DRAPEAU TRICOLORE, UN SYMBOLE CONSTITUTIONNEL DANS TOUS SES ETATS(DU DROIT). Communication présentée au VIIIᵉ Congrès de l'Association française de droit constitutionnel, Nancy, les 16,17 et 18 juin 2011. at 48.

背景下继续适用的等级制权力的制约"①。

二、刑事法律责任

（一）承担刑事责任的行为构成

国旗是国家的象征和标志,代表着国家的主权和尊严。很多已经制定国旗法的国家为了维护国旗、国家尊严,对侮辱国旗的行为明确了相应的刑事法律责任。因涉及国旗承担刑事法律责任的,主要有两种情形:一是商业用途上使用国旗,情节严重的;二是侮辱国旗的。其中,对于侮辱国旗承担刑事责任的争议较多。

侮辱国旗被定义为"通常是在公共场合,故意破坏、损毁国旗的行为"。获得广泛承认（通常也是最具争议性）的侮辱形式可能是焚烧旗帜。焚烧国旗在美国引发了激烈争论。有些人认为焚烧国旗是《美国宪法第一修正案》所保护的一种典型的表达不同意见形式,而另一些人认为这种做法无异于焚烧国旗所代表的自由,并且与言论自由区别开来,因为它是一种物理行为,而不是一个想法或意见的实际话语。一些国家将国旗侮辱行为定为刑事犯罪,而其他国家则像美国一样允许其作为一种言论自由。

一是行为对象。侵犯的对象通常只限于本国国旗,侮辱外国的国旗不构成本罪。关于中华人民共和国国旗的范围,包括根据国旗法及《国旗制法说明》制作的国旗。对于是否还包括印刷、手绘等方式制作的国旗图案,一些人为了发泄对国家、政府的不满,侮辱非标准制作的国旗,也象征对国家尊严进行了侮辱,理应属于侮辱国旗罪的范围之内。

二是行为内容。在客观方面,行为人必须具有在公共场合以焚烧、毁损、涂划、玷污、践踏等方式侮辱国旗的行为。侮辱国旗的行为必须发生在公共场合。"公共场合",一是指悬挂国旗、国徽的公共场所或者国家机关所在地,二是指人群聚集的公共场所。即使是私人场所,但由于参与人员比较多,或者活动的性质不具有私密性,也属于"公共场合"。侮辱国旗的行为必须带有公开性,而明目张胆地在众人在场或能使多人知晓的情况下进行侮辱。行为人如果将国旗受侮辱后呈现的不法状态呈现在能够使众人看到的地方并被众人知晓或可能被众人知晓的,也应视为具有公开侮辱的性质。侮辱国旗的行为应达到一定的程度才构成犯罪。只有实施了侮辱国旗的行为,而又不属于情节显著轻微、危

---

① Charles-André Dubreuil. Le contrôle juridictionnel de la révocation des maires-Commentaire par Charles-André Dubreuil. La Semaine Juridique Administrations et Collectivités territoriales n° 38,20 Septembre 2010,2281.

害不大的,才构成犯罪。具体判断侮辱国旗行为的危害程度,以侮辱国旗行为的手段、动机、后果、次数和侮辱国旗的数量等方面综合考虑,属于情节较轻或情节显著轻微,危害不大的,就不构成犯罪。

三是主观目的。侮辱国旗主观方面必须是出于直接故意,间接故意和过失不认为构成侮辱国旗的行为。侮辱国旗罪只限于直接故意才构成,即行为人明知其在公众场合实施侮辱国旗行为的性质、后果,并希望通过其行为达到使国旗当众受辱、损害国家尊严的目的。因此如果是因意外事件或出于过失而使国旗在客观上受辱的不构成犯罪。一般的间接故意造成国旗被侮辱的行为属于情节较轻的情况也不构成犯罪。

(二)不尊重国旗的法律责任①

对不尊重国旗的行为是否承担法律责任,对于各国而言,主要依据本国法律规定。从理论上看,不尊重国旗的行为,损害了国旗的尊严,但是如果规定不尊重国旗承担行政法律责任,可能带来负面的效果,因为肆意给予不尊重国旗的行为以处罚,使得公民在升挂使用国旗时必须要高度注意、心生畏惧,影响公民升挂使用国旗的热情和积极性。实践中,对于未达到侮辱程度,仅涉嫌不尊重国旗的行为,往往未明确承担法律责任。

2004 年,印度一名原告根据 1971 年《印度防止侮辱国家荣誉法》第二条对请愿人提出了指控,被告是一部名为《卡吉尔战争,1999》电影的制片人。起诉中称,在上述影片中,被告人展示了被国旗覆盖的士兵的棺材。印度政府内政部在新德里公布了《印度国旗法规汇编》,该规定明确,国家、军队、中央准军事部队的葬礼上,国旗应覆盖在棺材上,国旗的橙色部分朝向棺材的头部。而在电影中,覆盖在棺材上的橙色部分朝向棺材的尾部,被告人的行为构成犯罪,根据该法第二条应受处罚。下级法院经审理认为,被告应当承担法律责任,受到谴责。

上诉法院认为,《印度防止侮辱国家荣誉法》第二条内容如下:任何人在任何公共场所或公众视线范围内烧毁、残害、玷污、毁坏、践踏或以其他方式蔑视(无论是通过口头或书面语言,还是通过行为)印度国旗、印度宪法或其任何部分,将被处以三年以下有期徒刑,或罚款,或同时处以罚款。从上述条款中可以看出,没有任何地方说明必须如何使用国旗。只有当任何人在公众视线范围内焚烧、残害、玷污、毁坏、践踏或以其他方式藐视本法时,才构成本法规定的犯罪。

---

① J. P. Dutta v. Ravi Antarolia. Madhya Pradesh High Court. Apr 29, 2009. https://www. casemine. com/judgement/in/56b48e93607dba348fff5fa8? query = national%20anthem.

根据印度现行法律,不尊重国旗、国歌和宪法的行为不受惩罚。但是,为了防止公开侮辱这些主权和国家完整象征的行为,《印度防止侮辱国家荣誉法》规定的范围仅限于公开侮辱和攻击国家象征的行为,即在公共场合焚烧、践踏、玷污或多处涂抹。它并不打算禁止对这些标志进行诚实和善意的批评,而且法案中也有这方面的明确规定。

印度政府内政部公布的《印度国旗法规汇编》是内政部汇编的涉及国旗的法律、规范性文件、指令等,不是宪法意义上的法律。由于《印度国旗法规汇编》不具有法律效力,而且没有任何记录表明展示国旗是为了故意侮辱国旗。目前,国旗相关法律并不打算禁止对国家象征进行诚实和善意的批评,没有明确对涉及不尊重国旗的行为承担法律责任,仅对公开侮辱这些主权和国家完整象征的行为明确法律责任。

因此,上诉法院判决撤销下级法院判决,判决被告无罪。

(三)非故意倒挂国旗的法律责任

倒挂国旗的行为是一种违反国旗使用规则的行为。倒挂国旗可能有两种情形:一是故意,即故意使国旗上的图案倒置,以达到损害国旗尊严的目的;二是非故意,可能是由于对国旗图案的掌握不精确或者疏忽等问题,导致国旗倒置。对于非故意的行为,不具有损害国旗尊严的意图,不具有法律谴责性,不应当承担法律责任。对于故意以损害国旗尊严为目的的行为,应当承担法律责任。

在印度,曾出现过因倒挂国旗而审判的案例。2014年1月26日,在印度共和国日之际,印度中央邦雷瓦区政府所在地举行了升旗仪式。当奏唱国歌开始时,一些人提醒雷瓦区行政长官注意国旗是以橙色部分位于下方的方式升起。正常情况下,国旗橙色部分位于旗面的上方。但是,雷瓦区行政长官示意他们保持安静。国歌结束后,他指示工作人员将国旗摆正。此后,两名工作人员爬上政府建筑物,漫不经心地以无礼的方式摆正国旗。起诉人提出,如果被告雷瓦区行政长官愿意,他可以中途停止国歌并将国旗摆正;但是,雷瓦区行政长官没有这样做,这表明被告是故意将国旗橙色部分位于旗面下方的位置。1971年《印度防止侮辱国家荣誉法》第二条规定,故意将印度国旗上橙色部分位于旗面下方展示属于不尊重国旗的行为。被告雷瓦区行政长官故意、粗心地进行了上述行为,从而侮辱了国旗和印度宪法。

法院认为,雷瓦区行政长官被认为对国旗旗面上下颠倒升挂负有责任,只是因为他是该地区的最高行政负责人,对在集体办公场所内发生的所有活动负责。而实际上,升挂国旗时,出现失误的是升挂国旗的工作人员。被告是该地区负责人,不能指望他事先检查国旗的安装位置是否正确。

如果被告雷瓦区行政长官为了纠正国旗的位置而中途停止唱国歌,他可能触犯了《印度防止侮辱国家荣誉法》第三条的规定,凡故意阻止唱印度国歌或对任何参与唱国歌的集会造成干扰的,应处以三年以下有期徒刑,或处以罚款,或两者并罚。如果他在奏唱国歌时,下令停止奏唱国歌,则可能陷入两难境地。

在任何情况下,被告雷瓦区行政长官不会因为错误地展示国旗而获得任何好处;因此,没有理由假定他将故意以倒置升挂展示国旗,从而使自己陷入困境。在类似的情况下,法院一直拒绝让有权力的人、知名人士对国家荣誉方面的非故意失误负责。在这种情况下,任何一个普通的、谨慎的人,特别是个人利益完全不受这种失误影响的人,都不会相信一个地区的行政长官会故意把国旗倒置升挂,从而危害到声誉。

最后,法院驳回了原告起诉。①

---

① An and Tiwari v. State Of M. P. Madhya Pradesh High Court. Apr 5, 2016. https://www.casemine. com/judgement/in/5e96e74b4653d05364587435? query = national%20anthem.

第四编

国歌的制度与规范

第一章 概　述

第一节　国歌概述

音乐的重要性得到广泛认同,音乐"可以具有某种民族特征","表达的仍是一种普遍的美",成为"一门无国界的语言"①。国歌是一首爱国民族音乐,由宪法法律、国家机构正式承认,或者通过流行的方式被人民群众接受。国歌反映了一个国家人民的历史、斗争和传统,是国家身份的一种表达。

国歌作为音乐有助于培育公民对祖国的热爱,增强对祖国的归属感。自16世纪以来,国歌在欧洲,尤其是荷兰以现代形式出现。目前,绝大部分国家都有自己的国歌。国歌用于各类重要场合,成为各国国家仪式和符号的重要组成部分,起到了表达爱国之情、凝聚人心的作用。

一、国歌的起源和发展

国歌是文化发展的体现。对于国歌的确切起源,尚无准确定论,但可以从文化角度探析国歌的起源问题。从语义角度讲,国歌英文"national anthem"中的"anthem"是指"赞歌"(赞美英雄的历史或者人物的歌曲)、"圣歌"(尤指基督徒唱的颂扬上帝的歌曲)。"anthem"作为一种宗教歌曲,与其他歌曲的不同之处在于,它们不仅在宗教崇拜中被广泛演奏,而且在世俗场合也被演奏。在16世纪欧洲宗教改革战争中,赞美诗的世俗用途导致对立军队的士兵和不同信条的信徒积极演唱赞美诗,以表示他们各自的信仰。近几个世纪以来,越来越多的歌曲颂扬民族爱国主义和地方特殊主义。从实践来看,很多国家的国歌往往是从近代具有爱国主义性质的歌曲确定而来。

对于最早国歌的认定也有不同的观点。有观点认为,诞生于16世纪下半叶的荷兰的《威廉颂》是世界上最古老的国歌,是荷兰人为反抗西班牙统治所

---

① 〔法〕迪迪埃·法兰克福:《国歌:欧洲民族国家在音乐中的形成》,郭昌京译,上海文化出版社2019年版,第2—3页。

作,象征着荷兰人反抗侵略的决心和勇气。《威廉颂》在荷兰民间传颂已久、影响深远,但直到 1932 年荷兰才通过立法正式将其确定为国歌。也有学者认为,最早的国歌是诞生于 1745 年前后的英国《天佑国王》。该歌曲的歌词和曲调可以追溯到 17 世纪。

从 18 世纪开始欧洲部分国家通过政府法令或者议会法律正式确定国歌。欧洲古老的国歌之一——《西班牙皇家进行曲》,直到 1770 年才被采纳为正式的国歌。该首歌曲前期主要用于王室官方活动(这段旋律本身要古老得多——音乐学家将其追溯到西班牙中世纪)。随后诞生较早的国歌是创作于 1792 年的法国国歌《马赛曲》。[①]

国歌的概念是在 19 世纪的欧洲开始普及的。19 世纪民族主义思想和意识形态的崛起影响了音乐,音乐家在他们的作品中融入了民族特色,具有民族主义特色的国歌开始在欧洲得到推广。寻求明确国家身份的结果是国家选择了一首国歌来象征和加强主权。[②] 从欧洲殖民国家独立出来后,许多新独立的国家也确立了自己的国歌。事实上,对许多国家来说,国歌的采用可以说是与现代国家形式的出现相吻合的,国歌的诞生伴随着近现代主义国家的成立与独立。

19 世纪末,民族主义在全世界兴起,国歌迎来了繁荣,欧洲的殖民地在独立之后,尤其是中欧和南美地区,纷纷确定了国歌。在 19 世纪战争频发的欧洲,国歌多是激昂慷慨、鼓舞斗志的战斗歌曲。

20 世纪后,很多独立的国家将反抗侵略、追求解放独立、流传广泛的歌曲作为国歌,象征着国家独立和解放,例如亚非拉国家。"二战"后也有一些国家放弃原来宗主国的国歌,正式确立本地独立意义的国歌,例如,澳大利亚 1977 年确定《前进,美丽的澳大利亚》为国歌,加拿大国歌于 1980 年正式确定《哦,加拿大》为国歌等。进入 20 世纪,国歌传遍了全世界,成为国家的一个基本属性。今天,世界上几乎每个主权国家都有自己的国歌。在许多国家的宪法中,将国歌与国旗、国徽确立为国家的象征和标志,代表着国家的主权和尊严。

二、国歌的性质和实质条件

从实质上看,国歌是在视觉领域法定化、为人民群众所公认的国家象征。国歌在形式上是法定的,但是从实质上看是人民集体意志公认的结果。长期以来,国歌的法律地位并不明确:它们一直是非官方的,或者在近代晚期才获得官

---

① André Roux. Hymne national et Constitution. Droit et Musique, Jun 2016, Aix en Provence, France. ffhalshs-01449230.

② Avi Gilboa & Ehud Bodner, *What are your thoughts when the national anthem is playing? An empirical exploration*, Psychology of Music, Vol. 37:4, p. 460(2009).

方地位。应当指出,大多数国家通过制定法律、法规来规范国歌的奏唱规则,仅有一部分国家将国歌纳入宪法条款:如中国、俄罗斯等。国歌规则中的大多数旨在要求奏唱国歌时遵守特定的礼节:听众在唱国歌时起立,表示尊重(脱帽致敬等)。有一些规则还要求在正式场合使用国歌。

当然,实践中也存在少量事实国歌。如英国《上帝保佑国王》仍然是一首事实上的国歌,没有载入英国法律。作为大英帝国和英联邦的一部分,它传遍了全世界,现在在英国和新西兰经常可以听见;然而,澳大利亚、加拿大、牙买加、巴哈马和图瓦卢已经放弃将其作为国歌,现在只在英联邦作为"皇家国歌"演奏。

国歌是由歌词和曲调构成的艺术作品,能够成为国歌的条件是特定的,歌词、曲调两个组成必须都满足特定条件,才能被确定为国歌。早在民国时期,我国已经有学者归纳概括了国歌所要具备的条件。"(甲)就国歌词意论。第一,必须能表出'民族特性'与'共同理想',前者所以使国民独立自尊,后者所以使国民知所趋向。第二,必须文字浅显,韵味深长,前者所以使其易于普及,后者所以使人喜欢歌咏。(乙)就国歌音乐论。第一,调子组织必须合乎国民口味,然后一般人唱起来始感着兴趣。第二,调中音节必须向上发扬,切忌颓放淫荡,然后民德民力始能与日俱增。"[①] 上述对于国歌必备条件的认识在将近一百年后的今天仍然没有过时,这可以看出国歌性质的持久性,也可以看出人们对国歌赋予美好、授以希望。

三、国歌的意义

音乐的魅力是无穷的。"摆脱文字的枷锁,音乐是所有艺术中最容易接受强烈感觉,最容易获得前意识或无意识超理性反应的艺术;它表现出与超凡力量最接近的亲和力。"[②] 而国歌除了具有一般音乐的特征之外,对人们的影响如此之大的原因是什么? 这个问题的答案在于国歌是在什么条件下创作的,导致国歌出现的条件是什么? 具有如此强烈语义价值的歌词是如何创作出来的,它又是如何被接受为国歌的? 为了理解这些,有必要探索国歌的特殊价值及其产生的逻辑。

有很多学者对国歌的功能(或者价值)进行了分析。总体而言,国歌功能体现在两个方面:(1)国歌作为国家认同的表达方式。在创建现代民族国家的过程中,国家认同是可以通过国旗和国歌等象征物来构建的,或者至少是通过国

---

① 王光祈:《各国国歌评述》,中华书局 1926 年版,第 1—2 页。

② David Lowenthal, *From harmony of the spheres to national anthem: Reflections on musical heritage*, Geo-Journal, Vol. 65, p. 11(2006).

旗和国歌等来反映的。这种认同既可以表达国家的统一性,也可以表达组成国家的不同群体的多样性。有许多国歌高扬爱国情怀,如爱沙尼亚国歌《我的国家,我的快乐,我的幸福》,芬兰国歌和卢森堡国歌两首国歌的标题都是《我们的国家》。(2)国歌是一种意识形态的表达方式。如法国《马赛曲》反映了共和主义的意识形态,中国《义勇军进行曲》反映了永垂不朽的革命精神。①

笔者认为,可以从三个层次分析国歌的现实意义。

(一)国歌是构建国家的有效载体

国歌以最具艺术性的方式体现了人们所爱的国家的精神价值。在很多国家,国歌体现对自由的热爱和对独立的热情,激励人们为解放而与侵略者斗争,成为一国英雄的灵感、勇气和希望之源。确立新的国歌标志着国家独立、政权更迭,成为国家归属感的象征。国歌是国家统一和团结的共同声音,是国家统一价值的共同声音。越是接受国歌蕴含的思想,就越能保持民族共识,就越能自信地将国家带向强大的未来。国歌的歌词是文学中最有价值的杰作之一,它深入一国人民的内心,在人民的政治社会生活中获得了特殊的地位。

(二)国歌是维护社会稳定的独特工具

音乐的作用是独特的,白居易在《议礼乐》中认为,"序人伦,安家国,莫先于礼,和人神,移风俗,莫上于乐,二者所以并天地,参阴阳,废一不可也。何则礼者纳人于别而不能和也,乐者致人于和而不能别也。必待礼以济乐,乐以济礼,然后和而无怨,别而不争"。音乐的作用方式是隐秘的,可以作为维护社会礼乐秩序的重要工具。在社会视角看来,国歌具有更加独特的作用。"音乐被统治精英用来固化其意识形态以实现政治社会化,以及培养一种民间宗教以引导对国家的支持和热情。"② 美国学者认为,对于国家象征的崇拜形成了一种民间宗教(有的也成为公民宗教),是通过将特定政治思想和制度与神圣意义联系起来,以回应长期以来的现代性问题,试图制止消解统一、团结和等级制等。在美国,国歌成为民间宗教的重要组成部分。美国如此崇拜国家象征,以至于"国歌《星条旗之歌》等歌曲成为民间宗教传统的一部分,国歌几乎伴随着各种形式的公众聚会、从体育赛事到官方的国家庆典"③。

---

① André Roux. Hymne national et Constitution. Droit et Musique, Jun 2016, Aix en Provence, France. ffhalshs-01449230.

② Lily Kong, *Music and cultural politics:Ideology and resistance in Singapore*, Transactions of the Institute of British Geographers, Vol. 20:4, p. 447-459(1995).

③ SpearIt, *Legal Punishment as Civil Ritual:Making Cultural Sense of Harsh Punishment*, Mississippi Law Journal, Vol. 82:1, p. 9(2013).

(三)国歌是公民抒发爱国情感的重要方式

国歌在国家使用的象征和标志(国名、国徽、国旗、国歌)中占有特殊地位,因为它是最容易被人理解的标志。国徽和国旗并不总是现成的,国家的名字在不同的语言中听起来也不一样,而国歌却总是与人们在一起,人们记得国歌的旋律,如果需要表明自己的民族身份,可以通过唱国歌来实现。

国歌作为听觉领域的重要国家象征。从象征意义上看,就国歌作为音乐产生的情感作用而言,"听到的声音往往来自这个人的身体内部,特别是嗓子内部和周围的声音器官。生理成分和遗传起源的结合为音乐带来了非凡的情感影响和主观参与,使许多人将其理解为一种独特而有特权的表达方式,超越了视觉和言语交流的更自觉方式"[1]。在奏唱国歌的过程中,"感情在音乐中的独立存在、放射光芒,既不凭借比喻的外壳,也不依靠情节和思想的媒介"[2]。国歌所具有的情感通过音响沁人心脾,激发人们最深沉的爱国之情。

国歌与其他音乐作品的重要区别在于其能够激发一种独特的音乐情感。例如,法国国歌《马赛曲》,其歌词有争议,被质疑具有暴力色彩。但无论人们如何看待它的音乐质量,它无疑是一首振奋人心的进行曲,通过其活泼的节奏,唤起人们的热情,鼓励战斗人员的士气,并在体育赛事等场合激发参赛者甚至支持者的力量。

第二节　国歌法律制度概述

一、国外国歌法律制度的发展历程

18 世纪末,近现代意义的国家开始形成,同时国歌也开始法治化。法国国歌《马赛曲》在法国大革命期间于 1792 年诞生。1795 年,法国国民大会通过决议将其定为共和国国歌。到了 19 世纪,欧洲其他一些国家也开始确立国歌。拉丁美洲在 19 世纪开始走向民族独立和解放,美洲大陆的许多新国家都在寻找合适的国歌,努力在动荡时期建立新的主权身份。1813 年,阿根廷议会批准了《祖国进行曲》为国歌,这是拉丁美洲的第一首国歌。

进入 20 世纪,越来越多的国家,开始确立国歌,但是制定国歌使用、管理制度的规则较少。1900 年,阿根廷颁布法令,明确在官方或公共庆典上,以及在国

---

[1]　Johan Fornäs, *Signifying Europe*, Intellect Ltd, 2012, p. 150.

[2]　[匈牙利]李斯特:《李斯特论柏辽兹与舒曼》,张洪岛等译,人民音乐出版社 2005 年版,第 27 页。

立学校、学院中,只能演唱 1813 年 5 月 11 日大会批准歌曲的第一节和最后一节。1932 年,荷兰通过一项政府决定才正式确定《威廉颂》为国歌。在美国,《星条旗之歌》是美国的国歌。《星条旗之歌》于 1889 年被美国海军承认为官方使用,1916 年被美国总统伍德罗·威尔逊承认为官方使用,并于 1931 年 3 月 3 日由国会通过确立其为国歌的决议,并由赫伯特·胡佛总统签署成法。该法名称为《确定星条旗之歌为美国国歌法》,仅一条内容:"由歌词和旋律组成的、称为《星条旗之歌》的作品确定为美国国歌。"①

20 世纪中叶以后,随着独立国家越来越多,新成立的国家也相继制定了国歌法,明确具体的使用管理规则,例如 1968 年马来西亚制定国歌法。

二、我国国歌法律制度的发展历程

自清末以来,受到西方影响,我国不同历史时期产生了不同的国歌,先后有清末的《巩金瓯》、袁世凯启用的《中华雄立宇宙间》、北洋政府的《卿云歌》、南京国民政府的《三民主义歌》。不同历史阶段的国歌制定者均强调国歌的重要象征意义。

(一)清末至民国:国歌法律制度探索之中

清末时称国歌为"国乐",部分有志之士尝试编制"国乐"或者奏请确定"国乐","内以示兆民之轨物,外以动万国之听闻"②。1910 年,礼部左参议曹广权上奏,认为"预备立宪宜及时整饬礼乐","查各国皆有专定国乐,极致钦崇,遇亲贵游历,公使筵宴,即自奏其国乐,又必奏公使等本国国乐,皆肃立起敬,睦友邦以劳贵客,尊国礼以状声容,礼文甚盛"③。"我国国乐从前由出使大臣曾纪泽权宜编制,声调慢缓,至今各国常致疑问"。因此建议"召海内知音之士审订厘正"。1911 年 6 月 20 日,礼部上奏拟订"国乐"办法,"延聘通才及谙习音乐人员,参酌古今中外乐制,详慎审定,编制专章",获得上谕批准。④ 1911 年 10 月 4 日,清帝溥仪降谕,将《巩金瓯》"着即定为国乐,一体遵行"。"巩"是巩固,"金瓯"比喻疆土之完固,亦用以指国土,"巩金瓯"意指巩固国土。当时清廷已经认识到国歌用于"陆海军队""外交公请",但几天后武昌起义爆发,很快清帝退位,清朝"预备立宪"也宣告失败,清朝国歌未及传播。我国历史上第一首国歌诞生得益

---

① Mar. 3,1931,ch. 436,46 Stat. 1508. https://uscode. house. gov/statviewer. htm? volume = 46&page = 1508.

② 刘锦藻撰:《清朝续文献通考》(第二册),商务印书馆 1936 年版,考九三四一。

③ 刘锦藻撰:《清朝续文献通考》(第二册),商务印书馆 1936 年版,考九三四一。

④ 刘锦藻撰:《清朝续文献通考》(第二册),商务印书馆 1936 年版,考九三四二。

于"预备立宪"兴起,消失于"预备立宪"失败,国歌法律制度尚未形成即烟消云散。

1912 年中华民国临时政府在南京成立后,征求中华民国国歌,但很快北洋政府成立,拟定国歌无疾而终。但国民已经认识到国歌的重要性,很多有志人士推崇国歌"人人传诵,足以正人心、端风俗"①,进而呼吁尽快制定国歌。民国初年虽然还尚未正式确定国歌,但是北洋政府教育部于 1912 年 9 月 3 日通过部令颁布《学校仪式规程》确定涉及奏唱国歌相关的礼仪。《学校仪式规程》第一条中规定"元旦及民国纪念日行祝贺式";第二条规定"祝贺式:立国旗于礼堂,职员学生以次向国旗正立。奏乐唱国歌,职员学生行三鞠躬礼,校长致训词。复奏乐唱国歌,毕退"②。1915 年,北洋政府政事堂礼制馆受命制作国歌《中华雄立宇宙间》,1915 年 5 月 23 日,袁世凯总统令颁定《中华雄立宇宙间》为国歌。1919 年 2 月,北洋政府为制新国歌,成立了国歌研究会,公开征求词谱。1920 年 3 月 31 日北洋政府以大总统令颁布《卿云歌》为国歌③,1921 年 7 月 1 日开始施行。《卿云歌》节选自上古时代诗歌《卿云歌》的前两句,歌词精练、节奏短促,歌词为:"卿云烂兮,纠缦缦兮。日月光华,旦复旦兮。"当时的教育部编订了《卿云歌》的正谱(用于钢琴演奏的五线谱)、燕乐谱(即古代的工尺谱)、军乐谱(采用多种乐器的乐谱)。④ 在当时的重大政治性场合,奏唱国歌的习惯已经形成了。⑤ 北洋政府时期虽未形成具体的国歌使用管理制度,但是形成了公开征集国歌、国家元首确定国歌的制度先例,为其后国歌的制定树立重要榜样。

1930 年 3 月 20 日,南京国民政府颁布训令,在国歌未制定前,全国各机关在集会场合可以中国国民党党歌代替国歌。⑥ 该歌曲的歌词为《黄埔军校训词》。后来,各界认为,以党歌是勉励党员之训词,应有正式制定国歌的必要。1936 年,民国政府组成国歌编制研究委员会,开始公开征求国歌歌词,但经多次审查,并无合适的歌词,经委员会讨论后认为,《黄埔军校训词》能够充分表现革命建国精神,建议采为正式国歌。1937 年 6 月 16 日,中国国民党中央执行委员会常务委员会决议,以党歌作为国歌。国民党决议"以现行党歌为国歌"时,特别强调"现行党歌意义,所包至广。所有中国立国之大本均已包涵于三民主义"。对于坚持"党国一体""以党治国""党在国上"的国民党而言,将极其带有党派色彩的党歌定为国歌,亦是必然。1937 年 6 月 21 日,国民政府明令公布,

---

① 《国歌与法律》,载《少年(上海 1911)》1913 年第 4 期,第 11 页。

② 《学校仪式规程》,载《政府公报》1912 年第 128 期,第 4 页。

③ "大总统指令第七百五十九号:令国务总理靳云鹏 呈准教育部咨呈改定国乐编订国歌正谱及燕乐军乐各谱呈候明令施行由呈悉准如所拟办理即由教育部通行遵照此令 中华民国十年三月三十一日 国务总理靳云鹏 教育总长范源廉",载《政府公报》1921 年第 1834 期,第 12 页。

④ 正谱、军乐谱均标记"Andante Maestoso""♩=80",表示庄严的行板,每分钟 80 个四分音符。

⑤ 武进、许指严编:《民国十周纪事本末》,交通图书馆 1922 年版,第 41 页。

⑥ 《国民政府训令(第一六五号)》,载《军政公报》1930 年第 60 期,第 11、12 页。

"兹规定以中国国民党党歌,为中华民国国歌",并训令直辖各机关一体遵照。为使全国国民人人能唱国歌,并激发其爱国家爱民族的情绪,1939 年 7 月 15 日中国国民党中央执行委员会社会部发布公函,颁行《普及国歌运动要点》,要求各地党部会同当地政府以及其他有关机关切实协力推行普及国歌运动。①但此时处于抗日战争期间,普及国歌运动的效果尚未见整理公开。南京国民政府时期,两次通过训令确立国歌,但长期陷于"党歌"与"国歌"之争,仍未就国歌礼仪、国歌使用作出规范,国歌法律制度始终未形成。

这些所谓的国歌语言晦涩,不易传唱流行,生命力很短暂,但都象征着当时统治者,是一段时期政权的符号。

(二)新中国成立以后:国歌法律制度取得长足发展

1. 新中国成立初期:国歌法治之始

1949 年,新中国成立之际,就开始了国歌确定工作。通过征集、评选等环节,1949 年 9 月 27 日,中国人民政治协商会议第一届全体会议通过了《关于中华人民共和国国都、纪年、国歌、国旗的决议》,其中第三条规定:"在中华人民共和国的国歌未正式制定前,以义勇军进行曲为国歌。"国歌由田汉作词、聂耳作曲。至此,代表着新中国象征的中华人民共和国国歌诞生。

新中国成立初期,中央人民政府开始启动出台奏唱国歌的具体办法。1949 年 10 月 26 日,中央人民政府委员会办公厅对外征求对《国歌奏唱办法》草案的意见。10 月 31 日,原政协筹备会第六小组召开全体会议,讨论的议题包括《国歌奏唱办法》草案。11 月 3 日,毛泽东在中央人民政府委员会办公厅送请核阅的《国旗升挂办法》和《国歌奏唱办法》上作出批示:"交政治局讨论"②。后因故该奏唱办法没有颁布施行。

"文革"期间,该曲词作者田汉受到"四人帮"迫害,导致正式场合只能演奏国歌的曲谱,不能唱歌词。1978 年第五届全国人民代表大会第一次会议决定国

---

① 《普及国歌运动要点》内容如下:"(一)普及国歌运动,由各地党部会同当地政府暨其他有关机关切实协力推行。(二)练习国歌,以地方自治组织之一甲为单位,在规定日期内(每日以十分钟为限),每户每人至少派出一人,由甲长召集在指定场所练习,练习纯熟后,每户再更换一人,至其全家均能唱为止(不分男女老少,但衰病及幼弱者不在此限)。(三)每一甲练习国歌,练习纯熟度后,应定期(每日至少一次)举行全保国歌合唱大会,在地点时间不妨碍国民生业范围内,得举行乡镇或联保国歌合唱大会(只限于城市乡村以一保为度)。(四)练习国歌时,得聘请当地各学校教职员或分派各校学生担任义务教习,如学校教职员学生不敷分配时,就得党员公务员及能唱国歌之人民中选聘之。(五)练习国歌时,应先将国歌之词句意义向民众讲解,然后开始歌唱。(六)各地民众学校或识字班补习学校等,均应教学生习唱国歌,并讲解其意义,毕业时并得举行国歌歌唱比赛。(七)各地国民月会,各电影戏院,各游艺场所,以一切集会,于开幕时,均应唱国歌,并脱帽立正。"参见《颁发普及国歌运动要点》,载《中央党务公报》1939 年第 1 卷第 3 期,第 43 页 。

② 中央档案馆编:《中华人民共和国国旗国徽国歌档案》(下卷),中国文史出版社 2014 年版,第 344 页。

歌曲子仍然采用聂耳谱写的原曲,而歌词由集体重新填写。修改歌词后,对于国歌的争议依旧还在,国歌的社会传唱度不高。1982 年第五届全国人民代表大会第五次会议在北京举行,会议通过了《关于中华人民共和国国歌的决议》,决定恢复国歌原词,撤销该届全国人民代表大会第一次会议 1978 年 3 月 5 日通过的《关于中华人民共和国国歌的决定》。

2. 改革开放后:国歌法治化进展

为了规范国歌的奏唱、使用,1984 年 8 月中共中央宣传部印发《关于中华人民共和国国歌奏唱的暂行办法》,规范了国歌可以奏唱的场合、不得奏唱的场合、奏唱的礼仪以及加强宣传教育等。该暂行办法虽以党内法规的形式制定,但却是国歌规范化方面迈出的重要一步,在随后的 30 年中对于国歌的奏唱规范化发挥了重要的保障作用。

2004 年 3 月 14 日,第十届全国人民代表大会第二次会议通过的宪法修正案第三十一条规定:宪法第四章章名"国旗、国徽、首都"修改为"国旗、国歌、国徽、首都"。宪法第一百三十六条增加一款,作为第二款:"中华人民共和国国歌是《义勇军进行曲》。"将国歌写入宪法,有利于维护国歌的权威性和稳定性,增强全国各族人民的国家认同感和国家荣誉感。

3. 国歌法制定:国歌法治化新阶段

进入新时代,国歌法治化日益受到重视。2014 年 12 月中共中央办公厅、国务院办公厅专门印发了《关于规范国歌奏唱礼仪的实施意见》(中办发〔2014〕66 号),对国歌的奏唱场合、奏唱礼仪和宣传教育作了专门规定。

2017 年初,习近平总书记对国歌立法作出重要批示。2017 年以来,法制工作委员会着手开展调研起草工作。2017 年 9 月 1 日下午,第十二届全国人大常委会第二十九次会议表决通过《中华人民共和国国歌法》。国歌法规定,"中华人民共和国国歌是中华人民共和国的象征和标志。一切公民和组织都应当尊重国歌,维护国歌的尊严",明确了国歌和国旗、国徽享有同等的地位,对于维护国歌尊严具有重要意义。国歌法共 16 条,主要规范的内容包括以下几个方面:国歌的地位和国歌词谱;奏唱国歌的场合;国歌奏唱的形式和礼仪;国歌标准曲谱和官方录音版本;国歌的教育宣传;监督管理和法律责任等。国歌法的制定标志着我国国歌法律制度的正式确立,弥补了我国国家象征法律制度缺失的重要内容,标志着我国国家象征制度法治化迈入新的阶段。

三、国歌法律制度的框架

国歌法律制度的主要内容有哪些,目前还没有学者进行系统的总结概括,从中外国歌立法和司法实践总结梳理,国歌法律制度的框架如下:

一是国歌的性质和地位。国歌是国家的象征,国歌的性质和地位是国歌法律制度的首要条款,是国歌法律制度的统领性条款。例如,我国国歌法第三条规定,中华人民共和国国歌是中华人民共和国的象征和标志。一切公民和组织都应当尊重国歌,维护国歌的尊严。

二是国歌的构成。国歌的构成主要是歌词和曲调(曲调的表现形式则是包括歌词和音符的曲谱)所组成。通常情况下国歌有三种方式:(1)正文明确国歌的作者名称(或者包括作词者、作曲者);(2)正文明确国歌歌词;(3)正文明确国歌的名称,在附件载明国歌的曲谱。

三是国歌的奏唱情形。为了使国家象征使用更加明确化,国歌法律一般规定四种情形:(1)应当奏唱国歌的情形,如重大政治性活动、学校组织的活动。(2)鼓励奏唱国歌的情形。(3)可以奏唱国歌的情形。(4)禁止奏唱国歌的情形等,如不得用于商业广告等。

四是国歌的奏唱礼仪。国歌作为歌曲,有其自身特殊的使用规则,主要体现在奏唱国歌的礼仪等。

五是国歌的奏唱方式。国歌作为音乐,可以使用不同的演奏方式,主要分为器乐演奏、声乐演奏等。

六是国歌的监督管理制度。具体制度内容包括:(1)国歌的主管部门制度;(2)国歌的编曲、制作等制度;(3)国歌的知识产权制度;(4)国歌的教育宣传制度。

七是国歌的法律责任。对涉及不尊重国歌、侮辱国歌等行为根据情形不同,明确不同的行政责任、刑事责任。

第二章　国歌的构成

第一节　国歌歌词的特征及其修改

国歌作为一种歌曲,主要包含两个基本元素:歌词和曲调。[①] 歌词是文字表达,曲谱是曲调的表达。歌词是国歌的重要组成部分。国歌歌词通常作为民族感情的诗意宣言、独立国家的存在证明。国歌歌词富有寓意,往往表达了一个国家、一个民族更深层次的理论,以及一个民族的历史和对未来的愿望和梦想。除极少数国歌没有歌词外[②],大多数国歌都带有歌词。

一、国歌歌词的特征

每个国家都拥有自己庄严的国歌,国歌的歌词简要地反映了国家制度、政治立场等。通常而言,国歌歌词具有以下特征:一是具有简易性。《宋书》曰:"大乐必易。"大多数国家的国歌歌词简短。很多国家采用历史上传唱度高的歌词时,如果出现歌词过长,往往节选部分作为法定国歌。例如,德国选定《德意志之歌》的第三节歌词为联邦德国国歌。二是具有地域性。从各国情况看,在一些区域,国歌歌词具有一定的相似性。例如,阿拉伯国家的国歌经常以国名、君主国的名称或称号、自然和历史来强调单个国家的身份。三是具有鲜明爱国性。国歌象征对祖国鲜明的爱国情感。国歌是一部庄严的、赞美性的或纲领性的艺术作品,国歌往往为构建或者强化民族意识创作的,以重振人民的信仰和

[①] 对于歌曲的构成,有不同的表述方式。有的学者认为,歌曲由歌词和音乐构成。有的学者认为,歌曲由歌词和曲调构成。考虑到音乐是一个大概念,广义上的音乐包含有歌词的歌曲。因此,本书表述歌曲由歌词和曲调构成。曲调,音乐的首要要素,是歌唱性的、能够表达一定乐思的或主要旋律的统称。曲调有两个基本要素,即旋律线(或称音高线)和节奏。参见樊祖荫:《歌曲写作教程》,人民音乐出版社2006年版,第10页;赵康延:《浅谈歌曲创作》,载《黄河之声》2016年第6期,第80页。

[②] 例如,俄罗斯历史上就有两首没有歌词的国歌——从1954年到1971年和从1991年到2000年的国歌。应该指出的是,一些国歌由于各种原因没有歌词:西班牙是因为历史环境、科索沃和波斯尼亚是因为民族问题。

勇气,并为国家增添独立精神。国歌歌词通常是颂扬主权者、反映社会的思想和精神情绪。

二、近年来国外国歌歌词的修改

从各国情况看,许多国歌是由军队进行曲、民歌、流行歌曲、舞曲或宗教赞歌等演变而来。客观地看,有的国歌歌词很长,有的国歌是过时的宗教颂歌,有的国歌具有强烈的单一民族倾向,甚至有的国歌出现语言暴力,并合理化或鼓励使用武器、流血、发动战争和付出巨大牺牲。[①] 近年来,随着时代的变迁和发展,许多国家的政治诉求已经变成追求社会安宁与和谐、避免暴力行为,这与国歌诞生之际的政治诉求存在巨大差异,而这意味着国歌歌词与当前的政治社会文化环境出现了不匹配。

国歌在很多国家是宪法确定的,而国歌的歌词和曲谱往往是法律确定的(少部分国家在宪法文本中明确了国歌的歌词)。宪法和法律确立了国歌的唯一性、独特性。个人、组织不得擅自修改国歌的歌词和曲调。如果宪法保障国歌的独特性,这是否意味着国歌在歌词和曲调上都不能被改编甚至修改? 现实情况是,很多国家通过修改法律的方式修改国歌的歌词,并没有修改宪法。这其中的主要原因在于没有修改国歌的名称,如果修改了国歌的名称,必然涉及宪法问题。21 世纪以来,修改国歌的情况主要有以下类型:

一是追求性别平等观念。2011 年,奥地利议员向国民议会提出修改国歌歌词的议案,认为国歌自确定以来的 60 多年中,语言一般用法发生了变化。语言能像其他媒介一样塑造意识,应当对奥地利国歌的文本进行性别公平化,将国歌中"你是伟大子孙的祖国"修改为"你是伟大子女的祖国"。1946 年、1947 年奥地利部长理事会通过决定确定了国歌,但没有制定关于国歌的法律。讨论修改国歌歌词的议案过程中,也有一些反对意见,反对意见认为,当前的国歌是在奥地利正从困难时期中恢复时创作的。国歌是奥地利国家的象征,具有深厚的文化底蕴,试图使这一象征适应任何时代精神,是不明智的。因此不能通过该议案。赞成的意见认为,男性和女性具有同等的地位,这也应该在国歌中体现出来。目前,仍然存在男女不平等现象,国歌歌词中仅体现男性,难以体现女性的贡献。2011 月 11 月 7 日,奥地利国民议会以三分之二多数票最终通过了该

---

① S. O. Oluga et al. *The Paradox of the Quest for Global Peace and the Linguistic Violence of some Countries' National Anthems: A Critical Discourse Perspective*, Global Journal of Human-Social Science Research, Vol. 15, n. pag(2015).

议案,修改了国歌歌词。①

　　追求男女平等在国歌中的案例也有加拿大。2018 年 1 月 31 日,加拿大通过一项专门立法,将国歌歌词英文版的"True patriot love in all thy sons command"修改为"True patriot love in all of us command",将有性别色彩的"all thy sons"修改为"all of us"以体现男女平等。这种修改是希望国歌尽可能地团结绝大多数群体,能够更加有力地凝聚大多数公民。

　　二是宗教原因修改国歌。由于历史的原因,一些国家较早确立了具有宗教色彩的国歌,但是由于各类宗教均得到发展,宗教问题日益复杂化,激发了修改国歌的问题。例如,以色列国歌(《希望》)自以色列国成立以来一直在使用,但在 2004 年 11 月才成为官方国歌。2007 年,以色列政府的一位阿拉伯裔部长对国歌提出质疑,因为国歌歌词提到了"锡安"或"犹太灵魂",但要求改变国歌"以便阿拉伯人可以唱它"的请求没有成功。

　　瑞士现行国歌名为《瑞士之歌》,创作于 1841 年,1981 年被联邦委员会宣布为最终国歌。然而,它实际上是宗教赞美诗。2014 年,在瑞士公共事业协会的倡议下,为采用新的国歌展开了公开征集,其歌词将以 1999 年联邦宪法的文本为基础,强调"尊重他人和公平"。有 200 多份稿件被送来,评委会选出了最佳版本,2015 年 9 月 12 日通过大众投票选择了一个呼吁"团结与和平"的文本,同时保留了当前国歌的旋律。但这首新歌曲并没有成为正式的国歌,因为只有政府和议会可以发起改变正式国歌的议案。

　　三是历史原因修改国歌。俄罗斯联邦从苏联独立后,叶利钦总统通过法令采用名为《爱国歌》的国歌,没有歌词。2000 年 12 月 8 日由俄罗斯总统弗拉基米尔·普京提出并签署法案,该法规定恢复 1944 年的旧苏联国歌曲调旋律,但对歌词进行了修改,删除了共产主义、苏联的相关表述。自 2010 年以来,也有人一直在呼吁修改歌词,删除所有的宗教内容,但是没有成功。

三、国歌歌词的历史意义及其争议:以哥伦比亚国歌案为例

　　在一些国家,歌曲因其广为传唱而被确认为国歌,但是由于诞生之初为民间歌曲,具有一定的历史局限性,如带有宗教色彩、带有当时的特定历史条件因素等,因此会产生一定的争议。对此,大多数国家主张保留原有歌词,哥伦比亚宪法法院 1997 年判例对此有较为深入的讨论。

　　1920 年 10 月 28 日,哥伦比亚共和国通过法律正式确认哥伦比亚前总统拉

---

　　① 参见奥地利国民议会官方网站:Bundeshymne würdigt nun auch die großen Töchter Österreichs. https://www. parlament. gv. at/PAKT/PR/JAHR_2011/PK1207/#XXIV_A_01758.

斐尔·努涅斯作词和意大利作曲家奥雷斯特·辛迪奇作曲的歌曲《啊，永不朽的光荣》为哥伦比亚国歌，该歌曲歌颂了英勇的哥伦比亚人民争取民族独立、自由的行为。1984 年哥伦比亚法律再次确认了该歌曲的国歌地位。1997 年公民亚历山大·索尚达曼杜提出宪法诉讼，认为国歌十一节中有十节不能奏唱，如"浴血奋战的英雄，把哥伦布土地染红"宣扬暴力等，违反了宪法规定的宗教信仰自由等条款，建议确认 1920 年、1984 年法律违反宪法，取消《啊，永不朽的光荣》的国歌地位。

哥伦比亚宪法法院经审理认为①：哥伦比亚国歌是一百多年前于 1887 年创作的，并于 1920 年被正式确定为国歌，但从这首国歌诞生之日起，就深深渗透了大众意识，并成为哥伦比亚的文化遗产。这首歌属于当时的浪漫主义风格，某些章节具有文学色彩。这种文学色彩通常出现在任何类型的诗意或音乐作品中，但这一点与当时的文学风格相对应——浪漫的风格，蕴含着丰富的隐喻，所有这些趋向于歌颂哥伦比亚解放的壮举。国歌十一节中每一节都体现了这一点，它唱出了独立、人民主权、英勇斗争等，像其他国歌一样，强调了自由、独立、英雄主义、牺牲、勇气、民族自豪感和正义之类的价值观。

原告认为国歌歌词传递出宣扬暴力、宣扬天主教教义等，是一种非常主观的、个性化的解释。法院认为，这种解释是一种无理的指控，虽然个别词汇在某种程度上看来违反了宪法秩序，但是取消《啊，永不朽的光荣》作为国歌的法律地位，仅仅因为它涉及战争、斗争、鲜血、痛苦、勇气，是残酷地忽略了其歌唱人民争取自由、独立的斗争事实。在大多数情况下，这种自由、独立是通过战斗、牺牲和英勇的行为取得的。

国歌是一种诗意的音乐作品，其含义是为了纪念对哥伦比亚民族的崛起作出贡献的历史人物和事件。它的抒情灵感（通常是其创作时期）并未采用抽象性质的、要求社会成员实现的规范性内容。从实质上讲，它并不创造、消除或改变客观事实和一般的法律状况；它的范围本身并不是法律性质的，因此并不超出其所表达的哲学、历史和爱国含义的范围。

因此，国歌发挥了一种表达的作用，它诠释了国家独立的意义。国歌既不破坏社会，也不以破坏社会为目的。这一点在任何情况下都可以从其内容、与其起源相关的效果或不同的解释中推断出来。因此，国歌目的并不违反《哥伦比亚宪法》承认的原则和权利，也不试图限制这些原则和权利的行使。国歌代表英雄的过去和颂扬某些价值观念的事实，反映了一个民族的祖国感和特征。对这些价值观的颂扬恰恰要求遵守民主和多元化原则，捍卫国家独立，尊重宪

---

① 参见哥伦比亚宪法法院判决：Sentencia C-469/97. https://www.corteconstitucional.gov.co/relatoria/1997/C-469-97.htm.

法第一条所承认的领土完整、原则和价值观。而这正是宪法的社会法治基础。

最终，哥伦比亚宪法法院判决认为，作为国家象征的国歌已经有很长时间的历史，成为国家文化遗产的一部分，根据《哥伦比亚宪法》，国歌还享有国家的保护。国歌歌词本身不具有约束力，没有人被歌词内容强迫，否则就是陷入荒谬之中。因此，1920 年确认国歌的法律和 1984 年法律并不违反宪法规定。

第二节　国歌曲谱的构成要素

曲谱，是音乐作品书面的表现形式，其记载的内容包括歌词和曲调，是可供演唱或演奏的音乐文本。无论是在历史上还是在现代世界，都有许多没有歌词的国歌，但是没有一首无曲调的国歌存在。国歌也同样可以带或不带歌词。国歌作为一个象征物的意义在于，曲调是重要的对外表明国家象征的重要方式。国歌作为音乐作品，其中的曲调通过曲谱来呈现。

一、国歌曲谱的要素

曲谱，即乐谱，是指记录音乐音高或者节奏的各种书面符号的有规律的组合。演奏曲谱是指用于器乐演奏的音乐文本。通常各国会在法律法规中明确国歌应当严格按照法定的曲谱奏唱。例如，《俄罗斯国歌法》附件列明了国歌曲谱。国歌的曲谱，世界上通用五线谱的形式。五线谱记谱法是"在标有谱号的五条等距平行横线以及上、下加线、加间的位置上，用各种不同时值的音符、休止符及其他记号来记录音乐的一种方法"[1]。因此，在五线谱上，除了五条平行横线外，由谱号、音符、休止符及其他记号所组成。五线谱上面的符号，可以分为两类，一类是纯音乐符号，另一类是表情术语。[2] 表情术语主要包括速度记号、力度记号和表情记号。这几种记号通常用意大利文标记，有的国家也用本国语言标记，或者两种语言同时标记。

速度记号是表示音乐进行快慢的记号。速度对塑造音乐形象起到重要作用。速度记号常被用于乐曲的开头来表达整首乐曲的基调。常用速度记号包

---

[1]　陈建安、刘国基主编：《音乐》，人民教育出版社 2011 年版，第 7—8 页。

[2]　关于曲谱的构成，有不同的观点，有人认为，五线谱中的曲谱由音符、谱号、谱表构成。有人认为，曲谱由音符和表情术语构成，其中，表情术语是音符不能表达的情感，如表情、速度、音色等。为了突出曲谱中不能用音符表达的表情符号，笔者采用第二种分类方法。参见张宁和、罗吉兰编：《音乐表情术语字典》，人民音乐出版社 1958 年版，第 115 页；邓炎树主编：《音乐》，武汉大学出版社 2012 年版，第 8 页。

括基本速度记号和临时变化速度记号两种。基本速度记号分为三种：(1)慢速，包括壮板(庄严、沉重地)、广板(徐缓、宽广地)、慢板、柔板、小广板。(2)中速，包括行板、小行板、中板、小快板。(2)快板，包括快板、快板(快速而活泼)、快板(快速有活力)、急板、最急板。临时变化速度记号包括：渐慢、突慢并保持、渐宽广、渐消失、稍慢、渐快、自由速度等。上述速度记号只能大致地表明乐曲的速度，准确标明音乐的速度，需要依靠确定速度的仪器——节拍器来说明。如每分钟演奏(唱)多少个四分音符。①

从国外情况看，有的国家没有在国歌曲谱中标注速度，有的在国歌曲谱中标注国歌速度，有的国家区分不同情形明确不同的速度。例如，新西兰政府官方网站发布国歌曲谱时，明确用于集体演唱时，国歌应以每分钟108拍的速度演奏。对于独奏钢琴编曲，国歌应以每分钟96拍的速度演奏。《毛里求斯国家象征法》附件载明了国歌的曲谱，并且标明"雄壮的行板"(andante maestoso)，速度为每分钟104拍至108拍。② 加拿大政府官方网站公布的国歌乐谱上，仅标注了4/4节拍演奏，其他符号均没有添加。

力度记号是表示音的强弱程度的记号。力度的强弱变化有助于表达音乐作品的情感。常用的力度记号包括：(1)基本力度记号，包括极弱、很弱、弱、中弱、中强、强、很强、极强。(2)变化力度记号，包括渐强、渐弱、逐渐增强、逐渐减弱、特强、强后即弱、突强后即弱、突强等。

表情术语是表示音乐情绪、风格、思想感情的音乐术语。表情术语能够帮助演奏(唱)者更好地理解、把握音乐的情绪、风格特征。表情术语常有柔和、优美，活泼、迅速，富有表情地，安静地，嬉戏地，诙谐地，高贵、庄严、雄伟地，生动、活泼地，轻快地，优美、典雅地，光辉地，清晰地等。例，新加坡政府官方网站刊载的国歌曲谱上除标注了国歌的速度之外，还标注"庄重地"(Majestically)。也有很多国家的国歌曲谱没有标注力度、表情记号，如加拿大、澳大利亚、新西兰等。

二、国歌的配器

国歌法所附的曲谱通常适用于单一乐器演奏，如钢琴、小提琴等演奏。如果采用由多种乐器组合的管乐队、管弦乐队等形式演奏，就需要以多行谱表完整地显示一首多声部音乐作品的乐谱形式(即总谱)，方便乐队以每一种乐器演奏。总谱也可以为每一种乐器拆分编排相应的分谱。因此，实践中，为了让国

---

① 陈建安、刘国基主编：《音乐》，人民教育出版社2011年版，第42—43页。

② The National Flag, Arms of Mauritius, National Anthem and Other National Symbols of Mauritius Act 2022. https://mauritiusassembly. govmu. org/Documents/Acts/2022/act0522. pdf.

歌更加庄严的演奏,就需要为以管乐队、管弦乐队等方式演奏国歌进行配器(Orchestration)。配器就是用不同的乐器演奏音乐。我国国歌法第十条第四款规定,国歌标准演奏曲谱、国歌官方录音版本由国务院确定的部门组织审定、录制,并在中国人大网和中国政府网上发布。国歌标准演奏曲谱,"特指为在正式场合规范国歌演奏,维护国歌的尊严,由国务院确定的部门组织审定的、专门编配用于器乐演奏的国歌曲谱"。国歌标准演奏曲谱"可包括管乐队曲谱等"①。从国际上看,很多国家在官方网站上除了刊载国歌的独唱、合唱版本外,还刊载国歌的管乐版本、管弦乐版本或者器乐和声乐合奏的版本。在配器实践中,配器是在音乐的"主要声部"或者"结构因素"已经确立的情况下,给多声部分配乐器,也就是给主旋律配上多声部伴奏的总谱过程。"配器作为一项艺术创造活动,不同的作曲家有着各自不同的美学追求,配器的手法和乐器使用的偏好都因人而异。"②正是因为配器具有一定创造性,为了维护国歌的尊严,应当由国家机关组织审定权威的配器版本。

研究国歌的配器主要是考虑到管弦乐队、管乐队的需要。大型管弦乐队通常由4组乐器组成,分别是:弦乐、木管、铜管和打击乐器。演奏时,通常使用20种以上的乐器。配器的艺术是将弦乐器、管乐器、打击乐器等"不同的音响因素用来使旋律、和声与节奏具有独特的色彩;或者,脱离这三大要素而独立地造成特殊的效果"③。因此,在配器过程中编制乐谱是一种"单维空间"向"三维空间""多维空间"的处理过程,需要考虑不同乐器的性能,如音域、音质(音色)、力度和各种乐器的演奏技巧。在组织审定国歌标准曲谱时,应当切实围绕国歌的主旋律,在声音上保持一定的融合性,不同乐器之间音量比例保持均衡。

三、国歌的调式

国歌是一种歌曲,通常由旋律、节奏、和声、调性等要素有机组成。调性是调的主音和调式类别的总称。国歌配器、编排的过程中还需要充分考虑调和调式。音乐作品的内容与调、调式有着密切的关系。一般认为,调是音高的位置,是音的高度;调式是指几个音按照一定的关系结合在一起,并以某一个音为中心,构成的体系。调式具有多样性,主要包括三种大调、三种小调、五种五声调式和十五种七声调式等。不同的调式具有不同的特色,有的活跃、有的阴郁、有

---

① 武增主编:《中华人民共和国国旗法、国歌法、国徽法导读与释义》,中国民主法制出版社2021年版,第132页。

② 郭强:《谈常规管弦乐配器应注意的几个问题(一)》,载《音乐天地》2020年第6期,第51页。

③ 〔法〕艾克托·柏辽兹原著,〔德〕里查德·施特劳斯补充、修订:《配器法(上)》,姚关荣等译,人民音乐出版社1978年版,第2页。

的宁静、有的欢快。"在音乐创作中,根据音乐内容表现的需要,往往采用不同的调和调式,以求得到更加丰富的表现力。"①"但有时根据创作和表演的需要,将一首乐曲从一个调移至另一个调,以适应不同乐器、不同人声、不同声部的需要,这种情况不但可以而且必须。"②在国歌的编曲过程中,很多时候也需要根据不同的乐器、奏唱形式,确定不同乐器演奏的调式。在新西兰、拉脱维亚等国家,通过政府法规、指南等方式确定了不同乐器不同的调式。例如,拉脱维亚内阁制定的《拉脱维亚国歌编曲和录音办法》明确,国歌编曲可以采取交响乐、铜管乐、合唱团、钢琴、管风琴五种形式。办法还明确不同奏唱形式的调式,如交响乐团用降 C 大调,铜管乐队用 C 大调,钢琴演奏用降 B 大调,齐唱用 F 大调等。在新西兰,文化和传统部官方网站提供了不同类型的乐谱,包括 A 大调、B大调、C 调、D 大调、F 大调等 12 个调式演奏国歌的曲谱。

四、我国国歌曲谱

我国国歌《义勇军进行曲》歌词共有 84 个字,曲谱共有 37 小节。1935 年 1月,剧作家田汉在上海创作了电影《风云儿女》主题歌《义勇军进行曲》歌词,音乐家聂耳为《义勇军进行曲》谱曲,曲谱是用简谱和五线谱两种记谱法标记的旋律曲谱,五线谱在上、简谱在下。曲谱标记着"G 调、2/4 拍、Marcia Vivace、快步进行"等。

我国国歌最开始作为电影的主题曲因俘获理性、触及心灵而广泛流传。从歌曲特征上看,我国国歌是一首进行曲,具有一般进行曲的特性。"进行曲的使用体现了民族文化与音乐的多功能性的关系,音乐把渴望承认民间作品、渴望为政治仪式伴奏、渴望聚在一起并合着同一个节奏前进的愿望混合在一起。"③作为进行曲的国歌《义勇军进行曲》,实践中受到关注的是国歌的速度、表情记号。

(一)国歌的速度

音乐最本质的属性就是时间属性,"音乐时间是指音乐材料以'时间'(速度、节拍、节奏)为核心存在形式,通过呈现不同形式的'音响'而持续性的、流动性的客观存在"④。对于我国国歌而言,节拍、节奏已经在国歌乐谱上明确记载

---

① 李重光:《基本乐理》,湖南文艺出版社 2009 年版,第 219 页。

② 李重光:《基本乐理》,湖南文艺出版社 2009 年版,第 228 页。

③ [法]迪迪埃·法兰克福:《国歌:欧洲民族国家在音乐中的形成》,郭昌京译,上海文化出版社2019 年版,第 320 页。

④ 郑茂平、杨和平编著:《音乐心理学教程》,上海音乐出版社 2020 年版,第 67 页。

了,但是对于速度而言,仅仅明确"进行曲速度"。现代进行曲的速度是每分钟120拍左右,但慢的进行曲速度也有每分钟60拍、70拍,在2017年国歌法草案起草和审议过程中,对于是否明确国歌的速度有争议。有的音乐家建议,明确每分钟96拍,以给公众明确的指引;有的音乐家提出,法律规定了速度带来强制性,现实中也有很多人做不到。

考虑到"音乐的速度记号,主要是用文字表示";用这种方法并不非常准确,但是"过分准确对音乐表演也是一种限制"①。最后国歌法附件中的曲谱还是维持"进行曲速度"这一表述,在出台后通过录制官方录音或者做有关解释等方式,可以考虑将每分钟96拍确定为标准的速度。

(二)国歌的表情记号

音乐的表情记号是指用于体现乐曲的情绪,能更好地体现乐曲情感的符号。通常曲谱都会加上感情记号表示演奏时的情绪,如"战斗地""抒情地"。在国歌法草案的起草和审议过程中,有的音乐家提出,1982年全国人大常委会公报上的国歌旋律曲谱在音符、节奏方面是准确的,但没有具体的表情记号等曲谱的基本要素,难以充分体现国歌的形象和精神内涵,建议标注力度记号、表情记号。

考虑到对于力度标记,哪些地方需要加重,哪些地方应当弱化,不同艺术家有不同理解,难以取得共识。关于表情记号,作为国歌而言,庄重严肃地演奏是一个基本要求,但是在音乐中,"'庄严'这种关于国歌音乐特点的指示没有给出非常明确的节奏,除《马赛曲》之外,更常见的指示是'适中'或者'相对缓慢'"②。如果增加"庄严地"问题不大,但是如增加其他记号可能会产生争议。需要说明的是,考虑到在曲谱上增加标记速度、力度和表情记号等专业性较强,普通公民对这样的曲谱难以学习掌握,因此国歌法附件所载的曲谱并未增加标记。

————————————

①　李重光:《基本乐理》,湖南文艺出版社2009年版,第82页。
②　[法]迪迪埃·法兰克福:《国歌:欧洲民族国家在音乐中的形成》,郭昌京译,上海文化出版社2019年版,第309—310页。

第三章 国歌的使用情形

第一节 应当奏唱国歌的情形

"音乐不是一种可时时理解的语言,而更多的是情感的隐喻的表达。但是,倘若在特定背景中被欣赏,音乐能够精确地传播它所携带的信息"[①]。为了强化国歌在公民中传唱的程度,需要明确特定的场合必须奏唱国歌。

一、为什么规定应当奏唱国歌的情形

国歌作为音乐,想要发挥影响必然需要反复奏唱,这是由于音乐的本性所决定的。正如黑格尔所认为的:"声音不像建筑、雕刻和绘画那样独立地具有一种持久的客观存在,而是在迅速流转中随生随灭,音乐的艺术作品由于仅是暂时的存在而需要不断地重复地再造(复演)。"[②]黑格尔的观点突出了音乐的主体性,音乐只有经过长期的奏唱中,寄托于人的内心生活,才能产生影响。经过国歌的长期反复奏唱,才能达到"声音的余韵只在灵魂最深处荡漾,灵魂在它的观念性的主体地位被乐声掌握住,也转入运动的状态"[③]。

国歌作为音乐,是一种交流的方式。但与其他音乐比较,国歌更具有公共庆祝的特征,更适合于公众聚会。[④] 在一个全球化的盛大仪式(如奥运会)中,一个国家或者地区的音乐奏响时,对复杂的聆听群体而言具有构建和鼓舞的意味。民族国家建设中,通过对特殊音乐属性的强调维护、固化和呈现其合法性。很多国家法律明确规定,在一些重要意义的场合必须奏唱国歌,既是出于遵守礼仪的需要,也是出于强调和传递合法性的需要。国歌具有强大的象征性力

---

① Blacking, John(1995), Music, Culture, and Experience, Chicago and London: University of Chicago Press, p. 45. 转引自薛艺兵:《仪式音乐的符号特征》,载《中国音乐学》2003 年第 2 期。

② [德]黑格尔:《美学(第三卷)》(上册),朱光潜译,商务印书馆 1979 年版,第 353 页。

③ [德]黑格尔:《美学(第三卷)》(上册),朱光潜译,商务印书馆 1979 年版,第 333 页。

④ Johan Fornäs, *Signifying Europe*, Intellect Ltd, 2012, p. 150.

量,在不同的仪式活动中表现活跃,经常成为人们关注的焦点,并起到一种巩固交流的促进功能。

仪式的举行在国家治理中具有重要地位。"组织的高效性依赖于有效的内外通达,许多时候这无须借由仪式来实现。但所有组织的传达中都存在着一种仪式元素,并且由于大部分传达内容都因循守旧,所以仪式的规范化、重复性就极具优势了。"①法律通过明确应当奏唱国歌的情形,强化奏唱国歌仪式的常态化,加强了国家与公民个人之间的联系、沟通。国歌同时奏唱起到的特殊效果,使得国歌成为塑造国家共同体的重要载体。"无论它的歌词多么陈腐,曲调多么平庸,在唱国歌的行动当中却蕴含了一个同时性的经验",恰好就在此时,彼此素不相识的人们伴随相同的旋律唱出了相同的诗篇。共唱《马赛进行曲》,"创造了和谐一致的场合,也提供了使想象的共同体在回声之中获得体现的机会"②。

在重大场合如体育赛事、国家和国际庆典上,奏唱国歌,使人们团结起来,促进爱国主义感情,并且在唱歌时,人们会感受到一种更深层次的自豪感。应当奏唱国歌的情形属于法定范围,也是政府应当执行的范围。

二、应当奏唱国歌的基本情形

(一)重要会议

国家性或者国际性的重要会议,如议会开幕、国家庆祝会议等,往往在开始时奏唱国歌,这既是一种重要礼仪,也是开展爱国主义教育的重要体现。《俄罗斯国歌法》规定,在下列情形下演奏俄罗斯联邦国歌:在俄罗斯联邦会议联邦委员会、俄罗斯联邦会议国家杜马的开幕会议和闭幕会议上。加拿大规定,在议会开会期间,开幕会在周一的,全体议员须站立奏唱国歌;议会开幕会未在周一的,全体议员须在开会的该周第一天奏唱国歌。《巴西国家象征法》规定,在共和国总统、国民议会和最高法院举行仪式时,以及法令或国家规则明确的其他情形,可以奏唱国歌。我国国歌法第四条规定:"在下列场合,应当奏唱国歌:(一)全国人民代表大会会议和地方各级人民代表大会会议的开幕、闭幕;中国人民政治协商会议全国委员会会议和地方各级委员会会议的开幕、闭幕;(二)各政党、各人民团体的各级代表大会等……"全国人民代表大会会议和地方各级人民代表大会会议是全国人大和地方各级人大行使职权的主要形式,在开幕和闭幕时理应奏唱国歌,彰显国家权力。

---

① 〔美〕大卫·科泽:《仪式、政治与权力》,王海洲译,江苏人民出版社2021年版,第45页。

② 〔美〕本尼迪克特·安德森:《想象的共同体:民族主义的起源与散布》(增订本),吴叡人译,上海人民出版社2011年版,第139页。

(二)重要仪式

仪式是重要的政治象征活动,国家庆祝、纪念仪式具有增强民族依恋的能力。仪式突出了共同的历史、传达了核心价值,并有助于减少社会中的冲突,同时共同庆祝和哀悼仪式可以增强对小群体的依恋。在举行仪式时奏唱国歌,有助于仪式参与人员进入状态,提升仪式的庄重性、严肃性。《俄罗斯国歌法》规定,在下列情形下演奏俄罗斯国歌:在升国旗仪式和其他仪式上;依照外交照会,在外国国家元首、政府首脑、外国官员以及国家间组织和政府间组织负责人官方访问的欢迎仪式和欢送仪式上;按照俄罗斯联邦武装力量总军事章程,在举行军事仪式时;在根据国家权力机关和地方自治机关决定建造的纪念碑和纪念物的揭幕仪式上。在我国,法律规定了一些重要仪式应当奏唱国歌。(1)宪法宣誓仪式奏唱国歌。2017年制定国歌法明确规定,宪法宣誓仪式应当奏唱国歌。2018年2月24日第十二届全国人民代表大会常务委员会第三十三次会议修订实行宪法宣誓制度的决定,增加规定宣誓仪式应当奏唱中华人民共和国国歌。无论是在全国人大常委会,还是在国务院、最高人民法院、最高人民检察院举行的宪法宣誓仪式中,都要在仪式开始时奏唱国歌。宪法宣誓仪式中奏唱国歌,有助于增加宪法宣誓仪式的庄重性、严肃性。(2)升国旗仪式奏唱国歌。1991年国旗法规定"举行升旗仪式时,在国旗升起的过程中,参加者应当面向国旗肃立致敬,并可以奏国歌或者唱国歌"。考虑国旗法实施将近三十年来,升国旗同时奏唱国歌已经成为实践中非常普遍的做法,因此,国歌法规定升国旗仪式应当属于奏唱国歌的场合。2020年修改国旗法,明确要求"举行升旗仪式时,应当奏唱国歌"。(3)国家公祭仪式奏唱国歌。根据相关部门制定的公祭仪式安排,在公祭仪式开始时首先要奏唱国歌。根据2014年以来的实际做法,我国国歌法第四条规定,国家公祭仪式应当奏唱国歌。此外,目前一些地方开展的公祭黄帝、炎帝、大禹等活动,属于文化民俗活动,不是国歌法规定的国家公祭仪式。

(三)重要活动

重要活动往往人员聚集、影响较广、富含意义,也是进行爱国主义教育的重要场合。很多国家规定在重要活动中要奏唱国歌。《俄罗斯国歌法》规定,在下列情形下演奏俄罗斯联邦国歌:在国家和地方官方节日庆祝活动的开幕式和闭幕式上;在国家机关、地方自治机关、政府组织和非政府组织举办庆祝活动时。我国国歌法第四条规定,在下列场合中,应当奏唱国歌:(1)各级机关举行或者组织的重大庆典、表彰、纪念仪式等;(2)重大外交活动;(3)重大体育赛事;(4)其他应当奏唱国歌的场合。

国歌还用于节日活动。国歌通常在国家节日期间演奏或演唱,特别是在一个国家的独立日庆祝活动期间。同时,国歌经常在国际体育赛事活动中演奏。例如,在奥运会上,获胜队的国歌会在颁奖仪式上演奏。参赛国的国歌也会在比赛开始前奏响,通常东道国的国歌会在最后奏响。

三、要求应当奏唱国歌的范围

要求应当奏唱国歌的情形,通常被认为是爱国主义教育的重要体现。对于国家机关而言,应当在重要会议、活动、仪式上奏唱国歌,但是并不是每一个活动中都需要奏唱国歌,要把握奏唱国歌的尺度。印度一法院的判例为理解法律要求应当奏唱国歌的范围提供了典型案例。

2017 年,印度一位执业律师向当地高等法院提交了公共利益请愿书,认为有道德和宪法义务确保在高等法院以及地区法院、法庭和其他此类机构的房舍内每天演唱国歌。请愿人似乎受到了法院在最近的案件中要求在电影院播放电影时必须播放国歌的命令启发。①

请愿人的论点是,即使是法院也应在每天早上唱着国歌开始新的一天。印度宪法第51A(a)条中规定,印度每个公民的义务包括遵守宪法,尊重其理想和制度、国旗和国歌。这是已被纳入国家政策指导原则下的一项基本义务,尊重国歌成为每个公民的义务。因此,最高法院发出指令,要求印度所有电影院在故事片开始前播放国歌,所有在场的人都有义务起立以表示对国歌的尊重(后该指令的内容成为非强制性的事项)。

高等法院首先阐明了爱国主义的意义,真正的爱国主义不属于任何政党。它只培养对自己国家的热爱和对自己属于一个国家的尊重。因此,归属感是一种固有的感觉,而不是一种强迫性的东西。

高等法院指出,国歌无疑也是爱国主义和我们对指导国家的宪法信仰的一种表达。法院提出,这里的问题是,这种责任和爱国主义是否应该成为法庭上每天早晨的吟唱内容。高等法院、地区法院或法庭都是根据宪法本身建立的。国家司法机构是根据《印度宪法》第五章和第六章成立的,各邦的高等法院和下级法院都是根据该规定设立的。高等法院被授权制定自己的规则,高等法院还对下级法院和法庭行使监督控制权。因此,包括司法和行政等职能的履行都要在法院的行政控制和监督之下。法院在判决中考虑了以下几方面内容:

一是没有法律、传统要求这样做。尊重国歌是一个方面,但以爱国主义的

---

① Suresh Kumar Gupta, Advocate v. State Of U. P. Thru. Prin. Secy. , Law & Legal Allahabad High Court. Feb 3,2017. https://www. casemine. com/judgement/in/5e96b6b94653d0536457feb4.

名义,在法院内部或办公室履行公务前每天唱国歌,作为日常工作,从来没有这种做法。高等法院作为一个司法自治机构,没有任何地方制定过任何可能违背宪法基本义务规定和精神的规则,也没有授权这样做。

二是向神灵祈祷和诵读国歌是有区别的。向神明的例行祈祷是一种自我约束,是为了精神上的收获。这是纯粹的道德和对宗教的信仰,是个人行为。背诵国歌不能等同于这种神圣的祈祷,从而迫使公共机构的官员将背诵国歌作为一种例行公事,以灌输爱国主义或责任感。爱国主义是一种生动的集体责任感。它植根于一个国家的生活,不能被称为世俗宗教。

三是在法院看来,履行职责更为重要,因为工作是真正的崇拜。尊重国歌就是相信它,相信宪法的真正理想。在法庭上每天唱国歌的表现本身可能并不能反映对宪法的尊重。

在上述背景下,高等法院驳回了这一请求,并相信和希望每个人都能继续尊重国歌,但无法通过制定规则的方式发布任何这样的强制性指令。

这个判决的重要启发是,在国歌奏唱场合的运用中,不能将国歌视为一种宗教,强制适用于所有可以适用的场合。每种场合都有其核心目的,当国歌的出现与场合、情形的需要是相得益彰之时,如表彰庆祝活动中,需要庄重的国歌提升活动的精神层次;当欢迎外宾活动时,奏唱国歌可以彰显国家之间的区别与体现国家的内在特质之时,国歌的出现是适当的,是必要的。但是,如果国歌出现不分场合,形成一种宗教式的膜拜时,可能出现适得其反的效果。在与国歌特质不相符的场合奏唱国歌,反而会影响国歌的尊重与形象,也会影响该场合正常目的的实现。

第二节　可以奏唱国歌的情形

良好的音乐起到积极的教化作用。鼓励公民奏唱国歌、提高公民奏唱国歌的积极性是国家的责任。

一、在适宜的情形奏唱国歌

在音乐心理学中,音乐效果的发挥需要特定的音乐心理时间、音乐心理空间。"音乐心理时间是人们对客观音乐时间的主观体验和认知,是个体经过身体参与和认知加工之后的一种心理现象,具有一定的主观性、再认性和重塑性。"[1] "音乐

---

[1] 郑茂平、杨和平编著:《音乐心理学教程》,上海音乐出版社 2020 年版,第 68 页,

心理空间是指个体通过自身的听觉机制对音乐的音响材料所表现的内容在空间形状、物体大小、距离远近、方位定向的主观体验和感知。"[1] 音乐的心理时间、心理空间都受到不同因素的影响,如个体注意力、情绪与兴趣等因素影响音乐心理时间,如个体感知、客观环境等因素影响音乐心理空间。国歌作为音乐,上述因素同样影响国歌欣赏的心理时间、心理空间。因此,要使国歌的效果得到良好发挥,必须要调节上述因素的影响,确定合适的场合奏唱国歌。

国歌是反映民族之魂的音乐。国歌是国家的标志、是民族精神的体现,也是很好的爱国主义教育题材。各国通常鼓励公民更多地演奏、演唱国歌,如在一些重大会议、重要场合、大型文化、外交、政治等活动中。由于法律法规不可能详尽地列出允许唱国歌(不同于演奏)的场合,很多国家明确,国家倡导公民和组织在适宜的场合奏唱国歌,表达爱国情感。对于鼓励奏唱国歌通常有两种方式:一是明确鼓励在合适的场合可以奏唱国歌,例如,《新加坡国徽、国旗和国歌规则》规定,在总统接受致敬时应奏唱国歌,在其他任何适宜的场合均可奏唱国歌。二是对奏唱国歌的场合作出了具体规定。例如,《俄罗斯国歌法》规定,在重要场合如议会开幕会和闭幕会、外交活动、军事仪式、重大节日、学校开学、体育赛事活动等演奏国歌,也可以在国家机关、地方自治机关、政府组织和非政府组织举办庆祝活动时演奏。《巴西国家象征法》规定,在公共集会开始时,在与爱国主义有关的宗教仪式、广播电台和电视台的每日广播开始或者结束时,可以选择播放国歌。

我国国歌法第三条明确规定,"中华人民共和国国歌是中华人民共和国的象征和标志。一切公民和组织都应当尊重国歌,维护国歌的尊严"。国歌法第五条规定,"国家倡导公民和组织在适宜的场合奏唱国歌,表达爱国情感"。对于可以奏唱国歌的适宜场合的界定,熊文钊、王梅认为凡是有利于增强公民的国家观念、弘扬爱国主义精神,有利于培育和践行社会主义核心价值观的正式场合,都应该奏唱国歌。[2] 在国歌法制定之前的 2014 年,中共中央办公厅、国务院办公厅印发《关于规范国歌奏唱礼仪的实施意见》中规定,"国歌可以在下列场合奏唱",其中包括:"重要庆典活动或者政治性公众集会开始时,正式的外交场合或者重大的国际性集会开始时,举行升旗仪式时,重大运动赛会开始或者我国运动员在国际体育赛事中获得冠军时,遇有维护祖国尊严的斗争场合,重大公益性文艺演出活动开始时,其他重要的正式场合。"适宜奏唱国歌的情形可以扩大化解释,国歌可以在庄严的公共或私人活动中演唱或演奏,前提是该活动的本质是对国家观念的强化。

---

① 郑茂平、杨和平编著:《音乐心理学教程》,上海音乐出版社 2020 年版,第 70 页。

② 熊文钊、王梅:《维护国歌尊严的宪法意义——评杨某侮辱国歌案》,载胡锦光主编:《2018 年中国十大宪法事例评析》,法律出版社 2019 年版,第 167—168 页。

二、何时演奏、何时演唱国歌的争议

国歌可以采取用器乐方式的演奏，也可以采取人声方式的演唱。在国家、组织举行的大型活动中，往往采取专门的乐队进行演奏；对于何时演奏、何时演唱，没有确定性的规定。

在印度，曾出现是否仅演奏而非演唱国歌发生的争议。2010 年印度一地方法院对此有相关案例判决。起诉人向法院起诉指出，2009 年 12 月 28 日在一所酒店举办了一场活动，印度总统是首席嘉宾。在这个场合，海军乐队在活动开始和结束时演奏了国歌的曲调旋律。起诉人认为，对于曲调旋律，无论谁听到，都不会在心中产生任何爱国主义的激情。事实上，在这样的场合下，国歌并没有真正应用，因为演奏国歌曲调而非演唱国歌，只是让人们机械地听到它，却不理解国歌歌词中所包含的实际意义。起诉人指出，在这个国家几乎所有的活动中，凡是有政要出席的地方，都只演奏国歌的曲调旋律。这种尴尬的情况是议会从来没有想到的，这种情况也是国歌的伟大作者所没有想到的。为了这个国家人民的最大利益，必须避免这种令人震惊的情况。请愿人对此感到不满，致函印度总理，并起诉到法院，要求停止演奏国歌音乐曲调的做法，而应该演唱国歌。

起诉人起诉到法院，要求法院发布适当指令，要求政府删除关于演奏国歌的命令中关于演奏国歌的场合，要求政府严格遵守演唱国歌场合的规定，并要求被告采取适当措施，培养公众适当尊重国歌和其他国家象征的意识。

当地高等法院经审理，驳回起诉人起诉。主要理由包括：一是关于奏唱国歌的命令规定了演奏国歌的场合、演唱国歌的场合等，而 2009 年在总统出席的活动中，演奏国歌的场合符合该命令。即起诉人提出的事件没有违反该规定。二是起诉人提出了一些建议，试图用他个人的看法来说服法院指令如何演奏或演唱国歌。除非起诉人指出由于违反任何指令或由于上述命令中发布的特定指令而涉及任何公共利益，否则法院无法理解如何能批准他所寻求的救济。三是对于起诉人的担心，法院认为，政府关于各种场合下不同的奏唱方式，命令涵盖了几乎所有的情况或场合，起诉人所表达的担忧也在上述命令中得到了保障。四是考虑印度政府在发布与印度国歌有关上述命令时的谨慎和小心，在没有任何关于违反上述命令的投诉的情况下，认为没有充分的理由受理目前的书面申请。①

---

① Sivaprasad G. v. Union Of India. Kerala High Court. Sep 23, 2013. https://www. casemine. com/judgement/in/5ac5e42f4a93261a672e7b28.

在上述法院判决中,可以看出,无论对于演奏还是演唱所带来的不同效果,法院更倾向于认为是一种个人感觉。以个人感觉修改政府经过深思熟虑的决定,对于法院来说理由还是不充分的。

在我国,新中国确立国歌后,对于唱国歌方面要求得比较少。很长一段时间内,在一些重要活动、重要会议中,主要是播放国歌。2017 年制定国歌法时,专门使用了"奏唱"一词。国歌法中规定的"奏唱",既包括奏国歌,也包括唱国歌,还包括同时奏、唱国歌。使用奏唱一词,主要是希望在涉及使用国歌的场合,公民能够将国歌唱起来,这样能够更有利于激发公民的情感。同时,国歌法也没有限定哪些场合必须唱国歌,这主要是考虑要真正激发公民爱国之情是需要内在动力的,如果强制必须唱国歌,可能引起负面情绪,同时,如果出现应当唱国歌,而未唱国歌的,实践中也难以判断。

三、娱乐场所是否可以奏唱国歌

国歌是歌颂国家历史、传统或者追求独立自由的爱国主义音乐作品,是国家承认的官方标志。对于国歌奏唱的场合需要认真对待,而适合于庄重场合的国歌能否适用于娱乐场所很容易引起争议。

在印度,曾因为在娱乐场所奏唱国歌而引起过争议。2016 年 11 月 30 日,印度最高法院考虑起诉人请愿书中的主张,通过了一项临时指令,涉及电影院播放国歌的内容如下:(1)印度的所有电影院都应在故事片开始前播放国歌,所有在场的人都有义务起立以示对国歌的尊重。(2)在电影院大厅的屏幕上播放或唱国歌之前,入口和出口的大门应保持关闭,以保证没有人可以制造任何形式的干扰,避免不尊重国歌。国歌演奏或演唱完毕后,大门可以打开。(3)在电影院大厅播放国歌时,屏幕上应显示国旗。(4)不得播放或显示任何删减的国歌。指令发出后,总检察长作出了相关的指示。但是随后法院收到要求撤销指令的起诉。

2017 年 10 月 23 日,印度最高法院在听取了印度总检察长、律师的意见后,通过了以下命令:由于国家存在基于宗教、种族、种姓甚至地区的巨大多样性,有必要通过播放国歌来培养统一性,以便当人们从电影院出来时,培养他们都是印度人的信念。同时,印度最高法院也认为,当印度联邦最高法院"作出指令"时,意味着裁量权在中央政府手中。行使该自由裁量权时不受临时指令的影响,中央政府以包容的方式或中央政府认为合适的方式进行监管。

随后,一些案件也提交到印度最高法院。这些案件起诉人认为,在没有任何法律的情况下,法院不应强制要求在电影院播放国歌。也有建议表示,如果法院考虑继续执行临时指令,至少可以修改要求,即每当有电影节和一天放映超过五部到六部电影的时候,观众只需要在第一部故事片开始时起立。毫无疑问,国歌和国旗应受到尊重,每个公民都有义务表现出尊重,但电影院可能不是合适的地方。

面对许多律师提出的质疑,2017 年 12 月 5 日印度最高法院作出指令,决定成立一个部际委员会提出有关演奏、演唱国歌的监管建议。部际委员会听取各方面建议后认为,可以不必强制要求电影院在放映电影前播放国歌。印度最高法院最终采纳了部际委员会的意见,认为国歌是国家的灵魂,无论何时何地奏响国歌,人们都必须表示尊重。行政部门必须考虑到,宪法和法律规定尊重国歌是公民的基本义务,应当对播放国歌的具体场合作出规定。考虑在唱国歌或演奏国歌时,需要强调的是尊重,而不限定具体场合。最后,印度最高法院对 2016 年 11 月 30 日通过的指令进行了修改,规定在电影院放映故事片之前播放国歌不是强制性的,而是可选的。同时要求部际委员会提出具体的建议,以便采取后续行动。①

四、升挂特别行政区区旗时能否奏唱国歌

近年来,有少数观点对于在中国香港、澳门特别行政区升挂区旗时是否可以奏唱国歌提出疑问,认为升挂区旗,不应当奏唱国歌,而应当奏唱单独的歌曲。从实践中看,升挂区旗、奏唱国歌,主要分为两种情形:一是升挂国旗、区旗,奏唱国歌;二是单独升挂区旗,奏唱国歌。

对于第一种情形,在同时升挂国旗、区旗及其他旗帜并奏唱国歌。香港特别行政区回归至今,在具有重大意义的历史性时刻及正式场合的升旗仪式中,均是同时升挂国旗、区旗。如 2022 年 1 月 1 日,在庄严的国歌声中,鲜艳的五星红旗和香港特别行政区区旗在香港金紫荆广场同时冉冉升起,迎接新年。国旗法第十四条第二款、国歌法第四条均规定,举行升旗仪式时,应当奏唱国歌。笔者认为,同时升挂国旗区旗时,国旗升挂的高度高于区旗,凸显的是国旗的优先地位,彰显国家意识,有利于培育香港特区公民的爱国情感、国家情怀。举行升国旗仪式时,伴随升区旗及其他旗帜的行为,没有违反国旗法、国歌法禁止性的规定。同时,国歌法第五条规定,国家倡导公民和组织在适宜的场合奏唱国歌,表达爱国情感,同时升挂并奏唱国歌的行为,符合国歌法第五条规定的鼓励性规定的精神。

对于第二种情形,单独升挂区旗、奏唱国歌。香港回归后,单独升挂区旗、

---

① Shyam Narayan Chouksey vs Union Of India . Supreme Court of India. WRIT PETITION (CIVIL) NO. 855 OF 2016. on 9 January ,2018.

奏唱国歌的情形,多见于香港体育组织以"中国香港"名义参加奥运会等重大体育赛事的场合。《香港基本法》第一百四十九条规定了香港体育组织可以"中国香港"名义参加有关国际比赛活动。关于重大体育赛事以外的场合,能否升区旗、唱国歌,国歌法第五条明确规定,国家倡导公民和组织在适宜的场合奏唱国歌,表达爱国情感。该规定并未限定奏唱国歌时只能升国旗,奏唱国歌时也可以升挂适宜的旗帜。但是如果奏唱国歌时升挂其他寓意的旗帜,可能属于违法行为。法律并未规定国歌具有与国旗对应的"专属性",即只有升国旗才能奏唱国歌。相反地,只要是为了表达爱国情感,在适宜的场合都可以奏唱国歌。

第三节　禁止使用国歌的情形

法律具有确定性,以便公民都能够预见哪些行为是禁止的和被惩罚的。对于国歌禁止使用的情形,法律应当明确规定。

一、禁止使用国歌情形的性质

特定歌曲被定为国歌后,就不再是一首普通的音乐作品。毋庸置疑,无论何时何地演奏国歌,都必须表现出尊重。只要是以适当的尊重方式唱国歌,保持适当的礼节,都是合适的。从音乐心理学的角度看,"人们对音乐活动或音乐事件的认识,和他们对客观世界的感知一样,是按照'特定时间'的连续性、顺序性以及事物间空间关系进行主观认知加工的结果"[①]。如果在国歌奏唱活动中,以非尊重的各类方式、用途、场合等情形打破了国歌奏唱的通常时空关系,包括国歌奏唱的连续性、顺序性以及与周边环境的空间关系,就会破坏国歌奏唱的效果、意义。根据国歌禁止使用情形法律规定情况,可以分为两种类型:一是倡导型,即法律规定国歌不得奏唱的情形,但是没有规定法律责任,当出现此类行为时,会受到舆论谴责或者道德谴责。例如,《美国国歌法》要求,奏唱国歌时,在场人员应当遵守特定的礼仪,但是没有法律责任。二是强制型,即法律明确规定违反禁止情形的行为人承担一定的法律责任,主要包括罚款或者监禁处罚。

---

① 　郑茂平、杨和平编著:《音乐心理学教程》,上海音乐出版社 2020 年版,第 67 页。

二、禁止使用国歌情形的类型

根据情形的性质不同,禁止使用国歌情形的类型包括不适当的方式、不适当的场合、不适当的用途等。我国国歌法主要规定四种不同的具体禁止情形:一是不得采取有损国歌尊严的奏唱形式。国歌法规定应当按照该法附件所载国歌的歌词和曲谱。二是国歌不得用于或者变相用于商标、商业广告。三是不得在私人丧事活动等不适宜的场合使用。四是不得作为公共场所的背景音乐等。从逻辑上区分,第一种具体情形属于不适当的方式;第二种具体情形属于不适当的用途;第三种、第四种具体情形属于不适当的场合。

（一）不适当的方式

不适当的方式使用国歌,主要是指对国歌随意改编等不尊重国歌尊严的方式。例如,《新加坡国徽、国旗和国歌规则》规定,奏唱时不得将国歌纳入任何曲目或混编成曲、未精确地反映国歌完整曲调和官方歌词。我国国歌法第六条规定,奏唱国歌,应当按照本法附件所载国歌的歌词和曲谱,不得采取有损国歌尊严的奏唱形式。我国澳门特区《关于使用国旗、国徽、区旗、区徽及奏唱国歌的具体规定》中规定,演奏国歌时不得修改国歌的歌词。演奏国歌时蓄意不依歌谱或更改歌词构成对国家象征的不尊重。

（二）不适当的用途

国歌通常用于表达爱国情感,必须用于适当的用途。将国歌用于或变相用于商标、商业广告等不适当用途,可能引起公众的不适,也会引起误解。在 2017 年香港特区立法会起草国歌条例时,规定不得将国歌用于商业广告。但部分委员询问,就某场合或活动（例如慈善活动及足球赛事）而言,若有奏唱国歌,而该场合或活动亦有展示其商业赞助商的品牌名称或标识,此情况是否会构成在商业广告中不当使用国歌。政府当局认为,"即使在某个获商业赞助的场合或活动上展示赞助商的品牌名称或标识,只要没有将国歌用于商业广告,在该场合或活动中奏唱国歌,并不会违反条例规定"①。

2016 年 11 月 30 日,印度最高法院考虑起诉人请愿书中的主张,通过了一项临时指令②,涉及禁止国歌不适当用途的内容如下:(1)不应进行商业开发以

---

① 参见香港立法会:《2019 年 6 月 14 日内务委员会会议文件〈国歌条例草案〉委员会报告》,载香港立法会网,https://www.legco.gov.hk/yr18-19/chinese/bc/bc53/general/bc53.htm。

② 《印度宪法》第三十二条规定,涉及公民基本权利保护的事项,印度最高法院有权发布命令、指令、令状等,要求政府采用特定措施。

获得经济利益或任何形式的好处。详言之,国歌的使用不应直接或间接使参与其中的人获得任何商业利益或任何其他利益。(2)不应将国歌戏剧化,也不应将其作为任何娱乐节目的一部分。因为当唱国歌或演奏国歌时,在场的每个人都必须表现出应有的尊重和敬意。对国歌进行娱乐化的展示是绝对不可想象的。(3)国歌或国歌的一部分不得印在任何物体上,也不得在有损国歌地位、等同于不尊重国歌的地方演奏国歌。这是因为当唱国歌时,与之相关的礼节概念有其固有的国家认同、国家完整和宪法爱国主义的根基。

(三)不适当的场合

场合是一种空间。音乐需要在一定空间奏唱。"从符号学角度来理解,音乐符号的一个显著特点在于它和它的传播空间密不可分。""空间直接将音乐文本种植到文化中去,成为声音文本的文化性之间的纽带,脱离文化品质的音乐文本,只剩下物理性,其文化意义就不在场,其表意过程就没有完成。"[①]空间的特质成为音乐一个重要的组成部分。在奏唱国歌时,应当在合适的空间,也就是合适的场合。

一些国家和地区明确禁止在不适当的场合使用国歌,例如,美国马萨诸塞州法典第二百六十四章第九节规定,在任何公众场地,如博物馆、电影院、餐厅或者咖啡厅,或者任何公共娱乐场所,演奏、歌唱或者演出美国国歌的人,损害其节奏,或者进行任何修改或者添加的行为,将处以罚金。在我国,2014 年 12月中共中央办公厅、国务院办公厅印发了《关于规范国歌奏唱礼仪的实施意见》(中办发〔2014〕66 号),对国歌的奏唱场合、奏唱礼仪和宣传教育提出了明确要求。其中规定:"私人婚丧庆悼,舞会、联谊会等娱乐活动,商业活动,非政治性节庆活动,其他在活动性质或者气氛上不适宜的场合,不得奏唱国歌。"私人婚丧庆悼活动不得奏唱国歌,其比国歌法的规定要宽泛。国歌法草案起草审议过程中,有的意见提出,对于奏唱国歌的场合不要限制过多,有关机关组织的集体婚礼奏唱国歌也有利于从爱小家升华为爱国家,因此,不必一律禁止。也有的建议禁止电话、电脑、彩信、网页等提示音使用国歌,考虑实践中这种情况并不多见,有的网页可能是宣传国歌的内容,如果完全禁止使用也不合适,禁止公民下载国歌作为电子设备的提示音,在执法上也不好操作,因此,国歌法均未明确禁止。

考虑到在实践中,一些商业场所、娱乐场所将国歌作为背景音乐播放,与国歌本身作为国家象征和标志的地位不相符合,不利于维护国歌的庄严形象,我国国歌法专门明确国歌不得作为公共场所的背景音乐。

---

①　陆正兰:《流行音乐传播符号学》,四川大学出版社 2019 年版,第 173 页。

三、禁止使用国歌情形的法律后果

不同类型的国歌禁止情形需要承担不同的责任。从法律规定的角度来看，实施倡导型禁止情形，行为人不需要承担法律责任，但是会受到舆论和道德的谴责。对于强制型禁止情形，行为人不得从事特定行为，否则带来一定严重后果，往往由其承担责任。通常情况下，各国对于禁止国歌作商业用途进行强制性规定的，违反规定的行为人需要承担明确的法律责任。

第四章 国歌的奏唱礼仪

第一节 国歌奏唱礼仪的规范尺度

孔子曰:"不学礼,无以立。"不学会礼仪礼貌,人就难以有立身之处。而不学习奏唱国歌的礼仪,也难以体现公民对国歌的尊重。奏唱礼仪是展现国歌的外在形式,是表达爱国主义情感的重要表现方式。

一、国歌奏唱礼仪规范的重要性

国歌礼仪具有重要的政治意涵,通过法律规范国歌礼仪,确保奏唱国歌礼仪的严肃性、庄重性,对于国歌而言其重要性体现在以下三个方面:

一是有助于彰显国歌的重要性。国歌或者突出特定历史的重要事实,构建一国公民的身份;或者突出代表国家形象,成为一国的代言。在法律中规范国歌的礼仪,强调在奏唱国歌的过程中遵守既定的法律规则,有助于彰显国歌的重要性。

二是有助于强化国歌的情感力量。奏唱国歌时,全体在场人员肃立致敬,将因国歌而在情感上发生同频共振。"无论它的歌词多么陈腐,曲调多么平庸,在唱国歌的行动当中却蕴含了一种同时性的经验。"[①] 在国歌仪式中,情感得以提升,爱国之情以增强。"在国歌奏唱仪式中,时间与空间、历史与现实、记忆与当下、符号与意义、感性与理性得以融合,现实的共同体和想象的共同体合二为一。"[②] 通过统一规范的礼仪,使国歌所蕴含的理想追求和奋斗精神能够通过声音媒介传导入公民心中,有助于激发在场人员饱含深情地演唱国歌,强化国歌作为个人情感联结国家认同的重要纽带。

---

① [美]本尼迪克特·安德森:《想象的共同体:民族主义的起源与散布》,吴叡人译,上海人民出版社 2005 年版,第 140 页。

② 国晓光:《国歌塑造认同:超越政体类型学的国家认同建构——基于对 121 国国歌的政治学分析》,载《新疆大学学报(哲学·人文社会科学版)》2020 年第 2 期,第 61 页。

三是有助于实现国歌的价值目标。将奏唱国歌的礼仪用法律的形式明确下来、规范起来,不仅仅是确保国之大乐、国之礼仪的威严,而且还有助于更好地提升公民的国家观念和爱国意识。通过明确奏唱国歌时的礼仪,用法律来维护和保证运用礼乐来凝聚民族力量、激发民族精神,深入宣扬社会主义核心价值观。

二、国歌奏唱的基本要求

国歌的奏唱礼仪是指奏唱国歌时需要遵守的礼仪,其基本要求主要体现在以下三个方面:

一是完整奏唱国歌。国歌有其完整的歌词和曲谱,为了体现对国歌表达含义的完整表达,奏唱国歌时需要完整奏唱。例如,《巴西国家象征法》规定,在任何情况下,国歌必须全部演奏,所有在场的人都必须表示尊重。在简单的乐器或声音表演中,国歌将被完整演奏或演唱,且不得重复。为了体现国歌的严肃性和权威性,我国国歌法第六条规定:"奏唱国歌,应当按照本法附件所载国歌的歌词和曲谱,不得采取有损国歌尊严的奏唱形式。"这是对奏唱国歌最基本的要求,不论是在国歌法第四条规定的应当奏唱的场合,还是其他适宜的场合奏唱国歌的,都应当遵守这一要求。

二是优先奏唱国歌。国歌作为象征国家的歌曲,奏唱时在先后顺序上要优先于普通歌曲。例如,《西班牙国歌法令》第五条规定,根据习惯和习惯性协议使用,当皇家法令第三条中提及的官方人员参加由自治地区或地方组织的一般性质官方活动时,只要该行为的性质要求国歌的奏唱,将按照以下标准进行:(1)当自治地区或地方的官方歌曲计划在表演开始播放时,将首先播放西班牙国歌。(2)如果上述歌曲的奏唱安排在表演结束时,西班牙国歌将最后演奏。通常在奏唱多个歌曲时,其他国家国歌除外,均需要首先奏唱国歌。

三是不得紧接奏唱。除特殊情况外,国歌不得与其他歌曲紧接奏唱。根据国际惯例,在外交场合,可以紧接奏唱国歌,例如,外交部制定的《关于在外交活动中奏唱中华人民共和国国歌的规定》第九条规定,除有关国家国歌或国际组织会歌外,中国国歌不得与其他歌曲紧接奏唱。我国香港特别行政区教育局关于国歌问答中明确:"为体现国歌的庄严,国歌不得与其他歌曲(例如校歌)紧接奏唱,以免令人误会两者是同一首歌曲。因此,学校在奏唱国歌后,应有明确的环节区分,且有一段时间的停顿,才可以奏唱其他歌曲。"①

---

① 《国旗、国徽、国歌和区旗常见问与答》,参见:https://www.edb.gov.hk/attachment/sc/sch-admin/admin/about-sch/national-flag-emblem-anthem-regional-flag/faq_s.pdf.

对于是演奏还是演唱,很多情形下,可以根据不同情况来确定。例如,《巴西国家象征法》规定,根据举行仪式的不同情况,可以使用乐器奏国歌或者演唱国歌。

三、国歌奏唱礼仪的规范尺度

在规范国歌礼仪时,关键是明确规范国歌礼仪的尺度。制定国歌法要处理规范国歌奏唱、维护国歌尊严与保护人民群众奏唱国歌抒发民族自豪感和爱国之情之间的关系。

关于规定的方式,在我国国歌立法过程中,有的意见提出,国歌法对于礼仪的规定应以指导性规范正面引导为主,对于奏唱国歌禁止性行为,可以作一些原则规定。在立法中涉及对公民个人的规范,要平衡好国歌标准奏唱与公民利用国歌表达爱国热情之间的关系,不要把奏唱国歌的场合限制得太窄。同时要考虑实践中奏唱国歌不标准的情况可能是受制于奏唱者、乐器、场地等客观条件。也有的意见提出,关于国歌奏唱场合和礼仪,应当尽可能具体明确,便于操作和落实。

把握规范奏唱国歌礼仪的尺度要平衡规范国歌使用与利于国歌传唱之间的关系,关键在于区分应当使用和可以使用。应当使用的场合是正式场合、外交场合、国家重大庆典活动场合,都是必须奏国歌的场合,在这些场合奏唱国歌必须强调准确。这些条款要具体、严格,写得细一些。可以奏国歌的场合,是面向民间的,可以宽松一些。在一些特定场合奏唱国歌的礼仪属于政治礼仪,也可以通过文件进行规范。

在我国国歌立法过程中,普遍认为,奏唱国歌时的仪态主要规定应当肃立,其他不要规定得过于具体,同时规定不能带有侮辱性的动作,以防止奏唱国歌时不适当行为的发生。为增强奏唱国歌的仪式感,体现对国家象征的尊重和维护,国歌法第七条规定:"奏唱国歌时,在场人员应当肃立,举止庄重,不得有不尊重国歌的行为。"

第二节　国歌奏唱礼仪的精细化

一、国歌奏唱礼仪的基本要素

国歌不同于一般歌曲,是国家的象征和标志。采用适宜的礼仪奏唱国歌,遵守国歌奏唱的礼仪规范,是履行公民义务、维护国家尊严的应有之举。国歌法第七条规定:"奏唱国歌时,在场人员应当肃立,举止庄重,不得有不尊重国歌的行为。"国旗法第十四条进一步规定,举行升旗仪式时,应当奏唱国歌。在国旗升起的过程中,在场人员应当面向国旗肃立,行注目礼或者按照规定要求敬礼。采用四要素分析法即将礼仪所包含的、必然具备的最小单元概括为礼仪主体、客体、媒介、环境四要素①,将奏唱国歌的基本礼仪区分为以下内容:

一是礼仪主体——在场人员。在奏唱国歌时,对于礼仪主体的要求是特定的。在国际上,奏唱国歌对主体作了要求。例如,《马来西亚国歌法》第八条规定,当国歌演奏或者诵唱时,所有在场人员应该肃立注目,但国歌在广播、新闻、纪录片的过程中例外。我国国歌法第七条规定,奏唱国歌时,在场人员应当肃立,举止庄重,不得有不尊重国歌的行为。"肃立"的前提条件是"在场人员"。"在场人员"是指奏唱国歌现场的人员,不包括电视台播放国歌时电视机前的人员。国歌法第七条规定的礼仪,强调的是"奏唱国歌时,在场人员"的礼仪,并未要求人民群众在家中收看、收听到媒体播放的国歌,要"肃立"致敬。因而,如果电视台播放国歌,公民在家里就不需要肃立。

二是礼仪客体——象征国家的国歌。"礼仪客体,亦称礼仪对象,即礼仪行为或礼仪活动的目标指向或承受者。"②礼仪客体既可以是人(协调人际关系中的对象),也可以是物或者象征物。象征物并非因为其实体物本身而称为礼仪客体,究其实质,是因为其象征国家,才成为礼仪的客体。古代帝王祭祀礼仪的对象即是天地,国歌礼仪的对象即国歌所象征的国家。国歌礼仪要求奏唱的是法律规定的国歌歌词曲谱,而不能奏唱其他歌曲,或者经过改编的歌词、曲谱。

三是礼仪媒介——基本行为。礼仪媒介是礼仪主体向礼仪客体实施礼仪行为、传递礼仪信息的中介或载体。礼仪对外呈现的是行为。行为符合礼仪要求,即达到礼仪所要实现的基本条件。就国歌而言,国歌礼仪要求奏唱国歌时的行为表情是要肃立,举止庄重,不得有不尊重国歌的行为。

关于注目。为了体现对国歌的尊重,奏唱国歌时,应当目视前方。如举行升国旗仪式时,应当注视国旗。

关于肃立。为了防止升国旗唱国歌时出现叉开双腿站立、双手握在腹部、两手后背等情况,各国通常要求,唱国歌时要肃立。我国国歌法要求"肃立致敬"。奏唱国歌时应当"肃立"是针对一般情况,因肢体残疾、瘫痪等特殊情况不能"肃立"的,不能强求,可不肃立。但残疾人奏唱国歌时,应当遵守国歌法其他规定,做到举止庄重,特别是不得有不尊重国歌的行为。

---

① 汪辉勇:《行政礼仪研究》,中山大学出版社 2021 年版,第 6 页;黄士平主编:《现代礼仪学》,武汉大学出版社 2002 年版,第 70—87 页。

② 汪辉勇:《行政礼仪研究》,中山大学出版社 2021 年版,第 7 页。

关于手势。在奏唱国歌时,通常情况下是双手自然垂直向下。对于着制服人员,可以按照规定行礼,如军人行军礼、少先队员行少先队礼。一些国家对于手势有特殊要求,如美国要求右手抚胸。

关于举止庄重。国歌法第七条中规定,奏唱国歌时,在场人员应当举止庄重。奏唱国歌要有仪式感和庄重感,在国歌奏唱过程中,在场人员行为要端庄、严肃、谨慎。不得有交谈、击掌、走动或者鼓掌,嘘国歌、发出怪异声音、出现不雅动作,接打电话或者从事其他无关行为。

关于服饰。一般礼仪行为中,对于服饰有所要求。对于奏唱国歌时的服饰,法律没有要求。实践中,举行奏唱国歌礼仪时,一般是集体场合进行,如升旗仪式、举办庆典活动等,在场人员穿着得体就体现对国歌的尊重。

关于不尊重国歌的行为。国歌法第七条规定,奏唱国歌时,在场人员应当肃立,举止庄重,不得有不尊重国歌的行为。不尊重国歌的行为是一个范围宽泛的概念,是要求在举止庄重之外,不得有其他不尊重国歌的行为,如不得破坏或者阻挠演奏、演唱或者播放国歌;将国歌用于其他非正常场合和用途,不得以消遣、娱乐的目的奏唱、使用国歌,国歌不得作为舞曲,或者其他歌曲的一部分。

四是礼仪的环境。礼仪环境是开展礼仪行为或活动的时间、空间条件。就国歌的礼仪环境而言,主要是奏唱国歌礼仪的场合、情形。国歌法第四条规定了九类场合,应当奏唱国歌。在上述场合,奏唱国歌礼仪成为活动、仪式的必经程序。同时,国歌法第五条规定,国家倡导公民和组织在适宜的场合奏唱国歌,表达爱国情感。国歌是国家的象征,可以用来表达爱国情感,只有在适宜的场合,如果公民、组织愿意奏唱国歌,就可以奏唱国歌。

二、国歌奏唱时的手势

在奏唱国歌时,通常情况下是双手自然垂直向下。对于着制服人员,可以按照规定行礼,如军人在奏唱国歌时行军礼、着军服、戴军帽,通常行举手礼,携带武器不便行举手礼时,可行注目礼。

一些国家对于手势有特殊要求,如美国要求右手抚胸。奏唱国歌时仅有少数国家采用抚胸礼。美国法律规定演奏国歌时的具体行为:(1)在演奏国歌时如果出现美国国旗:在场的其他所有人员应该面对国旗,立正,右手放置在心脏部位。未穿着制服人员,如果可能的话,应当用右手取下其头部装饰,将其置于左肩,右手置于心脏部位。(2)在演奏国歌时如果没有出现美国国旗:在场所有人员应当面朝音乐方向,依照上款规定执行。此外,墨西哥规定,奏唱国歌时,右手放左胸前,掌心向下。

肃立双手自然下垂、行注目礼是各国较为通行的礼仪。只有少数国家采取抚胸礼,这种礼仪并非各国通行的惯例。在我国传统文化中"摸心"内涵丰富,有的表示自省;有的表示祝福、感谢;有的是对死难者表示"深切哀悼"。鉴于"抚胸"内涵丰富,如将抚胸礼作为我国奏唱国歌时的礼仪易产生歧义。奏唱国歌时的礼仪是十分庄重严肃的事情,是对国家、民族致以崇高敬意、表达赤忱热爱的重要方式。肃立双手自然下垂致敬的礼仪符合我国国情和文化传统,是适宜的。我国法律法规以及规范性文件已经明确奏唱国歌时要"肃立"致敬,应当严格执行。

三、国歌奏唱时是否脱帽

法律和国际惯例通常要求,男子在唱国歌时应该脱帽。然而,这一要求并不是绝对的,根据传统和公民的个人自由权利,有一些例外情况。(1)因身体状况而有特殊头饰的人可以不去掉头饰。在特别不利的天气、自然或技术条件下,在唱国歌的过程中裸露头部实际上会导致健康受损、受伤或危及生命的情况,允许不去掉头饰。(2)武装部队成员和执法人员在演奏国歌时,如果是在队列中或在队列外但在户外穿着制式服装,或在不允许摘下头饰的房间里,在演奏国歌时不应该脱帽。(3)宗教信仰认为露头是一种不尊重、羞辱的行为的人,可以不露头。然而,在演奏国歌时,要求他们裸露头部的规定确实适用。

在正式奏唱国歌时在场的、履行官方或技术职责的人员(如发言人、逐字记录员、记者等),应保持安静,动作应保持在绝对最低限度。说话以及在没有实际需要的情况下走动、转身、被不相干的事情分散注意力,或在唱国歌时耳朵里戴着耳机出现,都被认为是不道德的(除非他们在工作中因技术原因戴着耳机,或因健康原因戴着耳机或类似的东西)。

四、国歌奏唱时是否鼓掌

在奏唱国歌的过程中,每个人都应当保持站立和安静,这是一种惯例。但是对于奏唱国歌后,是否可以进行鼓掌,各国法律法规往往没有明确规定。奏唱国歌后是否进行鼓掌,会因不同情况而定。在正式演奏国歌后,在场人员起立奏唱国歌后,可能会鼓掌;在举行会议、进行宣誓等活动中,奏唱国歌后,往往没有鼓掌的习惯。

在巴西,曾对于是否在奏唱国歌后鼓掌引起争议。《巴西国家象征法》第三十条规定,在唱国歌时,应采取的措施是立正站好,保持安静,男性平民脱帽,军事人员根据规定敬礼。禁止任何其他形式的敬礼。2009 年,巴西议会议员提出议案,建议在国家象征法中增加规定,奏唱国歌结束后,明确可以进行鼓掌。有的议员提出,军队的相关指南认为,在奏唱国歌后,鼓掌属于态度不端正,不推荐鼓掌。对于任何其他形式的敬礼,会引起不同的解读。有的人因此认为鼓掌等同于敬礼,属于法律禁止的行为。因此,议员的提议是修改国家象征法,化解争议问题,明确规定奏唱国歌结束后,可以鼓掌。

巴西议会宪法和司法委员会就该议案的合宪性、合法性和公民权问题发表意见。该委员会认为,该提案的合宪性是不言而喻的。从该措施的合法性角度看,与巴西现有法律法规的规定没有冲突。但是从必要性上看,可以推断出国家象征法的条款——被理解为是自然允许的。社会和文化演变本身会考虑其当时的原则和价值观,澄清所谓的争议点。在演奏国歌结束时,大家都鼓起掌来,这不仅是为国歌的歌词和音乐的罕见之美,也是为了一个自由和公正的国家服务感到满足和快乐。没有必要就体现民族主义和爱国主义热情的合法和自愿的行为进行立法。法律不是一个不变的、统一的、平等的体系。但恰恰相反,它是可变的,具有本质上的可塑性,能够适应新的情况和环境。简言之,在宪法领域没有问题,它没有在法律制度上创新;从国家象征法的条文中可以看出,国家象征法不禁止在国歌演奏后鼓掌。众所周知,不禁止的东西就是允许的。因此,认为该议案的必要性不充分。① 该议案未通过专门委员会的审议。随后,相同的议案在 2011 年、2014 年、2015 年、2019 年等多次提出,但始终未通过专门委员会的审议。

---

① PL 4756/2009 Projeto de Lei. Constituição e Justiça e Cidadania(CCJC). Apresentação do Parecer do Relator, PRL 1 CCJC, pelo Dep. Francisco Tenorio. https://www. camara. leg. br/proposicoesWeb/fichadetrami-tacao? idProposicao = 424802.

第五章　国歌的奏唱方式

第一节　国歌奏唱方式的类型

人类通过演奏音乐,借以表达、交流思想感情。音乐是一种艺术形式和文化活动,其媒介是按时组织的声音。国歌是音乐的一种类型,按照音乐的表现方式,国歌的奏唱可以有不同方式。音乐从表现形式上可分为两大类:声乐与器乐。我国国歌法规定的是国歌奏唱,区分为演唱、演奏,对应着不同的音乐表现方式。演唱对应声乐(由人声演唱的音乐);演奏对应器乐(由乐器演奏的乐曲称之器乐)。

一、国歌的奏唱方式

(一)国歌的演唱方式

演唱方式有男女声或童声独唱、重唱、对唱、小组唱、合唱、混声合唱等多种形式。对于国歌而言,各国通常没有规定的表演方式,既可以独唱,也可以合唱。对于以人声为主,用一件或数件乐器以致一个乐队伴奏的歌唱,也没有特别的限制。在大多数国家,国歌通俗凝练、昂扬流畅,且富有激情。实践中,国歌通常以合唱(齐唱)的方式进行,更加能够激发国歌所传递的情感。"在同一时间表演同一作品的合唱团全体成员、乐队全体乐手表现了民族的统一。听众也被引导着把自己的声音加入集体。齐唱因此是音乐民族主义最显著的形式。"[①]例如,新加坡官方版本的国歌声乐官方版本包括了由新加坡交响乐团录制合唱版本。我国国歌法第十条第四款规定,国歌标准演奏曲谱、国歌官方录音版本由国务院确定的部门组织审定、录制,并在中国人大网和中国政府网上发布。我国国务院公布的声乐官方录音版本是合唱版。

---

① [法]迪迪埃·法兰克福:《国歌:欧洲民族国家在音乐中的形成》,郭昌京译,上海文化出版社2019年版,第306页。

"最自由的而且响声最完美的乐器是人的声音,它兼有管乐和弦乐的特性"①。人可以通过歌唱发出声音表达感情,在歌唱中可以把自身放进音乐中。通过主体自身唱国歌,将使国歌本身所带的情感直接拨动内心最深处的情弦,迅速地触动听众的心灵。因此,在场人员唱国歌相对于播放让在场人员听国歌,具有独特的价值。各国国歌通常要求国歌播放时,在场人员也要唱国歌。我国国歌法制定时,为了强化唱国歌的作用,要求在重要场合"奏唱国歌",这也就鼓励公民自觉唱国歌,而不仅仅是听播放的国歌。

（二）国歌的演奏方式

由乐器演奏的乐曲称之为器乐。国歌可以采用器乐的演奏方式。器乐演奏方式有独奏、齐奏、合奏等。器乐演奏采用的乐器大致可分为吹奏乐器、拉弦乐器、弹拨乐器、打击乐器、键盘乐器等。② 其中,合奏是器乐演奏形式之一,分为小合奏、民乐合奏、弦乐合奏、管乐合奏、管弦乐合奏等。管弦乐合奏是由弦乐器、管乐器和打击乐器组成的大型器乐合奏乐。现代管弦乐萌芽于 17 世纪,经过几个世纪的发展,管弦乐合奏具有多姿多彩的性格特征和表现力,音响构成五光十色、灿烂辉煌。③ 因此,在很多国家的大型正式场合奏唱的国歌往往采用管弦乐合奏的方式。例如,新加坡政府官方网站公布了官方版本的国歌由新加坡交响乐团录制的管弦乐合奏版、钢琴独奏版,新加坡中央军乐团录制的管乐版。

二、法律对于国歌奏唱方式的规定

各国法律通常对国歌的奏唱方式没有作出限定,往往通过政府指南等方式对奏唱方式提出要求。新加坡在国歌指南中,明确"可以播放器乐或声乐版本。鼓励组织和个人尽可能采用完整版。但是,在不涉及正式仪式和时间有限的场合,可以播放删节版。除了由文化、社区和青年部制作的版本外,也可以使用其他重新编排的版本,前提是国歌的曲调和歌词完整且有尊严地演奏"④。《澳大利亚国歌指南》规定,任何乐器都可以加入国歌的演奏中。

例如,《哥伦比亚国徽、国旗和国歌法》第十三条规定,国家象征只有在所载信息推动形成民族主义意识或提升民族价值观时,才可用作宣传手段。2010

---

① ［德］黑格尔:《美学（第三卷）》（上册）,朱光潜译,商务印书馆 1979 年版,第 369 页。

② 张敏灵编著:《音乐》,陕西人民出版社 2006 年版,第 3—4 页。

③ 游天宇主编:《音乐》,江西高校出版社 2009 年版,第 285—286 页。

④ " NATIONAL ANTHEM ". https://www. nhb. gov. sg/what-we-do/our-work/community-engagement/education/resources/national-symbols/national-anthem.

年,在纪念哥伦比亚建国 200 周年期间,演出了几个版本的国歌,这些版本都有一个特点,那就是用参加庆祝活动的每个地区本土乐器来演奏,包括长笛、鼓、手风琴等其他传统管弦乐器。庆祝活动还包括使用部分少数民族语言演唱国歌。①

在国歌法未制定前,我国没有权威部门确定国歌标准演奏曲谱、国歌官方录音版本。我国国歌法第十条第四款规定,国歌标准演奏曲谱、国歌官方录音版本由国务院确定的部门组织审定、录制,并在中国人大网和中国政府网上发布。我国国务院公布的器乐的官方录音版本是管乐合奏版。对于国歌的表演形式各不相同,从古典音乐到管弦乐队的和声版本,所有这些都可以视为对国家象征的描述,记录对一个国家象征的持续尊重。所有这些奏唱方式都用以表现对祖国意识的纪念和对国家象征的不断赞美和尊重。

第二节　国歌奏唱方式与艺术创作

一、歌曲歌词的唯一性与乐器演奏多样性的矛盾

国歌通常由法律规定了国歌歌词,并载明了曲谱,但是由于法律规定与音乐本身的特性,国歌奏唱中始终面临以下因素:

一是国歌歌词的唯一性。国歌的宪法化和法律化显然意味着排除了所有其他的歌曲,但这并不意味着国歌有一个单一的版本。国歌是唯一可以在官方仪式上播放和演唱的歌曲。换句话说,原则上,可以被称为"地方性"的歌曲被排除在外,不能以任何方式与国歌竞争或替代。例如,法国是一个不可分割的共和国,《法国宪法》第二条明确规定了国歌的唯一性原则。

二是国歌曲谱编排的创造性。一般情况下,各国国歌法律法规附件中的国歌曲谱虽然可适用于多种演唱或演奏形式,但不适用乐队合奏。仅使用简单乐谱乐队合奏时,不能充分发挥乐队合奏的表现力,音乐色彩不丰富、音响缺乏层次感。为达到更佳的艺术效果,需要由专业的音乐人士对旋律曲谱进行专业的编配,以形成适用于不同器乐合奏形式的演奏曲谱。

三是国歌运用的多场景性。当国歌用于相关的艺术创作时,根据艺术创作的需要,可能需要对国歌进行再创作,以适应于不同的环境。在多场景的国歌使用实践中,还可能涉及对国歌歌词、曲谱的改变而进行的创作。

---

① DIANA LI BETH FLOREZ TAPI AS. LA NACIONAL IZACIONDELOSSiMBOLOSDELA NACION CO-LOMBIANA:ESCUDO,BANDERA,HIM NO. ESTUDIO ICONO GRAFICO. Trabajo de Grado para optare l titulo de Magister en Historia. UNIVERSIDAD INDUSTRIAL DE SANTANDER . 2012. pp. 161-162.

国歌奏唱时,当上述因素都发挥作用时,就可能产生是否可以修改国歌的表现形式,是否可以对国歌进行改编的问题。针对该问题,很多国家法律、实践作出了不同的回应:

一是不允许改编。例如,《新加坡国歌指南》规定,不能采用以下方式使用国歌:(1)不得将其加入任何其他乐曲或混成曲(多首声乐曲或器乐曲串联在一起)中。(2)只能按照原歌词来唱,而不是那些歌词的任何翻译。

二是允许经批准的创作。2010年,在纪念哥伦比亚建国200周年期间,对国歌的电影表现,一些视听作品已经被开发出来,在字里行间重现了爱国歌曲的一些章节的歌词。其他视听作品中也使用了国歌作为背景音乐或对其中一些诗句进行了诠释,如《哥伦比亚梦》和《哦,永恒的荣耀》这样的电影。

三是允许创作。《俄罗斯国歌法》第八条规定,在俄罗斯联邦总统规定的情况下,允许在其他音乐作品和其他艺术作品中使用俄罗斯联邦国歌。由于目前俄罗斯联邦总统没就此问题通过任何法令,在其他作品中使用俄罗斯联邦国歌是不可接受的。因此,俄罗斯联邦国歌的官方使用程序受到国歌法规范的明确规定,即必须严格按照经过国歌法明确的国歌歌词和曲谱进行奏唱。但也有非官方使用俄罗斯联邦国歌的情况,例如,在音乐会上、在其他非官方公共活动中、在家里,当国歌完全作为一首音乐演奏时。

在国歌运用于多种场景过程中,因为国歌歌词的法定唯一性,要求奏唱国歌时必须按照法定的歌词进行奏唱,但是乐器具有多样性,不仅仅有钢琴,还包括管弦乐、管乐等不同的演奏方式。在很多国家,其他方式的乐器演奏并未由官方确定。根据实际需要,在艺术创作中,确实需要用到国歌时,也不能否认相关情况的实际需求。坚持的原则就是要保持国歌的尊严,在实际使用中,保持完整性,不能歪曲国歌的歌词或者曲调。

二、菲律宾国歌的演奏方式的争议

菲律宾国歌"菲律宾民族进行曲"(Lupang Hinirang)是一首进行曲风格的国歌,充满了反抗侵略、向往自由和热爱祖国的激情。《菲律宾国旗和国家纹章法》规定,播放或演唱国歌根据作曲家朱利安·费利佩的编曲。20世纪以来,菲律宾多次发生歌手以个人风格演奏国歌现象,引起菲律宾社会各界的广泛关注。

2009年,在美国拉斯维加斯举办菲律宾选手与英国选手拳击赛中,菲律宾著名歌手马汀·奈维拉在拉斯维加斯演唱了具有个人风格的、速度较慢的"Lupang Hinirang"国歌版本,该表演通过电视直播的形式在菲律宾各地进行了现场直播。该歌手的行为在菲律宾引起巨大争议。负责监管国歌、国旗等国家象征的国家历史研究所认为,菲律宾国歌不是流行歌曲,歌手出现在现场主要原因是代表菲律宾民族和人民展示对菲律宾以及在场菲律宾国旗的尊重。试图采用自己的风格或者擅自改变国歌曲调去迎合每一个人不是歌手应当考虑的问题。该歌手的行为违反了法律规定,并需要道歉。该歌手拒绝道歉,并认为比赛选手对本次表演很满意,国歌可以以个人的风格进行演奏。应当修改法律,以免对采用不同方式奏唱国歌的人进行惩罚。① 菲律宾副检察长兼代理司法部长对外表示,法律对奏唱国歌形式作了非常明确的规定,必须按照朱利安·费利佩的编曲进行,因该案件在美国还存在管辖权问题,司法部尚未对其提起诉讼。

随后,菲律宾众议院一些议员为了进一步规范国歌奏唱的方式(包括节奏、速度等),防止采用不适当的奏唱方式,提出进一步明确国歌奏唱方式的法案。2010 年菲律宾众议院通过"一项规定菲律宾国旗、国歌、座右铭、国徽和其他纹章物品和设施法典的法案"。法案规定,如果表演者偏离由朱利安·费利佩创作的"Lupang Hinirang"的官方编曲,将面临 100000 披索的罚款和两年的监禁。该法案要求,"Lupang Hinirang"应该以进行曲式的节奏奏唱。当演奏时 2/4 节拍;当演唱时,在 100 到 120 节拍的范围内,以 4/4 节拍。菲律宾国家历史委员会应与适当的政府机构协调,分发正式的乐谱,以反馈国歌应以何种方式演奏、演唱。② 该法案的提出者认为,"在任何时候都应尊重国家政策和尊重国旗、国歌和其他体现国家理想并表达主权和国家团结原则的国家象征"。"国歌体现和表达了人民的愿望、梦想、理想、渴望、承诺和决心、民族主义和爱国主义、情感和精神。"③ 强调向国旗致敬和唱菲律宾国歌十分重要,不仅针对年轻人,也针对各个年龄段的菲律宾人,都是培养民族主义和爱国主义的一种简易方法。该法案突出了国家象征规范表达的重要性,目的是尊重国家政策,在任何时候都应给予国旗、国歌和其他国家象征尊重,这些象征体现了国家理想和传统,并表达了主权和民族团结的原则。

但是由于对该规定以及该法案的其他条款有争议,该法案提交到菲律宾参议院之后,未通过专门委员会审议。2017 年,菲律宾众议院再次提交上述法案后,也是在菲律宾参议院委员会审议受阻,未获通过。④

对使用国家象征的尊重构成了良好公民的基础,必须重申和加强。必须重

---

① JAM SISANTE. Charges vs Martin Nievera eyed over anthem rendition. https://www. gmanetwork. com/ news/showbiz/content/160069/charges-vs-martin-nievera-eyed-over-anthem-rendition/story/.

② House Bill No. 465. RULES ON THE PROPER USE AND DISPLAY OF OUR NATIONAL SYMBOLS AND RENDITION OF THE NATIONAL ANTHEM. http://legacy. senate. gov. ph/lis/bill_res. aspx? congress = 15&q = HBN-465.

③ House approves Revised Flag and Heraldic Code. https://congress. gov. ph/press/details. php? pressid = 10015.

④ House Bill No. 5224. FLAG AND HERALDIC CODE OF THE PHILIPPINES. http://legacy. senate. gov. ph/lis/bill_res. aspx? congress = 17&q = HBN-5224.

视对国家象征的法律保护,以激发尊重、爱国主义,向公民强化国家历史的意识,并激励其为正义、平等和自由而奋斗,这是国家象征所具有的意义。同时,国家象征的使用应当体现民族美德,在公民心中培养对祖国的正义自豪感,对国旗和国歌的尊重和喜爱,促使其正确使用国家象征。各国对于国歌奏唱方式的规定都是根据本国国歌的特点来确定的,有的没有限制奏唱的方式,有的限制了特定方式。但是,当法律限制了特定的方式,公民应当尊重。

第六章 法律责任

对于国歌涉及的应承担法律责任的具体行为类型,有的学者概括为三类:第一类是对国歌经济权利的侵犯,典型的形式是模仿;第二类是对国歌完整性权利的侵犯,如对作品的修改相当于歪曲;第三类是通过侮辱行为对国歌犯罪。[①] 上述行为类型,可以分为两个层次:一是国歌作为歌曲。国歌首先是一种歌曲,法律对于歌曲所保护的权利,同样适用于国歌。前述的前两种行为类型属于这一性质。二是国歌作为国家象征。国歌作为国家象征时,为了维护国家的尊严,必然对其保护的力度高于一般事物。在公开场合,无论是从行为上还是从言语上涉及国歌的不尊重、侮辱等,都需要依法承担相应的法律责任。

一、民事法律责任

国家象征法律责任制度主要涉及行政法律责任、刑事法律责任,很少涉及平等主体之间的民事法律责任。实践中,可能涉及民事法律责任的情形,涉及国歌著作权的问题。例如,国歌有作词者、作曲者,法律保护作品作者的署名权,即表明作者身份,在作品上署名的权利;作者署名权的保护期不受限制。按照我国著作权法第五十二条的规定,没有参加创作,为谋取个人名利,在他人作品上署名的,应当根据情况,承担停止侵害、消除影响、赔礼道歉、赔偿损失等民事责任。

很多国家的国歌有其作词者、作曲者,虽然个别国家明确其不适用于知识产权法律领域,但还是对国歌的作词者、作曲者进行保护。一般来说,对版权作品的未经授权的改动也可以被视为对经济权利、精神权利的侵犯。作词者、作曲者享有作品的署名权、修改权和保护作品完整权,如果在相关法律对作词者、作曲者保护规定的期间内,作词者、作曲者及其继承人有权依据著作权法等法律,提出民事法律责任的诉讼。[②] 当然,歪曲或破坏国歌的内容与侮辱国歌行为定罪中的"公开故意篡改国歌的歌词或乐谱;或以歪曲或贬损的方式演奏和演唱国歌"的内

---

① Tianxiang He, *Freedom of Speech*, *and the Insult to the National Anthem*, Hong Kong law journal, Vol. 51:1, p. 69(2021).

② Tianxiang He, *Freedom of Speech*, *and the Insult to the National Anthem*, Hong Kong law journal, Vol. 51:1, p. 65(2021).

容是重叠的。这种改变有可能同时引发民事法律责任和刑事法律责任。

实践中,国家象征法律制度中存在礼仪性规范,即在特定政治性场合升挂国旗、奏唱国歌等情形,如果出现失误,导致出现遗漏国旗、错唱国歌等情形,如果法律没有直接对其规定法律责任,且出现的失误并非故意的,一般不承担法律责任。

二、行政法律责任

对于侮辱、不尊重国歌的行为,很多国家规定了行政法律责任。例如,《俄罗斯行政违法法典》第17.10条规定了行政责任(违反使用俄罗斯联邦国家象征的程序),违反者可处以3000卢布至150000卢布的罚款,视处罚对象而定。现在,对侮辱俄罗斯国歌(在公开表演或在媒体和互联网上发表时故意歪曲国歌曲调或歌词)的行为,处以限制自由或强迫劳动1年,逮捕3个月至6个月的刑期,或一年以下的有期徒刑。涉及国歌的行政违法行为主要包括公民、国家工作人员或法人违反法律规定的奏唱国歌的禁止性规定。履行或不当履行法律规定义务或者职责的,也应当依法承担行政责任。

在我国民国时期,1943年9月国民政府公布的《违警罚法》首次规定了涉及国歌的行政法律责任。《违警罚法》第五十八条中规定,闻唱国歌,经指示而不起立致敬者,处二十元以下罚锾或申诫。当时有讲义对于该条款进行了解释:"'国歌'系国家礼乐上所特有之表示,与国旗有同样之义","唯听到国歌之奏乐或歌唱时,不起立致敬而不听指示者处罚之,反之既听指示,则可免议"。"'起立'非仅指坐时,而立时或方在工作之际,应于可能停止间,停止静立之意"。该讲义还对该项行为成立要件作了明确,"(一)须有闻唱国歌之事实。(二)须有经指示而不起立致敬之行为"①。在当前,我国对侮辱国歌但不构成犯罪的行为给予行政处罚的类型主要包括警告、行政拘留。我国国歌法第十五条规定,在公共场合,故意篡改国歌歌词、曲谱,以歪曲、贬损方式奏唱国歌,或者以其他方式侮辱国歌的,由公安机关处以警告或者15日以下拘留;构成犯罪的,依法追究刑事责任。因此,在公共场合,故意篡改国歌歌词、曲谱,以歪曲、贬损方式奏唱国歌,或者以其他方式侮辱国歌的,情节轻微的,应当按照行政处罚进行处理。在一些案例中,主要以治安管理处罚法处理。例如,2014年卢某某伙同赵某某、周某某等人获悉大同市委书记被纪委调查后,声称要感谢共产党的英明决策,在大同市委机关门口以举国旗、打横幅、唱国歌、燃放烟花爆竹等方式煽动群众,严重影响了社会秩序。公安机关认定卢某某的行为违反了治

---

① 中央警官学校研究部编:《违警罚法讲义》,中央警官学校研究部印1946年版,第65—66页。

安管理处罚法第二十六条的规定,属于"其他寻衅滋事行为",处以行政拘留15日。

国歌法第六条规定,奏唱国歌,应当按照本法附件所载国歌的歌词和曲谱,不得采取有损国歌尊严的奏唱形式。有损国歌尊严的奏唱方式往往根据情节严重程度、影响范围程度等因素来确定。实践中已经出现在网络直播中采取不尊重国歌的方式奏唱国歌,并被追究行政责任的案例。2018年10月7日晚,某直播平台女主播"莉哥"杨某在网络直播时,公然篡改国歌曲谱,以嬉皮笑脸的方式表现国歌内容,衣着不得体并作了一些不太庄重的行为动作,引起了众多网友的强烈抗议,上海市公安局静安分局依法对杨某处以行政拘留5日。

三、刑事法律责任

国旗和国徽是具体的事物,而国歌是无形的声音。对于判断是否因侮辱国歌承担法律责任,需要进行全面的分析和判断。在对侮辱国歌定罪的国家通常认为,对国歌的侮辱实际上是对国家和整个国家荣誉的侮辱。侮辱国歌罪的犯罪构成要件通常认为,一般包括以下几个方面:一是犯罪的主体是应当承担刑事责任的自然人。在很多国家犯罪主体为年满16周岁的健全人。二是犯罪的主观方面具有直接故意的特征。行为人意识到所做的事情的社会危险,意识到其正在侮辱国歌,并希望这样做。三是犯罪的客体即侮辱国歌的公共危险在于该罪行侵犯了整个国家的权威和尊严。四是犯罪的客观方面是侮辱国歌,并以积极行动为特征,对国歌表现出不尊重的态度。侮辱国歌必须强调行为的公开性。如果在社交媒体上故意歪曲国歌,也是属于公开的行为。

在侮辱国歌罪中,需要明晰侮辱国歌定罪的行为标准。我国国歌法第十五条规定,在公共场合,故意篡改国歌歌词、曲谱,以歪曲、贬损方式奏唱国歌,或者以其他方式侮辱国歌的,由公安机关处以警告或者15日以下拘留;构成犯罪的,依法追究刑事责任。而我国刑法第二百九十九条第二款规定,在公共场合,故意篡改中华人民共和国国歌歌词、曲谱,以歪曲、贬损方式奏唱国歌,或者以其他方式侮辱国歌,情节严重的,依照前款的规定处罚(侮辱国旗、国徽罪的处罚)。刑法突出了情节严重的,承担刑事法律责任。对于情节严重的标准,学者有不同的认识,有的认为,"应该从行为人的侮辱动机、手段、场合、次数等方面加以考量"[①]。有的认为,"因为侮辱国家象征与侮辱个人名誉的受害感和社会影响是不同的,司法部门必须承担从损及抽象权威和国民具体情感的程度判断'情

---

① 罗翔乔:《侮辱国歌罪之评析——兼论〈刑法〉第299条第2款的理解与适用》,载《法律适用》2018年第13期,第63页。

节严重'的重任"。"情节主要指结果严重程度,在结果严重程度基础上考虑其行为和动机恶劣程度,即先客观后主观,避免主观归罪。"[1] 对于情节严重的判断,国家象征法律没有作出明确的规定,对此所进行的判断,应当考虑各方面因素,从国家象征法律中寻找依据,符合刑法谦抑性理念,谨慎对待入刑问题。

对于故意篡改国歌歌词、曲谱的,我国国歌法第十五条明确禁止在公共场合,故意篡改国歌歌词、曲谱,以歪曲、贬损方式奏唱国歌,或者以其他方式侮辱国歌。熊文钊、王梅认为"故意篡改国歌歌词、曲谱"规定模糊,因而对于"故意篡改"行为的理解存在歧义。对该条款的理解分为主观和客观两个方面。"从主观上看,故意且存在恶意,在明知不能为的情况下篡改歌词和曲谱。国歌法已经对歌词及曲谱作了明确的规定,同时在附件列明国歌的曲谱,说明国歌曲谱和歌词是唯一确定的,任何人都不能对其进行篡改。""从客观上看,任何对国歌歌词、曲谱的改动,都属于篡改行为。""因此,只要是主观上故意篡改国歌歌词、曲谱就触犯该条款的规定。"[2] 对于故意篡改的认定,需要考虑主观故意,也需要考虑客观行为,只有主观目的,没有实际行为或者没有危害后果,其可惩罚性显然不足。

2022 年 11 月,我国香港特别行政区出现首例适用《国歌条例》,认定为构成侮辱国歌罪的判例。2021 年 7 月 26 日,当晚千名香港特区市民在商场观看东京奥运会赛事直播,在商场屏幕播放国歌期间,一名"网媒记者"高举香港在英国殖民时期的旗帜("港英旗"),并煽动周围人喝倒彩。当时有市民对他表示不满并报警,警方到场后将其拘捕。之后,该人士被起诉一项侮辱国歌罪。控方认为,"港英旗"自香港 1997 年回归后已停止使用,因此被告案发时挥舞该旗帜的行为,属于有意图侮辱国歌。辩方称,被告有一定的精神和智力问题,但裁判官判刑时表示,考虑侮辱国旗的案例,认为监禁刑期不应少于 4 个月,加上被告有预谋轻蔑、鄙视及侮辱国歌,从而引来不同政见人士的冲突,以致出现暴力的风险,须判处监禁。被告 2022 年 11 月 10 日于观塘裁判法院承认控罪,裁判官判刑时指他明显是有备而来,有着周详的计划,终判处入狱 3 个月。[3] 在上述案件中,被告是在奏唱国歌的场景中采取不法行为,在奏唱中华人民共和国国歌时,举起"港英旗",应当认定为侮辱国歌的行为。

---

[1]　邱可嘉、王利荣:《侮辱国歌行为的入罪分析:基于〈刑法修正案(十)〉的解读》,载《学术论坛》2017 年第 6 期,第 144 页。

[2]　熊文钊、王梅:《维护国歌尊严的宪法意义——评杨某侮辱国歌案》,载胡锦光主编:《2018 年中国十大宪法事例评析》,法律出版社 2019 年版,第 168 页。

[3]　余枫:《香港首个侮辱国歌罪犯被判刑》,载新浪网,https://finance.sina.com.cn/roll/2022-11-11/doc-imqmmthc4107899.shtml。

第五编

国徽的制度与规范

第一章 概　述

第一节　国徽概述

一、国徽的起源与发展

国徽也称为国家纹章,文化上起源于欧洲纹章。欧洲纹章在 12 世纪的战场上开始出现,用于骑士在战场上的识别。进入 13 世纪,血统的观念深深地根植于贵族社会之中,一种稳定、古老而又排他的血统意识不断被强化,而盾形纹章的发展正好为这种贵族血统的世袭提供了理想的符号。[①] 西欧各中小贵族逐渐都拥有了纹章,纹章的使用同时向非武士、非贵族以及其他不同类型的人群延伸。

通常认为,近现代意义的国徽,起源于中世纪欧洲的欧洲王室纹章。从王室纹章到国徽的演变经历了漫长的历史,是极其自然,但是也是富有深意的。这种演变可以从以下四个层面展现:

一是国徽起源的历史脉络。实际上,纹章的出现几乎同时发生在整个西欧的不同国家。最开始欧洲王室使用徽章,随着历史的发展,越来越多的国家将王室纹章上升至国家纹章(即国徽)。14—15 世纪,王室徽章使用的权威性、广泛性使其逐渐演变成国家徽章,如英国国徽图案就是来自英国王室,其他一些国家(如西班牙等)也存在这种现象。从 15 世纪末,随着西班牙、葡萄牙等国殖民主义的兴起、欧洲的崛起,欧洲殖民地的扩张,各个殖民地以及随后独立的国家也开始逐渐使用国家徽章。与此同时,随着共和国取代君主制成为主流,同时君主纹章也开始演变为国家纹章。

二是国徽图案上的起源。在王室时期,国王、帝王往往拥有专属的标志符号。王室纹章在其中有一个特殊的位置,代表国家的概念、国家元首的最高权

---

① [英]斯莱特:《纹章插图百科:探讨纹章的世界历史及其当代应用的权威指南》,王心洁等译,汕头大学出版社 2009 年版,第 11 页。

力,成为最高权力外在化的重要组成部分。现代国徽图案的很多元素起源于王室纹章的元素,但是在文明起源的早期阶段,王室纹章的历史及其主要元素是相当有争议和混乱的。在现代,很多国家的国徽甚至可以追溯到 12 世纪。如丹麦国徽的历史可以追溯到 12 世纪,象征丹麦古老的文德国的统治者的皇位。挪威国徽呈盾形,最初于 13 世纪出现在国王的旗帜与徽章上。

三是国徽使用上的起源。当前国徽的用途在王室时期已经开始出现了,如建筑物、货币、服饰等,王室纹章已经开始具有代表王室的含义。例如,在俄罗斯,现存的第一个证据表明,双头鹰的形象被用作俄罗斯的象征——伊万三世的大公国印章。1497 年,他签署了一份"交换和收回"的契约,盖上其印章,授予公爵领地。此外当时在西欧的很多国家,双头鹰成为统治政权的标志,因为它被放置在统治者的硬币和印章上。

四是国徽象征意义的起源。王室纹章的象征意义传递到国徽纹章有一定的历史过程。王室纹章从王室个人用品逐渐到王室的旗帜、徽章、国玺、货币等不同的情形,逐步扩大化,王室统治下的人们从接触、接受到认可的过程中,慢慢产生了对于王室的忠诚感以及对于国家的归属感。"中世纪晚期,欧洲君主采用的纹章不仅为统治者本身所认同,很快也得到整个王室的支持。皇家狮像纹章的力量促进了英国人团结一心,而金百合纹章则庇护着法国人不受侵犯。"[①] 在君主制走向共和制的过程中,这种纹章引发的感情依然存在,但是转化为共和制的国家,将国徽的象征对象不再局限于王室,而是升华为抽象的国家。

进入近现代社会以来,纹章在现代世界蓬勃发展;各类机构、公司和个人继续使用徽章作为视觉识别。与此同时,国徽也成为广泛运用于国家机构的重要象征物,在一些国家甚至允许公民自行使用。

二、国徽的特征

国徽的创设首要目的是代表主权国家。国徽为了达到上述目的,必须达到一定的具体特征、性质。有的学者对国徽的特征进行了概括,主要包括以下四个方面:(1)国徽必须是有根据的和历史上真实的,必须不断变化,在调整中吸收它所属国家的成就。(2)国徽是国家的一面镜子或者象征;它必须能够唤起人民对国家、对祖国的热爱和尊重,否则就不是国徽。(3)感知国徽的程序是一种识别程序。从这个角度来看,国家象征以两种形式出现。作为专有名词和纹

---

① [英]斯莱特:《纹章插图百科:探讨纹章的世界历史及其当代应用的权威指南》,王心洁等译,汕头大学出版社 2009 年版,第 155 页。

章形式(纹章形式被理解为社会识别的特殊工具:只有能够并且应该被标志的具有社会地位的主体才有意义)。(4)国徽应当结合标志和象征意义。首先,它应具有信息性,并可理解和充分地传达必要的信息;其次,它应作为一种社会行为的行动激励。[①]上述对于国徽具体特征的概括实质上是对于应然国徽的概念。国徽应当是一国最完美的纹章,同时也是能够最充分地反映民族文化的精神世界,应该唤醒人类灵魂中最真诚的爱国主义情怀,鼓励为国家利益采取行动。

国徽在实践中发挥着代表国家主权的功能,离不开其作为国徽自身特征的支持。总结不同观点,笔者认为,国徽的特征主要如下:

一是国徽的代表性。国徽作为纹章的一种类型,按照特定规则构成的彩色标志,其突出特点是与众不同的、象征不同意义的图案。国徽图案显著不同,使得其能够与其他标志进行区分,同时使本群体内的成员能够得到认同。虽然国徽的含义需要通过解释描述才能清楚地明白,但国徽的图案还是很容易识别的。

二是国徽的可理解性。国徽图案有其显著识别性,同时国徽图案的意义必须与图案有所关联,才能够让人理解其中的含义。国徽图案一般能够反映一国的历史、地理、愿景等,这与国徽图案本身能够联系起来,这也构成了国徽能够发生作用的基础。

三是国家的可视化。国徽本质上是一种视觉感知的符号,在严格排列的符号展示中,体现国家徽章的独特特征。国徽功能实现的主要途径是国家权力的可视化,国家行政和领土归属的可视化。一方面,国徽表明国家在其机构、权力等方面的存在;另一方面,国徽用于在其他一些国家(国际层面)直接识别某个国家。同时,印章、信笺、纸币等上面的国徽形象也保证了国家职权的履行,并显示了国家在这一领域所具有的影响力。

四是价值性。国徽不仅仅具有一个国家相对于其他国家的鲜明特征,而且彰显一国的民族特色、国家特色。国徽在国家、社会、个人中发挥的重要文化价值导向作用,这主要体现在国徽能够传递一国的基本价值观,保护祖国的历史文化特征,有助于巩固其成员的凝聚力。

此外,有的学者对国徽的功能进行系统概括,主要包括如下功能:一是组织性功能,宪法和法律中关于国徽的规定是社会剧变的结果,立法行为构成下一历史阶段发展的政治和法律基础。二是法律功能,包括表达具有法律意义的信息(信息部分被嵌入纹章中)。三是纹章符号功能,体现在国徽作为纹章所指向的公共生活领域。四是代表性功能,是由国徽持有者的某些自主权利决定的

---

① Безруков Андрей Вадимович. К вопросу о функциональном назначении герба. Наука. Общество. Государство. 2019. Т. 7, № 2(26).

（取决于监管水平，权利的范围在实质和程度上都有所不同）。五是识别功能，体现在国家象征的无障碍摆放，以及其作为对国家归属的提醒。六是国徽的社会功能，体现在以下方面：一方面，国徽是"按照一定规则制作并经最高当局批准的标志形象"；另一方面，国徽表示国家主体的社会地位，是一种独特的标志。七是文化功能，是指通过关于国徽主体的历史和传统的标志系统来展示的。[①] 上述概括实际上分为两个层面：一是作为通常的国家象征的功能，如组织性功能、法律功能等；二是作为纹章中的一个特殊类型的功能，如纹章符号功能、文化功能等。

国徽功能的良好发挥依赖于国徽的具体法律规定，也依赖于具体实践的运用，国徽法律规范的应用就是国徽功能在行政、司法实践中具体化。在各种实践中，国徽得到使用、管理，其功能得以展现。在本质上，国徽很重要的特殊功能是合法化功能，即通过展示国徽，从而赋予证件、证照、文件等正式性和合法性。因此，展示国徽成为一种合法化的手段。

第二节　国徽法律制度概述

一、国外国徽法律制度的发展历程

国徽的兴起源于纹章文化。欧洲纹章文化兴起后，欧洲一些王室开始使用纹章，并将纹章用于王室的信笺等物品。法国王室采用了百合花作为王室纹章。1376 年，查理五世颁布法令，规定金底三朵金色百合花盾徽为法国王室纹章。[②] 在欧洲王室中，国徽发展的早期，国徽和王室纹章往往是没有区分的。王室纹章确立往往是通过王室命令确定。

国徽的诞生是随着近现代意义国家的诞生而出现的。18 世纪以来，欧洲、美洲独立运动的开始，新兴独立国家开始仿照欧洲王室纹章制定国徽，而当时设计确定国徽的主要目的是用于国玺或者国家印章。随着国徽图案精美、寓意丰富，越来越运用于国家政治社会生活的方方面面。1782 年 6 月 20 日，美国国会通过决议，确立了美国大印章（Great Seal of the United States），决议的内容是

---

① Безруков Андрей Вадимович. К вопросу о функциональном назначении герба. Наука. Общество. Государство. 2019. Т. 7, № 2(26).

② 林纯洁:《纹章的神话与迁移:英法王室纹章的渊源及其对加拿大国徽的影响》,载林纯洁主编:《欧美纹章文化研究》,武汉大学出版社 2019 年版,第 120 页。

描述大印章图案的构成。①

进入 19 世纪,在拉丁美洲首个独立国海地独立后,于 1807 年首次确立了本国国徽。1815 年墨西哥当局通过了关于国徽的法律,明确了制定国徽的理由、目的,以及国徽的构成、主要用途。1825 年 2 月 25 日,秘鲁颁布法律确立国徽。

20 世纪后,各国通过法律进一步确定了国徽的使用管理制度。1948 年意大利总统法令规定国徽式样,德国 1950 年颁布《关于联邦徽章和联邦之鹰的公告》和《联邦公章管理规定》,规定了德国国徽的样式和联邦各部门公章上的国徽形制。

21 世纪以来,关于国徽制度的法律也日益增加。2000 年 12 月,俄罗斯制定国徽法。印度 2005 年制定《国徽(禁止不合理使用)法》、2007 年制定《国徽(使用管理)法》,规定了印度国徽图案的使用和管理。2005 年南非政府印发《南非国徽标识指南》。印尼 2009 年颁布关于国旗、国语、国徽和国歌的第 24 号令,对国徽使用情形和国徽悬挂要求作出规定。

二、我国国徽法律制度的发展历程

在我国古代社会,存在着象征部落、族群的纹章、纹样。这些纹样主要由贵族、王室用于日常祭祀、重要活动等场合。进入封建社会后,随着古代礼制发展的日益完备,专用于帝王的图案制度也开始形成,帝王专属纹饰(包括龙凤纹饰)等形成了较为完备的规则体系。清朝末年,随着国门的打开,对外交往增多,作为国际交往的重要国家象征——国徽的实践需求也越来越强烈。实践中,由于没有官方正式制定的国徽图案,一些地方、组织自行制作自认的国徽。进入 19 世纪初期后,清朝政府受到国外的影响,开始考虑设计近现代意义上的国徽。

清末 1908 年《大同报(上海)》刊载一篇紧急新闻《拟颁定国徽式样》,分析了当时国徽乱象及拟颁定国徽式样的计划:"民政部近因京外商民所悬国徽颜色不一,形式参差。既不足以壮观瞻,且贻外人讪笑。拟由部颁发式样,通行京外,一律遵办。"②但三年后,拟定国徽式样还未正式出台,1911 年辛亥革命后,清朝就于 1912 年初覆亡。

直到我国民国时期,才有官方正式确立的国徽。虽然确立了国徽,从我国封建帝制结束到中华民国(1912—1949)期间共使用过两款国徽:北洋政府的十

---

① Whitman H. Ridgway, *A Century of Lawmaking for a New Nation: U. S. Congressional Documents and Debates*, 1774-1875, Journals of the Continental Congress, Vol. 22, pp. 338-339.
② 《拟颁定国徽式样》,载《大同报(上海)》1908 年第十卷 第 21 期,第 36 页。

二章国徽、南京国民政府的青天白日国徽。新中国成立后,确立了中华人民共和国国徽。至今,公认共有三种国徽。

(一)北洋政府时期:国徽制度得以确立

1911年辛亥革命后,南京临时政府一经成立即开展革新,拟定国旗,但未及考虑拟定国徽事宜。待北洋政府成立,拟定新的国徽开始摆上日程。北洋政府时期由教育部拟定国旗式样,拟定了《致国务院国徽拟图说明书》。说明书认为,嘉禾为国徽,"而图象简质,宜求辅佐,俾足以方驾他徽,无虑朴素"。国徽在制作形式上借鉴欧美国家,但是考虑中外差异,则根据中国历史探寻适合的图案,"自应远据前史,更立新图,镐有本柢,庶几有当。考诸载籍,源之古者,莫如龙。然已横受抵排,不容作绘。更思其次,则有十二章。上见于《书》,其源亦远"。制定国徽,期待其"可以表华国之令德,而弘施于天下已"[①]。1913年2月,民国教育部对外公布,该国徽正式启用。北洋时期的中华民国国徽是中国首个国徽,名曰"十二章国徽"或"嘉禾国徽",图案结合了我国古代礼服的十二章花纹以及西方纹章的布局。图案中含有日、月、星辰、山、龙、凤等十二种吉祥物,象征国运之长久美好。但在当时,该国徽并没有得到充分的重视,也没有在社会中流行开来。

1913年11月27日,外交部总长孙宝琦署名发出的"交字第二十二号"训令,收文者是驻外使领馆,馆藏此件是下达驻朝鲜总领事富士英。其内容如下:

> 民国国徽前由教育部绘具式样及图说,送经国务会议决定交由本部查照办理。当将原定图样暨说明书函寄天津造币厂代铸模型,现此项模型业已制齐送交到部。查驻外使领各馆门首均应悬挂国徽,以壮观瞻。仰即按照第一图放大用铜仿造,悬挂门首。至尺寸大小,应以馆屋高低为断。合将前项图样八份暨说明书一册邮寄,令仰该总领事遵照办理,此令。[②]

附图样八份说明书一册。天津造币厂是1913年教育部月刊发表、国务会议再次议决后,收到绘图式样的。

民国初年,国外势力深入国内社会,开始出现侮辱国外国徽的情况。1919年7月10日,北洋政府外交部发文《外交部通电查禁侮辱友邦国徽及君主肖

---

① 《致国务院国徽拟图说明书》,载《教育部编纂处月刊》1913年第1卷第1期,第1—2页。

② 《民国外交部训令"交字第二十二号"》,参见孙浩:《十二章国徽与龙凤银币考略》,载《中国钱币》2015年第5期,第21页。

像》,其内容如下:

> 外交部通电各省云。上海租界内发现悬挂日皇形象一事。业由
> 院通电切实查禁在案。顷复准日使面称。六月十七日晚。重庆日领
> 宴请中国官绅。轿夫马弁。均聚集门者。竟用泥土涂抹领署大门之
> 菊花徽章及门牌。日人以天皇形象及国徽。遭人侮辱。舆论甚为激
> 昂。日政府视此项问题。极为重大。请设法消弭。并查办滋事之人。
> 严行惩办等语。查对于友邦国徽及君主肖像。应有相当敬礼。乃上
> 海重庆地方,竟有上项情事,实为国际所不许。倘他处再有同等举动。
> 难免酿成重大交涉。务希设法严行取缔。实所切盼。[①]

北洋政府时期,国家象征法律制度仅局限于确立国徽及其构成的决定、规范性文件,尚未涉及国徽使用管理制度。

(二)南京国民政府时期:国徽制度缓慢中发展

国民党北伐胜利后,开始制定新的国徽。南京国民政府时期的青天白日国徽是以革命党烈士陆皓东设计的青天白日旗为蓝本制作的。1928 年 12 月,国民政府公布《中华民国国徽国旗法》,青天白日国徽被确定为中华民国国徽。该法主要规定了国徽图案样式、内部图案的位置及尺度比例、长宽比例,并附了国徽图案及说明。其中第一条规定:"中华民国之国徽定为青天白日,其式如左:一、青地圆形。二、白日。三、白光芒十二道。四、白日与十二道光芒间留青地一圈。"该法并附了国徽图案及说明。其寓意为:"青天""白日""满地红"三色象征平等、博爱、自由。"十二道光芒"象征一天十二个时辰及一年十二个月,寓意不断努力、自强不息。"满地红"象征革命先烈为建立民国所流的鲜血,以及鲜血换回来的自由。1928 年制定的《中华民国国徽国旗法》,在新中国成立之前并未对上述内容作实质性修改。

(三)新中国成立以后:国徽制度取得长足发展

1. 新中国国徽的确立

新中国成立之际,即开始确定新的国徽。1949 年 6 月 15 日,新政治协商会议筹备会议第一次会议召开,拟定新中国的国旗、国徽、国歌是此次会议的重要任务之一。因征集的图案未达到预期的要求,中国人民政治协商会议第一届全

---

① 《中国大事记(民国八年七月十日):外交部通电查禁侮辱友邦国徽及君主肖像》,载《东方杂志》1919 年第 8 期,第 224 页。

国委员会第一次会议未确定国徽。经过公开征集、评选等环节,1950年6月,中国人民政治协商会议第一届全国委员会第二次会议通过中华人民共和国国徽图案及对该图案的说明,提请中央人民政府委员会核准发布。1950年6月28日,中央人民政府委员会第八次会议通过《中华人民共和国国徽图案》及其说明。说明的内容为:"国徽的内容为国旗、天安门、齿轮和麦稻穗,象征中国人民自'五四'运动以来的新民主主义革命斗争和工人阶级领导的以工农联盟为基础的人民民主专政的新中国的诞生。"1950年9月20日,中央人民政府主席毛泽东发布中央人民政府命令:"中国人民政治协商会议第一届全国委员会第二次会议所提出的中华人民共和国国徽图案及对该图案的说明,业经中央人民政府委员会第八次会议通过,特公布之。"通过中央人民政府的命令,正式确立中华人民共和国的国徽。同日,中央人民政府委员会办公厅公布《中华人民共和国国徽图案制作说明》,确立国徽图案具体的制作方法。

2. 新中国成立初期:国徽法治化伊始

在中央人民政府确定国徽图案的同日,考虑对国徽使用、管理的实际需求,1950年9月20日,中央人民政府委员会第八次会议通过并颁布实施《国徽使用办法》,主要内容包括规定国徽悬挂地点、国徽图案的用途、国徽禁止使用情形。《国徽使用办法》主体结构与1991年国徽法的构成相似,实际上是我国1991年国徽法的雏形,该办法的颁布标志着我国在国徽法治化领域迈出了重要一步,国徽的使用、管理进入了法治进程。《国徽使用办法》制定后起到了积极作用,但仍有一些具体实践问题还没有涉及。1950年以后中央人民政府委员会办公厅多次答复相关方面关于国徽具体使用问题的请示,主要对悬挂国徽的尺寸、外事处悬挂国徽、国徽图案悬挂地点进行了答复。通过上述答复,国徽使用过程中的具体问题得到了进一步明确。

1954年9月20日,第一届全国人民代表大会第一次会议通过1954年宪法,其中第一百零五条规定"中华人民共和国国徽,中间是五星照耀下的天安门,周围是谷穗和齿轮"。1954年宪法首次确立了中华人民共和国国徽的宪法地位,为国徽法治化提供了宪法保障。其后,我国1975年、1977年、1978年和1982年宪法及历次修正案,均没有对国徽的规定作实质修改。

3. 制定国徽法:国徽法治化的定型

改革开放后,为了适应我国政治、经济和文化事业的发展,考虑《国徽使用办法》中规定的许多内容已不适应实际需要,1991年3月2日第七届全国人民代表大会常务委员会第十八次会议通过国徽法。国徽法主要明确了国徽悬挂的范围、国徽图案的使用范围、法律责任。随着国徽法的制定,国徽使用、管理更加规范化,我国国徽法律制度正式定型。根据国徽法的授权性规定,1993年9月外交部对外公布经国务院批准的《对外使用国徽图案的办法》,对于对外活动中正确使用国徽图案起到了积极促进作用。

4. 2020 年修改国徽法:国徽法治化发展的新阶段

国徽法自 1991 年颁布施行近三十年来,在保障国徽的正确使用、维护国徽的尊严、增强公民的国家观念、弘扬爱国主义精神方面发挥了重要作用。2020年 10 月,第十三届全国人大常委会第二十二次会议通过修改国徽法的决定。主要修改内容如下:一是完善国徽尺度。删去报国务院办公厅批准的程序,将上述规定修改为:"需要悬挂非通用尺度国徽的,应当按照通用尺度成比例适当放大或者缩小,并与使用目的、所在建筑物、周边环境相适应。"二是增加国徽图案、徽章的使用情形。增加规定国家机关和武装力量的徽章可以将国徽图案作为核心图案。明确公民在庄重场合可以佩戴国徽徽章,表达爱国情感。三是严格规范国徽及其图案的使用范围,如增加规定"授予专利权的外观设计""不得使用国徽和国徽图案"。四是增加国徽教育的规定。增加规定,国徽应当作为爱国主义教育的重要内容,中小学应当教育学生了解国徽的历史和精神内涵。五是明确国徽的监管部门。增加规定由国务院办公厅统筹协调全国范围内国徽管理有关工作,地方各级人民政府统筹协调本行政区域内国徽管理有关工作。

修改的国徽法实施后,根据国徽法的规定,很多县级人民政府依据国徽法的规定确立本行政区域内使用管理国徽的主管部门,国徽主管部门的确立确保了本地国徽管理制度的实施。我国香港、澳门特别行政区根据修改后的国徽法完善了本地立法,推动国徽法在港澳实施,加强了港澳特区爱国主义教育。

三、国徽法律制度的主体框架

国徽法律制度的主要内容有哪些,目前还没有学者进行系统的总结概括,从中外国徽立法和司法实践方面总结梳理,国徽法律制度的主体框架如下:

一是国徽的性质和地位。国徽是国家的象征,国徽的性质和地位是国徽法律制度的首要条款,是国徽法律制度的统领性条款。如我国国徽法第三条规定,中华人民共和国国徽是中华人民共和国的象征和标志。一切组织和公民,都应当尊重和爱护国徽。

二是国徽的构成。国徽构成分为两部分:在外部是大小尺寸,在内部是图形和颜色。通常情况下对国徽构成说明有两种方式:一是在正文对国徽进行简要描述;二是在附件中对国徽的具体制法、具体样式、尺度等进行详细说明。

三是国徽的使用情形。为了使国家象征使用更加明确化,国徽法律往往规定三种情形:(1)应当使用国徽的场合、情形;如国家机构建筑物、国家机关证件证照、代表主权的事物等。(2)可以使用国徽的场合、情形。(3)禁止使用的特定情形、不适宜的方式等,如不得用于商标、商业广告、外观设计专利等。

四是国徽的使用规则。为了维护国徽的尊严、给予国徽尊荣地位,需要专门明确国徽使用的规则,如明确国徽用于建筑物时悬挂于正中央建筑物上方位置。

五是国徽的监督管理制度。具体制度内容包括:(1)国徽的主管部门制度;(2)国徽生产、销售、收回等方面的制度;(3)国徽的知识产权制度;(4)国徽的教育宣传制度。

六是国徽的法律责任。对涉及损毁、侮辱国徽等行为,根据情形不同,明确不同的行政责任、刑事责任。

第二章　国徽的构成

第一节　国徽图案的构成要素

在历史发展过程中,各国逐渐形成了三个主要的国家象征——国歌、国旗和国徽。国歌是充满口头表达的象征性的艺术和文学形象。国旗是视觉符号,通常是基于颜色和图形的符号。国徽是艺术性的视觉多码符号,即结合了各种符号学代码的现象——图像成分,有时是语言成分,充满符号学的颜色等。从文化层面看,为国徽选择标志符号、颜色和语言的动机植根于历史的深处,并且富有深厚的文化内涵。从结构层面看,国徽图案的组成是按照纹章学的规则,由图形、颜色及其组合而构成的。国徽图案的图形、颜色和国徽尺寸是国徽的基本组成部分,是国徽图案制作基本要素。

一、国徽图案概述

国徽图案是国徽意义的重要依托。根据纹章学,纹章由盾牌、头盔、羽饰、斗篷和饰环在内的几部分组成。[①] 而国徽图案起源于纹章,比纹章更加灵活多变。从形式上看,国徽图案具有以下特征:一是具有民族、国家特色;二是简洁鲜明、形体简洁、形象明朗,使国徽图案具有一定通用性;三是图案优美精致,符合美学原理,使国徽图案的符号形式符合本民族对美的共同感知。国徽图案具备以上特色有利于国徽易于识别、理解和记忆,富有感染力。

国徽是国家的象征,以一种可以直观看到的形式传达出来:通过颜色和形状。国徽是一种图形区分标志,使人们能够识别拥有国徽的国家,并将其与其他国家区分开来。从实质上看,国徽相较于其他国家象征,还具有以下特征:

一是历史性。同一图案在不同的解释语境中可以由统治者赋予不同的含

---

① ［英］斯莱特:《纹章插图百科:探讨纹章的世界历史及其当代应用的权威指南》,王心洁等译,汕头大学出版社 2009 年版,第 53 页。

义,如随着苏联解体后社会文化和政治形势的变化,再次需要创建国家象征。俄罗斯各界在这个问题上的长期争议最终导致俄罗斯联邦总统(1993 年)采用了红场上的金色双头鹰、三顶皇冠、权杖和金球作为国徽。国徽重复了君主纹章的形式,被赋予了不同以往的含义。双头鹰象征着俄罗斯联邦欧洲和亚洲地区人民的团结。三顶皇冠可以代表国家机构的三个部门(立法、行政和司法)。权杖和金球象征着国家的统一和强大力量。在沙皇时期,皇冠、权杖等显然象征着沙皇,但是这些标志用来象征现代的俄罗斯联邦,其重要原因是文化的传承性。俄罗斯希望用古老的载体代表现代的寓意。

二是变化性。纹章符号作为一种多元素系统,之所以持续得以使用,是因为它能够吸收新事物、保持与过去的联系,并确保完整性。国徽的寓意受到时间、语言以外的现实、不同年代的人对同一符号认知范式变化的影响。但是,仍然值得注意的是,在表达冲突主题的稳定性方面,国徽被证明是有意义的、饱和的。因此,在与国家敌人的斗争中,强化国家意识形态作为国徽的一种激励功能仍然保持着它的实效性。

三是适用性。运用简洁易懂却意境深邃的艺术,国徽可以表达官方文件中无法直接表述的内容。国徽图案通常有两种法定的表现形式:图案的图形展现和图案的文字描述,图案的文字描述有时也被视为图案的解释说明。实际使用中,国徽图案不可能达到百分之百像法定版本一样精确呈现,其关键就是符合对国徽图案的文字描述。国徽图案两种表现形式都具有一定的灵活空间,国徽在图形上不是不可更改的。国徽不是商标或标志,它的地位更高,存在特殊的规则。在很多国家允许以不同的风格、艺术和设计解释来重新绘制国徽。不同样式同一国徽的变体可以同时由官方使用。这既是由于历史传统,也是由于使用国徽的功利性做法:可能要做得特别小,或者相反,要做得特别大,如根据不同使用方式而有很大不同,包括涂画、刻章、雕刻、蚀刻、浮雕等。

二、国徽图案的图形

(一)图像部分

国徽图像部分可以有不同的图形,包括各种武器(长矛、长枪、弓、战斧、军刀、刀、棍棒、枪、步枪)、其他军事配件(骑士头盔、战斗旗帜、盾牌和链条)、武装人员(骑士、武装僧侣、战士和现代士兵)、防御结构(堡垒、城堡)、兽类(包括历史的、神话的和现代的动物,如独角兽、狮鹫、海妖、带刺的蛇、狮、豹、鹰、鳄鱼和鲨鱼),以及具有特殊含义的几何图案(五角星、月牙等)。

从各国国徽比较看,在 28.9% 的国徽中出现了武器,在 43.1% 的国徽中出现了捕食的动物。① 东帝汶、津巴布韦和莫桑比克这三个国家的国徽使用突击步枪作为纹章图案。

国徽中最常见的仍然是纹章中的动物:狮、豹、虎、蛇、鹰等,而动物的纹章解释可能与普通现代人的解释有明显的不同。例如,一般来说,鹰是传统的权力象征,在许多神话、宗教中都有发现,曾出现在古埃及和美索不达米亚的艺术中。鹰在纹章中寓意是至高无上的力量。作为国家的象征,它可以表示权力和集权。狮、豹也是一个常见的纹章图案(在纹章学中,它们往往是一致的,只在姿势上有所不同)。狮、豹以不同的形式出现在20%以上的国徽上,而鹰则出现15%左右。多年来,狮长期以来被视为"百兽之王",象征至高无上的权力。但是进入现代社会,对这一标志性符号的解释已经发生了变化,如今大多被赋予了高贵和可靠的寓意。

（二）文字部分

国徽图案的文字部分分为两类:国家的名称本身以及座右铭。座右铭,通常用民族语言或用拉丁语表达激励性愿望,或者表达意识形态。例如,巴西国徽中载明"巴西联邦共和国";圭亚那国徽中明确:"一个民族。一个国家。一个命运。"通常情况下,自由、独立、和平和繁荣的理念是很多国家国徽中文字所要表达的核心。

三、国徽图案的颜色

不同的颜色具有不同的寓意,国徽的颜色不仅仅是一种装饰手段,还能够反映国徽制定者所希望表达的理念、信仰、目标。对于国徽颜色的关注就是对国徽本身所具有的寓意的关注。各国常运用不同的颜色表达不同的寓意,因此各国国徽图案一般为彩色。

在纹章学中,颜色被概括地体现为红、蓝、绿、黑、金(也可以显示为黄色)和银(也可以显示为白色)。每种颜色所对应的整个调色板都可以用于制作特定的图像。例如,红色——从酒红色到淡绯色,蓝色——从接近紫色的深蓝色到亮蓝色,等等。因此,在制造具体图像时,国徽的颜色可能会有深浅不同。

鉴于各类使用国徽图案的颜色与国徽法规定的不符,带来对国徽颜色的认识混淆。

一是对于悬挂的国徽,必须按照法定颜色。我国1991年通过的国徽法第

---

① Максименко Ольга Ивановна. Хроменков Павел Николаевич. Полисемиотические элементы государственных гербов-лингвоконфликтологический анализ. Вестник Российского университета дружбы народов. Серия: Теория языка. Семиотика. Семантика. 2019.

二条第二款规定,中华人民共和国国徽按照1950年中央人民政府委员会通过的《中华人民共和国国徽图案》和中央人民政府委员会办公厅公布的《中华人民共和国国徽图案制作说明》制作。1950年9月20日中央人民政府委员会办公厅公布《中华人民共和国国徽图案制作说明》中明确,"国徽之涂色为金红二色:麦稻、五星、天安门、齿轮为金色,圆环内之底子及垂绶为红色;红为正红(同于国旗),金为大赤金(淡色而有光泽之金)"。

二是对于使用国徽图案作为其他国家机构的核心图案,或者使用国徽图案的其他情形,颜色可以根据实际情况作出相应的调整。实际上,在国徽图案制作说明公布之前,1950年9月12日,中央人民政府出版总署办公厅《关于在杂志上发表国徽照片、中央人民政府命令、国徽图案说明以及发表时应注意之事项致各杂志社的函》,要求"国徽暂时按照片制单色版发表,以后可按新华书店彩色版翻印"[1]。在当前国家机构使用国徽图案的实践中,图案颜色也会根据不同介质、不同环境而发生调整。

第二节　国徽尺寸的法定化

一、国徽的尺寸

国徽的尺寸涉及国徽与外部实物的对比关系,是国徽实物呈现的大小。国徽的尺寸可以根据每个特定国徽的使用目的而有所不同。国徽尺寸是国徽实际过程中需要考虑的问题。各国国徽制作说明对国徽组成部分的图案、比例作出了规定,但是悬挂使用的国徽尺寸,需要根据实际情况确定。

新中国成立后,中央人民政府于1950年9月20日发布的《国徽使用办法》未就国徽尺寸作出规定。随后,一些地方先后请示中央人民政府委员会办公厅悬挂国徽尺寸的问题,1950年12月,中央人民政府委员会办公厅在回复西北军政委员会、西康省藏族自治区人民政府的回函中明确,当时制作的大中小三号国徽并非法定尺寸,乃是为了统一制造而作的规定。实际上悬挂应视建筑的大小而定。[2]

在我国几千年的历史长河中,历来强调上下尊卑有序的政治秩序。进入新中国之后,政治相关事务反映等级的现象大幅下降,但是在一些政治权力运行中仍然有一定的等级印记,如"建筑的规模和体量所传递的象征含义往往是显

---

① 中央档案馆编:《中华人民共和国国旗国徽国歌档案》,中国文史出版社2014年版,第453页。
② 中央档案馆编:《中华人民共和国国旗国徽国歌档案》,中国文史出版社2014年版,第568、592页。

· 330 ·

示建筑物主人的社会地位"①。我国政府建筑物的规模与体量虽然没有明确的规则要求,但是在政治潜意识层面,仍然有一定的潜在标准。这一点体现在政府建筑物国徽大小尺寸的要求上面。

考虑实践中常用的大中小三种尺度的国徽使用已经形成了惯例,为了对国徽尺寸作出规范,1991 年制定国徽法时,明确悬挂国徽的直径的通用尺度包括下列三种:(1)100 厘米;(2)80 厘米;(3)60 厘米。在特定场所需要悬挂非通用尺度国徽的,报国务院办公厅批准。2020 年修改国徽时,删除了悬挂非通用尺度国徽须报国务院办公厅批准的规定。实践中,人民政府、人民法院、人民检察院系统通过发布规范性文件,对本系统内的各级国家机关悬挂国徽的具体直径作了区分,主要是根据国家机关的不同级别,规定了相对应的不同直径尺度的国徽。

二、特定场所悬挂非通用尺度国徽

一般情况下,在有关场合悬挂的国徽直径应当是国徽法规定的通用尺度。非通用尺度的国徽,是指其直径不是 60 厘米、80 厘米或 100 厘米的国徽。悬挂非通用尺度的国徽,主要是由于悬挂国徽的场所过大或过小,需要悬挂与场所大小相匹配的国徽。比如,人民大会堂东门上悬挂的国徽,最大处直径约为 5.6 米,悬挂这一大型国徽,主要是为了与人民大会堂高大的建筑结构与恢宏的气势相适应。按照 1991 年通过的国徽法,在特殊情况下,在特定场所需要悬挂非通用尺度国徽的,需要履行特定的批准手续。国务院办公厅是这一事项的主管部门,其他单位需要悬挂非通用尺度的国徽,均须报国务院办公厅批准。《最高人民法院关于法庭的名称、审判活动区布置和国徽悬挂问题的通知》中也规定,人民法院如遇特殊情况需悬挂非通用尺度国徽时,应按国徽法的规定上报批准,即报国务院办公厅批准。

2020 年国徽修改过程中,对于是否删除该规定,有不同的意见。有的认为,不同层级政府对应不同尺度国徽是一种规则,是政府层级的体现。我国自古以来讲究礼制,中央政府与地方政府在使用国家象征方面应有一定区分,不能僭越。有的认为,一是当前,悬挂非通用尺度国徽的情形,仍然占据一定比重。据浙江一国徽定点厂家销售数据统计,悬挂式国徽每年销量情况如下:其一,国徽法规定的三种通用尺度(最长直径)销量:(1)60 厘米:每年 500—600 个,销售的对象主要是法院(用于室内审判庭悬挂)。(2)80 厘米:每年 300 个左右。(3)100 厘米:每年 300 个左右。其二,非通用尺度销量(主要用于地方政府定

---

① 居阅时、瞿明安主编:《中国象征文化》,上海人民出版社 2011 年版,第 441 页。

制):(1)1.2 米:每年生产 30—50 个;(2)1.5 米:每年生产 30 个左右;(3)2 米:每年生产 10 个左右。二是实践中各地使用非通用尺度国徽情况较多,而据国务院办公厅统计,国徽法通过后,报国办批准悬挂的非通用尺度国徽极少。三是与国家机构悬挂国徽类似的,国家机构悬挂于机关正门的牌子的大小根据建筑物的大小确定,未作统一规定。1979 年 11 月 5 日,全国人大常委会办公厅《关于县级以上地方各级人民代表大会常务委员会悬挂中华人民共和国国徽和挂机关名称牌子的通知》、1980 年国务院办公厅《国务院办公厅关于悬挂国徽等问题给湖北省人民政府办公厅的复函》,分别对县级以上地方人大常委会、人民政府悬挂的机构牌子作出了要求,均要求"牌子的大小根据建筑物的大小确定,不作统一规定"。四是出于简政放权,也为了适应实际情况,经征求相关部门意见,综合各方面因素,不再保留悬挂非通用尺度国徽报国务院批准的规定。

2020 年修改国徽法时,删除了关于悬挂非通用尺度的国徽报国务院批准的规定,并明确需要悬挂非通用尺度国徽的,应当按照通用尺度成比例适当放大或者缩小,并与使用目的、所在建筑物、周边环境相适应。悬挂国徽的尺寸既需要考虑用于室内会议室、室外建筑物等不同使用目的,还需要考虑周边建筑物的整体性、象征性、协调性,以及考虑所悬挂国徽建筑物所在地的规划、气候等周边环境因素。同时符合使用目的、周围建筑、周边环境,才能选择悬挂适当尺寸的国徽,产生较大对比度,以强化国徽醒目度和觉察度,来提升国徽的尊严。各地各部门在悬挂国徽监督管理工作中,可以按照该标准进行监督管理,纠正不妥做法。

第三章　国徽的使用情形

第一节　国家机构使用国徽的类型

国徽通常由国家机构及其官员在官方场合使用。如果出现带有国徽图案的物品，往往被认为属于国家机构或者得到其认可。

一、国家机构使用国徽的模式

从起源看，源于王室纹章的国徽通常用于国家机构的传统一直延续到现在。至今，作为国家象征的国徽及其图案也主要由国家机构使用。国徽作为国家象征，是一种指定来自其国家机构、官员的行为和文件的手段。从各国法律规定情况来看，对于国家机构内部如何使用国徽图案，一般规定模式是允许国家机构使用，具体谁批准、谁监督等内容，鲜有涉及。从使用类型上看，各国法律规定了不同的使用模式：

一是法定使用。法定使用是指国徽象征法律明确规定特定国家机构主体以具体的使用方式使用国徽，如规定悬挂国徽的具体机关、明确可以在其印章上印有国家纹章的组织名单。

二是授权使用。具有国家重要性的组织和个人使用国徽的可能性不仅取决于立法，国家元首、政府首脑可以采用命令、决定的方式授权一些重要的组织可以使用国家标志。国徽法规定可以包括地方当局以及被赋予"某些国家权力"的组织和机构，可以在其办公物品等用品上使用国徽及其图案。国家机构及其官员的活动对国家具有重要意义，允许国家机构自行决定使用国徽的范围并且不超出立法者的自由裁量权，也不能被视为侵犯公民的宪法权利和自由。

三是批准使用。对于法定使用、授权使用之外的，在很多国家使用国徽及其图案，则需要经过特定机构批准使用。在美国，美国国务院在其网站专门明确，未经书面许可，不得使用或者负责美国大徽章图案（美国大徽章图案作为美国国徽使用）。美国国务院的政策一贯是不鼓励使用大徽章图案的，除非使用于政府目的或教育目的。在新西兰,《新西兰旗帜、标志和名称保护法》规定,在法律规定、政府事前书面批准、英国王室官员在履行官方职务过程中三种情形下,公民和组织可使用国徽。如果任何人违反本法规定,以让人相信得到政府的批准、认同、支持,采取悬挂、展示或其他方式使用国徽图案,则构成犯罪。个人处以 5000 新西兰元以下罚款;单位处以 50000 新西兰元以下罚款,持续犯罪的,每天增加 5000 新西兰元以下罚款。实践中,在一些国家活动场合,如英国王室访问、禧年庆祝活动,公民和组织都可以临时展示国徽图案。

国徽是特别重要的标志,是国家主权、国家地位和国家权力的象征。因此,就整体而言,国家机关使用它的范围很窄,国家机关也极为有限。相较于国旗、国歌,国徽出现的正式场合相对比较少。各国国徽法规定了强制和允许使用国徽的情况。在法律没有规定的情况下,只能按照政府的决定、法令制定的决定或现行法律规定既定程序进行使用。鉴于国徽法的严格要求,应严格遵守既定规则,法律未作规定的不得使用国徽。

一些国家就国家相关机构使用国徽图案有过相关的案例。如 2015 年 6 月,白俄罗斯议会两院通过关于修改 2004 年《国家象征法》修正案。随后,按白俄罗斯宪法程序法,提交白俄罗斯宪法法院进行审查。2015 年 6 月 30 日,白俄罗斯宪法法院审理后,对该法案增加禁止非法人组织使用国徽图案以及允许公证机构可以使用国徽图案等规定的合宪性作出判断。修正案规定"禁止非政府组织的信笺和印章使用国徽图案,除非白俄罗斯共和国总统另有规定"。白俄罗斯宪法法院认为,国徽是国家权力的象征,表示国家机关或公共权力机构的权力行使。非政府组织人员不具有公务员身份,其活动是在自治和自筹的条件下进行的,仅参与一些重要的国家行动。基于此,宪法法院认为,该项规定是合宪的。修正案还规定公证机构可以使用国徽图案。宪法法院认为,考虑公证机构某些权力的公共性质及其对国家保障公民权利和自由的重要性,立法者允许在公证机构的印章上使用国徽图案是可以的。①

二、国徽使用的典型情形

一是公共建筑。国徽使用中最常见的情形是用于悬挂公共建筑。公共建筑的外墙不是普通的空间,展示一个标志而不是另一个标志的事实并不是一个没有意义的姿态。公共建筑的外部空间是公开的,公共建筑入口或者门首是公共服务的使用者首先看到的,也是重要的形象。如果在公共建筑的外墙或特定位置上展示宗教标志或者特殊政治标志,可能被认为是一种压力行为,对公共

---

① 参见白俄罗斯宪法法院网站:http://www.kc.gov.by/document-40273.

利益的威胁,或者是一种暴力行为,与公共服务的中立性相违背的。①

二是国家机构印章。在任何现代国家的标志性整体中,印章既是物体(当其以实物呈现时),又是图像(当它印记文件上时),具有很强的法律价值。在欧洲,从 13 世纪开始,印章就与国家密不可分。事实上,可以说,国家的印章成为国家的连续性和法律人格的代表。②

三是货币。货币是人们日常生活中最为常见的流通方式,也是国家权力最明显的标志之一。在各国发行的纸质货币中,普遍将国徽作为重要标志显示,纸质货币都带有统治者的形象或国家的象征,作为政治身份或归属的标志,成为社会纽带的有力象征。纸质货币的流通成为一种重要交流途径,是使用纸质货币群体的最低共同点。这使得纸质货币成为一个非常强大和重要的民族身份构建工具。

四是证件证照。国徽用于国家机构颁发的证件、证照等时,有助于建立统一的视觉识别系统,确保国家机构认可的证件、证照的真实性、可靠性。此外,国徽也可以用于国家工作人员制式服装上。例如,1929 年 4 月 16 日公布的《中华民国服制条例》第十六条规定,"外交官、法官、军人、警察、学生、及其他公务员,服制有特别规定者,得从其规定。唯帽徽限用国徽"③。当前,我国部分国家工作人员的制服上也佩戴国徽。

我国国徽法规定了应当悬挂国徽的机构、场所,应当刻有国徽图案的印章的机构,应当印有国徽图案的文书、出版物等,使用国徽图案的证件、证照等。此外,国徽法第十二条规定,在本法规定的范围以外需要悬挂国徽或者使用国徽图案的,由全国人民代表大会常务委员会办公厅或者国务院办公厅会同有关主管部门规定。除了法律规定应当悬挂国徽或者使用国徽图案的情形外,截至 2020 年 10 月,经过国务院办公厅批准的情形共 7 次,均为中央和国家机关申请悬挂国徽或者使用国徽图案的情形。

第二节　公民、企业使用国徽的争议

国徽图案端庄精美,市场上有大量各类印有国徽图案的企业物品,越来越

---

① Par Élodie DERDAELE. LE DRAPEAU TRICOLORE, UN SYMBOLE CONSTITUTIONNEL DANS TOUS SES ETATS(DU DROIT). Communication présentée au VIIIe Congrès de l'Association française de droit constitutionnel, Nancy, les 16,17 et 18 juin 2011,dans l'atelier n° 1《Droit constitutionnel et autres branches du droit》présidé par les professeurs Guillaume DRAGO et Charles VAUTROT-SCHWARTZ. p. 71.

② Michel Pastoureau. L'État et son image emblématique. Publications de L'École Française de Rome. Année 1985. 82. p. 145.

③ 陈子展编:《应用文作法讲话》,北新书局 1937 年版,第 251 页。

多的公民开始使用国徽及其图案。但是否在法律上对于公民和企业能否使用国徽及其图案进行规范,各国情况不同。①

从起源看,源于王室纹章的国徽通常用于国家机构的传统一直延续到现在。至今,作为国家象征的国徽及其图案通常由国家机构及其公职人员在官方场合使用。基于上述传统,有的国家对公民和企业使用国徽及其图案的限制较为严格,任何人未经许可或者授权不得使用。如果出现带有国徽图案的物品,往往被认为属于国家机构或者得到其认可。

一、公民、企业使用国徽及其图案的立法模式

从已经对非国家机构使用(包括个人日常生活使用、企业商业使用)作出规定国家的情况来看,能否使用国徽及其图案进行规范,各国情况不同。总体上看,大多数国家都对公民、企业使用国徽及其图案进行限制,但限制的程度有所区别。

关于公民、企业使用国徽及其图案的规定模式,主要有以下几种。

(一)不允许使用:任何个人、企业、组织不得使用

一些国家明确限定了国徽及其图案的使用范围,没有规定其他场合、情形可以使用国徽及其图案,如巴西、斯洛文尼亚、匈牙利等,实践中不允许商品使用国徽图案。例如,《斯洛文尼亚国徽、国旗和国歌法》第十条规定,国徽、国旗或者其组成部分以及国歌及其旋律、词谱不得注册商标、外观设计及用于商品、服务的标签。《匈牙利国旗、国徽法》第五条规定,除本法规定的机构和个人外,其他组织、个人不得使用国徽或国徽的组成部分。

在美国,美国国务院在其网站专门明确,未经书面许可,不得使用或者复制美国大徽章图案(美国大徽章图案作为美国国徽使用)。美国国务院的政策一贯是不鼓励使用大徽章的图案,除非用于政府目的或教育目的。除官方使用外,美国国务院也不会向其他使用者提供大徽章图案。此外,《美国法典》在第十八编第一章第三十三节第七百一十三条中还明确不当使用大徽章承担法律责任的情形。

(二)不允许使用:明确不得用于一定情形

一些国家国徽相关法律规定了不得使用国徽及其图案的具体情形:例如,

---

① 考虑到"组织"的范围不同,能否有权使用国徽因国家而异,本节只讨论公民、企业使用国徽的情况。

《斯洛文尼亚国徽、国旗和国歌法》第十条规定,国徽、国旗或者其组成部分以及国歌及其旋律、词谱不得注册商标、外观设计及用于商品、服务的标签。

(三)允许使用:经批准使用

考虑公民对国徽及其图案实际使用的需求,一些国家法律明确规定了公民和组织使用的情形,实践中在个别情形下也允许公民和组织使用国徽图案。如一些国家详细规定了许可公民和组织使用国徽图案的情形、程序。《澳大利亚国徽信息和准则》规定,在本准则规定外使用国徽及其图案的须向总理内阁部下属的荣誉、象征和领地部门申请。《澳大利亚国徽信息和准则》规定了教育出版物中国徽图案的使用申请程序。

例如,《新加坡国徽、国旗和国歌规则》第三条规定,除在政府部门建筑物悬挂国徽;为了政府的目的,在任何政府部门或公职人员制作或者委托制作的文件、材料或物品上使用国徽外,未经部长或者有权官员事先书面准许,任何人不得在任何文件、材料或物品使用国徽。未经部长或者有权官员事前许可,任何人不得采取以下任何方式,在任何印刷物、材料或者物体内或者其上出现任何国徽或者标志、印记或其他事物,类似于国徽以至于被误认为国徽:(1)印刷、公开、生产、销售、要约销售或者展示销售;(2)导致印刷、公开、生产、销售、要约销售或者展示销售;(3)发送、分送、送达,或者服务于任何其他人;(4)导致发送、分送、送达,或者服务于任何人。

《新西兰旗帜、标志和名称保护法》规定,在法律规定、政府事前书面批准、英国王室官员在履行官方职务过程中三种情形下,公民和组织可使用国徽。但任何人违反本法规定,以让人相信得到政府的批准、认同、支持,采取悬挂、展示或其他方式使用国徽图案,构成犯罪。个人处以 5000 新西兰元以下罚款;单位处以 50000 新西兰元以下罚款,持续犯罪的,每天增加 5000 新西兰元以下罚款。实践中,在一些国家活动场合,如英国王室访问、禧年庆祝活动,公民和组织都可以临时展示国徽图案。

《巴布亚新几内亚国旗和国徽法》第二十条规定,(1)除官方用途外,通常不得使用国徽。其他用途的申请应向首相署提出。(2)国徽将用于政府的所有官方目的,以及在习惯上使用国徽的所有场合和目的。

(四)允许使用:允许在一定情形下使用

一些国家在法律明确允许在一定情形下使用国徽,例如,《瑞士国旗和其他公共标志保护法》规定,在下列情况下,除有权使用的公共机构外,其他人也可以使用国徽图案:(1)作为词典、参考书、科学作品或类似作品中的插图;(2)用于装饰节日和活动;(3)用于装饰工艺美术品,例如杯子、彩色玻璃和用于节日和活动的纪念币。

(五)允许使用:批准使用+禁止情形

一些国家规定明确在批准的情况下使用,并且明确了禁止使用的情形。

澳大利亚政府制定的《国徽使用指南》中明确,考虑澳大利亚国徽图案作为澳大利亚正式象征的重要性,仅仅在允许的情况下才能使用(澳大利亚运动队参加国际比赛、教育出版物等)。国徽图案不得用于商业服装、纪念品以及其他日常用品。

德国关于国徽的总统令规定,除艺术创作、艺术工艺或者纹章科学研究外,德国国徽或者联邦鹰仅供联邦当局或者出于官方目的使用。其他任何个人、企业使用国徽或者联邦鹰须由联邦内政部下设的联邦行政办公室批准。《德国行政犯罪法》规定,任何人未经授权使用国徽或者联邦鹰及其组成部分、政府旗,构成行政犯罪并处以罚款。但在德国电子商务网站上,仍有带有国徽图案的商品销售,包括衣服、餐具、饰品等。

(六)允许使用:不限定范围

有的国家对公民和企业使用国徽规定较为宽松,在不构成侮辱的情形下无须政府批准,可以使用。如 2000 年俄罗斯制定国徽法时规定,只有在法律明确规定的情形下才允许使用国徽。因该条规定受到多方质疑,2017 年 12 月,俄罗斯通过修改国徽法的决议,明确"在不侮辱俄罗斯联邦国徽的情形下,俄罗斯联邦国家权力机关及其他联邦国家机关、俄罗斯联邦主体国家权力机关及其他俄罗斯联邦主体国家机关、地方自治机关及市政机关、公民、社会团体、企业、机构和组织可在其他场合使用俄罗斯联邦国徽及其图案"。根据该条规定,在不构成侮辱的情况下,商品可以使用国徽图案。

二、公民使用国徽

(一)公民使用国徽的情形

通常情况下,公民不能使用国徽及其图案,但是在以下情况下可以使用国徽图案。

一是公民使用的证件、证照。特定的证件、证照由国家机关颁发、制作等,但主要由公民在日常工作、生活中使用,也可以视为公民可以使用国徽及其图案的一种形式。例如,我国国徽法第十条规定,下列证件、证照可以使用国徽图案:(1)国家机关工作人员的工作证件、执法证件等;(2)国家机关颁发的营业执照、许可证书、批准证书、资格证书、权利证书等;(3)居民身份证,中华人民共和国护照等法定出入境证件。

二是艺术创作使用国徽。艺术是富有想象力的表达,在不构成侮辱国徽的前提下,艺术创作可以使用国徽开展创作,有一些国家法律专门对此作了规定。例如,德国关于国徽的总统令明确,艺术创作、艺术工艺或者文章科学研究可以使用国徽。

三是装饰节日和活动使用国徽。国徽图案精美,一些国家明确特定节日、活动可以使用国徽。例如,《瑞士国旗和其他公共标志保护法》规定,在下列情况下,除有权使用的公共机构外,其他人也可以使用国徽图案用于装饰节日和活动。

四是国徽徽章、纪念品。国徽具有特殊象征意义,一些国家明确可以用于国徽徽章、纪念品。例如,《瑞士国旗和其他公共标志保护法》规定,国徽可以用于装饰工艺美术品,如杯子、彩色玻璃和用于节日和活动的纪念币。2020 年我国修改国徽法,增加规定"公民在庄重的场合可以佩戴国徽徽章,表达爱国情感"。该规定扩大了国徽的使用范围,但给予公民自行使用的范围仍然要有一定限度,仅为在庄重的场合佩戴国徽徽章。

(二)日常生活用品使用国徽

日常生活用品使用国徽及其图案,降低了国徽的尊严。一些国家明确禁止将国徽及其图案用于日常生活用品,如《澳大利亚国徽信息和准则》明确,国徽及其图案不得用于日常用品、纪念品、商品。也有的国家法律法规明确,国徽及其图案可以用于日常生活、工作用途,如《瑞士联邦国徽和其他公共标志保护法》第八条规定,联邦国徽可以用于:(1)作为词典、参考书、科学作品或类似作品中的插图;(2)用于装饰节日和活动;(3)用于装饰工艺美术品,如杯子、彩色玻璃和用于节日和活动的纪念币。我国国徽法第十三条规定,国徽及其图案不得用于日常用品、日常生活的陈设布置。日常用品是指公民日常使用的物品,比较广泛,通常包括家居用品、洗漱用品、厨房用品、装饰用品、化妆用品、床上用品等。日常生活的陈设布置通常是指家庭室内陈设,包括家具、灯光、室内织物、装饰工艺品、字画、家用电器、盆景、插花、挂物、室内装修以及色彩等。

虽然法律严格限制了国徽及其图案的使用,但仍然大量出现一些日常生活、工作、娱乐用品使用国徽图案的情况。我国国徽法对国徽及其图案使用规定得比较具体,明确了一些场合、情形应当使用国徽,明确特定场合可以使用国徽及其图案,限定国徽不得用于的场合;同时规定,该法规定以外的场合使用国徽及其图案的,仅全国人大常委会办公厅或者国务院办公厅会同有关主管部门规定。实际上,从上述规定中可以看出,我国国徽法没有完全否认非国家组织不能使用国徽。在国旗法、国徽法修改过程中,对这个问题也采取了谨慎的态度。国徽法规定了日常用品、日常生活的陈设布置不得使用国徽及其图案,但未对此规定直接法律责任。如此规定是希望公民不会因动辄使用国徽而承担法律责任。①

三、企业使用国徽

在大部分国家,须经批准,国徽才能用于商品。只有少数国家可以不经批准用于商品。在国际上,国徽商业用途的立法例主要分为以下三种类型:

一是经批准后使用。由于沿袭国徽长期专属于王室、国家机构的传统,很多国家对于国徽控制使用得较为严格。相较于国旗、国歌而言,在大部分国家,通常国家机构及其公职人员在官方场合才可以使用国徽图案;为了维护国徽尊严,防止欺诈发生,只有经批准,非国家机构的其他组织包括企业经批准才能使用国徽图案。例如,澳大利亚政府制定的《国徽使用指南》明确,考虑到澳大利亚国徽图案作为澳大利亚正式象征的重要性,仅仅在允许的情况下才能使用(澳大利亚运动队参加国际比赛、教育出版物等)。

二是无须批准,可以使用国徽图案。在少数国家,无须政府批准,商品可以使用国徽图案。2017 年 12 月,俄罗斯通过关于修改国徽法的决议,明确"在不侮辱俄罗斯联邦国徽的情形下,俄罗斯联邦国家权力机关及其他联邦国家机关、俄罗斯联邦主体国家权力机关及其他俄罗斯联邦主体国家机关、地方自治机关及市政机关、公民、社会团体、企业、机构和组织可在其他场合使用俄罗斯联邦国徽及其图案"。根据该条规定,在不构成侮辱的情况下,商品可以使用国徽图案。公民和组织尤其可以在纪念品和礼品上描绘国徽,在群众性公共活动、体育比赛、公共协会代表大会以及日常生活中的其他情况下使用国徽。

三是商品不能使用国徽图案。一些国家明确限定了国徽及其图案的使用范围,没有规定其他场合、情形可以使用国徽及其图案。如巴西、斯洛文尼亚、匈牙利等,实践中不允许商品使用国徽图案。

【案例】禁止使用国徽及其图案是否侵犯公民基本权利

俄罗斯联邦于 2000 年通过《俄罗斯国徽法》,规定国徽图案使用的各类官方场合、情形,同时在第七条中规定"其他情况下使用国徽由俄罗斯联邦总统决

---

① 朱宁宁:《解读新修改的国旗法国徽法》,载法治网,http://www.legaldaily.com.cn/rdlf/content/2020-10/27/content_8338632.htm。

定"，在第十一条规定"违反本联邦宪法性法规定使用国徽以及侮辱国徽，要承担联邦立法规定的责任"。修订后的《俄罗斯行政犯罪法》第 17.10 条规定，违反俄罗斯联邦国徽正式使用的规定，对公民处以两千至三千元卢布的行政罚款。这两项法律制定修改后，根据俄罗斯联邦宪法法院判例库搜索①，共出现 7 起公民向俄罗斯联邦宪法法院提出《俄罗斯国徽法》《俄罗斯行政犯罪法》关于国徽图案使用的规定侵犯公民权利的案件，诉求就其合宪性进行审查。联邦宪法法院对 7 起案件均作出了拒绝受理的决定。

公民 G. S. Fedosov 在向俄罗斯联邦宪法法院的申诉中认为，关于国徽使用的规定与《俄罗斯联邦宪法》第三条第一款"俄罗斯联邦多民族的人民是俄罗斯联邦主权载体和权力的唯一源泉"和第二款"人民直接地或者通过国家权力机关和地方自治机关行使自己的权力"和第三十二条第一款"俄罗斯联邦公民有直接地或者通过自己的代表参加管理国家事务的权利"相抵触，因为它不允许俄罗斯联邦公民在个人文件(信笺)和新闻宣传中使用俄罗斯联邦国徽的组成部分。② 公民 G. A. Kornilova 认为，《俄罗斯行政犯罪法》第 17.10 条规定，允许执法机关因公民使用国徽要求其承担行政责任，从而限制公民的权利，违反了宪法第五十五条第二款"在俄罗斯联邦，不得颁布取消或减少人和公民权利与自由的法律"③。

俄罗斯联邦宪法法院认为，根据《俄罗斯联邦宪法》规定，《俄罗斯国徽法》确立了俄罗斯联邦国徽的描述和正式使用程序，其中涉及联邦宪法规定的实体对俄罗斯联邦国徽的使用，以表明其在国家机构中的成员资格，确认与外部实体的关系中的官方地位，以及也为了表明他们开展活动的国家重要性。《俄罗斯国徽法》确定使用俄罗斯联邦国徽的程序时，"联邦立法者未将公民归类为有权在信笺和印章上使用它的权利(国徽法第三条和第四条)。制定该法是由于国徽作为俄罗斯联邦的国家象征这一事实，是证明国家机构和官员作出行为和出台文件权威的一种手段。这具有国家意义重要性，并且不会超出联邦立法者的酌处权。因此，不能将其视为侵犯公民的宪法权利和自由"④。

---

① 参见俄罗斯宪法法院网站:http://www. ksrf. ru/ru/Decision/Pages/default. aspx.

② об отказе в принятии к рассмотрению жалобы гражданина Федосова Геннадия Сергеевича на нарушение его конституционных прав Федеральным конституционным законом《О Государственном гербе Российской Федерации》. http://www. ksrf. ru/ru/Decision/Pages/default. aspx.

③ об отказе в принятии к рассмотрению жалобы гражданки Горячевой Ангелины Валентиновны на нарушение ее конституционных прав статьей 17. 10 Кодекса Российской Федерации об административных правонарушениях. http://www. ksrf. ru/ru/Decision/Pages/default. aspx.

④ об отказе в принятии к рассмотрению жалобы гражданина Федосова Геннадия Сергеевича на нарушение его конституционных прав Федеральным конституционным законом《О Государственном гербе Российской Федерации》. http://www. ksrf. ru/ru/Decision/Pages/default. aspx.

"为了确保严格遵守使用俄罗斯联邦国徽的正式程序并由此保护俄罗斯国家的权威,明确国徽使用的规范本身不能被视为侵犯了申请人的宪法权利。"①

但是上述联邦宪法法院的判决也引起了社会广泛的争议,在经历多次争论后,在 2017 年 12 月,俄罗斯通过修改国徽法的决议,专门将该规定修改为"不侮辱俄罗斯联邦国徽情况下,俄罗斯联邦国家权力机关及其他联邦国家机关、俄罗斯联邦主体国家权力机关及其他俄罗斯联邦主体国家机关、地方自治机关及市政机关、公民、社会团体、企业、机构和组织可在其他场合使用俄罗斯联邦国徽及其图案"。在修改说明中提出,修改后各类群众活动都可以使用国徽,例如体育比赛、社会组织的活动等;在日常生活的其他情况下可以使用;也可以制作成纪念品,以表达爱国情怀。修改说明还指出,修改后的法律通过提高国家象征在公民生活中使用频率,将促进国家象征的普及,推动爱国主义教育。

上述法律的修改使得《俄罗斯行政违法法》第 17.10 条规定的违反法律规定使用国徽承担行政责任的条款失效,只有当侮辱国徽的情形发生时,才可能按照刑法的规定承担刑事责任。但是在上述修改国徽法的决议通过后,至今俄罗斯尚未废除《俄罗斯行政违法法》第 17.10 条的规定,上述条文放宽所有主体可以在不侮辱的情况下使用国徽与国徽法中明确限制印章、信笺使用国徽的主体范围的关系问题尚未处理清楚。实践中出现了两种情形:一是有的使用国徽的情形因为被法院认定为行为轻微,不构成违法;二是有的使用国徽被认为违反上述规定,被处以罚款。因此,有的学者提出,在组织和公民的印章、信笺、名片上随意使用俄罗斯联邦的国徽,可能会引起侵犯财产的犯罪行为,如欺诈行为的增加。建议俄罗斯联邦立法者可以重新审视这个问题,并禁止在上述情形中使用国徽,以防止不择手段的人为了私利而使用国徽。②

---

① Ob otkaze v priniatii k rassmotreniiu zhaloby grazhdanki Goriachevoi Angeliny Valen-tinovny na narush-enie ee konstitutsionnykh prav stat'ei 17. 10 Kodeksa Rossiiskoi Federatsii ob administrativnykh pravonarusheniia-kh > :opredelenie Konstitutsionnogo Suda RF ot 22. 01. 2014 № 67-O(About refusal in acceptance to considera-tion of the complaint of the citizen Goryachevy A. V. to violation of her constitutional rights article 17. 10 of the Code of the Russian Federation about administrative offenses" :definition of the Constitutional Court of the Rus-sian Federation from 22. 01. 2014 no. 67-0). Available at:http://legalacts. ru/doc/opredelenie-konstitutsionno-go-suda-rf-ot-22012014-n-67-o-ob/(accessed 29. 07. 2018).

② Артамонов Алексей Николаевич. Иванин Александр Александрович. Государственный герб Российской Федерации как объект административно-правовой охраны. Вестник Брянского государственного университета. 2019. №1. C. 193.

第三节 国徽的禁止使用情形

一、禁止使用情形概述

国徽作为国家的象征,需要严肃对待,不能肆意用于不适当情形。世界上每个国家对于国徽的使用管理都有着不同的模式,禁止使用国徽的情形也各有不同。有的国家对于禁止情形没有直接规定,允许其公民在衣服和其他类型的产品上使用国徽;有的国家则非常严格,列明具体的禁止情形。国徽的禁止使用情形,通常是由法律所明确的,也有一些是由惯例所决定的,如在没有国徽使用管理制度的国家,惯例也是不允许悬挂破损的国徽,或者将国徽置于可能有损国徽尊严的情形。国徽的禁止使用情形通常具有公开性。只有公开地采取不适当的行为,才是法律所禁止的。对于向公众开放,但不属于公共领域的一部分(如教堂、咖啡馆等),也视为具有公开性。

违反国徽法律规定的行为,无论是言辞还是行为,通常会受到公众的谴责、法律的制裁。对国徽的不尊重或蔑视将根据违法行为的严重程度受到不同程度的制裁。如果以营利或者侮辱为目的,罚款和拘禁的概率可能会增加。此外,各国法律中一般要求国徽不得用于注册包括商标、外观设计、专利等知识产权,该内容已经在总则阐述,不再赘述。

二、禁止使用的基本情形

根据各国法律规定情况以及实践总结,国徽通常被禁止使用在以下情形。

(一)以不适当方式使用

使用破损、污损或者不合规格的国徽有损国徽的尊严。2015 年 6 月,白俄罗斯议会两院通过关于修改 2004 年《国家象征法》修正案。修正案规定,不允许升挂或者使用损坏的国旗;已经毁损的国旗必须销毁。白俄罗斯宪法法院认为,该规定与国旗的宪法法律地位相对应,这是白俄罗斯共和国作为主权国家的象征(《白俄罗斯宪法》第十九条)。禁止使用损坏的国旗的目的是在国家工作人员和公民中发展对国家象征的尊重。在这方面,宪法法院提请立法机构和执法机关注意以下事实:在确定销毁损坏的国旗程序时,以及在将来采取适当措施销毁国旗时,必须充分尊重国旗。[①] 我国国徽法第十四条也规定不得悬挂破损、污损或者不合规格的国徽。

(二)用于不适当用途

一是不得用于其他徽章、纹章。国徽图案不得用于个人和其他组织的纹章、徽章。例如,《俄罗斯国徽法》规定,俄罗斯联邦主体、市政机关、任何所有权形式的社会团体、企业、机构和组织徽章(纹章标志),不得与俄罗斯联邦国徽相同。俄罗斯联邦国徽不得用作俄罗斯联邦主体、市政机关、社会团体、企业、机构和组织徽章的纹样基础(纹章标志)。在我国,考虑一些国家机关和武装力量已将国徽图案作为核心图案,并获得广泛认同,2020 年国徽法修改,增加规定"国家机关和武装力量的徽章可以将国徽图案作为核心图案"。

二是不得用于商标、授予专利权的外观设计、商业广告。我国国徽法第十三条中规定,国徽及其图案不得用于商标、授予专利权的外观设计、商业广告。在理解和运用本规定上和国旗及其图案不得用于商标、授予专利权的外观设计、商业广告的原理和实践是一致的。

(三)用于不适当的场合

国徽通常由国家机构及其公职人员在官方场合使用。如果出现带有国徽图案的物品,往往被认为属于国家机构或者得到其认可。在使用国徽及其图案时,不得让人误以为代表国家或者政府的情形。例如,《阿曼国旗国徽国歌法》规定,禁止将国徽用作商标、广告或商业宣传,并禁止在未经贸易和工业部长事先批准的情况下,用于在当地生产或制造的首饰、产品或工具上,或进口其中任何一种。未经部长批准,不得在商店展示或销售违反本条规定制造的国徽。国徽及其图案也不得用于损害国徽尊严的其他场合,如巴拿马明确规定,禁止在酒吧、夜总会、舞厅、赌博场所、淫秽场所和其他类似场所使用。

在任何情况下,上述规定的保护都应适用于国徽使用的所有情形,无论是单独放置还是与任何标志、图画、形状或图像一起放置,或并入其中的任何组成部分。上述保护制度还适用于政府机构、军事和安全机构批准的标志、徽章和符号,只要国徽是其徽章组成的一部分。

三、禁止使用的例外情形

实践中,有意见提出,基于特定需要,例如影视剧拍摄、教学模拟法庭等,经

---

① 参见白俄罗斯宪法法院网站:http://www.kc.gov.by/document-40273.

有关部门批准,可以使用国徽及图案,理由是国徽图案的创意属于国家意志,不属于私人的智力成果,不能设定知识产权,也不能用于私人主体营利。但是对于一些影视剧的拍摄要涉及国徽,教学模拟法庭也涉及国徽,对于这些正常的工作需要,应当向有关部门提出申请,经过批准就可以。

【案例】奥地利公民篡改国徽图案案件①

《奥地利国徽法》第七条规定,在不被误解得到政府机构授权或不损害奥地利共和国声誉的情况下,可以使用国徽图案。第八条规定,以伪造获得政府授权或者损害奥地利共和国声誉的方式使用国徽图案的,处以最高3600欧元罚款。2007年10月,"倡议奥地利"的发起人奥地利公民克莱默为响应在奥地利举行的2008年欧洲足球杯,出售印有国徽图案的T恤。T恤图案将国徽图案中鹰头的部分换成了足球,改变国徽图案的内容。克莱默的行为被地方政府认为对奥地利形象造成损害,被起诉至当地治安法院。

克莱默认为,为表示对奥地利体育赛事的支持,同时作为表达爱国感情的方式,公民有权穿印有国徽图案的球衣,公民也可以销售相关球衣。政府当局对使用国徽图案导致奥地利形象受到损害的判断是不充分和武断的,将该行为认定有罪将侵犯公民的言论自由权和新闻出版自由权。

2008年克莱默所在地治安法院、州行政法院均裁定克莱默先生有罪。法院认为,通常情况下,人们可能因为身着改变国徽图案的衣服而感到受辱。根据克莱默之前的观点,该倡议的目的是引发一场关于奥地利足球及其衰落的辩论,并且要实现这一目标,即奥地利足球协会自愿从2008年欧洲杯中撤出奥地利国家队,这也证明了克莱默篡改国徽图案是为了侮辱奥地利。克莱默修改的国徽图案的行为违反了国徽法,损害了奥地利国徽的声誉,并被罚款1500欧元。

奥地利宪法法院认为,虽然根据独立第三方调查,将国徽图案中的鹰头替换为足球,一般认为是构成对国徽的侮辱。每个人都有表达意见的自由,言论自由权也正是基于对权力批评的特殊保护而产生的。提出实质性、必要批评的可能性是民主社会言论自由必不可缺的内容。应当指出的是,克莱默批评的对象是国家足球队,不是奥地利共和国,不构成对国徽所代表的奥地利国家的侮辱。将克莱默篡改国徽图案的行为视为犯罪侵犯了《奥地利宪法》《欧洲人权公约》保障的言论自由权。

---

① Verfassungsgerichtshof Judenplatz 11, 1010 Wien B 367/09-6. https://www.vfgh.gv.at/downloads/VfGH_B_367-09_-_wappen_freiheit_der_meinungsaeusserung.pdf.

第四章 国徽的使用规则

国徽是国家重要的视觉标识,也是官方文件中的主要标识。国徽必须一致且正确地应用,以保持国家识别系统的统一。为维护国徽作为国家象征的尊严,需要在显著的位置悬挂、使用国徽。

一、国徽实物的使用规则

国徽实物的通常使用情形是用于悬挂国家机构建筑物上,对于如何悬挂已经形成了固定的规则。

(一)单独悬挂规则

单独悬挂使用时,国徽位于建筑物正面或者正门上方。例如,《俄罗斯国徽法》明确,国徽悬挂于国家机构官邸、办公楼建筑物的正面。《澳大利亚国徽信息和准则》规定,国徽应悬挂于联邦政府部门或机构建筑物的正面显著位置。国徽也可以在室内悬挂。当国徽悬挂于建筑物正面位置,构成建筑物主要组成部分时,建筑物应当为国徽留出适当空间。新中国成立初期,我国就对国徽悬挂的规则作了规定,国徽应当悬挂于机关正门上方正中处。我国1991年国徽法规定,"国徽应当悬挂在机关正门上方正中处"。

多个机关在同一办公场所的,仅悬挂1枚国徽。我国国徽法第四条、第五条规定了多个应当悬挂国徽的机构、场所,在地方一些国家机关可能在同一个办公场所的,仅需要悬挂1枚国徽。1981年4月8日,国务院办公厅印发《关于各省、自治区、直辖市人民政府外事办公室悬挂国徽问题的通知》明确,"各省、自治区、直辖市人民政府外事办公室如单独办公,可以挂国徽和外办名称的牌子;如与政府一起办公,则可以不单独悬挂"。

(二)同时悬挂规则

当国徽与其他徽章并列使用时,其他徽章不得超过国徽图案大小、国徽不得在其他徽章之下等。国徽的位置,应当按照法律规定或者习惯确定的先后顺序进行摆放。例如,《俄罗斯国徽法》第九条规定,同时放置俄罗斯联邦国徽和俄罗斯联邦组成实体、市政单位、公共协会或企业、机构或组织的徽章(纹章),

如果面对的话,俄罗斯联邦国徽位于另一枚徽章(纹章)的左侧;当同时放置奇数个徽章(纹章符号)时,俄罗斯联邦国徽位于中央,而当偶数个徽章(但不止两个)时则位于中心左侧。同时放置俄罗斯联邦国徽和其他徽章(纹章标志)时,俄罗斯联邦、市政机构、公共协会或企业,机构或组织的组成实体的徽章(纹章标志)的大小不得超过俄罗斯联邦国徽的大小,而俄罗斯联邦国徽不能放置在其他徽章下方(纹章符号)。

在我国,通常悬挂国徽时不能与其他徽章并列悬挂。2018 年最高人民法院《关于规范法院文化标识和文化环境布设工作的通知》对于禁止与国徽并列的情形作了规定,"严格按照规定正确使用国徽法徽。各级人民法院在机关正门上方正中处、审判法庭内的显著位置,应统一悬挂国徽,不得悬挂法徽,不得将国徽和法徽并列悬挂"。

基于国徽图案的特殊性,我国国徽法对使用国徽图案时需要遵循的规则作了进一步规定,使用国徽图案时要确保国徽图案处于显著位置。我国国徽法第七条第一款规定,本法第六条规定的机构应当在其网站首页显著位置使用国徽图案。在我国实践中,每年全国人民代表大会会议、中国人民政治协商会议召开时(即全国两会期间),网络、电视等新闻媒体渠道在报道两会新闻时,常常将国徽、政协会徽并列,出现在网页或者电视画面中。对此引起一些质疑,认为将国徽与其他徽章旗帜并列不妥。在 1959 年 4 月,全国政协三届一次会议在北京和二届全国人大一次会议首次同时召开,全体委员列席二届全国人大一次会议。从此,全国政协和全国人大全体会议每年都在相同时段召开,成了一种政治惯例。由于全国人大没有单独的徽章,全国政协有自己的会徽。在全国人大、全国政协分别在人民大会堂举行全体大会时,会场正中间位置分别悬挂国徽、政协会徽。但是实际上,国徽、政协会徽在会议场所并不同时悬挂,只有在新闻宣传,特别是网络中应用得较为普遍。按照我国宪法,中国人民政治协商会议是有广泛代表性的统一战线组织,是中国共产党领导的多党合作和政治协商的重要机构。政协会徽代表政协,而国徽是国家象征和标志。政协会徽和国徽所代表的对象具有不同的性质和地位,且国徽具有更高地位,将两者并列是不妥当的。如果必须将国徽与其他图案并列,按照国际上的惯例,应当突出国徽图案的优先地位,国徽图案出于优越地位,或者国徽图案较其他图案稍大等。

二、国徽图案的使用规则

使用国徽图案,需要突出国徽的尊严。使用国徽图案时,应当尊重使用国徽实物同样的规则。对于国徽图案,有的国家作了简单文字描述,有的国家法律、法令刊载了具体图案。在符合批准的国徽描述和法律所附国徽图案以及相关参数范围内,允许进行各种艺术和设计解释。但是,有一些规定需要严格遵守:不遵守规定而制作的国徽图像可被视为不符合法律的图像,如果将其投入官方使用,可按规定方式起诉。使用国徽图案时应当遵守以下规则:

一是符合法定颜色。国徽的颜色必须符合宪法、法律的描述。国徽可以用单色版本(一种颜色轮廓)或彩色版本来描绘。在后一种情况下,必须严格遵守所有既定颜色:为纹章图像添加描述中未指明的颜色也是不可接受的。一些国家规定根据使用材质的不同,可以作出特别规定,如俄罗斯规定,只允许用法律规定的颜色进行单色调色。

二是准确描述国徽内的图案形状。例如,俄罗斯规定,国徽的图像不得与法律规定的描述相抵触:鹰胸前的骑手必须呈现骑马状态,而不是奔跑状态。骑手的运动方向不得改变。

第五章 法律责任

一、行政法律责任

国家机构对于国徽的管理具有相应的法律责任。违反法律要求使用国徽以及侮辱国徽的,将根据法律承担责任。例如,《俄罗斯国徽法》第十一条规定,违反本联邦宪法性法律使用俄罗斯联邦国徽,以及侮辱俄罗斯联邦国徽的,依俄罗斯联邦法律追究责任。《俄罗斯行政违法法典》第17.10条规定,违反俄罗斯联邦国家象征官方使用程序。违反官方使用俄罗斯联邦国旗、俄罗斯联邦国徽或俄罗斯联邦国歌的程序,对公民处以2000—3000卢布的行政罚款;对于官员处以从5000—7000卢布;对于法人处以从10万—15万卢布。此类行政违法行为可能包括公民、官员或机构违反法律规定使用国家象征的行为,也可能包括其他相关行为。一般而言,涉及国徽承担行政法律责任的类型主要有以下两种:

一是违反法定程序承担行政法律责任。违反国徽正式使用程序的行为被视为行政违法。普通公民及社会组织不仅不得直接使用国徽图像,还不得使用其他容易混淆的相似图像。如果法律及传统是这样,国家机关就有义务保障其使用的合法性、合理性。不允许在法律未规定的文件上放置国徽。考虑国家是国家象征的唯一正式使用者和权力的承担者,在个人的通信中非法放置国家象征是违反国家象征使用程序的,这需要根据行政相关法律规定承担相应的行政责任。

因国徽的使用、管理承担行政法律责任,不仅仅涉及国徽主管部门,还涉及使用、管理国徽的所有国家机构。对于因国家机构监管存在不当、违法的,应当给予相关国家机构负责人、直接管理人员行政处分(包括警告、记过、记大过、降级、撤职、开除等)。国家机构负责人及直接管理人员承担行政法律责任的前提是:每个国家机构享有使用国徽的权力,每个国家机构在使用国徽时都有责任遵守在特定范围内使用的规定,具体而言,包括以下几个方面:(1)监管本部门国徽(印有国徽图案的证书、证件等)的使用;(2)监管特定范围内本领域涉及国徽使用的活动,确保适当使用国徽,采取预防欺诈的措施;(3)有责任确保管理服务对象熟悉本领域国徽使用的政策。正是因为有上述职责的存在,每个国家机构的相关负责人、直接管理人可能会因为违反法定程序承担相应的行政法律责任。

二是不尊重、不适当使用国徽承担行政法律责任。不尊重国徽的行为,有的被认为属于对政府采取特定措施的抗议;有的被认为是不了解国徽相关法律疏忽导致的。涉及不尊重、不适当使用国徽的行为,主要是承担行政处罚。行政责任特别体现在罚款、剥夺资格等措施中。行政处罚可能是由法律赋予该权力的警察机关、法院所采取的。

在我国民国时期,行政处罚相关法律规定了涉及国徽的法律责任,1943 年《违警罚法》第五十七条中规定,亵渎国章(即国徽),尚非故意者,处三十元以下罚锾。

二、刑事法律责任

批评国家机构是对国家机构活动的一种评价,可以促进国家机构根据实际情况对其行为进行必要的调整。然而,有一些批评以不可接受、不负责任的形式对国家象征进行不适当的批评,就可能构成侮辱国家的行为,应当为此承担刑事责任。

(一)侮辱国徽罪的构成要件

对于侮辱国家象征的犯罪,按照犯罪构成要件分析,主要内容如下:

一是犯罪主体。犯罪主体是指实施犯罪行为依法应当负刑事责任的自然人和单位。对于侮辱国徽罪而言,一般是指达到刑事责任年龄的自然人。

二是犯罪主观方面。犯罪的主观方面一般是指犯罪主体对其实施的犯罪行为及其结果所具有的心理状态。侮辱国徽罪的主观方面包括直接意图。"即行为人在主观上必须有侮辱国旗、国徽的故意,过失不构成本罪。至于行为人动机是为了发泄不满,还是为了出风头、炫耀,均不影响本罪成立。"[1]个人意识到其所做事情的公共危险性,意识到其实施了侮辱国徽的意图,即行为人知道自己行为的性质和后果,并承认自己有罪。一般而言,侮辱国徽罪的直接目的是侮辱国家。如果行为人在涉及国徽的行为中,有其他的目的,可能不构成侮辱国徽罪。如果公开亵渎国徽,并伴有严重违反公共秩序的行为,涉及的罪名可以并处。

三是犯罪客体。侵犯的客体是国家象征的尊严。涉及其他国家的标志、其他主体的标志和纹章有关的行为不属于刑法侮辱国徽罪保护的范围。国徽作

---

[1] 周道鸾、张军主编:《刑法罪名精释》(第四版)(下册),人民法院出版社 2013 年版,第 744 页。

为国家象征的地位一般由宪法确定,国徽的使用、管理等由相关法律决定。侮辱国徽的公共危险在于该罪行侵犯了整个国家的权威和尊严。

四是犯罪客观方面。犯罪的客观方面是犯罪行为的具体表现。犯罪事实客观方面的特点是实施构成对所述对象的滥用行为(实施侮辱、嘲弄行为,亵渎所述国家标志表现为各种形式,例如:撕毁、踩踏;扔泥巴、倒泔水、吐口水;涂画嘲弄性的题词或图画,扭曲国徽意义的图像,以任何手段损坏或破坏;等等)。

(二)侮辱国徽的行为

在我国民国时期,对侮辱国徽的行为有了相关规定。1928 年《中华民国刑法》第一百六十七条规定,"意图侮辱民国,公然损坏、除去或污辱民国之国旗国章者,处一年以下有期徒刑、拘役或三百元以下罚金"。对于上述三种行为,通常的解释为:"损坏者,侵害物体之谓,如焚毁破灭使物失其效用或竟消灭之是也"。"除去者,去其现在场所之谓,不分距离远近,如升挂使馆门首或商店之国旗,取而弃之于地或移置他所皆是。""侮辱者,以不洁变更现在外观使形色丑恶之谓,如以颜料涂抹,掩其本色花样而尚能辨认者为污辱。已至不能辨认,则为损坏也。""三者有其一,即成立犯罪也。"[1] 在当前,一般认为,侮辱国徽的行为应是严重嘲弄、侮辱国徽的行为,即采取破坏、损害、涂划和其他不适当的方式对待国徽。这些行为都具有公开的表现。从实施任何侮辱国徽的行为开始,无论后果如何,一旦实施就符合犯罪的条件。

"侮辱"通常是指对他人、事物的荣誉和尊严的侮辱,其表现形式是违反普遍接受的道德和伦理规范。国徽涉及权威、荣誉和尊严,侮辱国徽的危害在于以违反普遍接受的规范破坏国家的权威。公开侮辱的行为方式包括:(1)以口头陈述的形式,包括对侮辱对象非常负面的描述(淫秽的短语,带有明显负面、冒犯性含义的词)。(2)书面形式(除了文字,还可以是图像)。(3)动作(撕毁、吐口水、践踏等)。

侮辱国徽的行为,如果是在公共场合实施的,或其行为的结果对他人来说是显而易见的,就可以属于公开的行为。"公开"需要限定在特定范围,主要是公众场合。公众场合,是指除行为人以外,在三人或众人在场的情况下对国旗国徽进行公开侮辱。[2] 在互联网上侮辱国徽是公开的,因为网络资源通常是免费开放的,而且是对社会各界开放。所以如果在网络中侮辱国徽,也视为在公开场合侮辱国徽。

---

[1]　江镇三编:《刑法各论》,上海华通书局 1930 年版,第 50 页。
[2]　刘德法:《试论侮辱国旗国徽罪》,载《河北法学》1990 年第 6 期,第 26 页。

分 论 二

双重性质国家象征

国名、国家元首、首都、国庆节具有双重性质,首要功能是发挥其本身性质所应具有的功能:国名是国家的官方名称,指代国家;国家元首是一个国家实质上或者形式上对内对外的最高代表,行使一定国家权力;首都是中央国家机构所在地;国庆节是庆祝新国家、新政权诞生的节日。同时,国名、国家元首、首都、国庆节也具有国家象征功能,是主权国家的象征,展现国家形象,体现国家凝聚力、发挥国家号召力、促进国家影响力。为了维护国家的尊严,国家通过宪法和法律确立运用、使用这些国家象征的制度,促进了国家象征的规范化、神圣化。

第六编

双重性质国家象征的制度与规范

第一章 国 名

第一节 国名的象征功能

国名是日常使用以代表国家的称谓,同时也是国家的象征。但是一直以来对于国名的起源、功能等缺乏有效的公法意义上的分析,为了加强作为国家象征的国名的法律保护,需要探清国名的象征来源、功能等。

一、国名的象征来源

国名即国家的名称。国名与我国古代的国号有所不同。"国号,顾名思义即国家的称号"[①]。国号有双重含义,在时间维度上,国号就是古代的朝代名;在地理维度上,国号是对在特定地域国家的称呼。在我国,国号有特定含义,而国家名称是法学较为通用的术语。

在我国,国号有着丰富的内涵。国号是家天下——某一姓帝王家族拥有国家最高统治权的标志。"国号者,从来就是家天下的标志,而且逐渐成为天命所钟、历数所在、万民拥戴的象征,乃至国家政治文化的符号。"[②]国号是伴随着我国古代国家观念的形成才出现的。《史记·五帝本纪》:"自黄帝至舜、禹,皆同姓而异其国号,以章明德。"这里"国号"是部落或部落联盟的名称。部落或者部落联盟逐渐演变成国家的起源。国号"夏",正是中国历史上的第一个可信国号。随后,几千年内,改朝换代时,国号更替也成为国家历史的重要组成部分。对内,国号可以称之为朝代的变更,而对外,国号指称特殊区域时,在国外可能长期使用。

国名具有特定的象征意义。国名的象征取义各不相同,有着具体的文化背景、历史传统、地理特征、英雄人物等原因。许多国名的真实历史往往笼罩在神秘之中——起源有好几个版本,每个版本都有一定合理的解释。一是地理特

---

① 胡阿祥:《吾国与吾名:中国历代国号与古今名称研究》,江苏人民出版社 2018 年版,第 7 页。

② 胡阿祥:《吾国与吾名:中国历代国号与古今名称研究》,江苏人民出版社 2018 年版,第 7 页。

征,如国名源于当地山水名的情况也屡见不鲜。例如,哥斯达黎加名字背后的意思是"丰富的海岸"。二是地理位置。一些国家的名称来自描述国家所在地区的词语。例如,奥地利的名字源于古德语"Ostarrichi",即"东方国家"——该州位于法兰克帝国的东部。朝鲜民主主义人民共和国的国名简称"朝鲜",寓意为"朝日鲜明之国"。这个名称是相对于我国而言,也表明了地理位置。三是古代神话。很多国家名称有时与古代神话、传统和传说相呼应,如希腊国家的名称源于古希腊神话中古希腊祖先的名称。

对于国家名称的构成,有学者依据国名中全称与简称的关系分为三类。一是国家名称全称是正式国名,国家名称缩写是日常用名。世界上有 165 个国家采用这种模式。国家名称全称的组成要素包括:(1)表示国家的形式,或所谓的国家形式的政府。例如,共和制或君主制。(2)指所谓的国家结构,通常表示国家统一的程度或水平,也可以体现在公法中。例如,单一制国家、联邦、邦联、联盟等。(3)两者都采用。例如,联邦或联合共和国、联合王国等。(4)用一个看似中立的术语来表达一个集体的、政治一致性的机构类型。例如,使用"国家"或者"联邦"。(5)用政治、宗教或种族因素的术语。例如,社会主义、民主或人民、伊斯兰、阿拉伯、东方或玻利瓦尔、合作、多民族或独立。二是仅存在国家名称全称是国名,不存在缩写,共 3 个国家,包括多米尼加共和国、中非共和国和阿拉伯联合酋长国。三是特别国家名称,是指原国家分裂,为了与分裂后另一个国家所区分,带有方位的国家名称,如北爱尔兰等。①

上述国家名称命名是在没有国家条约、国际惯例等国际法背景下,随着国家间国际关系越来越系统化、频繁化,最终稳定的情况下,借鉴以往经验,依存本国的政治、法律和文化决定因素,慢慢发展起来的。

此外,国家名称的一个重要属性就是随着时代的变化而变化。王世杰、钱端升认为"表示国家这种组织的名称是随时代而异的""表示国家的名词,其字义亦往往与当时政治组织的特点相应"②。笔者认为,这种理解是基于从历史的维度,国家名称中国家形式、国家结构在每个时代有所不同而产生的。

二、国名象征功能的具体体现

对于国名的功能,很多学者进行了阐释,匈牙利公法学者 Péter Takács 在《基于国名和国家名称中公法部分的国家命名系统》一文中认为,国家的名称可以发挥以下主要功能:(1)指代;(2)识别;(3)描述;(4)调用;(5)提供或撤回

---

① Peter Takács, *On the Names of States: Naming System of States Based on the Country Names and on the Public Law Components of State Titles.* German Law Journal, Vol. 21:6, pp. 1257-1282 (2020).

② 王世杰、钱端升:《比较宪法》,商务印书馆 2010 年版,第 35 页。

信息(狭义的沟通);(6)代表;(7)纪念和提醒;(8)合法化;(9)身份创造或身份保护。[①] 上述对于国名功能概括比较全面,但是存在重合。从整体上看,国名作为国家象征的功能,主要体现在以下方面。

(一)国名具有对外代表的功能

国名常常用于国际交往中,用以区分彼此。同时,在国际中,国名具有一种"原产国效应":地名的力量能够显性或隐性地增加产品和服务的吸引力,从而可以创造价值为商品和服务提供溢价并激发客户对它们的忠诚度。[②] 国家名称还有另一个并不总是被实现的功能,称之为"领土主义",如称某地属于某个国名(或者历史上属于当前国名或者历史国名)——占有领土的功能,强调特定人民对领土的占有。

在国际法上,没有关于如何命名国家的条约、协定等。国际法对国家对其名称的权利和义务没有任何规定。实践中,通常是各国将其名称的任何更改通知联合国其他国家。

(二)国名具有对内凝聚人心的功能

国名的一个重要功能是在特定领土内的人口构建一个有凝聚力的地理范围。每个国家的名称都包含有关其特征、文化、人民和独特传统等信息,具有爱国、历史和道德意义。大多数国家名称的历史都植根于古代,反映了特定国家及其居民的独特命运。例如,自古以来,我国人民认为中华大地在天下之中,因此称为中国。在很大程度上,国名也有助于增强人民的自豪感、自信心。

(三)国名具有政治合法化的功能

新政权或者新国家成立后,虽然国家的简称不一定修改,但却总是试图在宪法、法律中重新命名国家的名称,即全称。这种国家名称全称用于新政权,使其区别于之前的政权,能彰显该政权取得合法性。同时,"国家的名称不仅具有指定性或描述性,而且还具有合法化和创造身份的功能,或者至少是强化身份

---

① Peter Takács, *Renaming States—A Case Study*: *Changing the Name of the Hungarian State in* 2011. *Its Background*, *Reasons*, *and Aftermath*. International Journal for the Semiotics of Law-Revue internationale de Sémiotique juridique. Vol. 33, pp. 899-927 (2020).

② Simon Anholt, "Three Interlinking Concepts: Intellectual Property, Nation Branding and Economic Development", paper delivered at WIPO International Seminar on Intellectual Property and Development, May 2005, p. 2, available at https://www.wipo.int/edocs/mdocs/mdocs/en/isipd_05/isipd_05_www_103990.pdf(accessed August 7, 2019). See also Proposal by the Delegation of Peru, SCT/39/9.

的功能"①。例如,1991 年 11 月 20 日,马其顿正式宣布独立国名为"马其顿共和国"后,希腊一直对其提出异议。希腊方面认为古马其顿人为古希腊人的一支,古马其顿王国属于希腊历史。马其顿共和国方面则宣称自己是马其顿王国和马其顿社会主义共和国的继承者,因此坚持使用"马其顿"这一国名。2018 年 6 月 12 日,北马其顿、希腊两国总理宣布就国名问题达成协议;2019 年 1 月 11 日,马其顿议会通过宪法修正案,将国名改为"北马其顿共和国"。北马其顿在两千年前有短暂的历史,曾崛起和辉煌,但是通过争夺国家名称,既能够表明自己悠久的历史文化,也能够强化其作为独立国家、独立政权的合法性。

第二节　国外国名立法

国名是一国最简洁、最常用的指代,也是一国宝贵的无形资产,国家可以利用国名获取经济和文化利益。滥用国名,可能会被误导为与该国或其政府有联系或从属关系。因此,各国无论是在宪法中,还是法律中必须对国家的名称进行规范和保护。

一、国名宪法化的比较

成文宪法国家的宪法一般都在"宪法"的前面加上"国名",但并不是每一部宪法都明确规定国家的名称具体是什么,也有很多国家宪法在国家性质中明确了国家名称。例如,《德国基本法》第二十条规定,德意志联邦共和国是民主的和社会福利的联邦制国家。《摩尔多瓦宪法》第一条规定,摩尔多瓦共和国是主权的、独立的、统一的和不可分割的国家。

据统计,在各国宪法中,俄罗斯、印度、爱尔兰等 28 个国家专门规定了国家的名称。通常情况下,上述国家宪法对于国名的规范通常如下:"我国"的国家名称是"具体国名",如匈牙利、爱尔兰等国家。宪法中对于国名的规范主要包括以下三种类型:

一是规定国家名称全称。上述国家中大部分规定国家名称的全称。《巴布亚新几内亚宪法》第一条规定,巴布亚新几内亚是名称为巴布亚新几内亚独立国的自主、独立的国家。《埃塞俄比亚宪法》第一条规定,本宪法建立了一个联邦和民主国家的结构。因此,埃塞俄比亚国家的全称应是埃塞俄比亚联邦民主共和国。

---

① Peter Takács, *On the Names of States: Naming System of States Based on the Country Names and on the Public Law Components of State Titles.* German Law Journal, Vol. 21:6, p. 1257-1282 (2020).

《南苏丹宪法》第一条规定,南苏丹是一个主权独立的共和国,其全称为南苏丹共和国。在国家名称的全称中往往明确国家的国体,如"共和国""民主国"等。

二是规定国家名称的简称。少数国家在宪法中规定了国名的简称。例如,《俄罗斯宪法》第一条规定,俄罗斯联邦和俄罗斯两个国名的意义相同。《巴基斯坦宪法》第一条第一款规定,巴基斯坦是联邦共和国,全称为巴基斯坦伊斯兰共和国,以下简称巴基斯坦。《哈萨克斯坦宪法》第二条中规定,哈萨克斯坦共和国和哈萨克斯坦两个国名的意义相同。

三是规定国家名称的外文名称。例如,《爱尔兰宪法》第四条规定,国家的名称为"爱尔兰"(Eire),即英语里的"爱尔兰"(Ireland)。《马来西亚宪法》第一条规定,本联邦在马来语和英语中皆称为马来西亚。

此外,个别国家宪法提及了本国的历史名称。《阿根廷宪法》第三十五条规定,自 1810 年至今,阿根廷使用的国名先后有拉普拉塔联合省、阿根廷共和国、阿根廷联邦。今后"阿根廷国家"是阿根廷政府和各省在制定和批准法律时统一使用的正式名称。

二、国家命名的法律规范

"国名"概念涵盖一个国家的简称或常用名称,还可能包括该国的官方名称、历史名称,名称的翻译和音译以及名称的缩写形式和形容词。国家名称的命名通常是在新国家成立之初或者新政权成立之初确定的。正式确定国家名称通常是通过宪法法律、法令,国家名称的正式名称及不同形式可以由不同层级的规范确定:一是宪法或者宪法性文件中正式确定国家名称,如《安道尔宪法》《以色列基本法》对于国名作了明确规定。二是宪法或者宪法性文件、法律中确定国家名称的简写。三是法律法规、规范性文件中使用国家名称的历史称谓。

1990 年 3 月 11 日,《立陶宛共和国关于国家名称和国徽的决定》[①]明确,立陶宛最高委员会进入了一个恢复独立国家的生活,官方名称和标志具有重要的精神和政治含义,出于立陶宛公民—选民的意愿所赋予的权力,立陶宛最高委员会特此决定,立陶宛最高苏维埃应在《立陶宛宪法》和其他法律规范性文件中使用国家的单一官方名称"立陶宛共和国",在简称和复合名称中使用"立陶宛""列托沃斯"。

1991 年 12 月 25 日,俄罗斯联邦总统鲍里斯·叶利钦签署法律案《俄罗斯苏维埃联邦社会主义共和国关于改变俄罗斯苏维埃联邦社会主义共和国名称的决定》,其内容是俄罗斯联邦最高苏维埃决定:(1)俄罗斯苏维埃联邦社会主

---

① 参见:Dėl Valstybės pavadinimo ir herbo, https://www.e-tar.lt/portal/lt/legalAct/TAR.08CD4C01694F.

义共和国的国家今后将称为俄罗斯联邦(俄罗斯)。(2)"俄罗斯联邦"这一名称应在官方法案和其他文件中使用,在国家标志的文本中使用,也在国家机构的名称、其印章、邮票、空白处使用。(3)在 1992 年期间允许在官方文件(信笺、印章和邮票)中使用以前的名称"俄罗斯苏维埃联邦社会主义共和国"和"RSF-SR"。(4)向俄罗斯苏维埃联邦社会主义共和国人民代表大会提交"关于俄罗斯苏维埃联邦社会主义共和国宪法(基本法)修正案和与俄罗斯苏维埃联邦社会主义共和国更名有关的俄罗斯苏维埃联邦社会主义共和国国家主权宣言"的法律草案,以供批准。(5)本法自颁布之日起生效。①

三、国名的法律保护

国名是国家的重要形象,也是国家的象征。在实践中,通常涉及商业活动中对于国名的滥用。因此,在商业领域中相关法律需要对国名予以特别保护,明确禁止行为,并且规定相关的法律责任。

1. 禁止将国名用于商业用途

国家的遗产、历史和文化可以转化为国家的正面国家形象。从知识产权和发展的角度来看,国名可以成为强大的品牌。这对于全球形象可能受到国际媒体偏见、公众无知和基于过去负面看法的发展中国家来说尤为重要。国名通常被看作国家品牌的一部分,是宝贵的无形文化和经济资产,如果没有受到国际知识产权制度的充分保护,很容易受到盗用和剥削。很多国家在知识产权领域,对国名进行了明确保护。

商标是促进、识别和开发商业活动的有效工具。商标的基本功能是将一个企业的商品或服务与另一个企业区分开来。大部分国家通常拒绝企业将国名注册为商标。实践中,拒绝将国名注册为商标主要有三个理由:(1)法律已经明确将由地名组成的标记排除在商标注册之外,国名自然不能例外,如阿根廷、柬埔寨、中国、塞尔维亚和委内瑞拉;(2)《保护工业产权巴黎公约》规定,将那些在贸易中可用于指定商品或服务的地理来源的标志或指示排除在商标注册之外。(3)使用国名的商标会产生误导性、欺骗性或虚假。如果商品和服务与使用国名的国家明显没有联系,就会出现这种情况。这一理由在澳大利亚、欧盟和美国等国被使用。②

---

① 参见俄罗斯法律数据库:http://pravo.gov.ru/proxy/ips/? docbody = &link_id = 6&nd = 102013769.

② Wend Wendland, The Protection of Country Names and its Contribution to Development: A Brief Introduction to the Intellectual Property Issues, IP Unit(Oct. 1, 2022), https://ip-unit.org/2019/multilateral-matters-5-the-protection-of-country-names-and-its-contribution-to-development-a-brief-introduction-to-the-intellectual-property-issues/.

还有一些国家,为了积极开展国家品牌建设、促进出口贸易等,在一些领域允许相关企业注册带有国名的商标。

在欧洲国家安道尔,《安道尔国家标志使用法》第二条第一款规定,在安道尔境内,未经主管当局授权,禁止任何使用国家名称作为产品或服务的商标,或作为商标的一个元素,以及对国家名称的任何模仿,甚至是部分模仿。第二条第二款规定,未经主管当局授权,禁止在商业活动中使用国家名称,或对国家名称进行模仿。如果使用具有误导公众关于产品或服务来源的性质,则在任何情况下都不能获得授权。第二条第五款规定,未经安道尔主管当局授权,禁止使用安道尔公国的名称或名称的缩写形式。第三条第一款规定,违反第二条规定的禁止条款构成行政违法行为,政府将主动或应安道尔公国任何主管当局的提议,对违法者实施以下制裁:(1)罚款 10 万西班牙比塞塔。(2)有义务在 15 天内向公众收回那些不符合禁令的标志。

在亚洲国家印度,《印度标志和名称(防止不当使用)法》禁止在未经中央政府或中央政府指定的任何机构事先许可的情况下,为任何贸易、商业、职业或专业的目的,在任何专利的名称中,或在任何商标或设计中使用附表中规定的任何名称或标志,或对其进行任何有损形象的模仿。附表中明确的名称包括印度共和国、印度联盟。该法同时规定,任何主管部门不得:(1)注册带有附表列明的名称的公司、商行或其他团体;或(2)注册带有任何标志或名称的商标或设计;或(3)就带有任何标志或名称的发明授予专利。对违反该法规定的行为,可处以最高 500 卢比的罚款。对任何根据本法应受惩罚的罪行进行起诉之前,必须事先得到中央政府的批准。

在非洲国家马拉维,《马拉维受保护旗帜、徽章和名称法》明确保护的名称除了"马拉维"之外,还包括"国家""共和国"两个与国名直接相关的名称。[①]《马拉维受保护旗帜、徽章和名称法》对于国名的主要规定是未经许可,不得用于贸易、专利等商业用途。《马拉维受保护旗帜、徽章和名称法》第五条规定,除非得到部长的书面许可,否则任何人不得:(1)使用或允许使用任何受保护的标志、受保护的名称、受保护的肖像或受保护的颜色,以便与任何贸易、商业、工作或职业相关或者促进其发展。(2)使用或展示,或允许使用或展示任何受保护的徽章、受保护的名称、受保护的肖像或受保护的颜色,作为任何贸易、商业、职业的广告。(3)在任何专利的名称或任何商标或设计中使用任何受保护的标志、受保护的名称、受保护的肖像或受保护的颜色。(4)制造、进口、出售、要约出售、为出售而展示、为出售而拥有或意图出售或发布任何属于或带有任何受

---

① Malawi Protected Flag, Emblems and Names Act, MalawiLII (Oct. 1, 2022), https://malawilii.org/akn/mw/act/1967/10/eng%402014-12-31.

保护的徽章、受保护的名称、受保护的肖像或受保护的颜色的物品、事物、物质，或在其上或就其使用任何标题、商标或设计而违反第 3 项中的任何物品、事物、物质。(5)作为出售任何物品、事物、物质或任何服务的任何抵押协议或附属协议的条款或条件，或在与之相关的情况下，捐赠、赠送、赐予或给予任何其他属于、代表、意图代表或能够代表任何受保护徽记、受保护名称、受保护肖像或受保护色彩的物品、事物、物质。上述规定不适用于或被视为适用于发布任何善意的新闻(无论是在报纸上还是通过任何其他媒介)，或在报纸或根据《印刷出版物法》正式注册的其他出版物上发布与任何善意新闻有关的任何文章，而且不是与任何贸易、业务、职业有关的文章，也不是为了促进其发展或为其做广告。

《马拉维受保护旗帜、徽章和名称法》第五条还规定，任何违反本条规定的人，或未能或忽略遵守部长就根据本条规定向其颁发的许可证所规定的条件的人，应被处以 25 万马拉维克瓦查的罚款和 1 年的监禁，如果该罪行是持续的，应被处以每天 100 马拉维克瓦查的罚款，并就该罪行持续的每一天被处以 1 个月的监禁。

2. 禁止商业用途的例外——企业名称中使用国家名称

一些国家为了提高本国特定企业的国际声誉，允许采用申请许可的方式，允许部分企业的名称可以包含国家名称。例如，《俄罗斯联邦民法典》第一千四百七十三条规定，在公司名称中包含正式名称"俄罗斯联邦"或"俄罗斯"以及源自该名称的字词的法人实体，在获得许可的情况下允许由俄罗斯联邦政府设立。1996 年 12 月 7 日，俄罗斯政府制定《关于在组织名称中使用"俄罗斯"、"俄罗斯联邦"名称的政府法令》。该文件规定，在组织(政党、工会、宗教协会以及具有全俄地位的公共协会除外)名称中使用包含"俄罗斯""俄罗斯联邦""联邦"以及在其基础上形成的词语和短语，应当根据俄罗斯联邦总统和政府的法令;在其他情况下，经政府特别委员会许可。

2010 年 2 月，俄罗斯联邦政府通过法令《法人实体名称中包含"俄罗斯联邦"或"俄罗斯"以及源自该名称词语的规则》，进一步明确，在俄罗斯联邦一半以上的地方主体拥有分支机构和(或)代表机构，或根据俄罗斯法律法人实体被列为主要纳税人，或其商品占据 35% 以上的市场份额，或该实体的商品在市场上占据主导地位，以及如果超过 25% 的表决权股份属于俄罗斯联邦所有，则由俄罗斯联邦司法部颁发允许将官方名称"俄罗斯联邦"或"俄罗斯"以及由该名称衍生的词语纳入法人实体的公司名称中的许可。

此外，一些国家规定对于未经授权注册，或者使用带有国名的名称明确了法律责任。《马拉维受保护旗帜、徽章和名称法》第六条规定，除非有部长签发的书面许可，否则任何公司、企业、合作社或其他社团、工会、俱乐部或其他人员协会、印刷商或出版商不得以任何受保护的名称构成的名称注册，或声称以其注册,或为其自身目的使用。任何公司、企业、合作社或其他社团、工会、俱乐部、协会、印刷商、出版商或个人违反本节规定,或未能或忽视遵守部长就根据本节向其颁发的许可证所规定的条件,以及任何此类公司、企业、社团、工会、俱乐部或协会的任何董事、合伙人、经理或官员,应被处以 10 万马拉维克瓦查的罚款和 6 个月的监禁。

第三节　我国国名规范化

一、中华人民共和国国名的确立

在新中国成立之时,对于新国家的名称有不同的意见。新中国成立之前,中国共产党重要文章、演说中使用过“中华人民共和国”“中华人民民主国”“中华民主共和国”“中华人民民主共和国”等名称。在 1949 年 6 月 15 日新政治协商会议筹备会开幕典礼会上的讲话中,毛泽东用的是“中华人民民主共和国”。在新政治协商会议中,爱国民主人士张奚若提出“人民”包括民主专政的含义,与“民主”两字重复,建议采用“中华人民共和国”。[①] 1949 年 9 月 22 日,董必武在《关于草拟中华人民共和国中央人民政府组织法的经过及其基本内容的报告》提出:“我们现在采用了最后这个名称,因为共和国说明了我们的国体,‘人民’二字在今天新民主主义的中国是指工、农、小资产阶级和民族资产阶级四个阶级及爱国民主分子,它有确定的解释,这已经把人民民主专政的意思表达出来,不必再把‘民主’二字重复一次了。”[②]

我国的国名“中华人民共和国”由三组词构成“中华”“人民”“共和国”。其中,“人民”表示人民民主专政,“共和国”是表示政权组织形式,即国家代表机关或国家元首由选举产生并有一定任期。“中华”是我国国名中最具有识别性的用语。通说认为,古代华夏族以居住在四方之中,文化美盛,因称之为“中华”。国名中的“中”字是地理方位概念。对于“华”字的来源,有的认为源自“华山”[③],有的认为“华为花之原字,以花为名,其以形容文化之美”[④]。唐朝经学家孔颖达《春秋左传正义》认为:“中国有礼仪之大,故称夏;有服章之美,谓之

---

① 许崇德:《中华人民共和国宪法史》,福建人民出版社 2003 年版,第 52 页。

② 全国人大常委会法制工作委员会宪法室编:《中华人民共和国制宪修宪重要文献资料选编》,中国民主法制出版社 2021 年版,第 457 页。

③ 詹鄞鑫:《华夏考》,载《华东师范大学学报(哲学社会科学版)》2001 年第 5 期,第 4 页。

④ 章太炎:《中华民国解》,载《民报》1907 年第 15 期,第 3 页。

华。"可见,我国的国名充满大气、磅礴、自信的深刻寓意,具有"仰以观于天文,俯以察于地理"的崇高理念,具有高度凝聚华夏大地各民族的伟大力量。

1949年9月29日,中国人民政治协商会议第一届全体会议通过了具有临时宪法性质的《中国人民政治协商会议共同纲领》,序言专门明确"中国人民政治协商会议代表全国人民的意志,宣告中华人民共和国的成立,组织人民自己的中央政府。"1954年9月20日第一届全国人民代表大会第一次会议通过《中华人民共和国宪法》再次确认了"中华人民共和国"的国名。

在我国现行宪法中,虽然并没有直接界定国家名称就是"中华人民共和国",但宪法的标题使用"中华人民共和国"的全称,同时在第一条以及后面的多条也使用"中华人民共和国"。同时,我国宪法文本中也多处使用了"中国"一词。翟志勇教授认为,"'中国'一词共出现二十六次,但含义却不尽相同:时而作为中华人民共和国的简称,时而涵盖中华民国甚至晚清政府,时而又意指时间上无远弗届的作为整体的中国"①。

由于国名的实用性和象征性,在很多领域国名得到具体运用。为了规范和保护我国国名的运用,经过几十年的发展,我国对于国名建立了较为完善的法律保护体系,包括民事法律领域、刑事法律领域,其中民事领域较为完备。

二、民事领域关于国名的保护

(一)知识产权领域:商标法的保护

我国民事领域对于国家名称的保护,主要体现在商标法的保护。商标法第十条规定,下列标志不得作为商标使用:(1)同中华人民共和国的国家名称、国旗、国徽、国歌、军旗、军徽、军歌、勋章等相同或者近似的,以及同中央国家机关的名称、标志、所在地特定地点的名称或者标志性建筑物的名称、图形相同的;(2)同外国的国家名称、国旗、国徽、军旗等相同或者近似的,但经该国政府同意的除外。根据商标法第十条的规定,以任何形式的文字表示各国国名的全称、简称,或以官方缩写形式构成的商标,均视为与国名相同,不得予以注册。由与国名近似的其他词性构成的商标,应视作与国名近似也不得予以注册。判断是否允许注册的难点在于确定原商标与被非法使用商标的近似程度。

2010年7月,为了加强国家名称的商标保护,原国家工商行政管理总局商标局发布了《含"中国"及首字为"国"字商标的审查审理标准》。审查审理标准主要内容包括:

---

① 翟志勇:《从〈共同纲领〉到"八二宪法"》,九州出版社2021年版,第159页。

一是关于含"中国"字样商标的审查审理标准。对含有与我国国家名称相同或者近似文字的商标申请,申请人及申请商标同时具备以下四个条件的,可予以初步审定:(1)申请人主体资格应当是经国务院或其授权的机关批准设立的。申请人名称应经名称登记管理机关依法登记。(2)申请商标与申请人企业名称或者该名称简称一致,简称是经国务院或其授权的机关批准。(3)申请商标与申请人主体之间具有紧密对应关系。(4)申请商标指定使用的商品或服务范围应与核定的经营范围相一致。

二是关于首字为"国"字商标的审查审理标准。首字为"国"字商标的,应当严格按照以下标准审查:(1)对"国+商标指定商品名称"作为商标申请,或者商标中含有"国+商标指定商品名称"的,以其"构成夸大宣传并带有欺骗性"、"缺乏显著特征"和"具有不良影响"为由,予以驳回。(2)对带"国"字头但不是"国+商标指定商品名称"组合的申请商标,应当区别对待。对使用在指定商品上直接表示了商品质量特点或者具有欺骗性,甚至有损公平竞争的市场秩序,或者容易产生政治上不良影响的,应予驳回。

国家知识产权局制定的《商标审查审理指南》(2021年版)(以下简称指南)进一步细化了含有国名或者类似名称注册商标的审查标准。指南明确,商标法第十条中的"国家名称"包括全称、简称和缩写,我国国家名称的中文全称是"中华人民共和国",简称为"中国""中华",英文全称是"The People's Republic of China",简称或者缩写为"CHINA""CHN""P. R. C""P. R. CHINA"等。同中华人民共和国的国家名称等"相同或者近似",是指标志整体上与国家名称等相同或者近似。对于含有中华人民共和国的国家名称等,但整体上并不相同或者不相近似的标志,如果该标志作为商标注册可能损害国家尊严的,可以认定属于商标法第十条第一款第八项规定的情形。①

指南认为,商标注册审查审理不仅要保护商标注册人的利益,还要承担维护国家尊严、维护社会公共利益和社会主义市场经济秩序以及保护消费者权益的职责。上述我国国家名称、国旗、国徽等国家标志,与国家尊严紧密相连,因此对与此类标志相关的商标应严格审查审理,原则上禁止上述标志注册和使用。

指南将对国名的保护纳入商标法第十条第八项有害于社会主义道德风尚或者有其他不良影响的,不得作为商标使用的保护范围。指南认为,申请与包含国名或者与国名类似的商标,有损国家主权、尊严、形象或者危害国家安全、

---

① 国家知识产权局制定:《商标审查审理指南》(2021年版),第175页。

破坏国家统一,其法律依据是国家安全法第十一条规定:"中华人民共和国公民、一切国家机关和武装力量、各政党和各人民团体、企业事业组织和其他社会组织,都有维护国家安全的责任和义务。中国的主权和领土完整不容侵犯和分割。维护国家主权、统一和领土完整是包括港澳同胞和台湾同胞在内的全中国人民的共同义务。"指南规定,为防止我国国家名称的滥用,损害国家尊严,标志中含有与我国国家名称相同或者近似的文字,因与其他要素相结合,整体上已不再与我国国家名称相同或者近似的,应当适用该项禁止性规定。同时指南还明确几种例外情形。①

此外,商标法第十条第一款第二项规定,同外国的国家名称、国旗、国徽、军旗等相同或者近似的不得作为商标使用,但经该国政府同意的除外。指南明确,本条中的"外国的国家名称"包括中文和外文的全称、简称和缩写。指南认为,我国在国际交往中遵循"和平共处五项原则",主张国家不分大小、贫富、强弱,一律平等。指南认为,为尊重外国国家主权,一切与外国国家名称等相同或者近似的标志,不得作为商标使用。但如果外国政府同意与其国家名称等相同或者近似的标志作为商标使用,不适用本项禁用规定。②

(二)商事领域法律:企业名称登记的例外情形

"公司名称"的概念被固定用于指定商业法人实体的名称。作为商业组织的法人实体以其公司名称进行民事流通,该公司名称在其组成文件中确定,并在注册法人实体时列入国家统一登记簿。因此,在当前立法中,公司名称被固定为使商业组织个性化的一种手段。

我国《企业名称登记管理规定》第十一条规定,企业名称不得有的情形主要包括不得损害国家尊严或者利益、违背公序良俗或者可能有其他不良影响、可能使公众受骗或者产生误解等。同时,该条还规定,不得使用外国国家(地区)、国际组织名称及其通用简称、特定称谓。第十二条对使用国家名称的情形作了规定:(1)企业名称冠以"中国""中华""中央""全国""国家"等字词,应当按照有关规定从严审核,并报国务院批准。国务院市场监督管理部门负责制定具体管理办法。(2)企业名称中间含有"中国""中华""全国""国家"等字词的,该字词应当是行业限定语。(3)使用外国投资者字号的外商独资或者控股的外商投资企业,企业名称中可以含有"(中国)"字样。

此外,实践中,侵犯带有国名的知识产权的类型主要包括:(1)销售带有声称注册国名名称商标的商品。(2)未经版权持有人许可,冒用他人有权商标制

---

① 国家知识产权局制定:《商标审查审理指南》(2021年版),第196—198页。
② 国家知识产权局制定:《商标审查审理指南》(2021年版),第175页。

造、销售产品。如某一带有国名的知识产权被特别授权允许在特定商品上使用,他人在自己商品上使用此类知识产权。(3)在进行商业宣传、促销产品,以及视频、照片、宣传册等媒介上使用国家名称,给人带来误解。

三、刑法领域关于国名的保护

对于侮辱国家名称行为的刑罚,我国刑法没有直接规定,但侮辱国家名称不构成侮辱诽谤罪。刑法第二百四十六条第一款规定,以暴力或者其他方法公然侮辱他人或者捏造事实诽谤他人,情节严重的,处三年以下有期徒刑、拘役、管制或者剥夺政治权利。第二款规定,前款罪,告诉的才处理,但是严重危害社会秩序和国家利益的除外。侮辱诽谤罪指使用暴力或者以其他方法,公然贬损他人人格、破坏他人名誉,情节严重的行为。侮辱诽谤罪侵犯的客体是他人的人格尊严和名誉权。侮辱诽谤的对象只能是特定的自然人,特定的人既可以是一人,也可以是数人,但必须是具体的、可以确认的。在大庭广众之中进行无特定对象的谩骂,不构成侮辱罪。

侮辱国家名称的行为实质上构成了我国刑法规定的犯罪。刑法第十三条规定,一切危害国家主权、领土完整和安全,分裂国家、颠覆人民民主专政的政权和推翻社会主义制度,破坏社会秩序和经济秩序,侵犯国有财产或者劳动群众集体所有的财产,侵犯公民私人所有的财产,侵犯公民的人身权利、民主权利和其他权利,以及其他危害社会的行为,依照法律应当受刑罚处罚的,都是犯罪,但是情节显著轻微危害不大的,不认为是犯罪。对于侮辱国家名称的行为,应当给予刑事处罚。

寻衅滋事罪是指行为人实施肆意挑衅,随意殴打、骚扰他人或任意损毁、占用公私财物等行为,或者在公共场所起哄闹事,造成了严重破坏社会秩序的损害结果,从而构成的犯罪。因此,对于侮辱国家名称,情节严重的,可以认定为寻衅滋事罪。侮辱国家名称的可能构成寻衅滋事罪行为要件中"在公共场所起哄闹事,造成了严重破坏社会秩序的损害结果"的情形。2013 年《最高人民法院 最高人民检察院关于办理寻衅滋事刑事案件适用法律若干问题的解释》第五条规定,在车站、码头、机场、医院、商场、公园、影剧院、展览会、运动场或者其他公共场所起哄闹事,应当根据公共场所的性质、公共活动的重要程度、公共场所的人数、起哄闹事的时间、公共场所受影响的范围与程度等因素,综合判断是否"造成公共场所秩序严重混乱"。因此,符合上述情形,侮辱国家名称的,可以按照寻衅滋事罪追究刑事责任。当然,在侮辱国家名称的同时,构成侮辱国旗、国歌、国徽等国家象征的,可以同时按照侮辱国旗、国徽、国歌罪并处。

第一节　国家元首的象征功能

"不分时代、国别、形态,凡国家元首都具有象征国家的统一,表现社会的目的,体现国家整体的政治观念等作用。""有国家,就有元首,这几乎已成为政治法律科学的一个通理。"① 国家元首,是国家对内对外的最高代表,是国家权力体系、国家制度的组成部分,也是国家的象征。

一、国家元首的概念、范围

在我国,古代元首是指君主、皇帝。《尚书》记载:"元首明哉,股肱良哉,庶事康哉。"在这里,元首,是指君主,股肱指大臣。民国成立后,国家元首称谓变更多次,包括大总统、国府主席、总统。从国外情况来看,从是否具有国家权力而言,可以分为实权元首、虚位元首两种类型。实权元首是实际享有较大国家权力的元首,在一些总统制国家,总统是国家元首,如美国总统、俄罗斯总统、法国总统;在一些君主制国家,国王是实权元首,如沙特阿拉伯的国王等。虚位元首是主要作为国家象征而存在,并享有一定国家权力的元首。虚位元首既存在于君主制国家,也存在于内阁制国家,如英国女王、德国总统、西班牙国王等。

不过,对于国家元首的分类,也有不同的观点,如复旦大学浦兴祖教授认为,实行分权制衡原则的西方国家绝不可能容忍一个在实际上作为国家最高代表,真正拥有与行使整个(全部)国家权力的"实权元首"(无论是个人抑或集体)的存在。国家元首仅仅是行使一部分国家权力,而在总统制国家,总统兼具国家元首、行政首脑的功能。因此,从纯粹的意义上看,"现代国家元首通常是象征性、礼仪性、程序性、荣誉性意义上的国家'最高代表',而不存在所谓的'实权元首'"②。上述分析实质上区分了狭义的国家元首和广义的国家元首,狭义

① 龚祥瑞:《比较宪法与行政法》,法律出版社 2003 年版,第 175 页。
② 浦兴祖:《我国实行的是单一元首制》,载《中国特色社会主义研究》2004 年第 1 期,第 16 页。

的国家元首就是象征性的,广义的国家元首就是具有象征性同时担任行政首脑的职务。

国家元首具有双重性:国家元首既是一个国家机构,通常也是一个具有一定行为能力的个人。对于国家元首的性质,德国著名公法学家格奥格·耶利内克认为,国家元首的职能不是基于委任而是基于宪法,宪法直接为这些由宪法规定设立的机构确定权力和责任的范围。因此,"国家元首是直接的国家机关,也就是说他们的机关地位不是从其他国家机关中推导出来的"[①]。但是实际上,当代国家元首很大一部分职责是与立法机构、行政机构配合行使的,这并不能否定其单独的国家机构地位。从国家权力机构的架构来看,其是最高国家权力体系的重要一极,与最高代议制机构、最高司法机构处于同一位阶的地位。同时,作为国家机构,国家元首履行宪法和法律赋予其的职能;作为最高官员,国家元首履行各种代表职能。实权元首与虚位元首两者相同之处,都是法定认可的国家象征,而不同之处在于权力的行使和承担责任大小的不同。

通常情况下,个人担任国家元首,当然也应有个别例外。例如,瑞士联邦主席也称为瑞士联邦总统,联邦委员会全体成员集体作为国家元首。联邦主席由联邦委员会七名委员轮任,对外代表瑞士,任期一年。个人担任国家元首,产生象征意义,可能带来的象征异化。

二、国家元首的象征功能

国家元首的权力,因各国情况不一,权力内容各不相同,总体而言,国家元首具有公布法律权、发布命令权、召集议会(或人民代表机关)权、外交权、统帅武装力量权、任免权、赦免权、荣典权等。[②] 国家元首是国家稳定的保障,是遵守宪法的象征,是维护社会秩序的象征。目前,已有一些著名的学者,如许崇德教授对于国家元首的职权、特殊地位进行了专门论述,本书中仅对与国家象征意义密切相关的、与国家元首相关的功能作简要论述。

（一）虚位元首

在一些国家,国家元首在名义上代表国家,执行些礼仪上的活动,并无实际权力。在君主立宪国家,"君主制的政治原则是,君主代表着政治统一体"[③]。

---

① ［德］格奥格·耶利内克:《主观公法权利体系》,曾韬、赵天书译,中国政法大学出版社 2012 年版,第 139—140 页。

② 许崇德:《国家元首》,江苏人民出版社 2016 年版,第 62—81 页。

③ ［德］卡尔·施米特:《宪法学说》(修订译本),刘小枫编,刘锋译,上海人民出版社 2016 年版,第 373 页。

国家元首的象征性更加明显,君主的"职责则被视为是象征性的,即通过接待外国使节和在爱国的场合发表有节制的演讲,象征性地代表他们的国家"①。在君主立宪制国家,按照传统,"名义上"国家的最高权力属于君主。君主制国家元首通常通过继承获得权力。在议会内阁制国家,也会存在选举国家元首,确保国家的凝聚力,加强民族认同感。在虚位元首国家,国王、总统成为国家生动的标志,是受尊敬和热爱的国家象征。

在一些实行议会内阁制的国家,国家元首仍享有部分国家权力,以维持其作为国家象征的基础作用。这种有限的国家权力,往往也是因为代表国家所需要的。例如《德国联邦基本法》第五十九条规定,(1)联邦总统在国际法上代表联邦。他以联邦的名义与外国缔结条约。他派遣和接受使者。(2)调整联邦政治关系或涉及联邦立法事项的条约,需要以联邦法律的形式以及负责联邦立法的主管机关的同意或参与。有关联邦行政的规定适用于行政协定。《葡萄牙宪法》第一百二十条规定,共和国总统代表葡萄牙共和国,负责保障民族独立、国家统一和民主制度的正常运行;共和国总统为当然的武装部队最高统帅。在日本,"二战"后的天皇主要是象征意义的。《日本宪法》第一条规定,天皇是日本国的象征,是日本国民整体的象征,其地位以主权所在的全体日本国民的意志为依据。《日本宪法》第四条第一款规定,天皇只能行使本宪法所规定的有关国事行为,并无关于国政的权能。除国事行为外,天皇还列席参加国会开幕典礼、朗读致词、"巡幸"地方、与外国元首等交换电文等行为,这些行为被称为"公行为"。有的观点也认为,天皇国事行为以外的行为是基于其象征地位所为的公行为。② 在实际权力运行过程中,由于受到宪法明文规定或者长期以来的宪法惯例,虚位元首成为主要依赖于精神和道德层面的宪法机构。

在虚位元首国家,国家实际权力在内阁,由内阁向议会负责。国家元首颁布法律、法令和发布文告都必须由内阁首脑或有关阁员签署。在这些国家,国王、总统被认为是国家持久性的保证,有助于超越任何意识形态、语言或社会分歧,巩固国家的统一。

（二）实权元首

在大多数国家,国家元首是立法和行政权力的主要组成部分之一。未经国家元首签署,代议制机构通过的法律被认为是未生效的。在实权元首国家,国家主席、总统等扮演了类似君主国家君主的象征作用。在实权元首国家,国家元首担任多重角色,对内是行政最高长官、军队最高长官,对外也是最高外交

---

① 马敏:《政治象征》,中央编译出版社 2012 年版,第 187 页。
② 祝捷主编:《外国宪法》,武汉大学出版社 2010 年版,第 218 页。

官,很多时候在执政党内部也是最高领袖。多重职能、角色使得国家元首既要行使实实在在的职权,也要承担仪式性职能。

国家元首权力内容在每个国家各有不同。例如,在俄罗斯,总统权力包括以下几个方面:(1)国家元首的传统权力;(2)权力体系中的保证人和仲裁人的职能;(3)行使行政权力;(4)参与执行立法权力;(5)决定或参与解决组建司法机构的问题,确定其人员配置。在美国,总统是美国人民的代理者和代言人,是国家可见的象征,而且必须履行众多礼仪职能,如接见尊贵的来访者、招待外交使团、在重要国际会议上代表国家等。这些职能在其他国家往往是为君主和虚位总统保留的。①

三、国家元首象征功能的体现

现代国家元首最重要的角色之一是成为一个生动的国家象征。"如果说国旗、国徽、国歌有象征的意义,能起鼓舞的作用,那么作为人格化的国家元首,则具体地表示出国家的人格,标志着国家的安富尊荣的制度。"②作为活动的国家元首,应当出席国家重大活动以及具有重要政治、历史、文化等纪念意义的活动。

（一）代表国家

国家元首作为国家最高代表人物,对外往往代表着国家。在总统制国家,国家元首自然成为国家的最高代表。而在内阁制国家,这一职能既不能由总理执行,也不能由宪法法院院长执行,往往通过设置虚位的国家元首执行。例如,在内阁制国家葡萄牙,《葡萄牙宪法》规定,共和国总统代表葡萄牙共和国。《立陶宛宪法》第七十七条规定,共和国总统为国家元首。国家元首应代表立陶宛国家,并应履行宪法和法律赋予他的一切职责。《德国基本法》第五十九条规定,联邦总统在国际法意义上代表联邦。联邦总统以联邦的名义同外国缔结条约。联邦总统派遣和接待使者。在国际法上,国家元首代表国家更加突出,"无论是君主、总统,还是主席,凡一国的元首,国际法均视为该国的代表""凡元首在国际往来中为其本国所作的行为及其行为产生的效果,均应被视为该国的行为。"③

（二）象征国家统一

国家元首代表国家的主权,是国家统一的象征。国家元首维护国家的独

---

① 马敏:《政治象征》,中央编译出版社 2012 年版,第 188 页。
② 龚祥瑞:《比较宪法与行政法》,法律出版社 2012 年版,第 359 页。
③ 龚祥瑞:《比较宪法与行政法》,法律出版社 2012 年版,第 182 页。

立、主权、统一和领土安全。在世袭君主制中,这延伸到君主是国家不间断、连续性的象征。许多国家宪法都强调国家元首在国家统一方面的重要象征作用。《俄罗斯宪法》中规定,俄罗斯联邦总统为国家元首。根据《俄罗斯宪法》规定的程序,他(她)应采取措施保护俄罗斯联邦的主权、独立和国家完整,并确保国家政府机构的协调运作和互动。《韩国宪法》规定,总统是国家元首,代表国家对抗外国。总统有责任和义务维护国家和宪法的独立、领土完整和连续性。《意大利宪法》规定,共和国总统是国家元首,代表国家统一。《葡萄牙宪法》规定,共和国总统代表葡萄牙共和国,保障国家独立、国家统一和民主机构的正常运作,并是武装部队的当然总司令。

(三)象征国家权力运行、公民权利的保障

许多国家宪法规定,国家元首在维护权力运行、保障公民权利方面的象征作用。这种象征作用是依靠国家元首在国家权力机构中的作用的基础上形成的。这种象征作用,无论是在实权元首国家还是虚位元首国家都存在。在虚位元首国家(如德国总统)也发挥着维护权力运行的重要作用。《德国基本法》规定,联邦总理根据联邦总统提名;联邦各部部长由联邦总统根据联邦总理的提名予以任免;根据本基本法规定成立的各项法律,经副署后由联邦总统签署,并在联邦法律公报上予以公布。在实权元首国家,国家元首更是公民权利的保障者。例如,《俄罗斯宪法》规定,俄罗斯联邦总统是俄罗斯联邦宪法以及人权和公民权利与自由的保障者。

(四)礼仪性象征作用

无论是实权国家元首,还是虚职国家元首,国家元首象征作用发挥很重要的内容是礼仪性方面。国家仪式通常被认为是加强参与者"国家认同"的一种手段。[①]

一是出席重大政治性活动。国家元首是国家的政治形象。在一国重要的政治性场合,国家元首应当在场,如新一届议会开幕、国庆节庆祝活动、国家阅兵、重大战争纪念仪式等。例如,在日本,天皇参加国会开幕典礼、"巡幸"地方。

二是出席重大体育文化活动。国家元首出现在重大体育运动赛事、文化艺术活动以及博览会、展览会等重要场合,为各种场合增添光彩。出席这些活动,有时还会进行一些象征性的行为,如剪彩、奠基等。国家元首的参加使得这些活动得到社会的关注、引起公民的重视。

---

① Romaine Farquet, *Demonstrating for a Kosovo Republic in Switzerland: emotions, national identity and performance*, Nations and Nationalism, Vol. 20:2, pp. 277-296(2014).

三是出席外事活动。国家元首经常迎接重要的外国访客,尤其是来访的国家元首。国家元首在国事访问期间担任东道主,参加的活动主要包括阅兵仪式、官方互赠礼物、官方宴请。

四是肖像出现于货币。在很多国家,国家元首的形象,出现在硬币、邮票和纸币上。在货币的流通中,国家元首的形象强化了国家意识。

五是广泛悬挂国家元首肖像。在一些国家,国家元首肖像的广泛悬挂,用以象征国家,维护国家统一。国家元首的官方肖像可以在政府机构办公室、法院、图书馆和其他公共建筑中看到。但是如果国家元首的肖像过度滥用,超越其他象征,如国旗,国家元首成为国家的主要象征,可能预示着出现以国家元首形象作为国家唯一视觉表现的个人崇拜。

国家元首参与上述礼仪活动而具有了重要的象征意义。公民对于国家元首的认可可能出于对国家制度、国家形象的认可,而对于国家制度、国家形象的认可同样也促进对国家元首的认可,两者起到相互促进作用。可以说,国家元首具有重要的指向标意义,体现到对国家元首的评价批评中。

（五）危机时刻国家元首的象征功能

国家元首作为国家象征的重要表现方式,还表现在国家的重要危机时刻。对国家元首支持的大量研究表明,国家元首的支持率在国际冲突和悲剧期间大幅增加。

1970 年政治学家约翰·穆勒在《从杜鲁门到约翰逊的总统受欢迎程度》中研究了美国总统在危机时期增加的支持率,并提出了"围绕国旗集会效应"的理论。在危机期间,总统被视为国家统一的体现,就像国家象征一样。[1] "围绕国旗集会效应"是指在危机或紧急情况下,随着国家团结在其领导人身后,选民的支持率会出现短期激增。在危机时期,民众团结在国家元首身后,巩固国家元首成为是民族自豪感和团结的象征。这种影响最突出的例子之一是乔治·W·布什总统在 2001 年 9 月 11 日的恐怖袭击之后支持率增加了 39% ——从 51% 到 90% 。

也有的观点认为,这种影响发生的环境必须符合以下标准:与整个社会的相关性、国际水平、事件的突然性、总统直接参与解决问题以及人格化"他者"的存在。集会效应的出现与媒体对问题的报道特点和民众的爱国主义情结密切相关。[2]

[1]　John E. Mueller, *Presidential popularity from Truman to Johnson.* American Political Science Review, Vol. 64 : 1 , pp. 18-34（1970）.

[2]　Kazun A. D. , *Rally Around the Flag" Effect. How and Why Support of the Authorities Grows During International Conflicts and Tragedies?* Political Studies. Vol. 1 , pp. 136-146（2007）. （In Russ. ）.

第二节　国外国家元首立法

国家元首作为对内对外的最高代表,享有一定权力。各国宪法、法律均对国家元首所享有的具体权力作了规定。本书基于国家象征的角度,对国外关于国家元首作为国家象征的法律保护进行分析。

一、宪法性法律规范

进入现代以来,国家元首通过宪法成为国家权力机构的代表人。国家元首对人民负责,承担宪法法律的责任,伴随着的是作为国家元首个人在法律上的优待。与通过委任获得的要求承认的请求权相关联的是作为指向国家的个人的法律请求权的基础的一系列优待,作为国家机关,国家元首在身体和道德上的不可侵犯性受到客观法的高度保护。① 德国公法学者格奥格·耶利内克认为,正是基于国家元首作为国家代表人的地位,才有权享有特殊的优待。给予国家元首优待、豁免权不是为了国家元首的个人利益,而是为了国家的整体利益以及确保国家元首代表国家有效地履行职能。一些国家通过宪法或宪法性法律明确给予国家元首特定的优待或者豁免权,如美国等国家的宪法明确要求,只有经过代议制机构的弹劾才能要求总统承担责任。

此外,在国际习惯法上,国家元首作为国家的代表,在任职期间或之前犯下的公共和私人行为也享有特定刑事管辖权的豁免权。但是,在任职期间下令施行酷刑的,将根据《酷刑公约》承担责任。

二、行政法律规范

通常而言,各国将国家元首及其名称在国家象征法、知识产权法中作出保护,禁止将其用于商标、外观设计等。

例如,《马来西亚标志和名称(防止不当使用)法》第四条规定,除其他法律另有规定外,任何主管当局都不得:(1)使用国家标志和名称注册任何公司、商行、其他组织或个人的名称。(2)注册带有任何国家徽记、名称、照片、图画或其他图形的商标或设计。(3)就含有任何国家标志或名称的发明授予专利,如果

---

① ［德］格奥格·耶利内克:《主观公法权利体系》,曾韬、赵天书译,中国政法大学出版社 2012 年版,第 141 页。

使用该名称、标志、照片、图画或图形违反了第三条规定。

《印度标志和名称(防止不当使用法)》第三条规定,禁止在未经中央政府或中央政府指定的任何机构事先许可的情况下,为任何贸易、商业、职业或专业的目的,在任何专利的名称中,或在任何商标或设计中使用附表中规定的任何名称或标志,或对其进行任何有损形象的模仿。该法第四条同时规定,任何主管部门不得:(1)注册带有附表列明的名称的公司、商行或其他团体;或(2)注册带有任何标志或名称的商标或设计;或(3)就带有任何标志或名称的发明授予专利。附表列明的受保护名称包括:印度总统的名称、徽章或公章;甘地、尼赫鲁等前任国家元首的名称或者图像(可以用于日历,但带有商业广告的日历除外)。对违反该法第三条规定的行为,可处以最高500卢比的罚款。在对任何根据本法应受惩罚的罪行进行起诉之前,必须事先得到中央政府的批准。

三、刑事法律规范

(一)刑事法律规范的争议

在很多国家,剥夺人们批评政治权力者的权利,不符合民主的理念。但是在一些少数国家仍然存在侮辱国家元首罪,其背后的逻辑是什么?侮辱国家元首罪,"如果不是针对批评政府,而是被认为是为了保护民族本身,也就是国家",则可能免受批评。[1] 在这些国家,国家元首(即国王、总统)在很大程度上扮演着礼仪性的角色,与一般的政客有着很大的区别。因此,在这些国家,主流观点不反对侮辱国家元首罪。

支持给予侮辱国家元首定罪的观点认为,历史和现实都已经证明,否定国家元首将可能误导公众把现实问题归咎于国家元首,最终忽略这些问题的真正原因,不能真正解决这些现实问题,反而降低了人们对国家根本制度的认同感、破坏了解决现实问题的民心基础和制度环境。

国家元首代表着国家,是一国根本制度在政治上的重要体现,也是国家的象征。对现任和曾任国家元首的侮辱诽谤,在某种程度上等同于损害国家利益、损害国家形象、损害国家制度。在很多欧洲国家,法律规定侮辱高级官员或君主的行为可被处以严重的罚款,甚至几年的监禁(实践中,受保护言论自由理念的影响,起诉到法院并被定罪的相关案件并不常见)。这种情况出现在德国、法国和比利时、意大利。在德国,国家元首是控制国家的国家制度的一部分。因此,侮辱国家元首就代表着对国家制度的侮辱。在德国,《德国刑法》第90a

---

[1]　Kevin W. Saunders, *The Desecration of National Symbols and Lèse Majesté.* In Free Expression and Democracy:A Comparative Analysis,Cambridge University Press,2017,p. 183.

条明确,对国家官员直接侮辱同时被视为对共和国宪法秩序的间接攻击。对于国家元首的侮辱、诋毁,可以分为两种类型:一是通过对宪法规定的作为国家机构的国家元首的侮辱、诽谤。二是通过对作为国家元首的个人人格尊严、名誉权的侮辱诽谤。第一种类型包括攻击政府或政府政策的情况;一般来说,不允许贬低政府、部长或其他官员,但并非没有例外。

实践中,也有观点认为,不能对侮辱国家元首的行为进行惩罚和无限制的扩大,"为了言论自由的重要性,只要第三方的权利没有受到令人反感的干扰,就必须可以不受制裁,特别是不受惩罚"①。如果过度运用对涉及国家元首批判的惩罚,可能对一个处于内部动荡的国家带来恶劣的影响。在一个平和的民主国家,特别是成立新政府的国家,这种事情在实践上令人难以承受。例如,在泰国,近年来抗议者认为几十年来泰国的军队保皇派一直利用侮辱王室罪的法律来压制批评人士,并多次要求废除将"侮辱王室"定为犯罪(也称"欺君罪")的刑法条款(《泰国刑法典》第一百一十二条规定要保护王室免遭诽谤、侮辱或威胁)。

(二)侮辱国家元首罪构成要件

对于侮辱国家元首的规定,有的国家在国家象征法律中规定,也有的国家在刑法中予以规定。《意大利刑法》第二百七十六条规定,侵害共和国总统的生命、健康或者人身自由的,处以无期徒刑。第二百七十七条规定,除前条规定的情况外,侵犯共和国总统自由的,处以 5 年至 15 年有期徒刑。第二百七十八条规定,侵犯共和国总统的名誉或者威望的,处以 5 年至 15 年有期徒刑。② 2006年 2 月 24 日意大利第 85 号法律《对刑法典关于见解犯罪的修改》第十二条废除言论侵犯总统承担法律责任的条款。删除的条文如下:"公开将对政府行为的指责或责任追究指向共和国总统的,处以 1 年以下有期徒刑或者5000 至 50000里拉罚金。"此外,西班牙刑法专章规定对抗君权罪,包括谋杀、伤害、严重胁迫、侮辱、诽谤国王及其近亲属的,规定了不同类型的法律责任。③

1. 对象

大部分国家规定侮辱国家元首罪行为的对象是国家元首,一些国家还作了延伸规定。例如《马来西亚标志和名称(防止不当使用)法》明确,涉及的对象包括"元首、元首夫人的旗帜、纹章和官方印章;元首、元首夫人的名字"。《马拉维受保护旗帜、徽章和名称法》规定,受保护的对象包括"总统"一词、总统的名称、称呼(styles)或者头衔(titles)。该法还保护总统的肖像。

---

① NK-StGB/Hans-Ullrich Paeffgen,5. Aufl. 2017,StGB § 90a Rn. 8-13.
② 《最新意大利刑法典》,黄风译注,法律出版社 2007 年版,第 102 页。
③ 《西班牙刑法典(截至 2015 年)》,潘灯译,中国检察出版社 2015 年版,第 227—228 页。

国家元首的象征功能不仅仅体现在现任国家元首的重要作用,曾任国家元首的人员,或者称之为开国元勋的国家元首更加具有政治、历史的特殊功能。从某种意义上讲,建立新政权、新国家的国家元首,可以视为代表本国。诋毁侮辱具有历史纪念意义的新政权、新国家元首,就等于否认新政权、新国家的合法性根基,而这在很多国家得到充分的认识。因此,很多国家对于曾任国家元首的人员也给予法律保护。

2. 行为

对于侮辱的具体行为,多数国家要求具有公开性。进入科技时代以来,互联网上的侮辱行为也被纳入公开侮辱的范围。侮辱行为包括使用口头或书面形式向国家元首表达不雅或辱骂性的表达方式。在大多数国家,公开侮辱可以是在公众活动中,也可以是在互联网媒体、社交媒体。惩罚并不会因侮辱的具体形式不同而改变。

(三)侮辱国家元首罪刑罚

很多国家法律明确侮辱国家元首的刑罚。

在德国,《德国刑法》规定,公开侮辱德国总统(法律上是国家元首)的行为可被判处 3 个月至 5 年的监禁。"在故意诽谤损害总统和国家本身声誉的情况下",最低刑期从 3 个月到 6 个月。侮辱国家的象征也要受到严厉的惩罚。对"侮辱或恶意表达对德国、其国色、国旗或国徽的蔑视",可处以罚款或 3 年以下监禁。罚款根据罪犯的收入而有所不同,可高达 30000 欧元。

在比利时,对宪法机构的诽谤和中伤可被处以 8 天至 1 年的监禁或 26 欧元至 200 欧元的罚款(如以书面形式或通过图像发布侮辱,以及在非公共场所有几个人在场,但可被公众看到)。以语言、威胁、手势侮辱当局及其代表,当这些人行使其官方职责时,可判处半个月至 6 个月的监禁或 50 欧元至 100 欧元的罚款。如果侮辱是在开庭时说的,惩罚会更严厉——2 个月至 2 年的监禁,或 200 欧元至 1000 欧元的罚款。

在马来西亚,《马来西亚标志和名称(防止不当使用)法》第五条规定,任何违反第三条规定涉及国家元首的都是犯罪行为,一经定罪,可处以不超过 1000 林吉特的罚款。第六条规定,除非事先得到检察官的书面批准,否则不得对根据本法应受惩罚的任何罪行提出起诉。

在马拉维,《马拉维受保护旗帜、徽章和名称法》第四条规定,任何人作出任何行为或发表任何言论,或出版或发表任何旨在或有可能对总统、国旗、国徽、公章或任何受保护的徽章或受保护的肖像进行侮辱、嘲弄或表示不尊重的文字,将被处以 25 万克朗的罚款和两年监禁。

在新西兰,《新西兰旗帜、标志和名称保护法》第十四条规定,擅自使用暗示皇家或政府支持的词语。(1)除第四款的规定外,任何人如有以下行为,即构成违反本法的罪行:(a)导致任何组织(无论是否成立)以任何名称、头衔、风格或名称成立,其中包括本款适用的任何词语或声明;或(b)在与任何业务、贸易或职业有关的情况下公开使用本分节所适用的任何词语或声明。(2)任何组织(无论是否成立)如果以任何名称、头衔、称呼或名称开展活动,其中包括第一款适用的任何词语或声明,即构成违反本法的罪行。(3)第一款适用于以下情况:(a)"皇家"一词。(b)"政府"一词。(c)任何其他声称或暗示受以下机构支持的词语或声明:(i)女王陛下或任何其他皇室成员;或(ii)总督;或(iii)众议院;或(iv)政府;或(v)任何政府部长;或(vi)任何政府部门。(d)声称或暗示与任何根据皇家特许状成立的机构或者组织有联系的任何词语或声明。(4)第一款不适用于使用任何词语或声明,即(a)由任何其他法案明确授权;(b)包括任何城镇或道路或其他地方的全部或部分正式名称,并且该名称被或将被该协会或(视情况而定)从事该业务、贸易或职业的人全部使用;或(c)是该组织或(视情况而定)从事该业务、贸易或职业的人的基础成员的姓氏(不是为破坏本节的意图而取或使用的姓氏)。第二十四条规定,每个违反本法的人都应承担以下责任定罪:(1)就个人而言,处以不超过 5000 新西兰元的罚款;(2)就法人团体而言,处以不超过 50000 新西兰元的罚款,如果罪行是持续的,则在罪行持续期间每天处以不超过 5000 新西兰元的罚款。未经司法部长同意,不得提交违反第十一条至第十五条任何一项罪行的指控文件。第二十六条规定,组织官员的责任。如果任何组织(Any Association)(无论是法人或非法人)犯有违反本法的罪行,如果证明构成犯罪的行为是在其授权、许可或同意下发生的,或者他知道将发生或正在发生犯罪,但没有采取一切合理的措施来防止或阻止,则该官员或其他与该组织管理有关的人都犯有同样的罪行。

【案例】美国侮辱总统罪的兴废史

美国建国之初,政党斗争就较为激烈,批评政府、总统的事情时常发生,如批评美国第二任总统约翰·亚当斯"被吞没在对权力的持续掌握中,对荒谬的盛况、愚蠢的奉承和自私的贪婪无止境的渴望"。形容总统是"年老、爱抱怨、秃头、瞎眼、残废、没有牙齿的亚当斯","一个彻头彻尾的伪君子和无原则的压迫者"①。

为了应对"邪恶、卑鄙、暴力"的攻击,1798 年 7 月,美国亚当斯总统签署了《美国煽动法》作为《美国外国人和煽动法》中的一部分,其中规定,写作、印刷、发表或出版,任何针对总统和其他行政部门官员的虚假、可耻和恶意的文字……都

---

① Ronald G. Shafer. "The thin-skinned president who made it illegal to criticize his office". washingtonpost. September 8,2018 at 7:00 a. m. EDT. https://www. washingtonpost. com/news/retropolis/wp/2018/09/08/the-thin-skinned-president-who-made-it-illegal-to-criticize-his-office/.

是非法的,处罚从六个月到五年不等,最高罚款 5000 美元。

一般来说,煽动是指煽动他人抵抗或反抗合法权威。当时,在英格兰,"煽动性诽谤"几乎禁止对国王或其官员进行任何批评。英国普通法认为,任何批评国王政府的口头或书面言论都会损害人民对其权威的尊重。

《美国煽动法》首先将"反对政府的任何一项或多项措施"的阴谋定为非法。更进一步,该法案规定任何人对国会或总统发表"任何虚假、可耻和恶意的文字"都是非法的。《美国煽动法》直接针对那些公开反对总统(当时是亚当斯)或联邦党人主导的政府的人。

1798 年 10 月,佛蒙特州共和党国会议员马修·里昂(Matthew Lyon)成为第一个根据《美国煽动法》受审的人。里昂反对对法国开战,并反对为战争准备而征收土地税。里昂写了一封在共和党报纸上发表的信,批评亚当斯总统"继续掌握权力"。在几次公开会议上,他还开玩笑地说到想知道为什么国会没有命令亚当斯去疯人院。

联邦大陪审团认定里昂故意煽动对亚当斯总统的仇恨。由于无法为他的审判找到辩护律师,里昂为自己辩护。里昂试图证明他所写和所说的话的真实性,这是《美国煽动法》所允许的。这意味着举证责任在他身上。里昂必须证明这些话是真的,而不是检察官必须证明它们是假的。里昂还辩称,他只是在表达自己的政治观点,不应该接受真相检验。陪审团裁定里昂犯有"恶意"发表煽动性言论的罪行。这位也是联邦党人的法官判处他四个月的监禁、1000 美元的罚款和法庭费用。

在 1798 年至 1801 年,美国联邦法院根据《美国煽动法》起诉了至少 26 人。许多人是民主共和党报纸的编辑,反对亚当斯政府。起诉引发了关于新闻自由的意义以及美国反对党应享有权利的激烈辩论。此外,还有若干其涉及侮辱诽谤国家元首的罪行被定罪。这些案件在美国社会引起激励争论,很多人抱怨《美国煽动法》违反了保护言论自由和新闻自由的宪法第一修正案。新闻界自由地讨论各种公共人员的优缺点,新闻自由才能站稳脚跟。"自由思考并说出和写出他们的想法"的权利时刻处于违宪之中是不可接受的。应当坚持长期以来根据普通法惩罚煽动性诽谤,言论自由必须与个人对虚假陈述的责任相平衡。

在 1800 年第三次总统竞选过程中,杰斐逊将反对《美国外国人和煽动法》作为他竞选活动的主要部分。《美国煽动法》的广泛愤怒助长了杰斐逊在激烈竞争的总统选举中战胜亚当斯,《美国煽动法》的通过被广泛认为是亚当斯总统任期内最大的错误之一。《美国煽动法》在亚当斯任期结束时到期,新总统杰斐逊赦免了所有依法被定罪的人。后来,大部分罚款都被退还了。此后,美国社会对于新闻界及公民评价、批判总统给予较大自由空间。至今再也没有专门确立的侮辱诽谤总统罪。

第三节　我国国家主席规范化

一、我国国家元首象征作用的规范演变

在我国古代,极为重视对君主、皇帝权威的维护,这实质上也是对于国家元首象征作用的维护。古代刑律所定十恶中的"谋反"即图谋推翻皇帝的统治;"谋大逆",即图谋毁坏皇帝的家庙、祖墓及宫殿;"大不敬",即对皇帝的不尊敬。清末以来,对于皇帝的法律规定由刑律开始拓展到更多方面。中国有史以来第一部宪法性质的法律文献《钦定宪法大纲》"君上大权"部分规定,"一、大清皇帝统治大清帝国,万世一系,永永尊戴","二、君上神圣尊严,不可侵犯"。《钦定宪法大纲》维护了皇帝的尊严,但是未能阻止皇权崩溃。

进入我国民国时期,吸收借鉴国外立法,宪法以及宪法性文件更加规范地规定国家元首的权力,更加强调国家元首的象征作用。1912 年《中华民国临时约法》第三十条规定,"临时大总统代表临时政府,总揽政务,公布法律"。第三十七条规定,"临时大总统代表全国接受外国之大使、公使"。1913 年 10 月 31 日国会宪法起草委员会拟定《中华民国宪法草案》(史称《天坛宪法草案》),草案第五十五条规定,"中华民国之行政权,由大总统以国务员之赞襄行之"。第六十七条规定,"大总统为民国陆海军大元帅,统率陆海军。陆海军队之编制,以法律定之"。第六十八条规定,"大总统对于外国为民国之代表"。1914 年《中华民国约法》第十四条规定,"大总统为国之元首,总揽统治权"。第十五条规定,"大总统代表中华民国"。第十六条规定,"大总统对于人民之全体负责任"。1923 年《中华民国宪法》第八十三条规定,"大总统对于外国为民国之代表"。第八十二条规定,"大总统为民国陆海军大元帅,统率海陆军。海陆军之编制,以法律定之"。第七十一条规定,"中华民国之行政权,由大总统以国务员之赞襄行之"。1946 年《中华民国宪法》第三十五条规定,"总统为国家元首,对外代表中华民国"。第三十六条规定,"总统统率全国陆海空军"。以上条文虽表述有所不同,但是都明确了总统的象征性,强调总统为"国家元首",代表"中华民国"。上述宪法规定的总统制基本可以认定为实权元首制,享有国家元首的象征性权力同时享有一定的行政权力。尽管 1912 年中华民国临时约法具有总理内阁制的内容,但是总体上总统仍享有很多实权。

在我国民国时期,行政处罚法等领域也开始注重对国家元首的保护。1943 年《违警罚法》第五十七条规定,"亵渎国徽国旗或国父遗像,尚非故意者","处

三十圆以下罚锾"。第五十八条规定，"于公共场所瞻仰国父遗像，经指示而不起立致敬者"及"于公共场所瞻仰中华民国元首，或最高统帅或其肖像，经指示而不起立致敬者"，"处二十圆以下罚锾或申诫"[1]。

新中国成立后，国家元首采用了国家主席的称谓。1949 年 9 月 29 日，中国人民政治协商会议第一届全体会议通过《中国人民政治协商会议共同纲领》。其中，第十二条规定，国家最高政权机关为全国人民代表大会。全国人民代表大会闭会期间，中央人民政府为行使国家政权的最高机关。而在之前的 1949 年 9 月 27 日，中国人民政治协商会议第一届全体会议通过《中华人民共和国中央人民政府组织法》第四条规定，中央人民政府委员会对外代表中华人民共和国，对内领导国家政权。第六条规定，中央人民政府委员会，由中国人民政治协商会议的全体会议选举中央人民政府主席一人，副主席六人，委员五十六人。从上述规定可以看出，明确中央人民政府委员会对外代表中华人民共和国，对内领导管理国家政权，实际上是一种集体元首的形式；而没有明确点名中央人民政府主席为国家元首，但是实践中已经成为国家元首。

1954 年我国开始制定首部宪法，对于国家元首的具体称谓也进行了深入讨论。有的认为应当明确国家主席是国家元首，有的认为不需要明确。1954 年 6 月 11 日，宪法起草委员会第七次全体会议讨论宪法草案时，黄炎培说："还有，中华人民共和国主席是什么，没有写。"毛泽东说："对了，主席不是国家元首。我看还是不用元首好。"[2]1954 年 9 月 20 日，第一届全国人民代表大会第一次会议通过 1954 年宪法，明确建立了国家主席制度。

二、我国宪法关于国家主席象征作用的规范演变

国家元首的权力可以区分为象征性权力（国家元首纯粹的职能）、实权性权力（具有作为行政首脑所享有的权力）。我国对于国家主席的法律规范保护及其法律责任分布在民事法律、行政法律、刑事法律中，对于国家主席象征性的法律赋权主要通过宪法确定的。通过宪法，国家主席作为国家机构之一所具有的象征作用得以维护。从我国宪法演变的历史沿革中可以看出，我国国家主席经历了享有实权性权力的国家元首，取消国家元首制度，再到实际上享有象征性权力的转变过程。

（一）1954 年宪法关于国家主席的规定

在 1954 年宪法中，国家主席行使的职权分为两类：一是根据全国人大及其

---

① 戴鸿映：《旧中国治安法规选编》，群众出版社 1985 年版，第 368 页。
② 许崇德：《中华人民共和国宪法史》，福建人民出版社 2003 年版，第 227 页。

常委会决定行使的职权。1954年宪法第四十条规定,中华人民共和国主席根据全国人民代表大会的决定和全国人民代表大会常务委员会的决定,公布法律和法令,任免国务院总理、副总理、各部部长、各委员会主任、秘书长,任免国防委员会副主席、委员,授予国家的勋章和荣誉称号,发布大赦令和特赦令,发布戒严令,宣布战争状态,发布动员令。二是宪法直接赋予的职权。(1)国防军事权力。1954年宪法第四十二条规定,中华人民共和国主席统率全国武装力量,担任国防委员会主席。(2)对外交往权力。国家主席对外代表国家、对外象征国家,1954年宪法第四十一条规定,中华人民共和国主席对外代表中华人民共和国,接受外国使节;根据全国人民代表大会常务委员会的决定,派遣和召回驻外全权代表,批准同外国缔结的条约。(3)重大事务权力。1954年宪法第四十三条规定,中华人民共和国主席在必要的时候召开最高国务会议,并担任最高国务会议主席。最高国务会议由中华人民共和国副主席、全国人民代表大会常务委员会委员长、国务院总理和其他有关人员参加。最高国务会议对于国家重大事务的意见,由中华人民共和国主席提交全国人民代表大会、全国人民代表大会常务委员会、国务院或者其他有关部门讨论并作出决定。

从宪法规定和政治实践看,1954年宪法规定的国家主席享有的象征性权力主要包括两项内容:一是根据全国人大及其常委会决定行使的职权;二是对外交往权力:对外代表中华人民共和国。在国家主席同时担任中共中央主席时,国家主席的象征性权力往往超出了宪法条文规定所赋予的权力影响力。

然而由于"文化大革命",1975年宪法删除国家主席的规定,1978年宪法未增加相关内容。有的观点认为,在1975年宪法、1978年宪法中虽然没有规定国家主席,但是将国家主席的职权分配给全国人大常委会以及全国人大常委会委员长。在这种情况下,国家元首成为集体形式的国家元首。①

(二)1982年宪法关于国家主席的规定

1982年宪法重新确立国家主席制度。1982年宪法第八十条规定,中华人民共和国主席根据全国人民代表大会的决定和全国人民代表大会常务委员会的决定,公布法律,任免国务院总理、副总理、国务委员、各部部长、各委员会主任、审计长、秘书长,授予国家的勋章和荣誉称号,发布特赦令,发布戒严令,宣布战争状态,发布动员令。制定1982年宪法时,专门就重新设国家主席的必要性,以及国家主席的象征性作了讨论。

---

① 许崇德:《中华人民共和国宪法史(下册)》,福建人民出版社2005年版,第526页。

中央政治局在讨论彭真同志报告和宪法修改草案（讨论稿）时，确定还是设国家主席。小平同志说，我们这样大的一个国家，还是需要设国家主席。国家主席对外代表国家。但他提出国家主席的职权要规定得"虚"一点，不管具体事务，不作具体决定，不干涉政府的行政事务。根据这个精神，拟订了宪法修改草案。胡乔木同志在宪法修改委员会第二次会议上作说明时说：过去是一种不正常的情况下，取消、剥夺了国家主席的权力，而且在修改宪法时又取消了国家主席职务。现在我国从各方面都恢复了正常。因此，从恢复国家多年的惯例着想，还是在修改宪法时恢复设国家主席比较适宜。这是表明国家的正常化，国家的稳定。国家主席有一些特别需要的地方。一种是对内，国家主席是国家的一个象征。对于国外，很多国家有国家元首，我们不设国家主席对外交往就不方便。但是，现在规定的国家主席跟1954年的规定有不同的地方，就是他是个象征性的职位，他不干涉政府工作，不承担行政责任，他也不召集最高国务会议和国防委员会。

所以宪法规定，国家主席根据全国人大和全国人大常委会的决定，公布法律，任免国务院组成人员，派遣和召回驻外全权代表等。这些都不是国家主席自行决定的。①

总体上，国家主席的权力相比较1954年宪法规定而言更加具有象征性，缺少了最高国务会议的权力。但是现实中，国家主席通过担任中共中央总书记、中共中央军事委员会主席，能够享有实权，而这进一步强化了国家主席的象征性作用。

(三) 新世纪宪法关于国家主席规定的变化

1982年宪法第八十一条规定，中华人民共和国主席代表中华人民共和国，接受外国使节；根据全国人民代表大会常务委员会的决定，派遣和召回驻外全权代表，批准和废除同外国缔结的条约和重要协定。2004年宪法修改时，对于国家主席职权的规定作了修改。宪法修正案将宪法第八十一条中"中华人民共和国主席代表中华人民共和国，接受外国使节"修改为"中华人民共和国主席代表中华人民共和国，进行国事活动，接受外国使节"。作这样的规定，主要的考虑是，当今世界，元首外交是国际交往中的一种重要形式，需要在宪法中对此留有空间。②

---

① 王汉斌：《王汉斌访谈录——亲历新时期社会主义民主法制建设》，中国民主法制出版社2012年版，第97—98页。

② 王兆国：《关于〈中华人民共和国宪法修正案（草案）〉的说明——2004年3月8日在第十届全国人民代表大会第二次会议上》，参见全国人大常委会法制工作委员会宪法室编：《中华人民共和国制宪修宪重要文献资料选编》，中国民主法制出版社2021年版，第202页。

从 1982 年宪法关于国家主席权力定位的角度看,国家主席的权力主要是象征性的,从上述宪法说明对增加该内容解释看出,这个"国事活动"主要是指涉外活动的外交、外事活动。这部分活动可以不经全国人大常委会的决定。一些学者认为,从该条的前后逻辑也可以得出上述结论。①

实践中,国家主席上述权力的行使,也与法定国家象征——国旗、国歌、国徽的广泛运用密不可分。例如,授予国家的勋章和荣誉称号会运用上述三类国家象征,发布命令也会用到国徽图案。两者之间起到互相加强象征作用、相互促进合法性的关系。第一代领导人集党政军大权于一身,"毛主席"既成为党中央的象征,也成为中国的象征。革命领袖所具有的个人魅力也加强了国家主席的象征作用。从我国第三代领导人开始再次逐渐形成"三位一体"的领导体制,即最高国家领导人同时担任中共中央总书记、国家主席、中央军委主席的领导体制和领导形式。

按照宪法规定,我国国家主席主要职能的行使依赖于全国人大及其常委会作出的决定决议等,但在实践中,由于国家主席同时担任中共中央总书记、军委主席的重要职务,集政、党、军队于一体,形成了具有中国特色的最高国家领导人制度。

三、我国关于国家主席象征作用的法律责任规范

(一)民事法律责任

1. 作为民事主体时国家主席的权利保护

良好的声誉是人身权利的一个重要组成部分,受到宪法的保护,与享有生命、自由和财产的权利同样重要。个人享有名誉的权利源远流长,是人类社会所必需的,作为国家主席,其名誉权更应受到保护。国家主席是具有双重性质的,既是宪法规定的国家机构,也是法律上的民事主体。就名誉权而言,民法典第一千零二十四条规定,民事主体享有名誉权。当国家主席个人作为民事主体,参与民事活动时,其名誉权受法律保护。民法典第一千零二十四条规定,任何组织或者个人不得以侮辱、诽谤等方式侵害他人的名誉权。侮辱是指故意通过言语、文字或者行为举止等方式贬低他人人格、毁损他人名誉的行为。侮辱行为的主观状态应当是故意,其方式可以是言语、书面文字或者行为举止,也可以是上述几种方式的混合。诽谤是指故意或者过失地散布有关他人的虚假事实,导致他人名誉降低或者损毁的行为。诽谤的主观状态可以是故意,也可以是过失,

---

① 马岭:《我国国家主席制度的规范与实践》,载《法学》2014 年第 4 期,第 3—4 页。

其方式可以是言语、书面文字或者其他任何使虚假事实散布的方式。

从理论上看,如果侮辱国家主席及其个人姓名,可以构成侵犯国家主席个人名誉权。对于构成侵犯国家主席名誉权的行为,可以要求公开赔礼道歉,公开消除侵权行为所造成的不良影响,恢复名誉;被侵权人也可以要求侵权人赔偿损失。

2. 知识产权领域国家主席的法律保护

知识产权主要是指著作权、专利权和商标权。我国在知识产权领域对国家主席的保护,主要体现在商标法。根据商标法第十条的规定,同中华人民共和国的国家名称、国旗、国徽、国歌、军旗、军徽、军歌、勋章等相同或者近似的,以及同中央国家机关的名称、标志、所在地特定地点的名称或者标志性建筑物的名称、图形相同的,不得作为商标使用。

对于适用商标法的理解,可以从两个方面展开。一是按照作为有害于社会主义道德风尚或者有其他不良影响的进行处理。商标法第十条第一款第八项规定,有害于社会主义道德风尚或者有其他不良影响的不得作为商标使用。《商标审查审理指南》(2021年版)将注册与我国党和国家领导人姓名相同或者近似的,作为具有政治上不良影响对待。以党和国家领导姓名或名字作为商标申请注册,对我国公共秩序产生消极、负面影响的,适用商标法第十条第一款第八项予以驳回。与党和国家领导人姓名或名字近似的,足以对我国公共利益和公共秩序产生消极、负面影响的,亦适用商标法第十条第一款第八项予以驳回。①

二是按照国家主席作为国家机构进行处理。《商标审查审理指南》对商标法第十条第一款中,同中央国家机关的名称、标志、所在地特定地点的名称或者标志性建筑物的名称、图形相同的,不得注册商标的情况进行了解释。有关标志同中央国家机关的名称、标志、所在地特定地点的名称或者标志性建筑物的名称、图形相同的,审查审理时适用该项禁用规定。例如,紫光阁、怀仁堂、新华门等。② 按照宪法规定,国家主席是国家机构之一,即属于商标法第十条中的"中央国家机关"。因此,注册商标时,不得注册含有"国家主席"的字样。同理,为了加强对国家主席的保护,也不得对现任或者曾任国家主席的个人姓名进行注册。

（二）行政法律责任

行政法领域部分法律涉及损害国家主席权利的行政法律责任。广告法第九条规定:"广告不得有下列情形:……(二)使用或者变相使用国家机关、国家

---

① 国家知识产权局制定:《商标审查审理指南》(2021年版),第195页。
② 国家知识产权局制定:《商标审查审理指南》(2021年版),第179页。

机关工作人员的名义或者形象。……"国家主席作为宪法上明确规定的国家机构,当然属于广告法所禁止的情形,不得使用或者变相使用国家主席的名义或者形象。按照广告法第五十七条之规定,违反上述规定的行为,由市场监督管理部门责令停止发布广告,对广告主处 20 万元以上 100 万元以下的罚款,情节严重的,并可以吊销营业执照,由广告审查机关撤销广告审查批准文件、一年内不受理其广告审查申请;对广告经营者、广告发布者,由市场监督管理部门没收广告费用,处 20 万元以上 100 万元以下的罚款,情节严重的,并可以吊销营业执照、吊销广告发布登记证件。

对于公民而言,在治安管理处罚法上,也受到该法的保护。治安管理处罚法第四十二条规定的行为,包括:公然侮辱他人或者捏造事实诽谤他人的;捏造事实诬告陷害他人,企图使他人受到刑事追究或者受到治安管理处罚的;等等,也可以适用于对国家主席个人相关权利的维护。

（三）刑事法律责任

对于侮辱国家主席行为法律责任,我国刑法没有直接规定,但侮辱国家主席的行为可以构成侮辱诽谤罪。刑法第二百四十六条第一款规定,以暴力或者其他方法公然侮辱他人或者捏造事实诽谤他人,情节严重的,处三年以下有期徒刑、拘役、管制或者剥夺政治权利。第二款规定,前款罪,告诉的才处理,但是严重危害社会秩序和国家利益的除外。侮辱诽谤罪是指使用暴力或者以其他方法,公然贬损他人人格,破坏他人名誉,情节严重的行为。侮辱诽谤罪侵犯的客体是他人的人格尊严和名誉权。

考虑侮辱诽谤罪中,法人、团体、组织不能成为诽谤罪的犯罪对象。侮辱诽谤的对象只能是特定的自然人,特定的人既可以是一人,也可以是数人,但必须是具体的、可以确认的。涉及侮辱诽谤国家主席时,可以明确为侮辱诽谤国家主席个人的人格尊严和名誉权。侮辱诽谤国家主席个人的,同时严重危害社会秩序和国家利益的,属于公诉案件。公安机关可依法立案侦查,依法追究犯罪人的刑事责任。

总体上看,上述领域的法律保护适用对象是公民,没有特别针对国家主席。在具体适用过程中,需要考虑国家主席的特殊性,考虑维护公民权利、限制国家权力的适当性、必要性。

第三章　首　都

第一节　首都的象征功能

一、首都作为国家象征

国家首都(National Capital),也称为首都、国都,是一国法定的中央政府所在地,也是一国的政治中心。"首都对内是一国的中心,对外是沟通各国关系的汇合点,所以具有国家象征的含义。"[1]首都也是一国集历史、传统、文化和自然特征等于一体的象征。从国家构成的角度来看,领土与人民、主权、居民一起构成国家基本的组成部分。凡成立国家时,必须要有相应的首都,首都成为组成国家的条件之一。

首都不仅仅是空间实体意义上的国家组成部分,而且是精神意义上的国家组成部分。首都作为精神意义上的国家象征,是基于首都作为政治中心基础上产生的文化功能的体现。首都的首要功能是作为政治中心,是以行政管理为主要职能的中央机构所在地。同时,首都的文化功能也是首都的重要功能、是首都作为国家象征的必然结果。首都的文化功能是在国家的建筑、纪念碑、文化地标、具体化艺术和学术的音乐厅、展览馆、高校等文化产物的基础形成的,与其他城市相比,首都必须具有文化上的代表性和多样性。

很多国家的宪法、法律以及规范性文件对于首都的国家象征地位作了规定。很多国家宪法,将首都与国旗、国歌、国徽并列,规定在一章或者一条,作为国家象征。在历史上,苏联从 1923 年起的历部宪法将上述国家象征并列规定于一章。乌克兰宪法将首都条款与国旗、国徽、国歌置于同一条。《澳大利亚国家首都规划》明确,堪培拉作为国家首都职能的中心,以及澳大利亚国民生活和价值观的象征,发挥着举足轻重的作用。《苏丹共和国临时宪法》第一百五十二条规定,喀土穆是苏丹共和国的国家首都,是国家统一的象征,反映国家的多样

---

[1]　焦洪昌主编:《宪法学》(第六版),北京大学出版社 2020 年版,第 248 页。

性。同时,很多国家制定首都法,普遍强调将首都作为国家象征保护。

在政治实践中,首都往往指代国家,如在国际交往、外交实践中,常以首都的名称指代该国,如北京指代中华人民共和国、华盛顿指代美国、伦敦指代英国。

二、首都何以成为国家象征

对于首都是否成为国家象征,有一定的争议,有的认为首都主要是中央国家机构所在地,是实体物,难以成为抽象意义的象征;有的则认为,首都不仅仅是中央政府所在地,而且是公民心中国家的代表,国家的具体化,理应是国家的象征。对此,笔者认为,首都应当是而且必然是国家象征,其主要原因如下。

(一)地理占据优越位置

国家的确立必然需要首都的确定,首要的原因在于国家机构的日常办公需要固定的场所。首都是一国举全国之力、全国之精英设计、建造的城市。因此,首都往往需要占据优越位置,以更有利地服务首都的功能。在首都具有多重属性的国家,首都往往是该国最大的城市(之一);在首都单一性的国家,首都往往是国家部门聚集最多、规划具有国家特色的城市。但是,首都不一定是国家最高机构的所在地,但至少是其中一个机构,即国家元首或行政权力机构。

每一个国家的首都都是本国环境、设施独一无二的城市。《管子·乘马》中说:"凡立国都,非于大山之下,必于广川之上。高勿近旱而水用足,下勿近水而沟防省。因天材,就地利。"因为首都会利用当地特殊地形为高大、权威的国家大型建筑,为容纳国家主要的政府机构、政治礼仪,以及服务首都功能而特殊设计。开放的空间系统、特色的大道、庄严的公共建筑,为塑造公民的国民认同提供充满国家感情的实物基础,也使得首都城市成为象征一国的有力支撑。例如,英国白金汉宫、威斯敏斯特宫等使得伦敦成为代表英国独一无二的国家象征。

(二)人文具有典范效应

古往今来,人们都把首都视为天下各地之楷模,作为学习建设的榜样。《史记·儒林列传序》中说:"教化之行也,建首善自京师始。"在我国古代,首都也称京师。京城是文物、人才会集之地,也称京华。我国古代多部诗词歌赋赞颂首都的人文典范效应。例如,晋朝陆机《为周夫人赠车骑》中说:"京城华丽所,璀璨多异人。"唐朝韦应物《拟古》诗之三写道:"京城繁华地,轩盖凌晨出。"相比于其他城市,首都更能够引起一国广大公民之向往,每年都有数以百万计的人前往首都地区,了解国家的历史、感受其文化,并在政治建筑物前留下痕迹和影像。首都具有标志性的建筑物、宫殿、公园、博物馆等,既为优化国家形象,也为强化人民国家认同带来了重要的贡献。

（三）历史充满国家记忆

在历史上,首都是皇权、王权所在地。首都作为国家成就的象征,在一国历史上,往往具有重大的纪念意义。首都是荣耀之地、光荣之地。一国首都往往修建大量的各类纪念物、纪念场所等,如美国的"二战"纪念碑、中国的人民英雄纪念碑等都是用来纪念对整个国家具有重要意义和价值的人物、事件或者思想。日积月累,这些纪念物成为全国人民国家观念和信仰的实际表达场所或者物品。

首都地区往往汇集各地文化,拥有许多历史人物、光辉思想和重大事件的纪念作品,这些作品对国家具有文化意义,反映了首都城市不断发展的价值观、思想和愿望,同时也会促进公民对于本国文化多样性的理解。

（四）政治生活发生重大影响

"京师者,四方之腹心,国家之根本。"首都是国家议会和最高行政机构的所在地,是国家行政中心和许多国家机构的所在地,也是一座体现国家精神、象征国家生活和成就的城市。同时,庞大的国家机构为人民群众开展政治活动提供了广阔的活动空间。位于首都的开阔广场、空间为国家大型政治活动、庆祝活动、纪念活动等提供了充分场地。通过首都的实体存在为参与其中的人民群众与国家这个抽象概念,创造了直接的联系。而通过媒介获悉,位于首都发生的重大活动、事件,也在人们心里产生了首都与国家关系的直接联系,产生了对国家的共鸣。

与国旗、国歌、国徽在政治功能上相比较,首都也具有一种使国家这个抽象功能得以具体化的作用。"公民不必去国家的所有领土,仅需要去首都,即可感受到国家的存在。"[1] 这个感受依赖于首都强大的人文、历史等内涵,是首都作为政治中心的必然产物。因此,可以确定"首都具有强烈的政治象征意义,承载着国家认同和民族情感,起着维系国家稳定和统一的纽带作用"[2]。

因此,在政治意义上,首都作为影响一国全体人民的国家重大政治活动、政治决策和政治事件策源地、发生地,加强了人民与国家之间的联系,也带来了首都象征国家的共鸣情感联系。

---

[1]　张世君等:《"首都法"前思:首都治理的法律保障》,中国法制出版社 2022 年版,第 5 页。

[2]　刘小妹编著:《京津冀协同发展背景下首都立法问题研究》,中国社会科学出版社 2017 年版,第8—9 页。

三、首都的宪法意义

从各国宪法的规定来看,很多国家宪法都有关于首都的规定,有的甚至作了专章或专条规定。也有一些国家由于政治、历史、传统等,没有明确规定首都。

（一）各国宪法关于首都条款的规定

由于各个国家历史和现实原因,对于首都的规定采取的模式是不同的。归纳起来看,大体上有以下两种类型:

一是定义模式。主要包括以下不同规范方式:(1)明确首都是具体地名,匈牙利、马其顿、马耳他、塞尔维亚等国家采取这种方式,如《匈牙利宪法》规定,匈牙利首都是布达佩斯。(2)表述方式是首都是"具体地名"和"市",例如,《西班牙宪法》规定,国家首都是马德里市。(3)表述方式是"地名(市)是首都",如《卢森堡宪法》第一百零九条规定,卢森堡市是大公国首都。

二是附加模式。主要包括以下不同规范方式:(1)明确机构所在地,例如,《卢森堡宪法》第一百零九条规定,卢森堡市是大公国首都,是政府所在地。政府所在地只有因重大原因才能暂时转移。[①] (2)明确由法律规定首都的地位。例如,《德国基本法》第二十二条规定,德意志联邦共和国的首都是柏林。在首都代表整个国家属于联邦的职责。具体由联邦法律予以规定。《意大利宪法》第一百一十四条规定,罗马作为共和国的首都,将有自己的制度,由国家的立法来管理。(3)在上述两者之外,增加首都法律地位由法律规定。《白俄罗斯宪法》第二十条规定,白俄罗斯共和国的首都是明斯克市。明斯克市的地位,由法律予以规定。《俄罗斯宪法》第七十条第二款规定,俄罗斯联邦的首都是莫斯科市。首都的地位,由联邦法律予以规定。(4)作出进一步解释明确。《立陶宛宪法》第十七条规定,立陶宛的首都是维尔纽斯市。维尔纽斯市是立陶宛具有悠久历史的首都。

（二）宪法明确首都的宪法意义

一是现实确认功能。通过宪法对本国首都予以确认,明确首都具体位置或者所在区域。宪法确立国家首都是什么或者所在地,从表述上看首都条款是"一个封闭的条款,而不是一个开放的条款,这减少了立法者的自由和宪法法院

---

① Art. 109. La ville de Luxembourg est la capitale du Grand-Duché et le siège du Gouvernement. -Le siège du Gouvernement ne peut être déplacé que momentanément pour des raisons graves. 388.

的解释余地"①。例如,《俄罗斯宪法》第七十条第二款规定,俄罗斯联邦的首都是莫斯科市。匈牙利、马其顿、马耳他、塞尔维亚等国亦是如此。绝大部分国家的宪法直接确立了首都的所在地,只有极少数国家允许通过法律修改首都所在地。这就使得人民通过宪法更加清楚地明晰制宪者确定的首都是某一特定城市,而非其他城市。

二是范围界限划定功能。通过宪法赋予首都的宪法地位,并不是一种修辞上的宣示,而是具有立法需要确认的必不可少的法律内容。通过宪法对本国首都的领土范围予以确认,如《美国宪法》第一条第八款规定,在任何情况下,对由某些州让与合众国,经国会接受,充作合众国政府所在地的区域(其面积不超过10平方英里)行使专有的立法权。美国宪法明确首都地区的具体面积,以及所行使的权力。在宪法中,明确国家首都所在地相当于确认了首都的地理范围。

三是主权昭示功能。在国际法意义上,国家是由领土、人民(民族,居民)、主权和政府四个要素组成的。首都是国家主权的重要组成部分,同时也是国家机构行使国家权力的固定场所。特别是对于独立国家而言,首都"构成了确认独立的象征性过程中的一个基本组成部分"②。首都的主权象征意义也在一些国家的宪法中有所明确。例如,《安道尔宪法》在第一编"安道尔主权"的第二条中规定,安道尔城是国家的首都。《奥地利宪法》第五条规定,联邦首都和联邦最高机关所在地是维也纳。《波兰宪法》第一章"波兰共和国"第二十九条规定,波兰共和国的首都为华沙。

首都既是国家主权管辖下的特殊区域,也是中央政府所在地。宣示首都的存在,即是昭示国家的形成、政权的组成。在一些国家,一经成立即宣告首都地区的所在地。在1949年中华人民共和国成立之初,国家象征和标志之中置于首位的、最先确定的即是首都。1949年9月27日由中国人民政治协商会议第一届全体会议通过《关于中华人民共和国国都、纪年、国歌、国旗的决议》,其中第一条规定,"全体一致通过:中华人民共和国的国都定于北平。自即日起,改名北平为北京"。

(三)宪法明确首都法律地位的实践意义

宪法明确首都之后,如果要进行迁都,会涉及是否修改宪法的问题。2004年发生在韩国的《新行政首都特别法》违宪案从另一个层面强调了迁都是否需要修宪的重大问题。在该案中,韩国宪法法院认为,韩国首都在汉城(后改名为

---

① ANTONIO TRONCOSO REIGADA. "LA BANDERA Y LA CAPITALIDAD". UNED. Revista de Derecho Político. N. 103, septiembre-diciembre 2018, págs 60.

② Cfr. SANTAMARÍA PASTOR, J. A.《Capital del Estado》, en Enciclopedia Jurídica Básica, Civitas, Madrid, 1995, I, pág. 916.

"首尔")虽然没有宪法明确规定,但是已经成为宪法惯例。要进行迁都,就是改变宪法惯例,也就是需要修宪。① 同理,举重以明轻,在宪法明确规定首都所在地的前提下,如果进行迁都,必然需要修改宪法。

宪法明确首都所在地后,还有一个重要问题是是否所有中央国家机构都需要在首都。有学者对宪法明确规定首都所在地进行了分析,认为宪法规定首都所在地意味着从解释上讲,可以有两个原则,一是最高解释原则,也即所有国家机构都应当在首都所在地。二是最低解释原则,即仅需要国家元首在首都。② 接受最高解释原则,意味着必须确保所有国家机构都需要设在首都。接受最低限度的原则,将给立法者留下充分的自由,使其在政治上得到充分的发挥空间。立法者对于首都定义条款的解释空间将特别影响国家层面一般机构部门的所在地。美国也是认同了这一解释,因此,将在建设新的国防部大楼时,考虑首都地区的拥挤情况,将其建设在首都华盛顿特区西南方的弗吉尼亚州阿灵顿县。当然这种解释也可能面临例外情况,如在古代,"首都普遍为国家首长及政府之固定的驻节地。此项规定亦常有例外。譬如,在德意志帝国,波茨坦穆为威廉第二之驻节地,而当时柏林则为德国之首都;在过去沙皇俄国,尼古拉第二的驻节地为沙利村,而圣彼得堡则为首都"③。现在随着各国首都地区面积普遍较过去大很多,不会存在古代国家元首在距离首都较近的其他行政区域的情况。

第二节　国外首都立法

一、国外首都立法的起因与类型

首都是国家的政治中枢,是最高级国家机构所在地,是国家政治生活的核心。这使得首都在国家政治、经济、文化、军事、外交等方面都发挥重要影响。按照首都地位的不同,可以分为两种类型:一是具有特别行政区地位的首都,如华盛顿、堪培拉、伦敦、莫斯科、东京、河内等近百个首都;二是具有一般行政区等同地位的首都,如维也纳、罗马等。④ 很多具备特别行政区地位首都的国家制

---

① 신행정수도의건설을위한특별조치법위헌확인 . ［2004.10.21.2004 헌마 554 · 566（병합）전원재판부］.

② ANTONIO TRONCOSO REIGADA. "LA BANDERA Y LA CAPITALIDAD". UNED. Revista de Derecho Político. N.103,septiembre-diciembre 2018,págs 61.

③ 苏联科学院法学研究所主编:《苏联国家法教程(上册)》,彭健华译,大东书局印行1950年版,第321页。

④ 刘优:《世界各国首都名手册》,上海辞书出版社2016年版,第136页。

定了首都地位、组织机构等相关法律,如美国、加拿大、澳大利亚、印度、日本、韩国、以色列、尼日利亚等国家。各国制定首都法的时机、背景各有不同,但总体而言主要有以下两种动因。一是首都法的动因之一——确定首都位置、建立首都机构。法律在首都选址、首都机构设置方面确定起着规范、明晰的重要作用。近现代以来,一些国家新成立之初主要问题就通过法律形式选址首都,建立首都机构。如美国、澳大利亚、加拿大、俄罗斯①等国家亦是如此。二是首都法的动因之二——治理"大城市病"。近现代以来,随着现代化的发展,往往同时是一国经济、金融之中心,首都相关区域人口迅速膨胀,交通拥堵、环境污染、资源紧缺等"大城市病"在多个国家的首都出现。面对首都日益复杂的交通、环境、居住等城市治理问题,很多国家也加大了对首都地区具体城市的立法力度。

很多国家已经制定了首都的相关法律,还有部分国家正在制定首都相关法律,如法国。根据立法的目的不同,这些国家首都立法侧重点有所不同,主要分为四种情况:

一是重点规范"首都特区""首都圈"范围及其规划的法律。一些国家制定了部分重点规范"首都特区""首都圈"范围及其规划的法律,如美国、日本、韩国。在美国,首都华盛顿哥伦比亚特区是美国联邦直接管辖的区域。特区的最高权力机构为美国国会,通过华盛顿市政府实施管理。美国国会于1952年通过了《国家首都规划法》,该法明确了首都范围及其规划,有力保障了首都特区政治、经济、文化、环境的协调有序发展。在日本,其国会于1956年通过的《日本首都圈管理法》对首都圈进行了明确界定。首都圈是指东京都及法规规定的、与其形成一体的东京都周边地区。在韩国,为消解首都圈人口和产业的过度集中使首都圈得以有序均衡发展,韩国在2013年3月制定了《韩国首都圈管理规划法》,该法中的"首都圈"是指首尔特别市和总统令规定的周边地区。

二是重点规范首都和中央关系、首都内部机构权力关系的法律。一些国家为规范首都和中央关系、首都地区各个机构的权力关系专门制定法律,如美国、澳大利亚、加拿大。在美国,为更好地治理首都地区,1973年美国国会通过了《哥伦比亚特区地方自治法》,其主旨是再次将权力下放给地方,由选举产生的市长、特区委员会负责管理。在澳大利亚,其国会制定了《澳大利亚首都地区

---

① 在莫斯科城市建设发展进程中,法律的导向和规范起着重要的、不可或缺的作用。苏联解体后,1993年12月12日,俄罗斯全民公决通过了俄联邦宪法,确定莫斯科为俄罗斯联邦首都的法律地位。随后,又陆续通过了一系列的法律文件,如《俄罗斯联邦城市规划法典》《关于俄罗斯联邦首都地位法》《关于编制、制订和审查通过莫斯科发展总体规划的基本法律》(1997年)等。这些法律法规的制定,为城市建设活动的健康发展奠定了坚实的法律基础。朱冬传:《俄要对莫斯科"动外科手术"——"首都联邦区"进入法律保障实施轨道》,载《法制日报》2012年8月21日,第9版。

（自治）法》,该法于 1988 年制定,2016 年进行过修改,主要内容是赋予首都地区更多的自治权。

三是重点规范首都地区城市治理及发展的法律。在一些国家,针对首都城市治理及发展中的具体事项,制定专门法律予以规范,如美国、日本、印度、韩国、法国。在美国,针对首都地区城市治理及发展中的具体管理事项,美国国会制定了多部法律,如 1952 年制定了《国家首都规划法》,1965 年制定了《国家首都交通法》,1972 年制定了《国家首都运输法》,1995 年制定了《国家首都利益仲裁标准法》,1997 年制定了《国家首都复兴和自我管理发展法》。在日本,除了 1956 年制定的《首都圈整备法》之外,针对首都圈的土地、绿化等事项,1958 年制定了《首都圈近郊管理地区及城市开发区管理法》,1966 年制定了《首都圈近郊绿地保全法》《首都圈、近畿圈及中部圈近郊管理相关国家财政特别措施法》,2013 年制定了《首都内陆地震对策特别措施法》。在印度,印度首都德里分为旧德里和新德里两部分。印度针对首都地区的发展情况制定了多部法律,如 1957 年制定了《德里地方机构法》《德里发展法》,1994 年制定了《新德里市政议会法》,2011 年制定了《德里首都地区法（特别条款）法案》。在韩国,除了 2013 年制定的《首都圈管理规划法》外,韩国为改善首都地区的大气环境和有序管理大气污染源,保护区域居民的健康和营造宜居城市,于 2003 年 12 月制定了《首都圈大气环境改善特别法》。

四是重点规范首都地区国家机关迁移的相关法律。近年来,一些国家为解决首都人口、交通等问题,将首都地区的部分国家机关迁移到周边城市,为此制定了首都地区部分国家机关迁移的相关法律。在韩国,2003 年 12 月韩国国会通过了《新行政首都特别法》。在日本,为配合首都圈功能转移,日本政府于 1988 年 1 月作出了《关于国家机关等转移的决议》,并成立了"推进国家机关等转移的联络会议"。到 1999 年,总理府、财务省、外务省等所属的一些研究机构,如日本学术会议、税关研究所等近 30 个机构,迁移到了东京的周边地区。个别国家制定了仅宣誓首都位置的法律。1980 年以色列国会制定了《基本法:耶路撒冷——以色列的首都》,确定耶路撒冷是以色列"永远的和不可分割的首都"。但当时未得到其他国家承认。随后,巴勒斯坦自治政府也宣布耶路撒冷将成为未来巴勒斯坦国不可分割的首都。

二、国外首都立法中关于首都作为国家象征的体现

首都作为国家象征在一些国家立法中得以体现。一是在序言中予以明确。《德国柏林/伯恩法》前言明确:"德国联邦议院反复表达了其政治意愿,即在德国统一后,议会和政府应再次设在德国的首都柏林,柏林是德国分裂 40 多年后

德国统一意愿的象征。"① 二是在条文中隐含首都作为国家象征。例如,《加拿大首都法》第十条第一款规定,"首都委员会的目标和宗旨是为国家首都地区的发展、保护和改善制定计划并提供协助,以便使加拿大政府所在地的性质和特征符合其国家意义(national significance)"②。当然,首都法中对于首都作为国家象征的维护在很多情况下是通过具体的制度设计实现的,主要体现在以下方面。

一是给予特殊立法权,确保良好发挥首都功能。

为了维护首都功能,强化首都地区的国家象征功能,很多国家的首都法对首都地区的立法权限作了规定。很多国家的宪法按照国家专属、地方专属、剩余权力归属明确中央或地方权力机关的立法权限划分。而对于首都,很多国家往往通过首都法明确立法权的划分。

对于首都议会的立法权限,很多国家的首都法往往以概括的方式授予,但同时进行明确限制,如英国大伦敦当局法规定,伦敦议会"为了促进伦敦地区经济发展、财富创造、社会发展和环境改善"可进行立法③,但是英国国务大臣(Secretary of State)可以发布行使上述权限的指南,伦敦当局在行使权力时应考虑该指南。《澳大利亚首都自治法》规定,首都立法议会为了"和平、秩序和良好的政府"有权制定相关法律。美国1973年《哥伦比亚特区自治法》第三百零二条规定,除第六百零一、六百零二、六百零三条之外④,特区立法机构在符合宪法和本法条款的基础上,并且符合《美国宪法》第一条第十部分规定的限制性条件基础上,可以指定在本辖区实施的任何法规。首都法中往往以排除条款的形式,明确了国家立法的专属范围。

一般情况下,在联邦制国家,有的国家明确国家专家立法权之外的剩余权力归属州,如美国、澳大利亚;有的归属联邦,如加拿大。⑤ 但是在首都法的剩余权力中,各国规定不一致,如印度在首都地区因联邦甚至宪法上的限制,其制定法律的权力受到限制。《印度宪法》明确了首都地方议会立法的排除范围,明确如果首都"立法会就任何事项所制定的法律的规定与其前后议会就该事项所制定的法律或者更早之前的非由立法会制定的法律相冲突,则在上述任一情形下,议会制定的法律或者更早之前的法律应优先适用,立法会制定的法律与其冲突的部分无效"⑥。且印度议会可就同一事项制定法律对首都立法会制定的

---

① 韩明生编译:《世界各国首都法汇编》(第一卷),法律出版社2020年版,第65页。
② 韩明生编译:《世界各国首都法汇编》(第一卷),法律出版社2020年版,第150页。
③ Greater London Authority Act 1999. PART II. 30.
④ 《哥伦比亚特区自治法》第六百零一条规定宪法性权力的保留;第六百零二条规定特区立法的限制;第六百零三条规定预算程序,借款与支出的限制。
⑤ [英]詹姆斯·布赖斯:《现代民治政体》,张慰慈等译,吉林人民出版社2011年版,第394页。
⑥ 孙谦、韩大元主编:《地方制度——世界各国宪法的规定》,中国检察出版社2013年版,第160页。

法律予以补充、修改、变更或者废除。在美国，赋予在首都特区广泛权力，明确排除条款，并且坚持联邦拥有否决权。对于国会立法的范围，由于并未明确特区的专属范围，也未明确共同范围，国会拥有全部的权力。

二是明确建立特殊机构，维护首都地区规划管理建设。

为了加强国家对首都地区发展的指导，强化首都地区国家象征相关事项的建设，根据中央和地方实质关系的不同，不同国家制定首都法，往往确定了不同的治理模式。在当代，地方和中央的权限在单一制国家和联邦制国家的区别，并不像往昔那么重要。"联邦制国家已经向更强的中央集权制演变，而单一制国家则日渐向地方下放权力"①。在首都立法方面，出现这两种倾向：联邦制国家原先通过首都立法，体现较为集中的权力，现在反而趋向于更加下放权力。在联邦制国家，主要以扩权的首都委员会加上有限的地方政府组成的模式；而单一制国家往往在现有中央集权的框架内，积极吸收地方层面共同参与首都治理。在单一制国家，往往成立行政机关与特殊行政机构——首都委员会。

很多国家设立首都委员会的最初设想是从全国整体的利益出发考虑首都局部的利益。例如，根据《加拿大国家首都法》第十条规定，国家首都委员会的目标是使加拿大政府所在地的性质和特征能与其在国家中的意义相称。设置首都委员会在实质上是国家权力的扩大，这种权力实际上介于首都、首都周边城市和中央政府之间的权力，超越了首都地区的利益。从另一个层面看，这实质上构成了对首都地方权力的限制。例如，根据 1982 年《韩国首都地区管理法》建立的跨辖区超级机构——首都地区管理委员会，对首都地区的经济发展、土地利用和基础设施建设进行统一的规划和管理。②

三是建立首都地方特殊财政建设，支持首都地区发挥国家象征功能。

首都地位毋庸置疑的优势并不能掩盖一些限制因素的存在。首都地位要求首都地方政府承担一系列活动，包括官方庆祝活动、国际活动以及示威、游行等，这些活动不是任何地方实体的活动，因此不宜由地方财政提供资金。实践中，首都地区必须以地方实体的常用资源来履行相关义务和支出，首都地方可以用于纯粹的地方服务的支出也将相应减少。从平衡的角度看，首都地位所带来的成本不应该由首都地方政府单独承担。因此，在很多国家法律中，明确了对由首都地位造成的额外地方负担进行经济补偿的规定。

预算和财税在首都实现功能中占据重要地位，很多首都法律对地方的财政作了特殊安排。例如，根据美国《哥伦比亚特区自治法》规定，市长和市议会一起制定当地的税收和财政预算，也必须提交至国会批准。而根据《澳大利亚首

---

① ［法］让·里韦罗、让·瓦利纳：《法国行政法》，鲁仁译，商务印书馆 2008 年版，第 47—48 页。
② 刘瑞主编：《首都经济圈结构调整的国际比较》，中国人民大学出版社 2017 年版，第 210 页。

都特区自治法》,特区的公共资金应用于特区的支出,除按照法律规定使用公共资金外,不得随意使用。而且联邦对于特区的财政支持应与其他州和地区同样对待,同时也必须考虑首都存在和联邦政府所在地的特殊因素而产生的费用。

第三节　我国首都规范化

从比较法上看,首都法是对首都地理范围、首都组织机构、首都城市治理等方面进行规范的基础性法律,对于加强首都治理、解决首都"大城市病",落实宪法关于首都的规定具有重要积极意义。近年来,国内一些学者对于制定首都法进行了深入探讨,提出了很多建设性意见。[①] 首都法是针对特殊地区制定的法律,具有特殊性,构建我国的首都法律制度,实现首都事项的规范化,须从文化、历史、现实等多个维度考量。

一、我国古代至民国时期首都规范化的沿革

(一)古代首都规范化

在我国古代的律令中存在大量关于首都的规定。根据文献梳理,我国古代涉及首都的规范具有以下特点:一是没有形成单独法律法规,但是到清末学习国外经验,开始逐渐制定出台专门的法律法规;二是重点内容比较突出,主要关注首都组织机构、编制;三是重视首都建设、管理。

根据现有文献资料,我国古代首都法律制度主要集中在以下方面:一是首都地区政府组织制度,包括行政区划、官员等级,主要特点是首都地区级别官高于普通地方。在唐朝,《唐六典》明确首都京兆地区的行政长官从二品,而其他地区的行政长官从三品。[②] 京兆下属县令也高于其他地方,如"万年、长安、河南、洛阳、奉先、太原、晋阳,令各一人,正五品上""诸州上县,令一人,从六品上"。二是首都行政首长的具体职权。在唐朝,《唐六典》卷三十明确:"京兆、河南、太原牧及都督、刺史掌清肃邦畿,考核官吏,宣布德化,抚和齐人,劝课农桑,敦谕五教。""京畿及天下诸县令之职,皆掌导扬风化,抚字黎氓,敦四人之业,崇五土之利,养鳏寡,恤孤穷,审察冤屈,躬亲狱讼,务知百姓之疾苦。"三是

---

① 参见刘小妹编著:《京津冀协同发展背景下首都立法问题研究》,中国社会科学出版社 2017 年版;张世君等:《"首都法"前思:首都治理的法律保障》,中国法制出版社 2022 年版。
② 唐六典是我国现有的最早的一部行政法典,亦是我国现存最早的一部会典,成书于唐朝开元二十六年(公元 738 年)。

首都地区军事制度。《唐六典》卷二十四明确:"左、右卫大将军·将军之职,掌统领宫廷警卫之法令,以督其属之队仗,而总诸曹之职务,凡亲、勋、翊五中郎将府及折冲府所隶者,皆总制焉。"卷二十五记载:"左、右金吾卫大将军·将军之职,掌宫中及京城昼夜巡警之法,以执御非违,凡翊府及同轨等五十府皆属焉。"在清朝,《皇朝通典》明确驻京师的军队设置、职权,"凡城门直班之制内城九门""各按官兵居住方位以八旗满洲蒙古汉军分直""圆明园护军营之制于禁苑周围"。关于内政部门的设置,明确"提督九门巡捕五营步军统领一人,左右翼步军翼尉每翼各一人""内城九门每门城门领各二人"(《皇朝通典》卷之六十八)。① 四是首都地区刑罚治安制度。首都作为朝廷所在地,首都地区治安更严,对于社会治安案件的处罚也更加严格。在明朝,专门规定了盗窃京城门钥的处罚要重于一般地方:《大明律·刑律》明确"凡盗京城门钥,皆杖一百、流三千里。盗府州县镇城关门钥,皆杖一百、徒三年"。在清朝,大清律例专门明确对于京城爆炸物的管理和处罚。

(二)我国民国时期首都规范化演变

民国时期至新中国成立前,中央政府所在地随政权变动而几经变迁,主要分为三个时期:一是南京临时政府时期。辛亥革命后的 1912 年(民国元年)1 月 1 日,中华民国临时政府宣告成立,孙中山就任临时大总统,定都南京。4 月 2 日,南京临时参议院议决临时政府迁至北京。二是北洋政府时期。北洋政府沿袭清制,北京城区仍称谓"京师",设于京师之府制,称顺天府。② 1914 年 10 月"顺天府"更名为"京兆";北京城内及其周边地区成立"京都市",并明确为特别市。三是南京国民政府时期。1927 年南京国民政府成立,定都南京。1928 年北伐成功后,废止京兆地区,京都市更名为北平特别市,由河北省直辖,后改为行政院直辖。原京兆其余县划归河北省。1949 年新中国成立,定国都于北平,并将北平更名为北京。

民国时期,首都也被称之为"国都"。不同的政治势力先后登上历史舞台,起草通过了多部宪法或宪法草案,不过仅有少数对首都作出规定。1925 年国宪起草委员会拟订的《中华民国宪法草案》第五条规定:"中华民国以北京为国都。"1931 年国民会议通过的《中华民国训政时期约法》首次正式对首都作出规定,第五条规定:"中华民国国都定于南京。"1936 年《中华民国宪法草案》("五五宪草")也作了上述规定。但在抗日战争胜利后起草中华民国宪法时,对于定

---

① 《皇朝通典》是记载清初至乾隆朝为止的清典章制度。

② 1403 年,北平府改为顺天府,建北京城,准备迁都城于此,此次是正式命名为"北京"的开始。1420 年,永乐皇帝迁都北京,改称"京师"。"京师"之称谓延至 1914 年。

都南京还是定都北京发生了激烈的争论①，甚至当时的"制宪国民大会"会议主席认为"宜称南京为典礼国都，以北平为政治国都"②。由于争议较大，为缓和争端，以免宪法审议停滞，考虑到不影响已定都南京的事实，1946 年国民大会通过的《中华民国宪法》没有规定首都。

民国成立后 30 余年时间，北洋政府、南京国民政府先后多次就国都北京、南京进行单独立法，中央政府出台多部法律法规（本文统计不包括政府部门，仅包括最高立法机关、最高行政机构名义出台的法律法规），其主要特征如下：

一是立法重点内容在首都特殊的政府组织编制，涉及首都安全的警察、卫戍事项。民国时期，共制定首都法律法规 14 部，包括：（1）机构设置类，1912 年《南京府官制》、1913 年《划一现行顺天府属地方行政官厅组织令》、1915 年《京兆尹官制》、1917 年《京都市政公所暂行编制》等。（2）首都治安治理类，包括1913 年《划一现行京师警察官厅组织令》、1914 年《京师警察厅官制》。（3）首都军事安全类，包括 1912 年《南京卫戍条例》等。

二是立法时往往在中央制定全国性统一法规时，同步拟制出台首都特殊法规。例如，1913 年 1 月 8 日公布《划一现行各道地方行政官厅组织令》，同日公布《划一现行顺天府属地方行政官厅组织令》。1914 年 8 月 29 日，北洋政府在公布《地方警察厅官制》（大总统教令第一百二十一号），同日公布《京师警察厅官制》。

三是立法性强调首都与其他地方的不同。上述 14 部首都法律法规主要强调，首都地区的行政长官、警察主管是由中央政府任命，其奖惩、管理等多由内务部管辖。这与一般地方的管理体制有很大的不同。

二、我国首都相关法律规定现状

1949 年 1 月 31 日，解放军和平进入北平城，北平和平解放。1949 年 9 月27 日中国人民政治协商会议第一届全体会议通过《关于中华人民共和国国都、纪年、国歌、国旗的决议》："一、全体一致通过：中华人民共和国的国都定于北平。自即日起，改名北平为北京。"当时北京隶属于中央直属。1949 年 10 月 27 日中央人民政府主席毛泽东发布命令："中央人民政府业已成立，华北人民政府工作着即结束，原华北人民政府所辖五省二市改为中央直属。中央人民政府的许多机构，应以华北人民政府所属有关机构迅速建立起来。"③其中的两市即为北京市、天津市。在 1954 年宪法制定以前，北京市人民政府先后隶属中央人民

① 罗志渊：《宪法上的国都问题》，载《中央日报》1946 年 9 月 30 日，第 10 版。
② 邓廷和：《典礼国都与政治国都》，载《时代周刊》1946 年第 24 期，第 4 页。
③ 刘淑珍：《华北人民政府成立的前前后后》，载《中国档案》2011 年第 9 期，第 78 页。

政府华北事务部、政务院华北行政委员会,但是这两个部门不同于当时其他的大行政区,是中央人民政府、政务院的一个组成部分,北京市仍一直直属于中央。

1954年,我国第一部宪法明确了首都是北京。1954年宪法序言规定,中华人民共和国第一届全国人民代表大会第一次会议,一九五四年九月二十日在首都北京,庄严地通过中华人民共和国宪法。1954年宪法第一百零六条规定,中华人民共和国首都是北京。此后,我国历部宪法均明确规定首都是北京。

此外,我国一些法律也有涉及首都的规定。城乡规划法第二十三条规定,首都的总体规划、详细规划应当统筹考虑中央国家机关用地布局和空间安排的需要。英雄烈士保护法第五条规定,每年9月30日为烈士纪念日,国家在首都北京天安门广场人民英雄纪念碑前举行纪念仪式,缅怀英雄烈士。第七条第二款规定,矗立在首都北京天安门广场的人民英雄纪念碑,是近代以来中国人民和中华民族争取民族独立解放、人民自由幸福和国家繁荣富强精神的象征,是国家和人民纪念、缅怀英雄烈士的永久性纪念设施。从现有法律规定看,我国目前关于首都的法律规范是匮乏的,还缺乏一部专门的首都法律。

三、我国首都法的定位

近年来,一些学者提出制定首都法,加强对首都象征功能、首都规划建设、首都治理的规范。总结分析相关经验,我国首都立法应当坚持以下定位。

（一）首都法是授权性法律,而非特权法

首都法是一国针对本国特殊地区——首都地区专门制定的法律。首都法着眼于其他法律不能解决的问题,应以首都相关事项为调整对象。客观上,首都在政治上具有特殊地位,在经济上具有领先优势,在文化上具有先天聚集优势(全国各类文化聚集地)。制定首都法在此条件的基础上明确首都享有的授权性规定,还需要进一步明确:一是强化服务保障首都功能,着重解决首都面临的突出问题,而非在于强调首都已经具有的优势。二是明确首都在特定事项享有的特殊权力,主要在两个方面进行限制,限制目的是服务保障首都功能、限于当地实施。通过制定法律,授权首都在一定范围内实施特定措施服务保障首都功能的规定,而非授予北京特权。

（二）首都法不仅仅是象征性法律,而且是建设性法律

首都是具有国家象征意义的城市。各国首都法普遍强调将首都作为国家象征予以保护,如《越南首都法》还专门规定了越南的象征(首都的象征为文

庙——国子监的奎文阁）。通常情况下,各国首都法均明确首都建设管理机构的权限范围、机构组成等。不同于国旗法、国徽法、国歌法,首都法不仅仅要有抽象意义的保护,还要有具体使用规范的保护。首都法不仅仅应当保护抽象意义的首都(首都意识、首都功能等),更多的内容是从首都作为实体涉及的规划、建设、管理、服务保障等具体制度,涉及首都规划和建设、首都管理和保障、首都安全的基本制度。

在很多国家,首都法也是规划性法律,很多内容涉及首都规划,如首都规划的原则、主要内容、批准程序、与其他规划的关系、确保首都规划的实施等。例如,《越南首都法》规定了首都规划的批准程序、与其他规划的关系、首都规划的实施、首都规划的主要方面等,澳大利亚、新西兰的首都法明确首都规划的制定实施。

(三)首都法是全国性法律,而非区域性法律

在很多国家,首都法中除了很多特别条款仅适用于首都之外,其他规定的内容,都是适用于全国的。这主要体现在,很多国家首都法总则中规定,相关地方根据服务保障首都功能的需要履行相应职责。特别是:一是涉及首都周边地区的,周边地区的规划、建设要与首都规划、建设相协调;二是涉及国家重大活动保障要求的,有关地方应当落实国家重大活动保障要求;三是举办国家重大活动期间,首都及其周边地区的部分区域可以实施必要的安全保障措施。

制定首都法对于加强首都治理,推进北京首都功能的实现,促进北京“大城市病”的解决,保障宪法在首都上的实施具有重要意义。首都法的制定既要着眼于当前面临的重要问题,还要根据未来首都定位的实现、北京城市副中心和雄安新区的定位与建设审慎考虑。要积极借鉴国外首都立法的各项实践,总结国外首都立法的经验教训,在厘清我国中央和地方关系定位与发展趋势的基础上,探索制定符合我国国情的首都法,明晰中央和地方立法机关在首都事项上的立法权限,赋予首都立法机关的特殊权限,规范完善首都地方政府的职能定位。

第一节　国庆节的象征功能

在历史上,很多国家都举行过国家性的庆祝活动和纪念活动,目的是加强国家凝聚力。随着 19 世纪现代民族国家的出现,民族本身往往成为此类庆祝活动的焦点,民族国家的创建同时伴随着国庆节的引入。"国庆纪念日是近代民族国家的一种特征,是伴随着近代民族国家的出现而出现的,并且变得尤为重要。它成为一个独立国家的标志,反映这个国家的国体和政体。"[①] 国庆节是近代民族国家出现后为纪念新国家诞生而设立的纪念日。从王国到共和国,国家庆祝活动被制度化,旨在加强民族凝聚力。国庆节成为国家最重要的政治纪念节日,是一国人民同庆国家生日、共享民族荣光的重要时刻。

一、国庆节作为国家象征的基础:法定的特殊日期

在大多数情况下,国庆节纪念的具体日期包括国家的独立、宪法的签署、元首诞辰或其他有重大纪念意义的周年纪念日。由于各国政治、历史、文化情况不一,部分国家的这一节日未称为国庆日,如美国只有独立日,没有国庆日,但是两者意义相同。法国是较早确立国庆日并确定国庆活动的国家之一。1789年 7 月 14 日,巴黎群众攻克了象征封建统治的巴士底狱,从而揭开法国大革命序幕。在攻占巴士底狱一周年之际,法国组织了一场全国性的庆祝活动,法国议会将这次 7 月 14 日的纪念活动视为促进所有法国人民团结的机会。拿破仑充任第一执政时,一度宣布这一天为国庆节,但不久又被他自己废止了。为了隆重纪念象征自由和革命的日期,在 1880 年法国议会通过法令确定了每年的 7 月 14 日为国庆日,并延续至今。

在很多国家,一般是将新国家正式独立、新政权正式确立的日期法定化为

---

① 《中华人民共和国国庆日》,载中国政府网,http://www.gov.cn/test/2005-05/24/content_18251.htm。

国庆节。实践中,少数国家有例外情况。例如,葡萄牙共和国于 1910 年 10 月 5 日建立,但"国庆节"却定在 6 月 10 日,是全世界为数不多的,不以政治历史为目的的国庆日。葡萄牙将"国庆节"定在诗人路易斯·德·卡蒙斯逝世之日,以联络葡萄牙人的感情。葡萄牙诗人路易斯·德·卡蒙斯因史诗《卢济塔尼亚人之歌》而成为葡萄牙的民族英雄和象征。

二、国庆节发挥国家象征的机制

国家采用国庆节纪念新国家、新政权建立,通常通过盛大的活动彰显国家的成就,强化新国家、新政权建立的合法性。在国庆庆祝活动中,往往举行庆祝大会、阅兵活动、游行活动等,会集来自各个地区、各个领域的杰出代表。有学者概括了国庆节的主要特征和做法,主要包括:(1)对与民族国家建立有关的历史事件的庆祝,如宪法的签署、独立的开始或宣布国家的成立。(2)集会和国家象征的运用纳入惯例和仪式中。展示国旗、国徽和唱国歌是国庆节必不可少的组成部分。(3)音乐是国庆日的一个组成部分,无论是由军事单位、群众乐队还是个人提供。选择的音乐奠定了仪式的基调,演奏的内容对于促进情感自然具有重大意义。(4)游行或阅兵(军队或平民参与的)或者流行的狂欢,是国家庆祝活动的核心特征。(5)国庆节依赖于国民的某种形式的集体参与。[1] 在国庆活动中,国家往往还推广全民性的庆祝活动,让人们参与其中,并发挥重要作用。

考虑在国庆节这一节日举行庆祝活动是短暂的,即使一场活动成功地创造了一个共同体验的集体,这个集体(Community)也会随着活动的结束而解散。[2] 为了克服上述缺点,必须确保国庆节活动能够发挥更大的效益。只有当活动被认为是真实的,国家仪式才会被视为成功。只有当观众通过活动的场景转化为自愿的参与者时,国家庆典才能真正发挥庆祝功能,发挥国家性礼仪的庆祝功能。

此外,还需要注意的是,国庆节活动中重要仪式对于国家象征的运用所发挥的重要作用。运用国旗、国歌等是形成国家观念的捷径,民族身份每天都通过国家象征和语言习惯以不同的方式被表示出来,在理所当然的知识中,国家象征发挥着至关重要的作用,维持着国家归属感。[3]

---

① Gabriella Elgenius, *Expressions of nationhood: national symbols and ceremonies in contemporary Europe*, PhD thesis, London School of Economics and Political Science, 2005, pp. 157-158.

② Gordana Uzelac, *National ceremonies: the pursuit of authenticity*, Ethnic and Racial Studies, Vol. 33:10, pp. 1718-1736(2010).

③ Gabriella Elgenius, *Expressions of nationhood: national symbols and ceremonies in contemporary Europe*, PhD thesis, London School of Economics and Political Science. 2005. p. 265.

三、国庆节作为国家象征的功能

国庆节作为国家象征已经得到很多历史学者、政治学者、社会学者的认同。国庆节是国家的象征,是承载建国记忆的民族主义符号,也是举国欢庆的政治节日。[①] 国庆节在民族国家形成中发挥着重要作用。在现代国家形成的过程中,国庆与国旗、国歌同样纳入国家的符号象征系统。[②] 显示力量、增强国民信心,体现凝聚力,发挥号召力,即为国庆庆典的三个基本特征。[③] 例如,在美国独立日,美国人在这一天热情洋溢地庆祝与英国的分离,庆祝自由和独立;在法国国庆日,法国公民通过凯旋门,沿着香榭丽舍大街游行,这些都是具有国家象征意义的建筑。具体而言,国庆节作为国家象征具有以下功能。

（一）提示合法化功能

新国家的建立和巩固意味着建立象征、仪式和集体实践。国庆节的采用和持续发挥着展现政治形势的功能。[④] 很多国家的国庆日一直在适应政治变化并表达新的民族概念。对于新政权、新国家而言,通过明确国庆日期,将新政权建立的过程包括革命事件转化为建国神话,并以此与以往国家、政权进行政治区分。如果通过确认很久之前的重大历史事件的日期为国庆日,与新生的国家、政权建立了一种历史连续性,进而巩固新政权的合法性。

（二）表达认同功能

"在国庆节,举国欢庆新国家的诞生,诠释国庆的意义和表达自身的诉求。作为国家象征的国庆节,表达认同是国庆纪念的主要功能之一。"[⑤] 由于受其象征性的影响,国庆活动为公民提供了一个识别和融入社会的机会,国庆节成为一种文化基因。通过国庆节,有意识地或无意识地传递社会普遍共享或渴望的内容、价值观和规范。因而,国庆活动成为在情感上向公民传达他们是命运共

---

① 周游:《节庆、认同与动员:新中国建立初期的国庆纪念研究(1949—1956)》,载《社会科学论坛》2022 年第 4 期,第 99 页。

② 张凤阳:《西方民族——国家成长的历史与逻辑》,载《中国社会科学》2015 年第 6 期,第 18 页。

③ 《中华人民共和国国庆日》,载中国政府网,http://www. gov. cn/test/2005-05/24/content_18251. htm。

④ Gabriella Elgenius, *Expressions of nationhood：national symbols and ceremonies in contemporary Europe*, PhD thesis, London School of Economics and Political Science. 2005. p. 231.

⑤ 周游:《节庆、认同与动员:新中国建立初期的国庆纪念研究(1949—1956)》,载《社会科学论坛》2022 年第 4 期,第 102 页。

同体的重要途径。[①]

（三）增强凝聚力功能

在国庆节,开展民族庆典和纪念活动可以增强国家凝聚力。参与国家纪念活动与国家归属感呈正相关,"国庆这种特殊纪念方式一旦成为新的、全民性的节日形式,便承载了反映这个国家、民族的凝聚力的功能。同时国庆日上的大规模庆典活动,也是政府动员与号召力的具体体现"[②]。参加国家纪念活动,让公众在活动中感受到国家历史、感受到国家辉煌与梦想,强化奋斗的凝聚力。

（四）国家记忆功能

新国家或者新政权的建立往往要经过艰辛的努力,最终才能实现民族团结、国家的独立。国庆节中举行的纪念活动,有助于公众了解有关战争和国家的独立经历,进而调动公民的情感,使得国庆活动成为民族记忆中的重要组成部分。明确国庆日并且开展国庆活动,有助于督促公民不要忘记在新政权战胜旧政权的胜利过程中付出的巨大痛苦和牺牲。

第二节　国外国庆节立法

"国家法定节日,像其他国家象征物一样,人们可以推断出这个国家的自我理解。""通过强调一些假期的法律保障地位,出现了一个公民可能和应该形成的国家形象,以及国家对其公民的形象。"[③]在国家法定节日中,将国家文化认同与国家特征结合在一起。人民通过特定日期庆祝特定事件,可以显示一个国家、人民的价值观。

很多国家通过宪法或者法律将具有特定纪念意义的日期作为举国欢庆的节日,如国家宣告独立日、新政府成立日、革命起义日、国王诞生日、宪法性文件通过日等,以纪念国家诞生或者新的政府成立。大多数国家作出专门决议明确了国庆的具体时间。有的国家在关于节假日的法律中明确国庆日全国休假,有的在法律中明确国庆日升挂国旗。有少部分国家通过法律对具体国庆活动作

---

① Ute Krüdewagen. "Die Selbstdarstellung des Staates?" München, GRIN Verlag, https://www.grin.com/document/183203.

② 《中华人民共和国国庆日》,载中国政府网,http://www.gov.cn/test/2005-05/24/content_18251.htm。

③ Ute Krüdewagen. "Die Selbstdarstellung des Staates?" München, GRIN Verlag, https://www.grin.com/document/183203.

出规定,如俄罗斯。

大多数国家在政府及其部门制定的法规或者文件中明确国庆日开展的具体活动事项,包括阅兵仪式、群众游行、燃放烟花等以及集体活动涉及的交通、航空方面的安全管控,如英国、西班牙、菲律宾、新西兰等。

一、国庆节的宪法规定类型

从各国宪法规定来看,很多国家将国庆日与国旗、国歌、国徽等并列在一章或者一条进行规定。不丹、阿尔巴尼亚、罗马尼亚、多米尼加、加蓬、肯尼亚、中非、多哥、刚果(金)等国家的宪法亦如此规定。例如,《罗马尼亚宪法》第十二条条旨是国家象征。其中,第二项规定,罗马尼亚国庆日是 12 月 1 日。与国旗、国歌、国徽和首都一并规定。《越南宪法》第十一章章名是"国旗、国徽、国歌、首都和国庆日"。其中,第一百四十五条规定,1945 年 9 月 2 日宣布独立日为国庆日。《老挝宪法》第十章章名是"语言、文字、国徽、国旗、国歌、国庆日、货币和首都"。其中,第九十三条规定,老挝人民民主共和国国庆日是老挝人民民主共和国宣告成立之日,即 1975 年 12 月 2 日。

通过检索,目前有 14 个国家宪法规定了国庆日,包括越南、老挝、斯里兰卡、不丹、马尔代夫、阿尔巴尼亚、罗马尼亚、多米尼加、加蓬、肯尼亚、中非、多哥、刚果(金)、葡萄牙。宪法条文规定模式有以下类型:一是明确国家的国庆日是具体日期。例如,《斯里兰卡宪法》第八条规定,斯里兰卡共和国的国庆日是 2 月 4 日。二是个别国家规定多个国庆日。《肯尼亚宪法》第九条规定,肯尼亚的国庆日包括:(a)每年 6 月 1 日的马达拉卡日(自治日);(b)每年 10 月 20 日的马素佳阿日(英雄日);以及(c)每年 12 月 12 日的杰姆胡瑞日(独立日)。国庆日为公共假日。国会须立法规定其他公共假日,规定公共假日的纪念仪式。三是明确国庆日的具体来源。《中非宪法》规定,国庆日为 12 月 1 日,即共和国宣告成立之日。四是在国家性质的条款中规定国庆日。《刚果(金)宪法》第一条规定,刚果民主共和国自 1960 年 6 月 30 日建立以来是一个法治的、独立的、主权的、统一的、不可分割的、社会的、民主的和世俗的国家。6 月 30 日即是该国国庆日。五是个别国家在宪法中直接明确国庆日是全国性节日,如《多米尼加宪法》第三十五条规定,作为共和国独立纪念日的 2 月 27 日和国家重建日的 8 月 16 日定为全国性节日。

二、国外国庆节立法的制度内容

(一)确定具体国庆日期

国外国庆节立法首先是要确定具体的国庆日期。

在俄罗斯,1994 年俄罗斯议会联邦委员会作出决议,为纪念 1990 年 6 月 12 日俄罗斯联邦大会通过俄罗斯联邦国家主权宣言,将 6 月 12 日定为俄罗斯独立日。2002 年俄罗斯杜马通过修改劳动法将该日命名为"俄罗斯日",但俄罗斯法律没有对"俄罗斯日"相关活动作出规定。实践中,这一天通过的俄罗斯联邦国家主权宣言与苏联解体相关,引起部分俄罗斯人的不满,有一定争议,在"俄罗斯日"官方活动较少。

在美国,1870 年美国国会作出决定,为纪念 1776 年 7 月 4 日正式通过《独立宣言》,将 7 月 4 日命名为"独立日",联邦雇员可无薪休假。1975 年 6 月,美国参众两院通过共同决议:从国旗日到独立日的 21 天为美国荣誉日。在此期间,可以举行公众集会和活动,人民可以用适当的方式庆祝和纪念自己的国家。实践中,每年独立日,美国总统发布独立日公告,有时还专门发表独立日致辞,以庆祝和纪念美国独立。在独立日,美国政府、公众会举行各类庆祝活动,美国国土安全部海岸警卫队、交通运输部交通道路局、联邦航空局等部门会就当天特定区域交通管制、烟花燃放、航空管制等发布临时性规则。

在越南,国庆日为每年 9 月 2 日。1945 年 9 月 2 日,越南革命先驱者胡志明宣读越南《独立宣言》,宣布越南民主共和国(越南统一后更名为越南社会主义共和国)成立。《越南宪法》第一百四十五条规定,1945 年 9 月 2 日独立宣言日为国庆日。

(二)明确具体活动类型

国庆具体活动是国庆立法的主体内容,规范化国庆活动也是启动国庆立法的主要动因。

在西班牙,每年 10 月 12 日为国庆日,以纪念 1492 年 10 月 12 日哥伦布到达美洲大陆。1981 年 11 月,西班牙总统作出法令,明确 10 月 12 日为西班牙法定假日、西班牙日,政府当局为庆祝该日安排官方、公众庆祝活动。1987 年 10 月,西班牙议会通过专门决议,明确 10 月 12 日国庆日(该决议仅有一条内容)。1997 年 6 月,西班牙国防部通过《关于国庆日纪念活动的规定》,该规定主要有三项内容:一是在国庆日,军事人员要换装;同时在国防部范围内,对建筑和船只进行装饰,悬挂国旗。二是举行升旗仪式,向国家的象征——国旗致敬。三是在国庆日之前,军事训练、军事设施可以向公众开放。

越南政府通过的《国家庆典和欢迎外宾规定》,第五条第一款对国庆日活动作了专门规定。

一是奇数年举办以下活动:(1)越南共产党、国家主席、国会、中央政府、祖国阵线的中央机关代表瞻仰胡志明陵墓、敬献花圈,并在烈士英雄纪念碑敬献花圈。(2)河内市的共产党党委、人民议会、人民委员会、祖国阵线召开庆祝会议,邀请越南共产党中央委员会、国家主席、国会、中央政府、祖国阵线的中央机关代表参加。(3)总理以招待会的形式在河内招待外交使团和国际组织驻河内的首席代表。(4)外交部在河内组织外交使团和国际组织驻河内的首席代表瞻仰胡志明陵墓,敬献花圈,并在烈士英雄纪念碑敬献花圈。(5)河内市的共产党党委、人民议会、人民委员会、祖国阵线组织集会活动。

二是偶数年举办以下活动:(1)在河内市巴亭广场组织一次集会和游行,越南共产党中央委员会、国家主席、国会、中央政府、祖国阵线和群众团体组成人员出席,国家主席发布讲话。如果组织阅兵,国防部长宣读阅兵命令。邀请外交使团和国际组织驻河内首席代表出席。(2)其他活动。

三是逢十年举办以下活动:(1)以越南共产党中央委员会、国家主席、国会、中央政府、祖国阵线中央委员会的名义在河内组织庆祝大会,邀请外交使团和国际组织驻河内首席代表出席。(2)越南共产党中央委员会总书记、国家主席、总理国会主席、祖国阵线中央委员会主席在国家主席府举办庆祝招待会。国家主席宣读致辞,邀请外交使团和国际组织驻河内首席代表出席。(3)在河内组织瞻仰胡志明陵墓、敬献花圈,并在烈士英雄纪念碑敬献花圈。(4)河内市的共产党党委、人民议会、人民委员会、祖国阵线组织集会活动。①

菲律宾国会通过法律规定,国庆活动的主要形式包括举办国旗纪念日活动,举办升国旗仪式、敬献花仪式,群众游行,特别文化节目等。

(三)明确活动主体

国庆节活动的开展必须通过国家级政府部门的组织。1964 年 8 月,菲律宾国会通过法律,将 6 月 12 日规定为菲律宾独立日。每年举行国庆活动前,菲律宾总统发布专门行政命令,规范本年国庆活动事项。该行政命令明确国庆活动的牵头机构为国家旅游局,国家历史研究所、教育部等政府部门、国有企业协助。《越南国家庆典和欢迎外宾规定》第六十二条明确规定,文化、体育和旅游部负责组织周年纪念活动的国家统一管理。

(四)明确活动保障

国庆节活动的开展通过专门的资金、技术等方面的保障。

在菲律宾,国会通过法律规定,明确国家和各地独立日庆祝活动经费根据预算法和预算规定,并明确固定预算额度从总统应急资金中扣除,其他资金从政府拨款中获得。

---

① 《NGH DINH 145/2013/ND-CP TO CHUC NGAY KY NIEM NGHI THUC TRAO TANG DON NHAN HINH THUC KHEN THUONG. 》, https://thuvienphapluat. vn/van-ban/Bo-may-hanh-chinh/Nghi-dinh-145-2013-ND-CP-to-chuc-ngay-ky-niem-nghi-thuc-trao-tang-don-nhan-hinh-thuc-khen-thuong-211362. aspx.

在英国,按照惯例,英国将国王生日作为国庆日,从 18 世纪中叶开始,每年 6 月举行皇家军队阅兵仪式。通常情况下,在阅兵前,部分议员会提出,并由下议院通过关于阅兵仪式的简短决议,主要内容为,下议院期待举行阅兵仪式,以纪念女王生日,并呼吁政府确保英国所有属地的旗帜在阅兵场地升挂。同时每次国庆举行阅兵前,英国内阁每年会通过当年的《阅兵仪式航空限制飞行规则》,限制阅兵当日伦敦地区空域的航空飞行。

《越南国家庆典和欢迎外宾规定》第六十二条明确,外交部负责对外事务的国家统一管理和接待外宾。财政部牵头协调规划投资部、文化体育和旅游部、外交部及有关部委、机构做好资金筹措工作指导资源和工作。交通运输部主要负责并会同有关部委,制定国际口岸党和国家领导人和外宾接待和送行规定。信息通信部主要负责并配合有关部委、部门和群众组织在中央和地方各级群众媒体组织开展宣传活动。公安部和国防部根据各自的职能和任务,确保组织本令规定活动的绝对安全和保障。有关部委、部门在各自职责范围内,负责会同文化、体育和旅游部、外交部组织纪念活动。国家机关、政治组织、社会政治组织、社会政治职业组织、社会职业组织、社会组织、经济组织和人民武装力量单位的负责人根据职责负责实施本法令。

此外,德国、法国、澳大利亚、加拿大、日本、韩国、新西兰、奥地利、印度、新加坡等国家通过制定决议或在相关法律中,明确了国庆的具体时间,但没有在法律中就国庆活动的具体事项作出规定。实践中,这些国家主要由政府组织实施各项庆祝活动,社会公众也自主发起各种形式的庆祝活动。

第三节　我国国庆节规范化

一、我国国庆节规范化的历史沿革

(一)我国民国时期国庆节规范化沿革

进入民国时期,我国开始确立国庆制度。武昌起义爆发于 1911 年 10 月 10 日,对于纪念辛亥革命具有重要政治、历史意义。1912 年 9 月 24 日临时参议院第 80 次会议通过,9 月 29 日以临时大总统令公布《国庆日纪念日》:"武昌起义之日即阳历十月初十日为国庆日,应举行之事如左:一、放假休息;二、悬旗结彩;三、大阅;四、追祭;五、赏功;六、停刑;七、恤贫;八、宴会。南京政府成立之日即阳历正月初一日暨北京宣布共和南北统一之日即阳历二月十二日为纪念日,均放假休息。"①从此,在整个民国时期,无论是北洋政府时期,还是南京政府时期,10月10日都是国庆日。此后,虽然北洋政府、南京政府通过法律、法令明确一些国家性节日,如共和政府成立纪念日、国民政府成立纪念日、总理生辰纪念日、总理逝世纪念日、国耻纪念日等,但是主要是纪念性质的节日,不是庆祝性的节日。

(二)新中国成立后国庆节规定情况

1949年12月2日,中央人民政府委员会第四次会议通过《关于中华人民共和国国庆日的决议》,其中规定:"中国人民政治协商会议第一届全国委员会在一九四九年十月九日的第一次会议中,通过《请政府明定十月一日为中华人民共和国国庆日,以代替十月十日的旧国庆日》的建议案,送请中央人民政府采择施行。""中央人民政府委员会认为中国人民政治协商会议第一届全国委员会的这个建议是符合历史实际和代表人民意志的,决定加以采纳。""中央人民政府委员会兹宣告:自一九五零年起,即以每年的十月一日,即中华人民共和国宣告成立的伟大的日子,为中华人民共和国的国庆日。"目前,相关法律法规中对国庆日作出了一些规定,主要分为四个方面:

一是关于国家象征使用。国旗法第七条规定,国庆节、国际劳动节、元旦、春节和国家宪法日等重要节日、纪念日,各级国家机关、各人民团体以及大型广场、公园等公共活动场所应当升挂国旗;企业事业组织,村民委员会、居民委员会,居民院(楼、小区)有条件的应当升挂国旗。国歌法第十三条规定,国庆节、国际劳动节等重要的国家法定节日、纪念日,中央和省、自治区、直辖市的广播电台、电视台应当按照国务院广播电视主管部门规定的时点播放国歌。

二是关于活动安排。国防教育法第三十二条第二款规定,在国庆节、中国人民解放军建军节和全民国防教育日,经批准的军营可以向社会开放。国家勋章和国家荣誉称号法第九条规定,国家在国庆日或者其他重大节日、纪念日,举行颁授国家勋章、国家荣誉称号的仪式。中办、国办和军办印发的《关于进一步加强烈士纪念工作的意见》要求,每年国庆节各级党委、政府和驻军部队以及企事业单位、社会组织要充分利用烈士纪念设施、爱国主义教育基地、国防教育基地等红色资源,组织开展祭奠烈士、缅怀英烈活动。民政部制定的烈士公祭办法第三条规定,在国庆节应当举行烈士公祭活动。

三是关于工作要求。例如,2009年国办印发《关于做好国庆节期间有关工作的意见》,2014年国办印发《关于做好2014年国庆期间旅游工作的通知》等。

----

① 《国庆节纪念日》(民国元年九月二十八日公布),载《政府公报分类汇编》1915年第40期,第15—16页。

四是关于放假安排。劳动法第四十条规定,用人单位在国庆节期间应当依法安排劳动者休假。国务院《全国年节及纪念日放假办法》规定国庆节为全体公民放假的节日,放假 3 天(10 月 1 日—10 月 3 日)。

二、我国国庆节活动的类型

在新中国成立初期(1949—1959 年),每年的国庆都会举行大型庆典活动,同时举行阅兵。1960 年 9 月,中共中央、国务院本着勤俭建国的方针,决定改革国庆制度。此后,自 1960 年至 1970 年,每年的国庆均在天安门前举行盛大的集会和群众游行活动,但未举行阅兵。1971 年至 1983 年(个别年份除外),每年的 10 月 1 日,北京都以大型的游园联欢活动等其他形式庆祝国庆,未进行群众游行。1984 年,国庆 35 周年举行了盛大的国庆阅兵和群众庆祝游行。在此后的十几年间,均采用其他形式庆祝国庆,未再举行国庆阅兵和群众庆祝游行。1999 年 10 月 1 日,国庆 50 周年,举行了盛大国庆阅兵和群众庆祝游行。此后,在 2009 年国庆 60 周年和 2019 年国庆 70 周年,也举行了盛大国庆庆典,各种国庆庆祝形式要素开始逐渐固定化。

总体来看,中华人民共和国成立后,历年国庆活动的形式主要有:

一是阅兵。新中国成立以来至 2020 年,在国庆庆典(含开国大典)上共进行过 15 次阅兵,分别是 1949 年至 1959 年的 11 次和 1984 年国庆 35 周年、1999 年国庆 50 周年、2009 年国庆 60 周年、2019 年国庆 70 周年 4 次阅兵(不包括 2015 年 9 月 3 日纪念抗战胜利 70 周年阅兵、2017 年 7 月 30 日庆祝建军 90 周年朱日和阅兵)。

二是烈士纪念日敬献花篮。从 2014 年 9 月 30 日开始,每年 9 月 30 日举行纪念烈士活动,党和国家领导人向人民英雄敬献花篮。2019 年,敬献花篮仪式前,党和国家领导人习近平等首次前往毛主席纪念堂,向毛泽东同志坐像三鞠躬,并瞻仰了毛泽东同志的遗容。

三是颁授勋章奖章。2019 年国庆前,首次评选颁授国家勋章和国家荣誉称号,隆重表彰为国家建设和发展作出杰出贡献的功勋模范人物。此外,1955 年 9 月 27 日曾举行授元帅军衔和勋章典礼、将官军衔授衔典礼。

四是举行招待会。历年国庆前召开国庆招待会已成惯例,一般以国务院的名义举行(个别特殊年份没有举行)。2019 年国庆招待会以中华人民共和国主席习近平名义举办。在逢五逢十时,国庆招待会举办的规模大于"平年"。

此外,国庆活动还包括举办天安门广场联欢活动、游园联欢活动、大型文艺晚会、大型成就展、制作播出大型文献专题片、发行纪念邮票和纪念币等。

三、我国国庆节规范化问题及可行性

近年来,一些学者提出就国庆节活动开展立法。有的学者提出,应参照国旗法、国徽法,制定国庆节法,主要明确国家、公民在国庆节进行基本活动的规范,包含国家举行纪念活动的方式、个人的行为准则及禁止行为的规定。立法包含四章内容,即第一章明确总则、第二章规范国庆日行为准则、第三章规范法律责任及第四章附则。[①] 从规范国庆活动的角度看,涉及的内容是多方面的,既包括明确设立国庆节日期、目的等,也需要明确在国庆节组织举办活动的主体、参与人员、活动类型、活动保障、法律责任等。从长远看,需要根据实践情况,系统考虑国庆节规范化面临的问题及可行性。

(一)国庆节规范化面临的问题

一是规范活动的具体类型。国庆活动主要包括召开庆祝大会、阅兵式、颁授国家勋章和国家荣誉称号、向人民英雄纪念碑敬献花篮等庄严肃穆仪式性很强的活动,也有一些国家机关、企事业单位、群众自发组织的纪念活动、祭奠活动等。这些活动的规范主要涉及组织设置、安全保障、宣传报道等事项,主要是国家机关内部的运作流程等,较少涉及国家机关与公民、组织之间的关系。对于主要涉及内部法律关系的事项,不适宜由法律进行规范。

二是规范活动的参与主体。传统理念中,国庆活动的参与主体当然是国家,但是要发挥国庆节本身的象征作用,就需要多方主体的参与。由于国庆日会增强凝聚力,因此关于庆祝和纪念国家研究的核心问题之一是如何让这些日子在所有居民中保持活力。[②] 家长和学校的社会化参与在很大程度上影响了参与国家庆祝活动和纪念活动。青少年普遍遵从父母、学校等的榜样作用,表明家庭生活和社会化开展国庆活动更有利于增加国家凝聚力。[③] 国庆节立法应当注重多元化的参与主体,激发公民参与国庆活动的热情,强化国庆活动的国家象征作用。

三是规范活动的保障措施。举行国庆庆祝活动,可能涉及中央和地方事权划分,涉及公民权利的限制等。中央层面和北京市两级领导指挥和组织协调机制,部分企业生产的限制、车辆通行限制、封闭管控等对企业、公民权利的限制

---

① 尤永盛:《"国庆日"立法的理论思考》,载《法制博览》2018 年第 7 期,第 46—48 页。

② Marcel Lubbers & Roza Meuleman, *Participation in national celebrations and commemorations: The role of socialization and nationalism in the Dutch context*, Social Science Research, Vol. 55, pp. 111-121(2016).

③ Marcel Lubbers & Roza Meuleman, *Participation in national celebrations and commemorations: The role of socialization and nationalism in the Dutch context*, Social Science Research, Vol. 55, pp. 111-121(2016).

等内容,需要相关法律进行专门协调,以及北京市相关地方性法规予以衔接明确。

四是需要考虑规范的层级性。对国庆活动规范化的重点是形成具有可操作性、实用性较强的规范性指引,为今后国庆活动提供方便操作的"工作手册"。目前,我国已经形成多层次的法律法规体系,包括法律、法规、规章、规范性文件。相较于法律,法规、规章、规范性文件承载量更大,能够更加充分地规范国庆活动的流程安排、重点环节、各类保障等,更能够详细、具体地规定国庆相关活动,也更有利于为未来高效便捷地开展国庆活动提供良好的指引。

此外,在进行国庆节规范化时,还需要考虑启动制定的时机,国家的重大仪典性立法,一般在活动举办前作出,以便可以隆重举行接下来的活动,如全国人大常委会作出关于设立烈士纪念日的决定、关于确定中国人民抗日战争胜利纪念日的决定等。对于国庆立法,在国庆逢五周年、逢十周年时开展立法活动较为适宜。

(二)国庆节规范化的可行性

一是已有实践基础。1949 年通过的《关于中华人民共和国国庆日的决议》已经对国庆活动提出了原则性要求,实质上是要求在每年 10 月 1 日,国家以及各地区各部门积极开展庆祝活动,庆祝中华人民共和国的诞生。可以在 70 周年国庆活动经验的基础上,进一步对国庆活动作出规范,主要涉及国庆活动原则、组织机构主要内容、各部门职责、各地区开展活动要求安全保障、财政保障等具体内容。

二是基于现实需求。制定国庆日相关法律涉及整合国庆活动的法律法规、规范性文件等,将实践证明行之有效的做法上升为国家意志,通过国家法律予以规范。国庆规范化调整的范围是国家和党政军民各方面之间的关系,涉及党政军以及国家组织机构各方面,仅靠行政法规、规范性文件不能调整,必须通过制定法律的形式体现国庆活动的权威性、仪式感。可以研究对国庆国家层面的常规重大活动包括阅兵式、群众游行、升旗仪式、特赦等通过专门法律予以规定。

三是分阶段推进。可考虑先以规范性文件形式对国庆活动作进一步规范,形成长效机制。70 周年国庆活动形成了很多好的做法和工作机制,再过 5 年或者 10 年后,组织、参加国庆活动的人员都会发生较大变化。应当及时将活动的流程、档案和各单位、各层级的方案、预案及时整理,固定为一种规范性要求,供未来开展活动时遵循。有些国庆活动可以通过专门法修改作出规定,如涉及国庆日、国旗的一些规定,可以通过劳动法、国旗法调整。国庆活动的组织形式、组织机构可以统一由规范性文件规定,等时机成熟后再进行专门立法。

新中国成立 70 多年来,我国积累了大量的国庆活动实践经验,特别是 2019 年国庆 70 周年活动充分展示了新中国成立 70 年来的辉煌成就,极大振奋了民族精神,也形成了一套较为成熟的国庆活动模式、内容程序。及时归纳总结历次国庆活动尤其是国庆 70 周年活动的成功经验,将实践做法规范化、固化为制度性措施,是必要的、可行的,为未来国庆活动建立上下贯通、运作有序、协同高效的工作机制提供有效的指引,也对于凸显国庆节的政治属性,使国庆活动成为凝结民族精神的纽带,弘扬爱国主义的平台,增强全国各族人民的国家意识和民族自豪感,培育和践行社会主义核心价值观,推进国家治理体系和治理能力现代化,具有重大意义。

在总结以往国庆活动的基础上,对国庆庆典、仪式、活动作出一定规范,有利于凸显国庆的政治内涵,进一步强化国庆纪念的政治功能,激发全体人民的国家意识和爱国情感。

主要参考文献

一、中文著作

1. 中央档案馆编:《中华人民共和国国旗国徽国歌档案》,中国文史出版社2014年版。

2. 政协全国委员会办公厅编:《开天辟地:中华人民共和国国旗国歌国徽诞生》,中国文史出版社2019年版。

3. 焦洪昌主编:《宪法学》(第六版),北京大学出版社2020年版。

4. 本书编写组:《中国共产党党旗党徽使用规则》,中共中央党校出版社2009年版。

5. 武增主编:《中华人民共和国国旗法、国歌法、国徽法导读与释义》,中国民主法制出版社2021年版。

6. 韩大元:《1954年宪法制定过程》,法律出版社2014年版。

7. 余凌云:《中国宪法史上的国旗、国歌、国徽》,江苏人民出版社2016年版。

8. 王海洲:《政治仪式:权力生产和再生产的政治文化分析》,江苏人民出版社2016年版。

9. 李重光:《基本乐理》,湖南文艺出版社2009年版。

10. 蔡墩铭:《国家与法律:廿世纪台湾政治见闻》,翰芦图书出版有限公司2002年版。

11. 瞿明安等:《象征人类学理论》,人民出版社2014年版。

12. 胡锦光主编:《2018年中国十大宪法事例评析》,法律出版社2019年版。

13. 胡国胜:《革命与象征——中国共产党政治符号研究1921—1949》,中国社会科学出版社2014年版。

14. 许章润主编:《历史法学》(第三卷),法律出版社2010年版。

15. 朱炳祥:《社会人类学》,武汉大学出版社2004年版。

16. 张旭:《高贵的纹章:纹章制度》,长春出版社2016年版。

17. 杨建新、石光树、袁廷华编著:《五星红旗从这里升起——中国人民政治协商会议诞生纪事暨资料选编》,文史资料出版社1984年版。

18. 刘小妹编著:《京津冀协同发展背景下首都立法问题研究》,中国社会科学出版社2017年版。

19. 张世君等:《"首都法"前思:首都治理的法律保障》,中国法制出版社 2022 年版。

20. 韩明生编译:《世界各国首都法汇编》(第一卷),法律出版社 2020 年版。

21. [德]里奥巴·沙夫尼茨勒等:《旗帜巡礼》,高建中译,湖北教育出版社 2010 年版。

22. [英]斯莱特:《纹章插图百科:探讨纹章的世界历史及其当代应用的权威指南》,王心洁等译,汕头大学出版社 2009 年版。

23. [英]埃里克·霍布斯鲍姆:《民族与民族主义》,李金梅译,上海世纪出版集团 2006 年版。

24. [美]大卫·科泽:《仪式、政治与权力》,王海洲译,江苏人民出版社 2021 年版。

25. [法]迪迪埃·法兰克福:《国歌:欧洲民族国家在音乐中的形成》,郭昌京译,上海文化出版社 2019 年版。

26. [法]贾克·阿达利:《噪音:音乐的政治经济学》,宋素凤、翁桂堂译,上海人民出版社 2000 年版。

27. [日]青木保:《仪礼的象征性》,秦颖、喜君、高希敏译,中国社会科学出版社 2017 年版。

28. [苏联]谢·谢·斯图坚尼金教授主编:《苏维埃宪法史(文件汇编)》(1917—1957)(第一分册),中国人民大学出版社编译室译,中国人民大学出版社 1958 年版。

29. [德]马丁·莫洛克:《宪法社会学》,程迈译,中国政法大学出版社 2016 年版。

30. [英]罗伯特·G.弗雷松著绘:《飞翔的旗帜:认国旗看世界》,刘阳译,四川美术出版社 2021 年版。

31. [丹麦]斯文·埃里克·拉森、[丹麦]约尔根·迪耐斯·约翰森:《应用符号学》,魏全凤、刘楠、朱围丽译,四川大学出版社 2018 年版。

32. [美]皮尔斯:《皮尔斯:论符号》,赵星植译,四川大学出版社 2014 年版。

33. [芬兰]埃尔基·佩基莱、[美]戴维·诺依迈耶、[美]理查德·利特菲尔德编:《音乐·媒介·符号——音乐符号学文集》,陆正兰等译,四川出版集团、四川教育出版社 2012 年版。

34. [法]让·博丹:《主权论》,李卫海、钱俊文译,北京大学出版社 2008 年版。

二、中文论文

1. 张翔:《基本权利限制问题的思考框架》,载《法学家》2008 年第 1 期。

2. 王锴:《论宪法上的首都》,载《中国法律评论》2017 年第 6 期。

3. 马岭:《宪法性法律的性质界定》,载《法律科学(西北政法学院学报)》2005 年第 1 期。

4. 国晓光:《国歌塑造认同:超越政体类型学的国家认同建构——基于对 121 国国歌的政治学分析》,载《新疆大学学报(哲学·人文社会科学版)》2020 年第 2 期。

5. 王新霞、高建兰、闫波:《宪法爱国主义的规范意涵及实践路径》,载《发展》2020 年第 9 期。

6. 王冬梅、赵志强:《从古文献看中国古代的旗帜》,载《兰台世界》2009 年第 5 期。

7. 哈战荣:《新中国成立以来天安门升旗仪式的历史演进及其规整化研究》,载《世纪桥》2019 年第 3 期。

8. 肖巧平:《论我国下半旗志哀法律制度的完善——从下半旗志哀的政治功能说起》,载《现代法学》2007 年第 4 期。

9. 姜鸣:《清末龙旗研究——以文献、图像和实物为中心》,载《中国国家博物馆馆刊》2022 年第 4 期。

10. 郑宏:《天安门广场国旗旗杆高度设计研究》,载《北京规划建设》2012 年第 6 期。

11. 杜吾青:《国家象征和标志的宪法学阐释:以国家认同为中心》,载《交大法学》2020 年第 3 期。

12. 贺怀锴、冯巧霞:《符号与国家象征:晚清黄龙国旗研究》,载《海南师范大学学报(社会科学版)》2016 年第 10 期。

13. 邱可嘉:《再论侮辱国歌的刑法规制——以体系解释为切入点》,载《河北法学》2018 年第 8 期。

14. 马正楠:《论全国性法律在香港适用的权力冲突——以香港“侮辱国旗案”为例》,载《法律适用》2012 年第 11 期。

15. 周游:《节庆、认同与动员:新中国建立初期的国庆纪念研究(1949—1956)》,载《社会科学论坛》2022 年第 4 期。

16. 刘淑珍:《华北人民政府成立的前前后后》,载《中国档案》2011 年第 9 期。

三、英文资料

1. Robert Shanafel, *The Nature of Flag Power：How Flags Entail Dominance, Subordination, and Social Solidarity*, Politics and the Life Sciences, Vol. 27：2, pp. 13-27(2008).

2. Gabriella Elgenius, *Expressions of Nationhood：National Symbols and Ceremo-*

nies in Contemporary Europe, Ph. D. thesis, London School of Economics and Political Science, 2005, p. 45.

3. Arundhati Virmani, *National Symbols under Colonial Domination: The Nationalization of the Indian Flag*, March-August 1923, Past & Present, Vol. 164:1, pp. 169-197(1999).

4. Pål Kolstø, *National Symbols as Signs of Unity and Division*, Ethnic and Racial Studies, Vol. 29:4, p. 676(2006).

5. Julia C. Becker et al. *Beware of National Symbols: How Flags Can Threaten Intergroup Relations*, Social Psychology, Vol. 43:1, pp. 3-6(2012).

6. George Horvath, *The Semiotics of Flags: The New Zealand Flag Debate Deconstructed*, Language and Literature in a Glocal World, pp. 115-126(2018).

7. Steven A. Knowlton, *Applying Sebeok's Typology of Signs to the Study of Flags*, Raven: A Journal of Vexillology. Vol. 19, pp. 57-97(2012).

8. Ankit Kariryaa et al. *The Role of Flag Emoji in Online Political Communication*, Social Science Computer Review, Vol. 40:2, p. 368(2022).

9. Norbert Elias, *The Symbol Theory*, SAGE Publications Ltd, 1991, pp. 123-124.

10. Julia C. Becker et al. *What Do National Flags Stand for? An Exploration of Associations Across 11 Countrie*s, Journal of Cross-Cultural Psychology, Vol. 48:3, p. 340 (2017).

11. Gaëlle Marinthe et al. *Flags on fire: Consequences of a national symbol's desecration for intergroup relations.* Group Processes & Intergroup Relations, Vol. 23:5, p. 29(2020).

12. Ran R. Hassin et al. *Subliminal exposure to national flags affects political thought and behavior*, Proceedings of the National Academy of Sciences, Vol. 104:50, pp. 19757-19761(2007).

13. David A Butz, E Ashby Plant & Celeste E Doerr, *Liberty and justice for all? Implications of exposure to the U. S. flag for intergroup relations*, Pers Soc Psychol Bull, Vol. 33:3, pp. 396-408(2007).

14. Markus Kemmelmeier & David G. Winter, *Sowing Patriotism, But Reaping Nationalism? Consequences of Exposure to the American Flag.* Political Psychology, Vol. 29:6, pp. 859-879 (2008).

15. Farida Fozdar et al. *Australia Day, flags on cars and Australian nationalism*, Journal of Sociology, Vol. 51:2, pp. 317 -336(2015).

16. James Peacock, *Symbolic and Psychological Anthropology: The Case of Pentecostal Faith Healing*, American Anthropological Association, Vol. 12:1, pp. 37-53(1984).

17. Whitney Smith, *Prolegomena to the Study of Political Symbols*, Doctoral thesis, Boston University, 1969. p. 94.

18. Katharine Gelber, *Political Culture*, *Flag Use and Freedom of Speech*, Political Studies. Vol. 60:1, p. 176(2012).

19. Patricia Lofton, *Texas v. Johnson: The Constitutional Protection of Flag Desecration*, Pepperdine Law Review, Vol. 17:6, p. 757 (1990).

20. Ute Krüdewagen, *Political Symbols in Two Constitutional Orders: The Flag Desecration Decisions of the United States Supreme Court and the German Federal Constitutional Court*, Arizona Journal of International and Comparative Law, Vol. 19:2, p. 679 (2002).

21. Tianxiang He, *Freedom of Speech*, *and the Insult to the National Anthem*, Hong Kong law journal, Vol. 51:1, p. 65(2021).

四、德文资料

1. BVerfG: Verunglimpfung der Bundesflagge durch künstlerische Darstellung. NJW 1990, 1982.

2. Dr. Oliver Pagenkopf. Die Verwendung staatlicher Hoheitszeichen in Geschmacksmusteranmeldungen. Gewerblicher Rechtsschutz und Urheberrecht. 104(2002). pp. 758-764.

3. PeterHäberle. "Nationalflaggen. : Bürgerdemokratische Identitätselemente und internationale Erkennungssymbole. "Duncker & Humblot; 1st edition(2 July 2008). n 196.

4. Richtlinien für die Anfertigung von Dienstsiegeln und Verwendung des Bundesadlers auf amtlichen Schildern und DrucksachenVom 4. März 1950(Gemeinsames Ministerialblatt Nr. 2 vom 18. April 1950 Seite 17) In der Fassung vom 15. September 2004(GMBl. 2004 Seite 1013). http://www. verwaltungsvorschriften-im-internet. de/bsvwvbund_04031950_V1b1110724. htm.

5. Verwendung des Bundesadlers als Markenbestandteil. Beschluss vom 30. 10. 2015-30 2012 058725-S 208/14 Lösch. MarkenG § 8 II Nr. 6,IV.

6. Paula Diehl. "Staatssymbolik". In: Rüdiger Voigt (eds). Handbuch Staat. Springer VS, Wiesbaden. 2018. p. 637.

五、西班牙文资料

1. José Ramón González Chávez. SIMBOLISMO DE LA BANDERA NACIONAL DE MÉXICO. Derecho y Cultura, núm. 13. enero-abril de 2004.

2. José Ramón Cossío Díaz,Juan Silva Meza. Libertad de expresión y símbolos patrios. Localización:Letras libres,ISSN 1405-7840,Año n 8,N 85,2006,págs. pp. 60-65.

3. Vergara-Rojas, Manuel Patricio. （2021）. Los emblemas nacionales: regulación,problemas y propuestas. Revista de derecho(Coquimbo),28,5. Epub 05 de febrero de 2021.

4. Orozco,Luis Pérez. "El Impacto De La Nueva Ley Cubana De Símbolos Nacionales En Los Derechos De Propiedad Intelectual. "Misión Jurídica 13,no. 18(2020).

5. Aldret,Octavio. Conjeturas acerca de la limitación a la libertad de expresión, por respeto a los símbolos patrios(caso del poeta maldito). Cuestiones constitucionales:revista mexicana de derecho constitucional,ISSN 1405-9193,N°. 16,2007.

6. Núñez,Luis. （2020）. Análisis del delito de ultraje a los símbolos nacionales (artículo 416 del Código Penal). Opus Magna Constitucional. 16. 289-321. 10. 37346/ opusmagna. v16i01. 13.

六、法文资料

1. Élodie DERDAELE. LE DRAPEAU TRICOLORE, UN SYMBOLE CONSTI-TUTIONNEL DANS TOUS SES ETATS(DU DROIT). Communication présentée au VIIIe Congrès de l'Association française de droit constitutionnel,Nancy,les 16,17 et 18 juin 2011.

2. Pierre-André Lecocq. "Le drapeau dans les Constitutions de la France". In: Wagner,A. ,Marusek,S. (eds)Flags,Color,and the Legal Narrative. Law and Visual Jurisprudence,2021,vol 1. Springer,Cham.

3. Institut suisse de droit comparé. AVIS DE DROIT PROTECTION DES SIGNES NATIONAUX . Avis 06-134 . Lausanne,le 28 février 2007(23. 4. 07).

4. Décision n° 2003-467 DC du 13 mars 2003. https://www. conseil-constitut-ionnel. fr/decision/2003/2003467DC. htm.

5. Michel Pastoureau. L'État et son image emblématique. Publications de L'École Française de Rome. Année 1985. 82. p. 153.

6. André Roux. Hymne national et Constitution. Droit et Musique,Jun 2016,Aix en Provence,France. ffhalshs-01449230.

7. Michel Pastoureau. L'État et son image emblématique. Publications de L'École Française de Rome. Année 1985. 82. p. 147.

七、俄文资料

1. Опрятов В. И. Геральдика и вексиллология как науки о государственных

символах и их соотно-шение с конституционным правом//Учёные записки Орловского государственного университета. Серия《Гуманитарные и социальные науки》. 2011. № 2. С. 177-180.

2. об отказе в принятии к рассмотрению жалобы гражданина Федосова Геннадия Сергеевича на нарушение его конституционных прав Федеральным конституционным законом《О Государственном гербе РоссийскойФедерации》. http：//www. ksrf. ru/ru/Decision/Pages/default. aspx.

3. Мамардашвили М. К. , Пятигорский А. М. Символ и сознание. Метафизические рассуждения о сознании, символике и языке. -М. : Школа "Языки русской культуры". ,1997. с. 144.

4. О. И. Максименко1, П. Н. Хроменков. Полисемиотические элементы государственных гербов—лингвоконфликтологический анализ. P. N. RUDN Journal of Language Studies, Semiotics and Semantics, 2019, 10(4) , 955.

5. Каменцева Е. И. , Устюгов Н. В. Русская сфрагистика и геральдика. Учебное пособие. Изд. 2-е. М. : "Высшая школа", 1974. с. 5.

6. Федосеева Наталья Александровна. Змиевский Дмитрий Валерьевич. Конституционные основы государственной символики стран Содружества независимых государств. Пробелы в российском законодательстве. 2015. № 1. С. 17.

后 记

一、缘 起

"冯翼惟象,何以识之?"国家象征是抽象的,也是具体的。然而近年来,国家象征的主要法律已渐成体系,但国家象征法付之阙如。然而,试图探索兼具抽象、具体双重属性的国家象征法律制度,于我而言,既是责任,更是艰巨的挑战。2017 年参与立法工作以来,第一项立法任务就是参与起草制定国歌法。随后,我参与了国旗法、国徽法的修订工作,并在立法工作中积累了一些国家象征法律制度的素材,幸得武增主任鼓励、焦洪昌老师指导,又将参与立法过程中积累的素材做了系统的整理。

在国家象征法立法过程中,笔者有幸参加立法工作专班,调研参观了位于北京的中国人民解放军仪仗大队和中国人民解放军军乐团、位于上海的国歌展示馆、位于浙江的国旗教育馆、位于北京的国旗定点制造商、位于浙江和安徽的国徽定点制造商,实地调研了北京、上海、浙江、吉林、辽宁等地的机关、企业、学校的国旗、国歌、国徽使用情况,有幸亲耳聆听到最专业的国歌演奏,近距离亲身体验到最庄重的升国旗仪式,深切感受到了人民群众昂扬向上、浓郁厚重的爱国情怀。

无论是在立法过程中,还是在写作过程中,在感到自身学术水平有限的同时,也认识到学术界对国家象征法律制度的研究还有很多空白之处。从中国知网搜索的论文看,虽然对于我国国家象征从历史学角度分析的文章不少,但从法律规范制度的角度出发,进行深入分析的屈指可数。对于国家象征的使用、管理等基本制度,尚未有较为全面的梳理。

实践中我国关于政治象征,特别是国家象征的法律研究是匮乏的,笔者窃以为可能的原因有二:一是西方国家很少将国家象征单独作为一章,对其法律制度研究不多,这与我国有很大的不同;二是长期以来我国国家象征法律制度的不完善,为深入开展国家象征法律制度的研究带来了困难。直到 1990 年、1991 年我国分别制定国旗法、国徽法,2017 年我国制定国歌法,2020 年修改国旗法、国徽法,国家象征法律制度体系初步建立。

二、格　物

本书尝试系统地概括国家象征法律制度的基本理论,包括基本框架、基本制度、基本概念等内容,以期能够抛砖引玉,探索构建逻辑严谨、层次分明、体系完整的国家象征法理论。

本书的写作是从制度分析的角度进行阐释的,大致思路如下:一是厘清现状。分析国家象征法律领域的现状,包括现行制度的主要内容,存在的问题及其原因。二是梳理古今中外。分析古今中外立法例、实践情况,通过梳理我国立法现状、概述国外类似案例,梳理国内外学者观点、意见建议。三是综合分析判断。分析各类意见(不同方案的利弊),并进行综合判断(价值判断、政治影响、国际影响、社会舆论等因素)。本书各部分内容的主要思路是站在立法论的角度,涉及古今中外。在研究中尝试体系化国旗法、国歌法、国徽法明确规定的各项制度,探索各项制度的起源、功能、内涵等。

作者虽然尽可能梳理收集更多的资料,但是学术水平有限,很多内容是探索尝试,书中有许多不足之处,如本书虽用了"基本理论"的概念,但是仍然为本书"理论性"的不足感到诚惶诚恐。对宪法理论的学习掌握得不够充分,语言文字还很匮乏,与希望达到的研究成果之间还存在很大的差距。希望专家学者批评指正!此外,需要说明的是,由于同时围绕国家象征法律这一主题,从不同角度撰写了三本著作:《中国国家象征法律制度:国旗、国歌、国徽》《国家象征法理论研究导论》《国家象征法律制度比较研究》,为了确保阐释的完整性,在三本书国旗法、国歌法、国徽法部分对于常识性知识的叙述上存在部分重合,但是笔者尽力避免重复,力争详略不同、有所区分。

申言之,由于作者水平有限,希望本书能够为学术界开展国家象征法律制度研究提供基础性素材。

三、致　谢

2022 年恰逢现行宪法颁布 40 周年,能够在此时得到国家出版基金的支持,出版国家象征法律制度理论研究丛书,深感幸运!

立法任务是极富有挑战性的,面对国家象征法律制度众多空白,法工委领导沈春耀、郑淑娜、武增,室领导童卫东、王曙光、陈国刚、蔡人俊,三处陈亦超、周秋生、唐亚以及谭喻、黄琴凌、李玉娇、王正斌、梁菲、陈宇博、韩屹青,以及黄宇菲、王历磊、郑全红、张晶、闫然、龙晓杰、陶慧等立法人士对三部法律的修改制定付出了大量心血。同时,感谢参加相关国家象征立法的同人,包括张路路、路林、刘小妹、王庆翔、宋冠超、张晓凤、郑纲、石凯等。本书的成稿得益于上述领导同事的指导帮助。

本书撰写过程中得到博士导师焦洪昌老师、硕士导师刘杨老师的关心指导,还得到王人博、李树忠、余凌云、姚国建、谢立斌、秦奥蕾、朱祥海、朱峰、林淡秋等老师,孙镇平、侯晓光、刘玉涛、胡健、张义健、黄星、陶勇、任才峰、曹舒、周玉超、辛芳、王勇、商登煜、张瑞彪等领导同事朋友的热心指导帮助,在此一并致谢。就书稿有关问题,还曾专门请教马岭教授、张翔教授、姚国建教授、刘小妹教授,在此特别表示谢意!

特别感谢国歌法制定、国旗法和国歌法修改的参与者,法学家包括韩大元、莫纪宏、焦洪昌、湛中乐、余凌云、王锡锌、何海波、郑贤君、马岭、张翔、李忠、王旭、郑毅、尹好鹏、翟国强、秦奥蕾、白斌、江辉等;艺术家包括李思成、项阳、殷秀梅、李大康、吴碧霞、王建朗、艾克拜尔·米吉提、靳灵展、莫蕴慧、雷蕾、王和声、郑宏、孟中洋、张西南等;国歌的传播者解放军军乐团原团长于涛,升国旗礼仪标准化的推动者原国旗班班长赵新风等。

本书的出版得到中国民主法制出版社刘海涛社长、贾萌萌编辑、袁月编辑、董理编辑的支持,在此一并表示感谢!

本书对国家象征法律制度进行了初步的梳理,但是时间原因,还有很多实践问题没来得及梳理,很多问题学术化研究不够深入,期待各位同人批评指正。